U0094428

ToB

营销增长

B2B和SaaS市场人工作指南

ToB MARKETING GROWTH

A Guide for B2B and SaaS Marketers

邹杨 / 著

机械工业出版社

CHINA MACHINE PRESS

图书在版编目（CIP）数据

ToB 营销增长：B2B 和 SaaS 市场人工作指南 / 邹杨著 . —北京：机械工业出版社，2023.7

ISBN 978-7-111-73239-6

I. ① T… II. ①邹… III. ①企业管理 – 市场营销 – 指南 IV. ① F274-62

中国国家版本馆 CIP 数据核字（2023）第 092233 号

机械工业出版社（北京市百万庄大街 22 号　邮政编码 100037）

策划编辑：杨福川　　　　　责任编辑：杨福川
责任校对：贾海霞　　李　婷　责任印制：张　博
保定市中画美凯印刷有限公司印刷
2023 年 9 月第 1 版第 1 次印刷
170mm×230mm · 25.75 印张 · 1 插页 · 418 千字
标准书号：ISBN 978-7-111-73239-6
定价：109.00 元

电话服务　　　　　　网络服务

客服电话：010-88361066　机 工 官 网：www.cmpbook.com
　　　　　010-88379833　机 工 官 博：weibo.com/cmp1952
　　　　　010-68326294　金 书 网：www.golden-book.com
封底无防伪标均为盗版　机工教育服务网：www.cmpedu.com

近几年，越来越多的朋友开始关注 B2B 和 SaaS 企业（以下统称为 ToB 企业），并且在切换职业赛道的时候考虑转向 ToB 行业。但是经过一段时间的尝试，不少从业者会习惯性地用 ToC 的思维来做 ToB 的营销增长，结果必然是屡屡碰壁、数据惨淡、投入产出不成正比。

很多人会咨询 ToC 和 ToB 两类企业营销增长的差异，也有很多人困惑在新的机会面前是否要转型，有没有好的成功经验可以学习等。

也有不少转行的朋友想找 ToB 营销增长相关的课程，却发现几乎没有，就连 ToB 市场营销主题的书籍也是寥寥无几，专门的增长理论着实匮乏。

现在，国内 ToB 行业的从业者大多数还处于求生存、谋发展的阶段，其中能静下心来总结这个行业的营销增长体系和方法论的从业者少之又少。

增长无方，学习无门，如何破局？

通过给 100 余位市场从业者进行职场咨询，笔者发现了大家的两个痛点：

第一，缺乏完整的品牌和市场营销知识体系；

第二，缺乏可落地的 ToB 营销增长方法。

基于这两个痛点，从 2018 年开始，笔者开始刻意收集和整理行业专家、头部公司高管分享的各种"干货"，试图结合自己的从业经验总结并提炼出一些方法论来分享给身边的朋友，以便大家能够一起成长。

在其后的几年里，笔者又有幸和超过 200 家 ToB 企业的创始人、管理层进行了深度交流。这其中有超过 31% 的企业奉行销售驱动的增长策略，即一切围绕销售展开，销售部就是全公司最强势的部门；也有接近 13% 的企业主要依靠市场部获取线索，再由销售部承接转化；还有 29% 的企业没有客户成功这一部门，或者对客户成功的理解不深。除此之外，很多企业还会出现以下现象和问题：

- 销售团队强势，市场团队几乎没有生存空间，沦为边缘部门；
- 市场部获客压力巨大，同时被销售人员吐槽线索质量差；
- 一边不断成交新客户，一边老客户却不断流失，迟迟看不到企业盈利；
- 获客成本高，首年亏损；
- 投放一直在进行，效果却比同行差；
- 市场部希望产出内容，但不知道应该产出什么内容，以及怎样利用内容更好地影响客户；
- 管理层期待每一篇公众号推文、每一场活动都能带来线索；
- 举办了各种会议、沙龙等活动，却不知道怎么考核活动效果；
- 管理层对市场费用没底，不知道批多少预算合适；
- 不知道 SDR（销售开发代表）岗是否应该设置、将它放在什么部门，以及如何考核；
- 不知道品牌是否有必要建设，以及品牌建设的投入产出比如何计算；
- 不知道公司品牌和产品品牌如何平衡；
- 在不同阶段，不知道市场部的组织架构如何调整。

种种问题，不但令 ToB 企业的市场从业者痛苦不已，而且让大多数没有市场经验的管理层饱受困扰，不知道如何破局。

彼时，笔者想将自己创业和企业咨询的实战经验分享出来，将 ToB 营销增长的要点一一梳理出来，为正在从事或准备从事相关工作的读者提供一些建议、工作指引和方法论，帮助大家更好地理解 ToB 营销增长，更顺利地开展工作，无奈受限于笔者的行业经历和知识结构不成熟，撰写工作一直处于断断续续的状态。

幸运的是，随着行业的蓬勃发展，笔者身边逐渐聚集了一群爱探索、爱学习的从业者，大家不断碰撞和交流，总结了不少关于营销增长的宝贵经验与理论模型。从他们的身上，笔者学到了很多知识和实战技巧。渐渐地，本书有了框架雏形。

此时，笔者曾任职的企业在 2015—2019 年的 5 年内完成了从 0 到 10 亿元的营收增长，并在细分领域的品牌认知度、私域运营等方面取得了一些成绩，笔者也从一个普通的市场经理晋升为负责增长的副总裁，全面负责品牌、市场和增长工作。于是，笔者开始带着初生牛犊不怕虎的勇气提笔写书，行至山腰才发现这并不是一件容易的事。

因为前面的成绩，笔者陆续得到了一些企业的青睐，作为独立顾问服务于它们。经过不断碰撞、建议、调整、试错和发展，这些企业基本都取得了较好的增长成绩。这个过程反哺了笔者市场和增长的知识结构，让笔者真正感到专心练剑方能厚积薄发，也让笔者重拾了写这本书的信心。

随后，笔者又担任行业头部上市集团的品牌市场中心负责人。该集团有ERP、SaaS、PaaS多个事业部，近30款产品，产品体系更加复杂，品牌市场的难度更大。而为超过300人的集团、事业部、分公司的市场人员赋能，让笔者的行业视野、专业体系又上了一个台阶。

很多同行非常好奇这家公司如何在垂直领域建立起认知度超过90%的品牌认知，如何建立一个行业研究院并形成头部品牌，如何在内容方面运营出拥有百万级粉丝量的账号以及累计超过200万粉丝的公众号矩阵，如何一年做2000多场活动，如何对客户的KP（关键人物，如董事长、CIO、CFO等）开展圈层经营，如何保持20年的持续增长。

再后来，笔者又获得了更多头部企业数百万元薪资的邀请，如某跨行SaaS企业VP岗位、某头部云企业品牌市场总经理岗位、某独角兽企业CMO岗位、某SCRM企业CEO岗位等。笔者深深地感受到行业蓬勃发展与方法论和人才奇缺的矛盾。

正所谓"操千曲而后晓声，观千剑而后识器"，经过这么多年的积累，在多位朋友的鼓励之下，笔者冒昧地将搁置的书稿重新拾起，再次提笔潜行，期待花开。

增长是一个庞大的话题，从行业到战略，从战略到管理，从管理到文化，从产品到市场，从市场到销售，从销售到客户成功，再到各个支撑部门以及公司所使用的各种系统和工具等。本书主要针对市场人员的营销增长方法论来展开阐述。

同时，笔者深知一本书除了要给读者带来认知上的提高、体系化的思维外，还需要具备操作上的指导性。

市面上有非常多的文章喜欢引用国外的报告，而其中有很多数据和场景都是不符合国情的。为了真正了解并解决国内 ToB 企业市场人员的现状和需求，笔者在撰写本书的时候就为自己定下了 3 个基本理念：不做案例的堆砌，提炼来自实战的方法论，引用符合国情的数据。

此外，本书提出的 ToB-O6A 模型在一定程度上解决了困扰行业多年的品牌价值不可测量的问题。

本书对营销策略、品牌营销、数字化营销、内容营销、活动营销、私域营销、营销数字化、营销组织搭建进行了全面且深入浅出的介绍，将实操与方法论结合，对常见痛点进行讨论。并且，书中使用的数据多来自笔者调研的数据以及各权威报告，而书中的案例则多来自笔者亲自实践和辅导过的企业。而作为一个研究了华为近 10 年的市场人，笔者也会在本书中使用一些华为的案例。

这本书被笔者定位为"B2B 和 SaaS 市场人的第一本工作指南"，它适合 ToB 公司的品牌、市场、运营从业者反复、深度地阅读。书中的内容能够帮助大家形成完整的知识架构，掌握经过验证的各模块的方法论，以及笔者对疑难问题的引导和对实战案例的解读。并且，笔者在每章都设置了一些在现实中可能会遇到的问题，希望大家在阅读各章内容后对自己所在企业的现状进行剖析与反思，一边阅读一边思考一边实践，以便学以致用。

本书也适合 ToB 企业的销售人员、管理者、创业者阅读。本书全面讲述了 ToB 营销增长的各方面知识，这些知识有助于各协同部门理解市场部的工作，也能让 CEO 等管理者了解如何搭建并评价一个卓越的、以增长为导向的市场部。

站在行业风口，ToB 企业的增长焦虑还需要各部门群策群力来逐一解决，浪潮里的市场人员恰好是 ToB 行业中较早躬身入局、实践营销增长的人。等到下一个 10 年再回过头来看，各位一定已成为行业的弄潮儿。

笔者一直认为读书不应该只是阅读，更需要结合工作来思考，如果还能和其他读者互动那就更好了。于是在撰写本书的过程中，笔者开始了一次新的尝试，不但专门搭建了官网 www.TobGrowthDesign.com 及公众号"ToB 增长蓝图"，而且录制了该主题的视频课程，希望将阅读、思考、课程、互动以及持续的交流结合起来，所以欢迎大家思考各章的问题，并将答案提交给笔者。经过筛选后，笔者会每月汇总一次读者反馈并公布出来，期待与大家一起实现认知与实践的成长。

最后，感谢各位读者的支持！无论你是营销新人还是营销专家，都希望本书能够给你带来一些价值或解决一些问题，甚至与你产生一些共鸣。同时期待你能为本书提出宝贵的意见，欢迎通过微信（zouyangmy1）或邮箱（879174@qq.com）与笔者交流。

目录

|第 1 章|

重新认识 ToB 增长

增长是企业永恒的话题，而 ToB 企业的增长更是令从业者焦头烂额。ToB企业通常前期投入较大、获客成本高、服务成本高、盈利周期长。在这种情况下，如何实现持续的增长更是营销工作的重中之重。

本章对比中美 ToB 行业的发展，并预测接下来国内 ToB 行业的发展趋势，剖析 ToB 企业面临的增长挑战，然后从客户旅程、客户生命周期、线索生命周期等概念入手，拆解营销增长的方法。

1.1 ToB 的下一个 10 年

1.1.1 认识 ToB 企业

B2C（Business-to-Customer）企业是为个人提供产品或服务的企业，通常称为 ToC 企业，比如卖汽水的可口可乐、卖毛巾的最生活、卖雪糕的钟薛高、卖知识的得到、卖汽车的特斯拉等。当然，ToC 企业也可以面向企业提供服务，比如可口可乐可以通过集中采购的方式卖汽水给其他企业，得到团队也会为企业提供内训服务，特斯拉可以向其他企业提供技术服务等。

B2B（Business-to-Business）企业是为其他企业或机构提供产品或服务的企业，通常称为 ToB 企业。

注意：个人消费者一般被称为"用户"，企业消费者一般被称为"客户"，客户并不等于用户，在本书中要清楚这两者的区别。

根据业务类型，ToB 企业的业务大致可以分为如下 4 种类型。

1）平台型业务：向客户售卖平台资源，主要形式是 B2B 网站。ToB 企业依托平台集聚的资源，向平台上的企业客户提供它们需要的资源和服务，撮合企业与企业间的交易或提供有价值的信息。典型例子如 1688、买钢网等。

2）产品型业务：向客户售卖相对标准的产品，多为软件产品。产品型业务的主要价值来自产品本身，该产品可以给客户提供价值，解决客户的问题。如财务管理软件、ERP（Enterprise Resource Planning，企业资源计划）等都是面向企业客户的模块化或定制化软件产品。其中比较特殊的是 SaaS（Software-as-a-Service，软件即服务）模式，SaaS 企业通过网络提供软件服务，笔者认为该类型业务在现阶段仍属于产品型业务。典型的经营产品型业务的企业如金蝶、蓝湖、小鹅通、保利威等。

3）服务型业务：向客户售卖定制化的服务。不同于产品型业务为客户提供可复制的软件产品，服务型业务主要是以人力为媒介来为客户提供服务。这种服务往往是定制化的，客户花钱购买其他公司的人力来为自己服务，包括 4A 公司、咨询公司、人力外包公司、猎头公司等。典型的经营服务型业务的企业如麦肯锡、北大纵横、盈科、光辉国际、史伟莎等。

4）硬件型业务：向客户售卖相对标准的实体产品，比如为企业提供电池、系统、组件等。互联网的出现让这样的业务类型可以通过在线交易来实现。典型的企业如宁德时代、三一重工等。

回顾国内企业在过去 20 年的发展历程，早期的 10 年是 ToC 互联网企业创业的黄金 10 年，几乎遍地是机会，无数企业凭借着互联网技术对个人用户所在的消费领域进行各种改造，从电商到出行，从文娱到社交，从教育到新零售，这时候也被称作消费互联网时代，即 ToC 时代。

而随着消费互联网人口红利逐渐消失，特别是 2017 年之后，移动互联网月活用户的增长逐渐放缓。如图 1-1 所示，QuestMobile 数据显示，截至 2021 年 9

月，移动互联网月活用户为 11.67 亿人，相比于 2020 年 9 月的 11.53 亿人，仅增加了 1400 万人。而根据相关数据，用户人均单日使用时长的增幅也在进一步收窄。这意味着以移动互联网为主的消费时代的发展趋势正在放缓，ToC 行业增长的天花板逐渐显现。

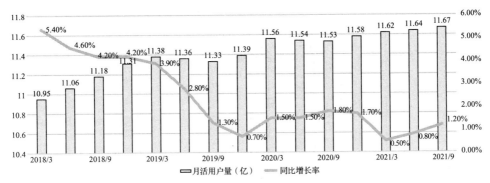

图 1-1　2018—2021 年中国移动互联网月活用户量及同比增长率

与此同时，国内经济进一步开放与活跃，社会分工越来越细，ToB 企业数量越来越多。各行业竞争的加剧推动着 ToB 企业运营效率提升以及成本优化，面向企业的服务需求不断被释放，资本对 ToB 企业的追捧也是愈加火热，特别是这几年以 SaaS 业务为代表的企业的融资次数和规模不断攀升。

清科研究中心发布的《2021 年中国企业服务行业投资机遇研究报告》中有这样的描述：根据国家市场监督总局披露数据，截至 2020 年 3 月，我国实有市场主体 1.25 亿户，其中企业主体 3905 万户，同比上升 12.4%。若以 10 万元 / 年的客单价估算，企业服务行业的潜在规模超万亿元，而企业的付费意愿也在逐步增加。在这样的背景下，我国企业服务行业肯定能持续高速增长。

1.1.2　中美 ToB 行业对比

虽然国内的 ToB 行业在近 10 年持续发展，但其现状与美国相比还有较大的差距。

以企业的数字化为例。如图 1-2 所示，国内中小企业整体信息化渗透率超过 50% 的领域只有财务管理和业务管理。根据用友发布的相关数据，国内实现完整财务信息化的企业其实只有 200 多万家。艾媒咨询的数据显示，2021 年中国有 42% 的企业表示完全不了解协同办公系统，有 30.3% 的企业称未使用但了解过协同办公系统，只有 27.7% 的企业表示使用过协同办公系统。而拥有完整的数字化营销体系的企业预计不超过 50 万家。这表示营销数字化领域还有巨大的市场空白。

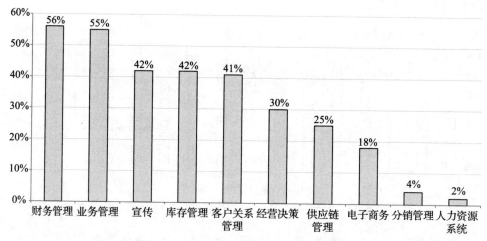

图 1-2　国内中小企业整体信息化渗透率

从 GDP 和企业数量来看，国内 ToB 行业还有巨大潜力。根据网络公开数据，2022 年美国 GDP 约为 25.46 万亿美元，注册企业约 3200 万家，SaaS 市场有约 965 亿美元的规模，企业的平均 SaaS 支出超过 3000 美元。中国 GDP 约为 121.02 万亿元，拥有超过 5000 万家工商注册企业，SaaS 市场预计为 572 亿元的规模，企业的平均 SaaS 支出 1144 元，中国 SaaS 行业规模仅为美国的约 5.6%。

从 ToB 行业中 SaaS 企业的市值来看，中美差距巨大。如图 1-3 所示，根据腾讯研究院整理的数据，截至 2022 年 6 月，美国 ToB 企业巨头 Adobe 公司的市值近 2000 亿美元，Salesforce、Intuit 等公司的市值均超过 1000 亿美元。同一时间，国内市值较高的企业为用友网络，约 647 亿元，即约 100 亿美元，而广联达、金蝶国际等公司的市值均在 100 亿美元以下。经比较，国内上市 SaaS 企业中市值排名前 10 公司的总市值约为美国前 10 公司的总市值的 4%。这种现状对国内 ToB 企业来说，既是挑战，也是机遇。

如图 1-4 所示，根据靖亚资本 2022 年 9 月发布的《2022 中国 Cloud 行业趋势报告》，国内上市的企业云公司超过 30 家，总市值接近 7000 亿元。可见，虽然国内 ToB 企业的发展已经取得了巨大进步，但其总市值也比不过 Adobe 公司，这令 ToB 行业的从业者不得不奋发图强。

序号	企业	领域	成立时间	市值/亿美元	序号	企业	领域	成立时间	市值/亿	币种
1	Adobe	创意和营销	1982	1936	1	用友网络	财务、人力	1988	647	人民币
2	Salesforce	CRM	1999	1627	2	广联达	建筑	1998	553	人民币
3	Intuit	财务和会计	1983	1052	3	金蝶国际	人财税	1993	520	港币
4	ServiceNow	ITSM	2004	868	4	明源云	不动产	2003	193	港币
5	Block	移动支付	2009	492	5	税友股份	财务	1999	111	人民币
6	Snowflake	数据仓库	2012	459	6	微盟集团	零售	2013	114	港币
7	Atlassian（澳）	协作软件	2002	442	7	阜博集团	IP保护	2005	86	港币
8	Workday	财务和HR	2005	440	8	医渡科技	医疗	2014	77	港币
9	Autodesk	设计软件	1982	426	9	光云科技	电商	2009	34	人民币
10	Crowd Strike	网络安全	2011	342	10	中国有赞	零售	2012	21	港币

图 1-3 中美市值排行中前 10 位 SaaS 企业对比

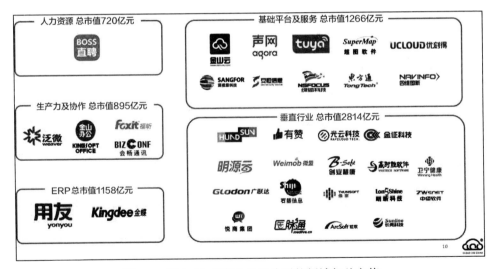

图 1-4 国内 30 多家企业云公司的领域与总市值

（数据来源：Wind，公开资料，估值截至 2022 年 8 月 28 日）

设想一下，国内 SaaS 行业如果在 10 年后市值达到美国 2022 年的水平，就意味着目前还有几十倍的增长空间。并且，SaaS 行业的发展也会带动平台型、服务型、硬件型等业务类型的 ToB 企业的增长，届时可能一个细分领域就蕴含百亿级市值的机会。

正是因为这样巨大的差距和发展空间，最近几年 ToB 企业，特别是 SaaS、硬件业务的创业企业激增，投资公司也先后入场，各巨头企业纷纷涉足 ToB 市场。

如图 1-5 所示，从 2015 年开始，国内 SaaS 企业的投融资数量就不断上涨。IT 桔子、天眼查等官方数据显示，红杉资本 2021 年有 60 多笔投资面向 ToB 企业，投资金额近 100 亿元，GGV 纪源资本 2021 年向 ToB 企业投资了 30 多笔，而 IDG 资本的创始合伙人熊晓鸽也公开表示，下一个 BAT 可能出现在 ToB，ToB 的黄金时代开始了。

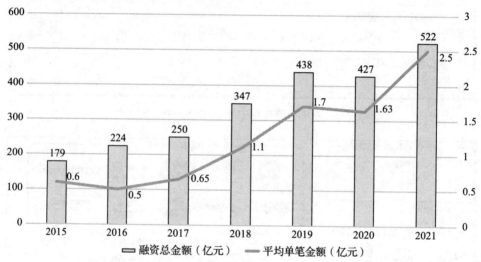

图 1-5　2015—2021 年国内 SaaS 企业的投融资数量

与此同时，巨头互联网企业从投资、组织等多个方面拥抱 ToB。

2020 年，腾讯在 ToB 市场中总计投资 28 次，总金额超过 100 亿元，阿里巴巴也投资了 30 亿元，百度则投资了超过 40 亿元。

不仅投资，这些互联网大厂还躬身入局。

2018 年 9 月，腾讯成立了云与智慧产业事业群，随后腾讯 CEO 马化腾宣布全面拥抱产业互联网。阿里巴巴建立了飞龙工业互联网平台，希望利用大数据、云计算、物联网等技术帮助制造业实现数字化变革。百度也升级了智能云事业群组，开启自身在 AI（人工智能）领域的新篇章。而字节跳动、网易、京东、美团等也都在布局各自的企业服务生态。

从 2016 年到 2020 年，ToB 行业已经探索了 5 年，但与 ToC 行业 "烧钱" 实现的爆发式增长不同，ToB 行业的发展更需要认知、产品相匹配的陪伴式增长和价值式增长。2020 年之后，传统企业加速了产业数字化升级，AI、大数据、云计算等沉淀多年的技术为这些企业赋能，为其所需的服务提供支撑。而机器人、芯片等硬科技更是受到了来自投资领域的极度热捧。

行业大潮滚滚而来，历史机遇将出现在 ToB 领域。ToB 领域是未来 10 年产业增长的破局点，也是未来 10 年里从业者发展的机遇点。

1.2　ToB 企业的增长挑战

当我们坚信 ToB 行业前景光明、企业服务市场大有可为的时候，身在其中的企业也面临着巨大的增长挑战。

2016 年之后的几年内 ToB 企业可以说是百花齐放，众多大型软件企业探索 SaaS 转型，咨询类企业将服务与工具相结合，各大 B2B 垂直平台不断发展，不少企业顺利地融资、上市，开启企业增长的第二曲线。而到了 2022 年，ToB 企业进入了一个新的考验周期，融资既带来了发展也带来了 "内卷"，企业需求的释放既带来了机遇也带来了前所未有的压力。增长是 ToB 企业在新时期面临的重要挑战。

那么，ToB 企业的增长会面临哪些挑战呢？

1.2.1　ToB 增长中的 5 个挑战

在 ToB 行业发展的早期，很多创业公司都是较为传统的财税、咨询、工业制造、软件开发等方向，讲究的是口碑传播，主要采用销售人员拜访成单的增长策略，典型代表是 "阿里铁军"。这种模式极度依靠强大的销售团队，其繁荣与时代的背景息息相关。

随着 B2B 平台、SaaS 模式、物联网技术、机器人、芯片等的兴起，投资公司密切关注 ToB 领域，互联网创业者涌入市场，ToC 营销增长的思维开始冲击过去传统的销售增长方式。在这一阶段，ToB 企业普遍的增长方式就是 "烧钱"，不计成本地投放广告、多线并发进行宣传，比如铺满地铁公交的广告、广发英雄帖的招募渠道，然而最终真正实现持续增长的案例却少之又少。

烧钱烧不动流量，增员增不出利润，市场部无法获得足够精准的线索，销售人员无法实现快速成交，ToB 企业面临着瓶颈。

通过翻阅资料以及和一些创始人沟通，笔者发现不少 ToB 企业的产品市场验证（Product/Market Fit，PMF）环节都没完成，客户对产品的接受程度还不够，产品体验也不够好。加上很多企业对客户成功经理（Customer Success Manager，CSM）的认知不足，客户在使用产品或服务的过程中逐渐失去耐心和信任，企业获客的同时持续流失老客户，导致最终无法盈利。

被盈利困境折磨的创业者逐渐理解了 ToB 交易的基础是信任，产品的本质是解决需求，客户持续购买的核心是客户成功，企业盈利依靠的是持续复购。而广撒网式的营销往往只能带来数据上的虚假繁荣，并不能碰触到增长的核心，烧钱式的营销增长不太适用于 ToB 行业。

ToB 行业到了需要更系统的增长方法、更科学的增长理论的时候。

目前行业中谈论较多的基本都是欧美 B2B 和 SaaS 企业的增长故事，很多案例甚至被传为业界神话，诸如增长黑客方法的方法论听起来很有道理，增长在这些故事中似乎是一件水到渠成的事。但现实往往是残酷的，比如垂直细分、PLG（Product-Led Growth，产品驱动增长）、EDM（Email Direct Marketing，电子邮件营销）等工具和方法，在国外被视为"真理"，在国内经过实践才发现并没有那么合适。多年过去了，很多 ToB 创业公司依然没有做好增长的准备，所做的努力看起来更像是挣扎着熬到下一轮融资。

在多家企业任职 CMO、VP、CEO 和顾问时，笔者尝试过各种增长方法，也曾遭遇增长乏力的困境。在这个过程中，笔者总结了 ToB 企业增长普遍会遇到的 5 个挑战，如图 1-6 所示。

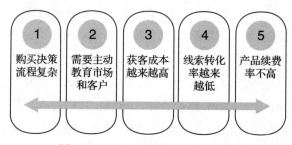

图 1-6　ToB 企业增长的 5 个挑战

1.2.2　购买决策流程复杂

ToC 产品或服务的购买决策流程比较简单，需求提出者、采购者、决策者、使用者往往是同一个人。如图 1-7 所示，用户买手机、买衣服、买咖啡、办健身卡等大多是为了实现自我需求，采购者和决策者常常就是自己，所以决策环节比较少，流程相对简单。

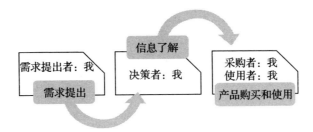

图 1-7　ToC 产品或服务的购买决策流程

而 ToB 产品或服务的购买决策流程较为复杂，需求提出者、采购者、决策者、使用者往往不同，角色是相互分离的，甚至还会有评估者、付费者等多个角色参与到购买的过程中。

企业的采购一般按照一定的流程进行，可以总结为"多轮讨论，集体决策，老板拍板"。比如市场部的员工需要营销工具，如果是自己购买，只需要查询、了解相应产品后找到付款入口，很快就能完成购买。如果是企业采购，则需要员工先提出需求，进行产品对比汇报，经部门负责人同意，并完成该环节审批。真正采购时还需要进行付款审批，在金额较大的时候甚至需要 CEO 过目。该购买流程经过数周的时间才能完成。

而如果是大型企业，可能会有采购部。业务部门的各种采购需求会提交给采购部，由其统一购买，对总价较高的需求可能会进行招标，经过发出招标通知书、比价、评标等较为复杂的过程，花费几个月时间才能完成购买，如图 1-8 所示。

笔者曾经主导公司采购 CRM 系统的流程。首先要梳理销售人员的需求，然后对市场上的 CRM 厂商进行分析，反复汇报，对各厂商及其产品进行对比，并且侧面了解厂商的口碑，再开几次管理层会议，才能最后确定购买的产品。整个购买过程从提出需求到合同签订经历了差不多 4 个月的时间，而签完合同之后还需要数个月来实施和试用产品。

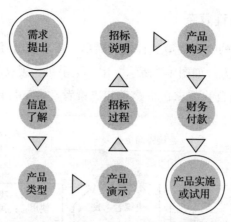

图 1-8　ToB 产品或服务的购买决策流程

这种采购决策流程的复杂性，就造成了整个采购的周期长、涉及的关键人物多，从而使 ToB 企业的市场营销投入大、销售链条长。这就是 ToB 企业面临的第一个增长挑战。

1.2.3　需要主动教育市场和客户

客户在采购之前，内部往往处于一种混沌状态，员工难以清晰描述问题，更谈不上知道具体的解决方案了。而且如果客户对自己的问题有明确的解决方案，很可能会自己去解决这个问题。

解决客户各种问题和需求的 ToB 企业需要主动教育市场和客户，这对企业的营销能力提出了很高的要求。比如在习惯马车的时代，汽车厂商需要教育大众，说清楚汽车的优势，消除大众对“四轮钢铁怪物”的恐惧。在全触屏智能手机流行之前，手机厂商让习惯了物理按键的大众接受触屏，也经过了很长时间的市场教育。如图 1-9 所示，会计电算软件企业也进行了多年的市场教育，甚至去推动会计电算的职业资格考试。而数字化营销的市场教育在国内还处于起步阶段。只有经过不断的市场教育，客户和用户才能适应新的工具，其认知才会逐步成熟。

企业内部流程复杂到一定的程度，就有了 ERP 的需求；数据复杂到一定程度，就有了数据分析产品的需求；技术成本过高，就有了低代码平台的需求；简单重复的工作消耗较高的人力成本，就有了 RPA（Robotic Process Automation，机器人流程自动化）的需求。

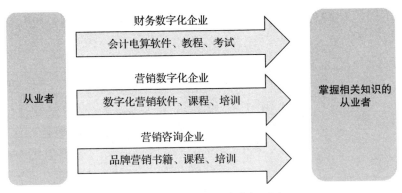

图 1-9　ToB 企业教育市场示意

如果 ToB 企业不去教育市场，客户即便遇到了问题，也很难迅速做出采购决策，很难将这家 ToB 企业列为选择对象，甚至无法理解它的产品能解决什么问题。

所以 ToB 企业想要卖出产品或服务，不仅要去了解客户的需求、解决客户的需求，还要有教育市场的能力，并且要站在客户的角度去思考，说客户能听懂的话。这就是获得客户信任的过程。

这种能力大多数时候需要 ToB 企业自己掌握。如果产品足够强大，ToB 企业也有可能获得第三方助力，比如在微软的 Office 产品上市之初，大量做 Word、Excel、PowerPoint 培训的公司赚得盆满钵满，推动了该系列产品的市场推广。至今，PhotoShop、Axure、CAD 等工具的培训依然火热。

是否具备教育市场的能力，即能否培育客户认知，使其产生信任，就是 ToB 企业增长面临的第二大挑战。

1.2.4　获客成本越来越高

日益高昂的获客成本（Customer Acquisition Cost，CAC）是 ToB 企业增长面临的第三大挑战。

如图 1-10 所示，据 IT 桔子统计，在 2012—2020 年的 9 年间，互联网行业的获客成本越来越高，到 2020 年已将近千元。

如果说 ToC 企业获得用户后转化路径短、转化速度快、成本可控性强、调整灵活，那么 ToB 企业从获客到成交的过程就显得尤为复杂。ToB 企业在获客环节基本上只能获得一组客户信息，这组信息即"线索"，业内称之为 Leads。对于这些线索，企业还需要经过培育来促进成交，过程中需要产品、市场、销

售、技术等多个部门配合。算上巨大的人力成本和漫长的周期，ToB 企业获客
的不可控因素很多。

图 1-10　2012—2020 年互联网行业获客成本

需要注意的是，不同企业对获客成本的理解和计算方式不同。为了实现更
精细的管理，获客成本可以按照渠道和阶段来细分，比如：企业全年的百度投放
费用为 100 万元，获取 1 万条线索，那么百度线索成本就是 100 元；全年营销费
用为 1000 万元，带来的线索转化成交客户 5000 个，成交成本就是 2000 元。只
有统一各数据维度，才能更好地沟通与优化。获客成本细分示例如表 1-1 所示。

表 1-1　获客成本细分示例

根据渠道细分	成本 / 元	根据阶段细分	成本 / 元
百度线索成本	100	线上线索成本	90
搜狗线索成本	80	MQL（Marketing-Qualified Leads，市场认可线索）成本	300
抖音线索成本	50	SQL（Sales-Qualified Leads，销售认可线索）成本	1000
公众号线索成本	30	成交成本	2000

据统计，与行业发展早期相比，ToB 企业投放的获客成本上涨了 5 ～ 10
倍。比如在多年前，笔者操盘的"验证码短信"产品的 SEM（Search Engine
Marketing，搜索引擎营销）线索成本只需要 20 元，到 2019 年已经需要近 100
元，到 2022 年则需要近 200 元。

随着获客成本的持续上升，近几年创业期的 ToB 企业要和已经积累了一批稳定客户的同行竞争，压力非常大。而发展期的企业还要面临巨头企业进入的局面，市场上的客户不断被抢夺，给企业的增长带来不小的压力。

1.2.5　线索转化率越来越低

迈过了决策流程复杂、主动教育市场、获客成本高昂的坎儿，接下来还要面对 ToB 企业增长的第四大挑战——线索转化率越来越低。

笔者很早就关注到，在客户全生命周期中不同来源的线索的转化率存在差异。在笔者曾任职的企业中，市场部提供的线索到商机的转化率平均为 16%，商机到成交的转化率为 35%，综合的线索到成交的转化率仅为 5.6%，如表 1-2 所示。如果再拆分来看，其中市场活动的线索转化率略高，为 8%，而销售人员自拓的线索转化率在 12% 左右。后来我们又做了一轮数据收集，发现市场线索的整体转化率低于销售人员自拓的线索转化率，如果是针对大客户，这个差距可能更大。

表 1-2　市场线索各阶段转化率示意

线索数	商机数	线索到商机的转化率	成交数	商机到成交的转化率	线索到成交的转化率
1000	160	16%	56	35%	5.6%

而随着市场竞争的加剧，这些数据的平均水平还在逐年降低，这令笔者困扰不已。

其实，增长的秘密就藏在转化的每一个环节中。虽然 ToB 企业越来越多，但对于不少 ToB 企业来说，线索的粗放式管理、线索标准的定义不一、线索培育过程的随意、线索转化后的经营步骤缺失，使得线索在各阶段的转化率无法实现有效增长。

1.2.6　产品续费率不高

曾经有一个从互联网转行到 ToB 企业做工具类 SaaS 产品的创业者和笔者说，他的产品续费率达到了 62%。对于互联网产品，其用户数量较多，能达到 60% 以上的续费率就已经很不错了，毕竟每年都会有大量新增用户产生，可以作为未续费用户的补充。但是对 ToB 产品来说，这样的数字就略显不足了。

笔者告诉他，这个数字意味着企业当年新签的客户到第二年就会全部流失了，一旦每年新签客户数下降，企业增长将无以为继。他对此很不理解，于是笔者通过计算演示给他看。假设该企业初始新增客户数为 1000 个，每年客户的新增率为 10%，再参照 62% 的续费率，则流失客户数如表 1-3 所示。

表 1-3　62% 的续费率、10% 的新增率对应的流失客户数

年份	当年新增客户数	年底客户数	续费率	当年流失客户数
第 1 年	1000	1000	62%	380
第 2 年	1100	1720	62%	654

由表 1-3 可见，该产品两年共新增了 2100 个新客户，但是流失了 1034 个老客户，几乎是"新增 1000，流失 500"的增长模式。

当然这是一句不严谨的玩笑话，真实数据并不会如此简化。笔者想表达的是，对于 ToB 企业而言，每一个客户都来之不易，在产品合适、客户需求存在的情况下，更高的续费率，比如 95% 以上的续费率才是 ToB 企业应该去努力的目标。

在这个朋友的例子中，为了弥补老客户的流失，维持增长，他不得不做更多的工作，比如市场营销需要费用，销售和客户成功都需要投入，并且老客户的流失还会影响口碑，也需要增加口碑营销的预算，一系列操作下来成本激增。这对公司的持续增长来说，是个巨大的压力。

如果不幸陷入这种低续费率的增长怪圈，企业就会离持续且健康的增长模式越来越远，这就是 ToB 企业增长面临的第五大挑战。

1.3　重新认识 ToB 增长

企业如何解开 ToB 增长的难题？这需要从产品、研发、市场、销售、客服、客户成功、管理、资本等各方面来综合施策。而市场从业者又如何在 ToB 企业增长的过程中发挥作用，实现价值呢？本节我们一起重新认识 ToB 增长。

1.3.1　从客户旅程到客户生命周期

ToB 增长到底是什么？有人说是获客，有人说是销售，有人说是续费，也有人说是 PLG……众说纷纭。在笔者看来，ToB 增长并非某个岗位的职责，也不是单个部门的任务，而是一个系统的工程，是整个公司共同努力的目标。

为了更好地研究客户、探索增长，我们借助客户旅程来进行分析。

客户旅程（Customer Journey，或称客户购买旅程）是指客户从接触到产品、试用产品、购买产品，再到续费或离开产品的全过程。

不同行业、不同产品的客户旅程可能有相似之处，但完整旅程的差异较大。比如，对于咖啡、鲜花，用户可能在一天或者几天内就会进行多次购买，而对于汽车、房产等产品，用户的决策过程长达数月，汽车厂商、房地产开发商在交易完成后提供的服务环节较少。对于 ToB 产品中的工具、标准服务类产品，客户也可以在一天内就完成从接触到购买的过程，而对于软件、咨询、高科技硬件等产品，客户可能要花数周或数月的时间来完成购买全过程，而这类产品的厂商还会提供数年的持续服务。因此，要研究 ToB 增长就必须先了解 ToB 客户旅程。

典型的 ToB 客户旅程如图 1-11 所示。客户产生需求后，会查找资料，了解可行的解决方案。因为多种方案的存在，客户还需要进行对比，经过筛选后再进行决策，最终完成购买。如果满意度高，客户还会续费和转介绍。如果客户不满意，则可能断约。这就是客户旅程的全过程。我们可以将这个过程简化为了解、吸引、问询、行动、拥护、流失 6 个阶段。

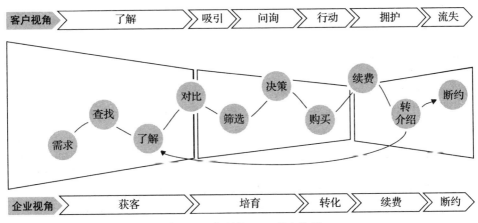

图 1-11　典型的 ToB 客户旅程

如果说客户旅程是基于客户视角对购买过程进行的描述，客户生命周期（Customer Lifecycle）就是基于企业视角了。

客户生命周期就是指企业通过市场活动获得了客户信息，通过培育后加深了客户认知、获取了客户信任，并经过持续沟通达成了成交，然后提供产品或服务，帮助客户解决问题，直到客户续费或停止合作的全周期。对企业来说，客户生命周期有获客、培育、转化、续费、断约 5 个阶段。

我们可以量化不同客户生命周期的价值，并进行对比和分析，也就是将客户购买、续费、增购的收益综合起来，称为客户生命周期价值（Life Time Value，LTV）。

ToC 企业经常按 7 天、30 天、一年等周期来计算客户生命周期价值，而 ToB 企业一般会按年来计算客户生命周期价值。每家企业的客户生命周期价值计算方法都有差异，建议大家采用比较简单的计算方式，如：

客户生命周期价值 = 每次购买的客单价 × 每年续费次数 × 客户平均合作年数

比如某 SaaS 企业，产品的客单价为 1 万元，按照每年续费 1 次，客户平均合作年限为 3.5 年来计算，则该企业的平均客户生命周期价值为 35 000（即 $10\,000 \times 1 \times 3.5$）元。

企业在经营过程中可以参考客户生命周期价值来考虑获客的投入、销售人员的提成、客户成功的投入等，对于采用年订阅付费模式的 ToB 企业，可以通过提高客单价或提高客户平均合作年限来提高客户生命周期价值。

企业需要定期计算和更新客户生命周期价值来审视现阶段的增长是否健康。一般来说，新客户的成交成本是老客户续费成本的 10 倍以上，且客户与企业合作的时间越长，客户生命周期价值越大。由此可见，维护老客户对 ToB 企业来说是多么重要。

我们还可以通过获客成本和客户生命周期价值的对比来区分不同渠道、部门的获客质量。获客成本是指获得单个客户的平均费用：

获客成本 = 一定时间内所有为获客所付出的费用 ÷ 新获取客户的数量

毕马威在 2020 年《"软件即服务"的业务转型》报告中指出，SaaS 企业想要确保稳定增长，客户生命周期价值至少是获客成本的 3 倍，美国 SaaS 企业能达到 5 ～ 6 倍，其他类型 ToB 企业也可以参考这一标准。

比如某产品的 A 渠道获客成本是 1000 元，B 渠道获客成本是 2000 元，只对比获客成本，A 渠道的效果更好。但是研究客户生命周期价值之后发现，A 渠道的平均客户生命周期价值是 2000 元，而 B 渠道的平均客户生命周期价值是

5000 元。综合考虑之后认为，虽然 B 渠道的获客成本高，但是客户生命周期价值更高，因此 B 渠道的客户更加优质，可以考虑加大 B 渠道的投入。

市场人员发现经常因为时间、范围等维度的不统一获客成本的计算结果差别很大，其实需要将获客成本分解得更精细一点，以便计算不同渠道、部门的获客成本，从而更好地进行比较和优化，如表 1-4 所示。

表 1-4　获客成本细分示意

获客成本细分	公式
百度投放获客成本	一定时间内百度投放费用总和 ÷ 百度投放新获取客户的数量
公众号获客成本	一定时间内公众号营销费用总和 ÷ 公众号新获取客户的数量
线下活动获客成本	一定时间内线下活动费用总和 ÷ 线下活动新获取客户的数量
销售获客成本	一定时间内销售费用总和 ÷ 销售渠道新获取客户的数量
市场获客成本	一定时间内市场费用总和 ÷ 市场渠道新获取客户的数量

表 1-4 也解释了为什么 ToC 的烧钱方式不一定适合 ToB，因为两者的增长模式存在差异。如果你的产品是偏向 ToC 性质的一次性商品，也许可以追求单次交易中的低获客成本；如果是典型的需要持续提升客户价值的 ToB 产品，则更应该考虑提升客户的生命周期价值，这时候企业首年可能并不赚钱，而将收益后置，可以实现持续增长。

这就类似于电冰箱和净水器生意的差别：电冰箱生意追求的是在单次交易中覆盖用户的获取成本；而净水器则看重客户的长期价值，虽然可能第一次卖净水器不赚钱，但可以通过持续销售滤芯来提升客户价值。前者符合 ToC 的增长模式，后者符合 ToB 的增长模式。

由此可见，客户的生命周期越长，其价值也就越大。这就要求我们不能单纯从获客来看增长，而要从更长远的角度来看待客户价值，做好客户关系，从而获得更高的客户生命周期回报，为此我们需要更好地了解客户生命周期的每个阶段。

1.3.2　从线索生命周期到 ToB 增长

为了使管理更便捷和精细化，在实际工作中，我们会将复杂的客户信息数字化，也就是将客户变成一组信息，通过记录这组信息的状态来对客户进行管理。这种数字化视角的客户生命周期，就是线索生命周期。

线索生命周期是指客户数据转化为线索后，在企业的市场、销售、服务各部门之间流转的周期。在这个过程中，企业会对线索进行获取、识别、评估、分层、分配、培育、转化、丢弃等。

　　将客户旅程、客户生命周期、线索生命周期进行对比，如图 1-12 所示，我们能够更好地在不同视角、不同阶段将客户决策流程进行对比。

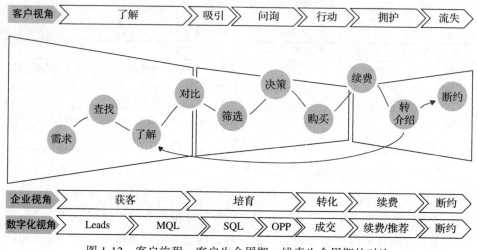

图 1-12　客户旅程、客户生命周期、线索生命周期的对比

　　实际中经常出现的问题是企业内部对客户线索生命周期中的概念缺乏统一的定义，比如对线索在各阶段的称呼分不清，销售部不认可市场部分配的线索，市场和销售人员无差别跟进客户。这看起来好像不会产生什么大问题，只是多花费一些人力而已，但实际上这些情况极可能造成市场部和销售部的矛盾，也会造成大量客户因为没有合理跟进而丢失，而且可能使团队效率低于竞争对手而丧失优势等。

　　要做好线索生命周期的管理，就必须将不同状态的称呼、定义、判断标准等统一起来，在企业内部形成统一的语言，减少争端、提高效率。

　　经过多年实践与总结，笔者根据客户旅程、客户生命周期绘制了线索生命周期模型，如图 1-13 所示。

　　线索生命周期模型中，分为线索（Leads）、市场认可线索（MQL）、销售认可线索（SQL）、商机（Opportunity，OPP）、成交、续费、转介绍、断约等阶段，各阶段将在下文详细讲解。

　　进一步分析该模型与 ToB 企业营收的公式，我们可以发现模型中包含着

ToB 增长的所有要素。

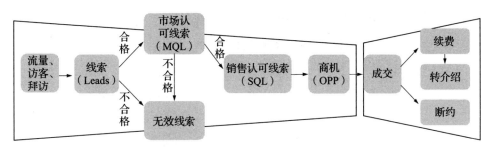

图 1-13　线索生命周期模型

ToB 企业营收 = 新客户营收 + 老客户营收

新客户营收 =（市场认可线索 + 销售认可线索）× 线索到成交转化率 × 客单价

老客户营收 = 老客户续费 + 老客户增购

ToB 增长的关键指标——线索数量、线索质量、各环节转化率、客单价、续费率、增购率——也就凸显出来了。

我们只有站在更高的视角研究客户生命周期，更体系化地对线索生命周期进行管理，才能更精细地挖掘客户每个阶段行为的动机，了解客户心理的变化，围绕关键环节来创造价值。不断提高每个环节的转化率，才能实现持续健康的增长。

将客户生命周期的 5 个阶段与线索生命周期进行匹配后，我们可以重新认识 ToB 增长。

1. 获客阶段：从流量到线索

获客阶段（Marketing to Leads，M2L）指企业增长中从流量到线索的过程，是增长的开端。

如图 1-14 所示，企业客户在发展过程中遇到问题，负责相关工作的员工会使用搜索等方式来寻找解决方案。如果这时候他看到了 ToB 企业及其产品或服务的相关内容，可能会进行关注，继续从更多渠道了解更详细的信息，比如官网、公众号、视频号、社群等渠道，甚至和销售人员交流。此时，该客户的角色从公域流量转换成访客，再留下信息则称为线索。ToB 企业和客户之间完成了从陌生到开始接触的转变。

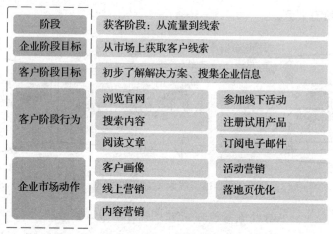

图 1-14　获客阶段的客户行为和市场动作

　　这个阶段要求企业的品牌、内容尽可能地通过各种方式出现在客户面前，比如通过搜索引擎上关键字的投放、产品内容的分发、朋友圈的短视频、行业展会的演讲或展台、企业自办的线下活动等方式来增加曝光。所以曝光量是获客阶段的重要指标，ToB 企业只有多频次、多维度地出现在客户面前，才能增加客户成为访客的机会。

　　而对 ToB 企业来说，仅让客户成为访客是不够的，还需要努力让访客留下信息，成为线索，才能真正完成获客。不少 ToB 企业市场部的主要 KPI 就是线索数量，但是很多人会疑惑如何定义"线索"。

　　线索就是通过各种方式收集到的潜在客户的有用信息。线索可能包含的信息包括：客户联系人的姓名、联系方式、公司、职位、需求等。为了提高线索收集的效率，不少企业只收集客户联系人的姓名和联系方式。

　　按照笔者之前的经验，官网访客的注册或留资率通常在 1% ～ 6%，优秀的官网可以达到 8% 以上。如果流量基数大，不同转化率的差异会使企业之间的获客数量存在巨大的差异。然而很多 ToB 企业并没有重视官网，对公众号和小程序的运营也没有闭环，以致在展示了公司和产品信息后，访客并不想留下资料或者在线咨询。等访客关闭页面退出后，企业还需要为下一次的访问付出额外的成本，流量就这样被白白浪费了。

　　如图 1-15 所示，这是不同渠道的访客的留资路径，其重点在于落地页的转化率。"落地页"指访客点击企业广告或搜索引擎给出结果后跳转的网页。

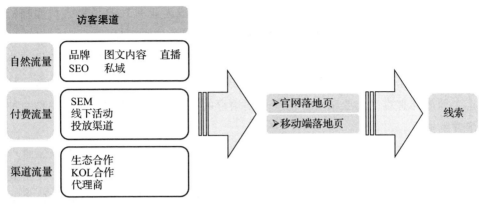

图 1-15　不同渠道的访客

对于通过品牌、SEO（Search Engine Optimization，搜索引擎优化）、图文内容、直播等方式获得的自然流量，落地页需要有清晰的结构和引导，以便让访客找到他们想要的信息或了解操作步骤。

对于通过 SEM、线下活动、投放渠道等方式获得的付费流量，企业需要区分不同类型访客的需求，以便适应性地设计落地页，给访客呈现他们想找的答案，并且引导访客完成注册或留资。

欧美企业一般会将上述获客方式分为集客营销（Inbound Marketing）和传统营销（Outbound Marketing）。集客营销即通过传递价值的方式让客户主动访问；传统营销即主动推销信息给客户，以此获得客户信任。

从流量到访客的转变是当下 ToB 企业营销增长普遍面临的挑战，而如何将访客有效地转化为线索则是更大的挑战。访客只有变成了线索，企业才能和他们产生链接，进而持续地触达和影响他们。因此，如何构建一个有效的留资体系，提高官网、公众号、小程序的留资率，就成了这一阶段的重点。除了要对所有渠道的布局、引导、落地页进行策划外，还要用数据监测来持续优化。

2. 培育阶段：从线索到商机

培育阶段是线索生命周期中历时最长、最多部门配合的阶段。

在过去很长一段时间中，大部分线索培育的工作都是销售人员在做，而市场部只负责提供线索，但是这种配合方式存在很多弊端。Adobe 2021 年发布的报告 *state of B2B Marketing in Asia*（亚洲 B2B 营销现状）指出，44% 的受访者表示"衡量投资回报率和归因"是一项挑战，这成为亚洲 B2B 营销人员面临的最大挑战，也说明营销人员对线索到商机最终结果的信心不足。

市场部只对线索数量负责，那么线索质量可能无法得到保障，而销售部接手过多无法保障质量的线索，就会"挑肥拣瘦"，将精力放在容易成交的客户身上，而放弃有难度、要求多、需要长期培育的潜在客户，这对企业来说是一种潜在的损失。

笔者一直建议 ToB 企业应该抛弃市场与销售配合的传统模式，在线索管理环节"一刀切"。市场部不能只关注 Leads 和 MQL，应该向前再走一步，协同销售部将线索培育为 SQL、OPP，帮助销售人员高效赢单，这样才能了解本部门获取的线索在后期的状态，从而优化不同渠道的获客过程。销售部也不应该只关注 SQL、OPP，要从线索阶段开始介入，尽可能帮助市场部传播拓客，了解客户来源，以便提高整体转化率。该配合模式如图 1-16 所示。

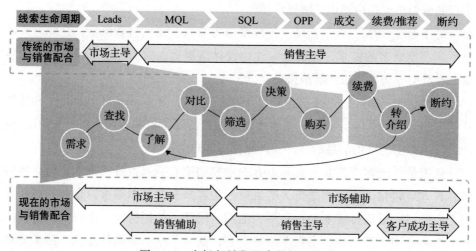

图 1-16　市场与销售配合的新型模式

按照这种新型模式，企业在获得线索后，对线索进行评估和分配，然后由不同的部门分别或共同与客户保持沟通，持续影响客户，掌握客户的心理，以此将线索培育到方案沟通、产品试用的 OPP 状态，该过程即培育阶段——从线索到商机（Leads to Opportunity，L2O）。

在这个过程中，客户的状态主要会经历 Leads、MQL、SQL、OPP 等阶段，如图 1-17 所示。

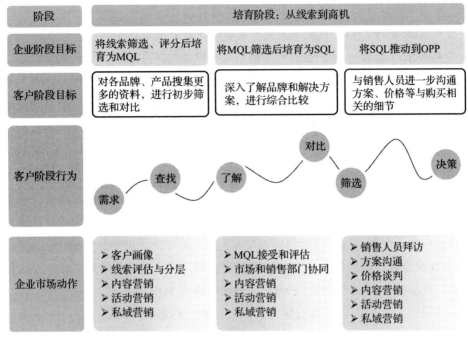

图 1-17　培育阶段的客户行为与市场动作

因为线索所包含的信息不够明确并且数量较多，一些企业会将市场部的 KPI 从 Leads 修改为 MQL，甚至 SQL，所以我们应该在此阶段做好精细化的管理。比如市场部获得线索后，要将线索进行如下分层。

- 无效线索：联系方式错误、客户表示需求完全不匹配。
- 浅意向线索：需求比较匹配，客户有一些意向，但不愿意深度接触，可以定义为 MQL。
- 深意向线索：需求比较匹配，客户愿意深度接触，如上门沟通、方案汇报等，可以定义为 SQL。

其中，MQL 可以由市场部继续培育，也可以转给销售部直接转化。成为 MQL 需要具备以下条件或者符合 BANT 原则中的 2 ～ 3 项：

- 有购买意向；
- 客户有一定需求；
- 愿意初步接触。

BANT 原则如下。

- Budget（预算）：客户是否有充足的预算。
- Authority（权限）：联系人是不是最终决策者或影响决策者。
- Need（需求）：客户是否有采购需求，提供的产品能否满足其需求。
- Time（时间）：客户近期是否会购买，是否同意与销售人员面谈。

不少企业会将所有的线索不加区分地全转给销售部。但客户在线索阶段还处于收集和了解信息的环节，距离被转化还有较长的周期。若销售人员直接转化这些线索，容易出现客户意向不强而放弃的情况，从而造成有效线索的浪费，这是一种粗放且低效的线索管理方式。

在笔者辅导过的企业中，有一些企业每天会新增数百条线索，其中会有不少的无效线索和浅意向线索，如果要对这些线索一一进行沟通和确认，会浪费销售人员大量时间，也会影响他们的信心，甚至造成内部的信任危机。

Prezi 公司的数据显示，61% 的 ToB 企业的市场人员会将所有 Leads 发给销售部，其中只有 27% 能够成为 MQL，真正能成为 SQL 的不到 10%。

这是因为销售人员很难有精力对所有线索进行有效培育，于是一些企业的销售部接手了 MQL 之后，会设置一个销售接受线索（Sales Accepted Leads，SAL）的阶段。在该阶段，销售部会对 MQL 进一步确认，其中达到销售部的标准才能成为 SQL。

设置 SAL 相当于建立了一个线索评估和回流机制，在销售部抱怨市场部提供的线索、MQL 质量不高的时候，这会在市场部与销售部之间形成缓冲。比如企业设置线索指标的标准为 SAL/MQL>60%，也就是说，市场部每转出 10 个 MQL，销售部会接受 6 个以上。将这样的比例作为基础值，逐步提升，从而提高部门的协同效率。而对于市场部和销售部配合良好的线索标准，笔者认为需要达到 SAL/MQL>90%。这说明两个部门对线索的标准比较统一，配合起来效率更高。

SAL 和 SQL 都是由销售部推动的。对于 SQL 的认定，不同的企业有不同的标准，常用的判断方式是上面提到的 BANT 原则。SQL 的筛选标准比 MQL 的筛选标准更加严格，通常需要满足 BANT 原则的所有条件，其中客户期待面谈是一个关键指标。

销售部确认线索符合 SQL 标准之后，会着手推动线上会议、需求沟通、方案汇报等环节。一些客户会提出产品试用的要求，以便进一步验证 ToB 企业的产品是否能满足需求。

接下来客户会形成明确的购买意向，并且通过价格谈判来确定产品细节、最终价格等，这一阶段的线索即为商机。商机就是合同沟通阶段的 SQL。也有不少企业为了简化管理，会将 SQL 与 OPP 合并，都理解为商机。

3. 成交阶段：从商机到现金

经过需求沟通、方案汇报、产品试用、价格谈判后，客户可能与企业达成交易，这是增长过程中的一个阶段性胜利，这一阶段就是从商机到现金（Opportunity to Cash，O2C）的阶段。对于 SaaS、硬件类产品，ToB 企业可能在产品交付后很快就能获得收入；而对于大型软件、咨询类产品，企业则需要按照成交、实施、交付、服务等工作环节来分阶段获得收入，如图 1-18 所示。

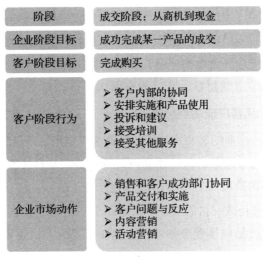

阶段	成交阶段：从商机到现金
企业阶段目标	成功完成某一产品的成交
客户阶段目标	完成购买
客户阶段行为	➤ 客户内部的协同 ➤ 安排实施和产品使用 ➤ 投诉和建议 ➤ 接受培训 ➤ 接受其他服务
企业市场动作	➤ 销售和客户成功部门协同 ➤ 产品交付和实施 ➤ 客户问题与反应 ➤ 内容营销 ➤ 活动营销

图 1-18　成交阶段的客户行为与市场动作

在客户从访客到线索，历经 MQL、SQL、OPP 等阶段，到最后成交的过程中，ToB 企业并不是一帆风顺的。在成交阶段，多数企业是以销售部为主，市场、产品等团队为辅。

笔者曾做过一个测试，让市场部承接部分线索并在线引导成交。其中约有2%～5% 的潜在客户在前期已经独自完成了对产品的了解，成为线索后很快就可以成交，然后市场部就可以将其直接转给服务团队或客户成功团队来维护了。这样做，市场部可以更加了解客户，能在成交的过程中了解并分析为什么有些客户成交快，有些客户成交很慢且疑虑重重，以便提升企业的市场能力。

在成交之后，企业需要对客户进行持续的实施和服务，ToB 产品的购买往往只是增长的开始，客户在产品使用过程中还会出现很多问题，需要 ToB 企业去响应并解决问题，这个阶段的英文名称是 Issue to Resolved，通常简称为 I2R。

对 ToB 企业来说，除了少数工具型的产品，大部分产品和服务在付费之后，还需要长期的实施和服务期。实施可以理解为保证客户正常使用或享受服务而进行的动作，比如客户买了定制橱柜、空调等，需要师傅上门安装才能使用，这个安装过程就是实施。而客户购买了软件也需要工程师按照客户的需求部署和上线，这也是实施。根据产品的不同，实施过程可能需要几天，也可能需要几个月。

实施是 ToB 企业赢单后第一次与客户接触，既是赢得客户信任的一步，也是保障顺利收到客户付款的重要环节。在实施的过程中，企业会遇到很多问题，比如客户培训的配合、内部使用推广的阻碍，甚至临时需求的变化。这时候就考验实施人员和售后人员的能力了，也就是企业的问题响应能力。

成交后的问题响应非常重要，会直接影响客户在付款后对企业及产品的信任度，以致影响后续节点的付款，所以才有那么多企业提出"客户至上"的理念。

4. 拥护阶段：从客户成功到续费

在客户成交后，企业的客户成功团队帮助客户使用好产品，解决客户的痛点，帮助客户真正实现降本增效，最终让客户持续付费，并且让客户成为企业的拥护型伙伴。这就是拥护阶段——从客户成功到续费（Customer Success To Renewal，C2R），主要涉及需要持续交付的服务、软件和 SaaS 产品，如图 1-19 所示。

客户开始使用产品或享受服务后，企业还需要为客户提供持续的售后服务，包括客户在使用产品过程中的问题解决、产品的培训安排、产品的改进意见收集、新需求的反馈等，还包括产品新功能和增值服务的推介等。这些工作通常和实施区分开，由客户成功部门负责。

Salesforce 公司在 2001 年左右最早成立了客户成功团队，以保证客户的需求被满足，从而大幅提高了客户的续费率。在 2015 年之后，客户成功的概念及模式被更多的公司接受并效仿。

在概念上，客户成功经常与客服混淆。客服在客户有问题并且提出需求的时候才去解决问题。而客户成功是主动出击的。客户成功目前主要存在于软件和 SaaS 型公司，围绕客户续费和增购的目标展开工作，提升产品对于客户的使用价值，满足客户期待及提高成就感。SaaS 本身就是一种服务，只有客户成功，企业才能成功。笔者认为，越来越多的企业会认同客户成功这一岗位的重要作用。

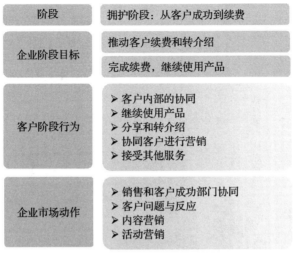

图 1-19　拥护阶段的客户行为与市场动作

对一个企业来说，经营好老客户是实现增长非常重要的一步。获得一个新客户的成本比保留一个现有客户的成本高 5～10 倍，而增加 10% 的客户留存率可以增加 30%～80% 的利润。并且，面向老客户的二次销售成功率为 30%～50%，而面向新客户的销售成功率仅为 3%～8%。

当客户因为满意而续费、增购，甚至为企业推荐客户的时候，该客户就成了企业的拥护客户。所以，在客户成交之后，企业需要关注的就是客户对产品的使用情况或对服务的满意程度，客户越深度地使用产品和服务，复购的可能性就越高，还能带来转介绍。总之，只有客户成功到位，客户才会续费。

在这个过程中，市场部的主要动作就是利用公司现有的资源，帮助客户做好案例包装、行业宣传。企业如果有较强的内容团队以及一定粉丝量的渠道，甚至可以把这些当作增值服务的一部分。如明源云的一些客户会在产品合同中附加上品牌营销方面的服务要求，主要是因为明源云拥有行业 TOP 级的媒体以及内容团队，并且掌握着拥有超过 200 万行业粉丝的公众号矩阵，能够给客户带来营销的价值。千万不要以为到了客户成功阶段市场部就不用介入了。在整个 ToB 营销增长过程中，帮助客户实现营销成功，也是 ToB 企业的一种重要的竞争力。也就是说，市场部的工作是贯穿整个客户购买旅程的。

笔者对 ToB 企业市场部的工作进行了汇总，如图 1-20 所示。

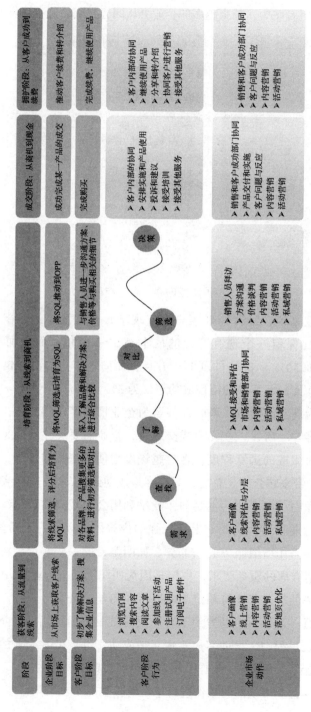

图 1-20　线索生命周期的客户行为与 ToB 企业的市场动作

1.3.3　ToB 增长藏在转化的每个环节中

通过对客户旅程、客户生命周期、线索生命周期的分析，我们梳理出企业增长的公式：

$$ToB\ 增长 = 新客户增长 + 老客户增长$$

新客户增长 = 线索数 × 线索转商机转化率 × 商机转成交转化率 × 客单价

老客户增长 = 老客户数 × 续费率 × 客单价 + 老客户数 × 转介绍率 × 客单价

这套公式既包含了客户旅程的每一个阶段、企业工作的每一个阶段，还包含了线索的所有阶段以及流转过程。每一条线索的转化都意味着企业完成一次增长。

也许有人不太理解为什么说 ToB 增长藏在转化的每个环节中。在知名 SEO 博主 Evan Bailyn 2021 年撰写的《B2B SaaS 漏斗转换基准》中，收集了 50 多个企业的数据，经过分析制作了一个简化版的转化基准，如表 1-5 所示。

其中 Leads 是提交了联系信息的访客，MQL 是符合客户画像的 Leads，SQL 是指预算合适且正在与销售沟通的 MQL，OPP 是合同沟通阶段的 MQL，此标准和笔者上文所述的定义类似，供大家参考。

表 1-5　Evan Bailyn 绘制的 SaaS 漏斗转换基准

漏斗阶段	小企业（100 万～ 1000 万美元）	中小企业（1000 万～ 1 亿美元）	中等企业（1 亿～ 10 亿美元）	大型企业（10 亿美元以上）
网站访客（Website Visitor）	2.3%	1.4%	1.2%	0.7%
线索（Leads）	37%	41%	40%	34%
市场认可线索（MQL）	32%	39%	39%	40%
销售认可线索（SQL）	40%	42%	46%	36%
商机（Opportunity）	46%	39%	35%	31%
成交（Closed）				

我们选择年收入在 100 万～ 1000 万美元的 SaaS 企业作为案例，其线索在各环节的转化率如表 1-6 所示。

表 1-6　某 SaaS 企业线索在各环节的转化率

转化链路	转化率	示例
网站访客 → Leads	2.3%	10 000 个访客只有 230 个会成为 Leads
Leads → MQL	37%	230 个 Leads 只有约 85 个会成为 MQL
MQL → SQL	32%	85 个 MQL 只有约 27 个会成为 SQL
SQL → OPP	40%	27 个 SQL 只有约 11 个会成为 OPP
OPP →成交	46%	11 个 OPP 只有约 5 个会成为成交客户

由此可见，从访客到成交的转化率仅为约 0.05%，哪怕从 Leads 到成交的转化率也仅为约 2.2%。

当然，Evan Bailyn 统计的转化率和国内企业的转化率可能存在一定差异。径硕科技统计了数百家客户的数据并得出了转化基准，如图 1-21 所示。可以发现差别并不大。

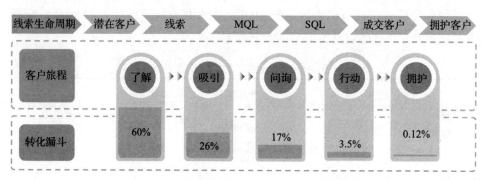

图 1-21　径硕科技统计的 ToB 企业转化基准

那么，ToB 企业怎么才能实现增长呢？我们可以尝试将某一个环节的转化率大幅提高，比如将"网站访客→ Leads"环节的转化率提高到 6%；也可以努力提高每一个环节的转化率。如果将每个环节的转化率都提高一定幅度，那将会是怎样的情况呢？我们来计算一下，如表 1-7 所示。

通过模拟计算后可以看到，方案一最终成交 13 个客户，方案二最终成交 8 个客户，比原有转化率下成交 5 个客户都有所增长。同时我们还可以发现，将前端环节的线索数量和质量提高，更有助于整体增长。

表 1-7　转化率优化方案示意

转化链路	原转化率	优化转化率方案一	优化结果一	优化转化率方案二	优化结果二
访客 → Leads	2.3%	6%	10 000 个访客中有 600 个会成为 Leads	2.53%	10 000 个访客中有 253 个会成为 Leads
Leads → MQL	37%	37%	600 个 Leads 中有 222 个会成为 MQL	40.7%	253 个 Leads 中有约 103 个会成为 MQL
MQL → SQL	32%	32%	222 个 MQL 中有约 71 个会成为 SQL	35.2%	103 个 MQL 中有约 36 个会成为 SQL
SQL → OPP	40%	40%	71 个 SQL 中有约 28 个会成为 OPP	44%	36 个 SQL 中有约 16 个会成为 OPP
OPP → 成交	46%	46%	28 个 OPP 中有约 13 个会成为成交客户	50.6%	16 个 OPP 中有约 8 个会成为成交客户

基于 ToB 增长的底层逻辑，可以梳理出实现 ToB 增长要做的工作。

- 扩大流量，让线索数量更多。
- 深挖渠道，让线索质量更好。
- 提高 Leads 转 MQL、MQL 转 SQL 的效率。
- 提高客户认知、认可度，加速转化周期。
- 提高成交转化率和效率。
- 提高续费率、增购率。

以上各项工作，在企业中又可以划分为品牌营销、线上营销、内容营销、活动营销、私域营销等专业领域，包含制作客户画像、规划营销策略、搭建营销数字化和组建增长型的团队等技能，其涉及的专业分工之多、技能要求之高，都不是个人可以完成的，即便是市场团队，如果专业不过硬，要实现营销增长也颇为不易。

为了更好地探索 ToB 营销人员专业进阶和营销增长的实现路径，笔者根据多年的咨询顾问和企业管理经验，绘制了一个 ToB 营销能力模型，如图 1-22 所示。对于个人能力，该模型可以进一步分层。

- L1：营销基础能力，包括市场调研、客户画像、产品知识、竞品分析等。
- L2：营销专项能力，包括数字营销、内容营销、活动营销、私域营销等。
- L3：营销操盘能力，包括市场洞察、战略规划、组织建设、营销技术等。

同时，该模型还覆盖了企业能力，即组织与数字化支撑。接下来的内容将按照此模型的逻辑，抽丝剥茧地详细阐述。

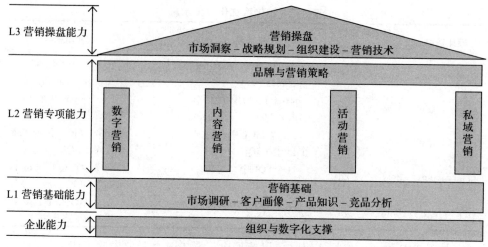

图 1-22　ToB 营销能力模型

1.4　思考

现在，我们基于本章所讲的内容来做一些练习，以便更好地将理论与现有的工作结合起来。

- 通过阅读，你如何看待 ToB 行业的下一个 10 年？
- 你所在的行业，排名前三位的标杆企业的增长模式是怎样的？
- 面对客户购买决策流程的复杂性，你认为 ToB 企业的营销增长应该如何破局？
- 从营销的角度，你认为企业应该如何主动教育市场和客户？
- 面对企业获客成本越来越高的情况，你有什么对策？
- 你所在的企业如何提高线索在各阶段的转化率？你是否还有其他策略？
- 尝试绘制你所在企业的线索生命周期，并分析客户与市场部的关键行为。

第 2 章

营销策略，明确营销增长路径

通过前文，我们知道 ToB 企业的增长需要经过多个阶段，由多个部门配合，并且增长就藏在每个转化环节的细节里。那么，市场人员在每个环节里面扮演什么角色？他们经常遇到的困难有哪些？如何提高每一个环节的转化率？如何量化和证明营销的价值？如何制定完整的营销策略来实现增长目标？

本章我们一起探讨这些问题。

2.1　ToB 营销增长现状

任何企业的业务和增长，都面临着一个模式匹配的问题，也就是企业要选择与其业务相匹配的增长模式，这才是实现规模化的增长。

比如笔者曾负责的营收达到 10 亿级的企业，具有多个产品线及近 5 万个客户，会将客户分层并匹配不同的增长模式。以该企业的短信、API 产品为例进行说明。

- 年客单价在 1 万元以下的是中小型客户，即 Small and Midsize Business，简称 SMB。对于这类客户，主要的增长方式是通过市场部进行线上获客，引导其在线交易，让客户自主注册和付款。

- 年客单价在 20 万元以下的是普通客户。对于这类客户，主要的增长方式是通过市场或商务进行线上获客，再由商务人员线上跟进并推动成交。
- 年客单价在 20 万～200 万元之间的是重点客户，即 Key Account，简称 KA，也可以叫作大客户。对于这类客户，多采用线上线下获客的增长方式，在进行购买意向筛选后，KA 商务人员会线下拜访和沟通，推动成交。
- 年客单价在 200 万元以上的是高级重点客户，即 Super Key Account，简称 SKA，也可叫作超级大客户。这种客户多为成熟型企业，往往都已经有供应商存在。对于这类客户，多采用名单制，由 SKA 商务人员牵头成立一个小组，长期持续地跟进和沟通，深入了解客户的需求，进行方案汇报和投标竞争来成交。

这种多种增长模式混合的情况，对管理者的要求越来越高。笔者在负责市场工作的时候，带过 KA 部门，参与组建过客户成功部，在担任国际事业部负责人时，半年时间组建了数十人的销售和运营团队，这些都是为不同的业务探索合适的增长模式。

很多 ToB 企业早期都是通过创始人或销售人员来获客并成交，从而驱动增长的。市场部往往在销售部之后成立，主要的工作是做活动、圈客户。随着互联网的不断发展，产品逐渐细分，竞争不断加剧，ToB 企业的增长模式逐渐演化成为 3 种：销售驱动增长、市场驱动增长和产品驱动增长，如图 2-1 所示。前文所述的"增长"主要是指新增客户的增长，很大程度上取决于 Leads 数量。不同的增长模式意味着不同的资源投入和配置，以及不同的影响客户的思维。

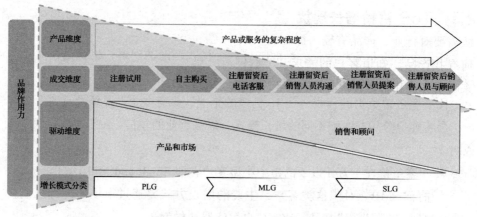

图 2-1　ToB 企业的 3 种增长方式

1. 销售驱动增长

销售驱动增长（Sales-Led Growth，SLG）是指由销售团队主导的增长策略，一般适用于产品或服务比较复杂、销售周期较长、客户需要指导、客户数量较少、客单价比较高的企业，典型代表有 IBM、SAP、咨询公司等。

SLG 型企业的增长比较依靠销售团队，市场团队常处于从属位置，主要负责向销售部提供线索，协助销售团队培育客户。有些企业可能没有市场团队，那么销售团队会自行获客，并对客户持续跟进、多次拜访，甚至协同解决方案顾问进行方案汇报，最后促使成交。

SLG 型企业明显的瓶颈就是销售人员每天能联系的客户数量有限，一段时间内能跟进的客户数量也有限。而且客户可能存在"认人"的情况，与之对接的销售人员离职，客户一起被带走的风险很大。

2. 市场驱动增长

市场驱动增长（Marketing-Led Growth，MLG）是指由市场团队主导的增长策略，一般适用于产品或服务的流程较为标准或不太复杂甚至可以线上成交、销售周期适中、客单价适中的企业，典型代表有 Shopify、小鹅通、船长 BI 等。

MLG 型企业的增长大多依靠市场团队，通过数字化营销、内容营销、活动营销等方式来获取新客户，并且还需要持续地展示价值，让客户对企业产生信任，提高对产品的认知，以此来促进转化和成交。此时，销售团队主要承接客户并完成转化的动作。对于一部分平台企业的高意向客户，可能会由市场团队直接线上成交。

MLG 型企业往往需要进行大量营销动作，如投放、活动、内容等，市场团队需要对行业、产品有较为深度的认知，了解客户的问题所在，思考客户会如何寻找产品，知道客户的需求，然后创造大量行业、企业、产品相关的内容，来吸引客户和培育客户心智。

3. 产品驱动增长

产品驱动增长（Product-Led Growth，PLG）是指由产品团队主导的增长策略，一般适用于产品标准化程度较高、工具属性强、客户可以自主完成购买、客单价较低的企业，典型代表有 Zoom、蓝湖等。

对于 PLG 型企业的产品，客户能够直接注册试用和自主购买，所以市场团队进行品牌建设，协助线上获客。产品运营人员持续分析客户路径，进行增长试验，分析产品使用行为，推动个性化的用户激活和升级体验，促使客户主动付费。

PLG 型的产品一般具备较好的网络效应，也就是说，随着客户数量增加，其价值也会呈指数级增加。典型的例子就是 Zoom，如图 2-2 所示，当越来越多的人使用 Zoom 的时候，产品会实现自发的增长。一般网络价值与网络节点数量的平方成正比，这就是 PLG 型产品增长的"魔力"所在。

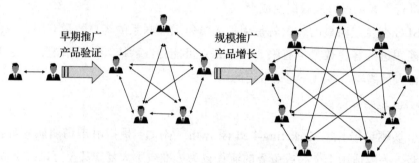

早期推广
产品验证

规模推广
产品增长

图 2-2　Zoom 的网络效应示意

PLG 型企业都有一个特点：不过分依赖销售团队。企业的销售人员比较少，在某些阶段甚至没有销售团队，除非有面向大客户的定制产品需要线下沟通，销售人员的主要工作是线上对接成交，增长主要靠产品的运营和裂变，典型代表为蓝湖、石墨等具备网络效应的工具型产品的企业。

4. 各增长模式现状

根据 Converlab 的统计以及笔者所做的调研，除了从产品维度来区分不同的增长模式外，还可以从客单价和成交周期两个维度来对这 3 种模式进行更详细的划分，如图 2-3 所示。

- PLG：适合客单价在 1 万元以下、成交周期在 7 天左右的产品或服务，具备工具属性、网络效应。
- MLG：适合客单价在 10 万元以下、成交周期在 7 ～ 120 天的产品或服务，客户可以自主注册和使用。
- SLG：适合客单价在 10 万元以上、成交周期在 30 天以上的产品或服务，需要实施或交付。

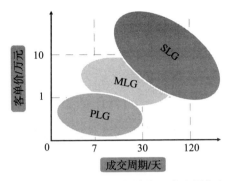

图 2-3 3 种增长模式按客单价和成交周期细分

当然以上只是一个粗略的划分，因为在企业实际业务中并不存在纯粹的 PLG、MLG、SLG 模式，比如石墨文档对个人客户是 PLG，对于企业客户又是 SLG。Salesforce 早期采用 PLG 模式，过程中使用 MLG 模式来打造品牌和吸引潜在客户，随着其产品变得较为复杂，面对中大型客户的时候同样需要较多的销售团队，则变为 MLG+SLG 模式。

MLG 通常和 SLG 或 PLG 结合使用，比如与 PLG 结合，通过内容来吸引客户，再让客户免费试用产品，最终达成增长。在这里，优秀的产品人员就担任了销售人员的角色，说服客户，促进成交。采用 SLG 模式并不意味着企业只需要销售团队而不需要市场团队，采用 PLG 或 MLG 模式也不是说企业就不需要销售团队，重要的是什么角色或哪类团队主导了新客户增长。

判断一家企业到底属于什么模式，可以使用增长模式成熟度公式。Convertlab 创始人王琤提出的一个 MLG 成熟度公式如下。

MLG Index= 市场部获客的成交数量 ÷ 所有新成交客户数量

Convertlab 不断调研 SaaS 行业客户并追踪 MLG Index 后，发现目前 SaaS 行业中各企业的差异较大，20%～70% 是主流区间。

据称，Convertlab 每年有 65% 的新成交客户都是通过市场手段获取的，如广告投放、线上线下活动、社交营销、内容营销等，其成交线索数量明显高于销售团队自拓。

为了方便使用，笔者按照调研和实践经验进一步对 MLG Index 进行如下判断。

- 对于 ToB 企业，若 MLG Index > 15%，则可以判断市场部能在增长中发挥一定作用，但是 PLG 或 SLG 的属性占主导。

- MLG Index > 30%，可以定义为 X+MLG 的混合模式，市场部在增长中发挥着重要的作用。
- MLG Index > 60%，可以定义为 MLG 模式，意味着企业的新客户线索来源大部分是市场部。

为了更好地了解国内 ToB 企业不同增长模式的现状，笔者做了一些调研，结果如图 2-4 所示。

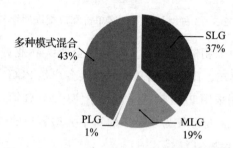

图 2-4　国内 ToB 企业不同增长模式的现状

结果表明，在参与调研的企业中，采用 SLG 模式的企业占 37%；采用 PLG 模式的企业非常少，不到 1%；采用 MLG 模式的企业占 19%；多种模式混合的企业占比最大，为 43%。这就意味着市场部在近 1/5 的企业中为增长发挥着非常重要的作用，还在近一半的混合模式企业中为增长做出了一定贡献。

云启资本的创始合伙人黄榆镔曾在活动中表示，SaaS 的壁垒不在技术，而在于客户认同。如果 100 个客户都认为该产品很强，并向其合作伙伴推荐，该评价传播出去，就可以为企业省下大量费用和时间成本。而客户认同和转介绍既有产品本身的功劳，也有市场部的推动。

由此可见，市场部所主导的营销增长，必将在更多的 ToB 企业中占据重要的位置，市场工作将为企业增长发挥更大的作用。

2.2　制定营销策略，市场驱动增长

2.2.1　ToB 市场人的挑战

虽然营销增长正在变得越来越重要，但 ToB 企业中的市场人员却变得越

来越焦虑，如图 2-5 所示，我们可以看到报告中呈现了市场人员面临的重大挑战。

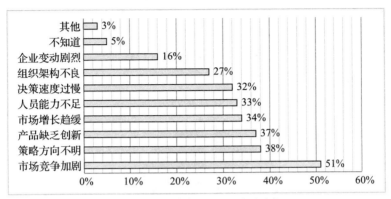

《中国B2B市场营销现况白皮书》

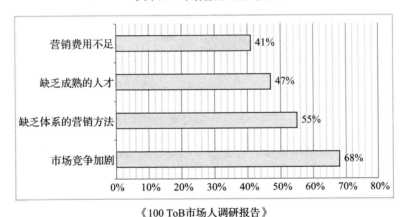

《100 ToB市场人调研报告》

图 2-5　ToB 企业中市场人员面临的挑战

在图 2-5 中，《中国 B2B 市场营销现况白皮书》列出了 ToB 企业的市场人员面临的前 5 个挑战分别是市场竞争加剧、策略方向不明、产品缺乏创新、市场增长趋缓、人员能力不足。其中市场竞争加剧属于客观环境，不是市场人员自己能解决的，而产品缺乏创新则说表明了行业同质化竞争的现状。另外，在笔者做的某次调研中，前 4 个挑战分别是市场竞争加剧、缺乏体系的营销方法、缺乏成熟的人才、营销费用不足。

由此可知，行业最佳实践的不足、工作方法论的缺失、体系的营销方法缺乏、成熟人才的缺乏等问题，都成了限制市场部发展的重要原因。这些都不是短期内能解决的问题，而本书的目的则是解决其中一部分问题，为广大从业者提供一点点价值。

首先，营销费用不足的问题确实值得关注。笔者了解到，一些企业没有年度市场策略，更没有规划出市场预算，导致市场人员每次进行市场活动都要单独申请费用，这让市场人员无法对全年的工作进行提前规划。

同时，如图 2-6 所示，我们可以看到国内 ToB 企业在 2021 年的整体营销预算，其中至少有 48% 的企业不到 500 万元。

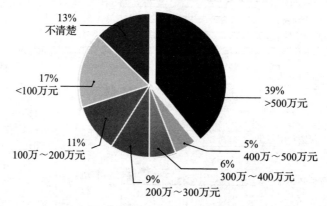

图 2-6　国内 ToB 企业 2021 年的整体营销预算

这样数额的年度营销预算，可能还不如笔者操盘过的某些企业一年的 SEM 预算或一场年度大会的预算，如果其中还包含了市场团队薪酬，那么市场部在进行市场工作时可能真的是捉襟见肘。

这种现状的背后，是很多企业的管理者将市场营销费用看作支出而非投资，他们也无法理解市场工作中的品牌、内容、活动、私域等营销方式会具有很好的复利效果，将随着时间的推移持续产生价值。

笔者在给企业做咨询的时候，经常会用养鱼人和捞鱼人来比喻市场团队和销售团队。

市场团队就是烈日下的养鱼人，会为企业的鱼塘源源不断带来新的鱼苗（线索），同时在不断地饲养（培育）着鱼苗，让这些鱼成长。即使某些市场人员离开了，他们投下的钩子和养料（品牌、内容等）也能为鱼塘持续供给养分并带来新的鱼苗。

销售团队就是等待收获的捞鱼人，厉害的捞鱼人当然也会养鱼，但多数时候，他们还是在捞养鱼人饲养的鱼。正因为养鱼和捞鱼两项工作分开，围观者经常会赞扬捞鱼人收获满满，而忽视了养鱼人在背后的努力。并且当销售人员离开时，产出立刻就会停止，即使已经在网中的鱼，也可能被捞鱼人带走。

养鱼虽然要比捞鱼花更多的钱，见效的周期也更长，但是能养出自己想要的品种，也能了解鱼成长的过程，可以形成一个良性的生态。养鱼人在度过了前期的投资期后，会形成增长的飞轮，所以说养鱼是一种中长期的投资。

投资人、管理层应该更深刻地理解市场工作的价值，这样才会愿意拿出更多的预算进行市场营销工作，才能对企业的中长期发展进行投资。

当然，作为市场人员，当遇到市场预算不足等问题的时候，更应该专注于提高自身的专业能力，上能制定营销策略，下能执行具体动作，左能高效获客，右能持续培育，做一个综合型 ToB 市场人才，使自己成为杠杆，帮助企业将有限的资源投入重要的地方，以此来实现增长。只有为企业创造更大的价值，市场部才能争取到更多的预算。

2.2.2　为什么要制定营销策略

营销策略是指以客户需求为出发点，以企业战略为目标，组织一个或多个业务的工作，从而实现目标的计划手段。它所包含的范围较大，可以是企业营销策略，可以是产品营销策略，也可以是某个市场专业的策略。

- 企业营销策略又称为营销规划或营销战略，一般包含企业品牌、产品和其他部门需求，是实现战略目标的所有市场工作的总和。
- 产品营销策略是为了实现产品营销的目标而制定的策略，按照不同的产品阶段又可以分为产品上市营销策略、产品上市后营销策略。其中，产品上市营销策略又称为产品进入市场（Go To Market，GTM）策略。产品是否能够顺利进入市场并得到客户认可，一方面需要营销策略，另一方面还需要验证产品和客户的契合度，即 PMF。而产品营销上市后策略需要市场部的各个专业线协同进行，以持续吸引潜在客户、影响所有类型客户。
- 市场专业的营销策略比较好理解，比如数字化营销策略，包含采用哪些手段、需要多少预算、采用怎样的投放节奏、达到什么目标等，此外还有内容营销策略、活动营销策略等。

根据《中国 B2B 市场营销现况白皮书》中的数据，只有 30% 的被调研者认为营销策略与执行非常有效或有效；有 46% 的人认为效果普通；有 17% 的人认为不太有效或认为几乎无效仍在摸索；还有 7% 的人表示不清楚或无营销策略。如图 2-7 所示。

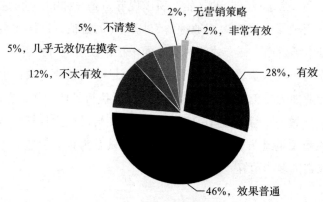

图 2-7　ToB 营销策略与执行的有效程度

这在一定程度上反映出国内 ToB 企业在营销策略与执行上存在较大的问题。笔者认为问题的根源主要来自 3 个方面：一是部分市场人员不知道如何科学地制定营销策略；二是营销策略没有基于真正的市场与客户的洞察展开；三是在营销策略执行过程中协同部门的配合存在问题。

部门配合不密切是企业策略执行过程中的常见问题，如果没有良好的协同规则，就会出现信息孤岛、权责不清的情况，各部门会按照自己的理解去工作。如果产品、市场、销售等部门的工作人员面向客户的话术不一致，就容易造成客户对企业的不信任。

比如，在 ToB 企业的营销中，其产品以"高效的数据统计"为卖点来规划设计，而市场推广时主打的亮点是"信息安全"。比如，产品进行了版本迭代，市场人员没有及时获得消息，当客户咨询版本问题的时候市场人员说不清楚。

好的业务策略有利于提高部门协同，让大家知道关键的时间和工作事项，让整个工作像汽车的零部件一样相互咬合、密切配合，一起朝着目标前进。

2.2.3 如何制定营销策略

企业战略是所有业务战略的总和，比如产品、品牌、营销、销售、人力资源、财务等不同的业务战略，进一步分解为更细的业务线策略，制订详细的执行计划，然后分别落地，最终实现目标。其中，战略是解决全局性、根本性层面问题的规划，而策略是具体的、在战略指导下的、为战略服务的计划。

制定企业战略，需要先经过市场洞察，进行政策和经济等大环境分析、产业分析、竞争对手分析、赛道分析、目标客户分析等，最后形成"企业战略屋"，如图 2-8 所示。

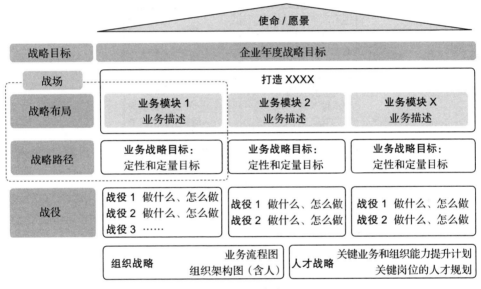

图 2-8　企业战略屋

营销策略的制定有很多方法，在多年的实践中，笔者总结了营销策略 7 步法。接下来笔者以呆跨境电商 SaaS 企业为案例来进行讲解。

（1）确定营销目标

营销策略就是要承接企业战略中属于市场营销部分的工作。比如企业战略要实现 2 亿元营收，其中新增客户收入为 1.2 亿元，续费收入为 0.8 亿元。对此，制定营销策略就要围绕整个目标来思考，按照过去的客户成交各环节的转化率来看，需要新增多少 Leads、多少 MQL，有什么方法能协助销售和客户成功团队提高转化率、续费率等，如何在市场部各专业实现，以及如何制定营销预算和保障措施等。

（2）市场现状分析

市场现状分析需要了解企业所处的社会经济环境，明确企业或产品在市场上所处的位置，分析产品的需求有多大、潜在客户有多少，判断该方向的成熟度等，可以分为宏观分析和市场规模分析。

对于宏观分析，可以使用 PEST 模型，即对政治（Political）、经济（Economic）、社会（Social）和技术（Technological）这 4 方面的外部环境因素进行分析，如图 2-9 所示。

政治	经济
国家政策、法规 经济刺激方案 行业性法规 ……	经济周期 利率 / 汇率 可支配收入 ……
技术发展阶段 技术投入 专利壁垒 ……	生活方式 教育水平 消费方式 / 水平 ……
技术	社会

图 2-9　PEST 模型

对该企业的 PEST 分析如下。

- 政治：国家是持续鼓励出口、跨境贸易的。
- 经济：国内跨境电商业务金额持续上升，跨境卖家数量近几年呈爆发式增长。
- 社会：国内制造业水平逐年上升，全球对中国制造的需求越来越大，跨境发展正当其时。
- 技术：从云计算到 SaaS，从海外电商平台到独立站点，技术逐渐成熟，并且技术成本到了普通卖家可接受的程度。

因此，可以判断跨境电商 SaaS 行业处于早期且持续发展的阶段。

对于市场规模分析，需要先看市场总体规模，再看细分市场规模。

市场总体规模是企业面向的客户的需求量。在竞争激烈的时代，企业应该做好自己的定位：面向什么客户，解决什么问题，估算市场规模。比如中国跨境卖家主要集中在亚马逊、Lazada、Shopee 等平台，经过翻阅多方数据，保守估计卖家数量应该超过 1000 万，其中大部分为年营收 100 万元以下的中小卖家。

细分市场规模通过按照一定的标准对客户进行分类和分析而得出。对于细分市场规模的数据，企业需要搜索相关报告或委托第三方进行收集或分析。创业企业资源有限，其产品很难满足整个行业的需求，需要找到细分的切入点，进行单点突破。

虽然跨境卖家超过 1000 万，但其分布在多个平台或独立站点中。据 Marketplace Pulse 报道，截至 2022 年 8 月，亚马逊第三方卖家数量共有 630 万，其中约有 48.7% 是中国大陆卖家，也就是说，中国大陆亚马逊卖家超过 300 万。因此该企业若选择服务跨境电商中细分的亚马逊卖家，中国大陆的潜在客户数量约 300 万。

对市场规模的预估并不是简单地用潜在客户数量与客单价相乘得出，因为并非所有的客户都会购买企业的相关服务。

该企业的产品定位是帮助亚马逊卖家提高运营效率，客单价在 1 万元左右。经过分析，目标客群锁定在年营收在 100 万元以上的卖家，其占比约为 10%，即真实的潜在客户约为 300 万 ×10%，即约 30 万家。该类型产品市场规模为 30 万 ×1 万元 =30 亿元。该企业的战略目标为获得 5%～10% 的市场份额，即 1.5 亿～3 亿元的年营收，实现后再扩展其他产品或服务。

而根据相关报告，中国大陆跨境电商卖家数量排名前 10 的省市分别为广东省、浙江省、福建省、山西省、河南省、江苏省、山东省、上海市、四川省和湖北省，其中广东省又以深圳市的跨境卖家数量最多。行业中有一句话：全国跨境看广东，广东跨境看深圳，深圳跨境看龙华，龙华跨境看坂田。"坂田四少""华南五虎"皆聚于此，可见深圳在跨境电商行业中的地位。

据统计，深圳的亚马逊卖家数量超过 100 万。根据以上分析可以形成客户数量分层，如图 2-10 所示。

该企业又翻阅了过去 3 年的行业峰会和 36Kr、艾瑞等媒体的报告，决定在最近 3 年重兵布局深圳地区，用 3 年时间站稳脚跟，积累好客户后再向厦门、杭州拓展。

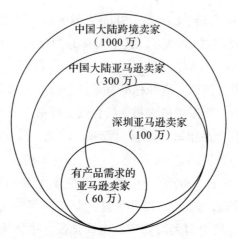

图 2-10　某跨境电商 SaaS 企业的客户数量分层示意

（3）市场竞品分析

市场竞品分析主要通过搜索市场数据、阅读行业报告、采访行业资深人士等方法，了解市场上有哪些竞品、总部在什么城市、产品有什么核心价值、市场占有率情况如何、市场和销售策略是什么等。对于行业中排行前 10 或与企业直接竞争的竞品，更应该做详细的调研。

很多企业做市场策略时，既不分析行业也不分析竞品，仅按照企业管理层的想法来做计划，这是非常不正确的。比如，如果将自己的活动和头部企业的活动定在同一天，则活动结果可能很惨淡。企业起步之初，如果市场部不知道该如何做线上投放，只需要仔细研究行业头部的企业主要在哪些渠道做了连续 2 年以上的投放，就可以采用跟随的策略。

只有通过竞品分析，知己知彼，才能更合理地制定本企业的策略。

而在上述例子中，该企业总部在深圳。经过调查，深圳有 4 家竞争企业，而北京、上海、广州、东莞、厦门、福州和成都都存在 1 ～ 2 家竞争企业。经过详细的分析，该企业调整了产品营销文案、年度营销计划和一些销售策略，并且加大了客户成功的投入。

（4）企业优劣势分析

每个企业在市场竞争中都有着自己的机会和问题，只有找出自身优劣势，才能扬长避短、赢得竞争。企业优劣势分析的常用方法是 SWOT 分析法，如图 2-11 所示。

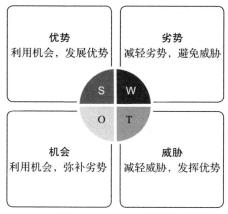

图 2-11　SWOT 分析法

SWOT 是指优势（Strengths）、劣势（Weaknesses）、机会（Opportunities）、威胁（Threats），是企业所处的各种环境因素，包括内部能力因素（优势、劣势）和外部环境因素（机会、威胁）。

通过 SWOT 分析法，对企业的优势、劣势进行深入分析，来判断自己的竞争实力；对企业所处环境的机会、威胁进行分析，来判断企业的突破点。

比如该企业的优势是产品的市场认可度不错，已经有一批正反馈的客户，且创始人拥有一定的行业人脉；劣势是创始团队中技术、市场、销售都偏弱；机会是跨境电商行业持续发展，投资机构比较看好，融资机会较大；威胁主要来自竞品，因为一些竞争企业可能会降价来对抗，以及头部企业可能会开发新产品线来竞争。正因如此，该企业更加坚定了集中力量，专注亚马逊卖家运营工具的一个点，并深扎深圳，辐射福州、厦门来赢得市场的策略。

（5）制订各专业营销计划

各专业营销计划包含实际完成目标的主要途径、方法，比如内容营销计划、活动营销计划等。

该企业根据目标与自身资源，制订了全年 90 场活动的计划，并且提前制定了 4 场行业峰会的方案。

（6）制定营销预算

营销预算主要包含市场部门人员工资、奖金、福利，以及各专业营销计划所需要的费用总和。

营销预算的制定既可以自上而下进行，也可以自下而上进行。自上而下主要是根据企业的整体目标来思考和拆解，自下而上主要是根据市场部各专业所能达成的目标以及达成这些目标所需要的费用汇总得出。通常来说，制定一个合理的营销预算需要先自上而下确定目标，再自下而上寻找和目标之间的差距，然后想办法调整目标或努力补上差距。

（7）过程监控与调整措施

在制定营销策略的过程中，虽然会经过多个部门的讨论，在市场部内部反复沟通，但毕竟策略是死的，而市场是活的，为了保障目标的达成，就需要对执行过程进行监控，定期复盘和及时纠偏调整。

通常来说 ToB 企业第一季度是淡季，第四季度是回款旺季，而第二、三季度的预算又相对充裕，这更需要根据市场竞争情况来调整。比如该企业市场部规定每月 5 日对上月的营销策略执行情况进行复盘，每季度进行一次动态调整，以保障年底能完成目标。

通过营销策略 7 步法，该企业制定了营销策略大纲，如表 2-1 所示。确定大纲后，在此基础上将策略分解到每个月，就形成了月度营销工作任务、目标和预算。

表 2-1　某跨境电商 SaaS 企业营销策略大纲示意

市场部目标	积累品牌知名度，新增覆盖 10 万个卖家，整体预算为 100 万元 获取 20 000 条 Leads，平均成本为 100 元/条，整体预算为 200 万元
产品市场策略	迭代产品营销物料，迭代官网内容
数字化营销策略	购买品牌专区，持续进行品牌建设，SEM 获客 10 000 个，SEO 获客 2000 个
内容营销策略	发布行业内容 200 篇、白皮书 1 份，公众号增粉 20 000 人，获客 3000 个
活动营销策略	参加行业峰会 4 场，赞助与合办线下活动 36 场，自办小型沙龙 50 场，获客 3000 个
私域营销策略	私域新增 20 000 人，赞助与合办直播活动 24 场，自办直播活动 24 场，获客 2000 个

2.3　GTM 策略，推动产品达成上市目标

2.3.1　什么是 GTM 策略

ToB 企业在洞察客户需求并打磨出产品后，需要将产品推向市场，这时候往往需要有一个策略在整个环节中起指导和牵引作用，这个策略就是 GTM 策略。GTM 策略也可以说是企业营销策略的最小可用验证方案。对于早期且只有一个产品的创业企业，营销策略基本是围绕产品展开的，GTM 策略就约等于企

业营销策略；对于有成熟产品或多个产品的企业，会存在多个 GTM 策略，与其他产品的中后期营销策略并行组成企业营销策略。

GTM 策略就是将产品推向市场这一过程的策略，这个过程一般是通过产品定位、价值提炼、营销策略、销售策略等方法，让产品出现在目标客户眼前，影响其认知，进入客户心智，促进交易达成，实现产品商业化的过程。

GTM 的概念最早来自快消领域。在宝洁公司，品牌经理拉通公司内的各个模块，把握产品的全生命周期，推动各种资源来实现商业价值。后来消费电子企业也纷纷设置 GTM 相关岗位来主导产品的上市过程。

随着 ToB 行业的发展，很多企业逐步认识到产品营销的重要性，GTM 理念也逐渐兴起。但 ToB 行业中对 GTM 缺乏统一定义，同行在交流的过程中对 GTM 的认知也不一致，经常会因此闹出笑话。笔者根据不同的工作范围对 GTM 进行了分类，如图 2-12 所示，分为企业 GTM、产品 GTM 和营销 GTM。

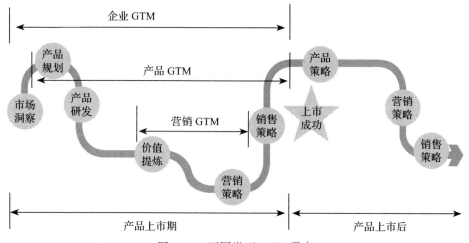

图 2-12　不同类型 GTM 示意

企业 GTM 通常由企业管理层直接参与和指导，常见于创业企业。对于快消产品企业，品牌经理往往负责产品从上市到发展再到衰落的全过程。但 ToB 企业中，因为产品周期很长，且只有 CEO 能对产品的生命周期全业务线负责，所以 GTM 一般只包含市场洞察、产品规划、产品研发、价值提炼、营销策略、销售策略等环节，截至上市成功。

产品 GTM 由产品负责人等角色制定，可能只包含从产品规划到上市成功的过程。

营销 GTM 既不包含前端的市场洞察和产品规划，也不包含销售策略，主要集中在价值提炼、营销策略两个环节。目前很多 ToB 企业的 GTM 策略都属于该类型，具体就是大部分 ToB 市场人员所执行的企业早期的产品包装、宣传和获客的工作。

2.3.2　产品市场，推动产品跨越鸿沟

在《跨越鸿沟：颠覆性产品营销指南》一书中，杰弗里·摩尔提到高科技企业产品的早期市场和主流市场之间存在着一条巨大的"鸿沟"，能否顺利跨越鸿沟并进入主流市场，成功赢得实用主义者的支持，决定了这个产品的成败，如图 2-13 所示。

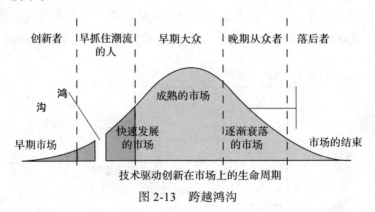

图 2-13　跨越鸿沟

书中也提到，想要跨越鸿沟，就要想办法让产品从早期市场走向主流市场，可以采用寻找市场、集中力量、主动进攻的方法。并且随着产品同质化的竞争加剧，企业也需要营销手段来覆盖更多的客户，增加客户信任。同时因为 ToB 产品的复杂性，决策链上关键人物的需求不同，企业内部各团队向客户传递的价值点不一致，对产品营销的需求也越来越高。

在 ToB 企业中，产品营销的推动者既不是产品经理，也不是对产品一知半解的市场人员，而需要一个既懂产品又懂市场还懂销售的岗位来推动，这个岗位就是产品市场经理（Product Marketing Manager，PMM）。

产品市场经理不是传统的市场岗位，更偏重于产品营销，是负责将产品推向市场，并保证产品上市目标的角色。这不是一个简单的执行岗位，而是一个管理岗位，该岗位的能力如图 2-14 所示。

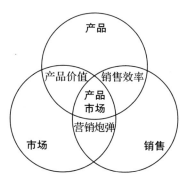

图 2-14 产品市场经理能力图

产品市场经理岗位需要打通产品、市场、销售多个专业。在产品上市前，需要参与产品定位、收集客户反馈、提炼产品价值、制定 GTM 策略；在产品上市过程中，需要制作营销炮弹、倾听客户声音、赋能销售效率，推动 GTM 目标完成；在产品上市成功后，还需要持续跟进产品、迭代 GTM 策略或参与后续的营销策略。其重要性不言而喻。

这里需要说明的一点是，虽然传统意义上的产品市场工作是贯穿整个产品生命周期的，但 ToB 产品生命周期几乎和企业的生命周期一样长，因此 ToB 企业的产品市场经理常常只负责产品上市前的工作，否则会和市场总监的工作重合。正因如此，优秀的产品市场经理是合适的市场总监候选人。

2.3.3 如何制定 GTM 策略

接下来就要开始制定 GTM 策略了。GTM 策略的关键事项可以分为产品上市前、产品上市中以及产品上市成功 3 个阶段，如表 2-2 所示。

表 2-2 GTM 策略各阶段的关键事项

产品上市前	产品上市中	产品上市成功
• 市场洞察	• 预算制定	• 成功目标
• 产品规划	• 筹备上市	
• 产品研发	• 价值提炼	
• 产品 PMF	• 产品定价	
• 获取种子客户	• 产品发布	
	• 产品 PMF	
	• 市场营销（包括官网迭代、投放优化、内容营销、活动营销等）	
	• 销售营销	

1. 产品上市前

这个阶段的关键事项如下。

- 市场洞察：目标市场细分是什么，市场规划有多大，目标客户是什么样子，客户的需求是什么。
- 产品规划：产品的卖点是什么，与竞品相比的优劣势是什么。
- 产品研发：确认产品研发的投入、研发周期、项目节点等。
- 产品 PMF：初步验证产品和客户的契合度。
- 获取种子客户：为产品找到种子客户，持续进行 PMF。

在制定策略的过程中，需要对行业、产品、客户进行洞察，帮助企业做出正确的决策，好的洞察既是全方位的也是深刻的，而营销策略最重要的就是客户洞察。如图 2-15 所示，我们可以看到企业如何完成客户洞察。

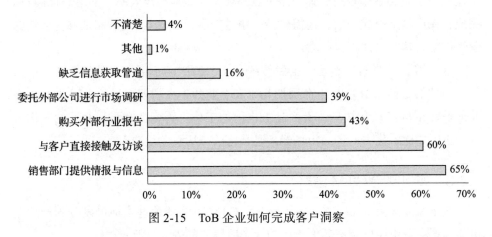

图 2-15　ToB 企业如何完成客户洞察

可以发现，要实现良好的客户洞察，市场人员既要收集行业动态、分析数据，还要和销售部密切交流，并且要和客户直接访谈。真正的客户洞察是需要经过大量沟通和验证才能掌握的。

2. 产品上市中

这个阶段的关键事项如下。

- 预算制定：通过 GTM 策略来制定营销费用的预算。
- 筹备上市：确认上市节奏是怎样的，每一阶段的目标是什么，以及如何落地。

- 价值提炼：先详细罗列产品价值，再根据当前客户最有需求或者产品最有力的亮点来提炼价值。
- 产品定价：产品的定价策略是什么样的，与竞品有何差别。
- 产品发布：包括产品推广方式的确认、产品发布会的策划、新品发布会的时间、新品发布会的传播等具体工作内容。
- 产品 PMF：经过上市前的 PMF，此阶段需要持续进行 PMF，以使产品能与客户需求更加契合。
- 官网迭代：官网的产品落地页如何迭代，如何更好地承接访客。
- 投放优化：如何完成行业和产品关键词的梳理、投放的优化、拓词和否词的筛选，如何持续提高投放的线索量和投入产出比等。
- 内容营销：围绕产品制作相关内容，并有节奏地推向市场。
- 活动营销：围绕产品组织相关活动，并有节奏地推向市场。
- 销售营销：销售部如何借用市场部的营销势能来触达、影响客户，促使成交。

一般来说，对产品进行种子客户测试的时候是小范围上市的，这一阶段适合做产品 PMF，可以定首次推广目标为 20 个，只找种子客户 10 个，并且可以经过两三次这样的测试，以便 PMF 更完善。这样做也避免了在上市推广动作之后有大量的客户涌入，产品和服务却跟不上的情况，以免失去客户信任，造成品牌资产贬值。

如果产品已经完成了初步的 PMF 并且即将上市，那么这个阶段要做的就是造尽可能大的声势，比如办一场产品发布会等。此外，制定这一阶段的市场营销和销售营销策略，持续进行 PMF，最终实现上市目标。

3. 产品上市成功

这个阶段的关键事项是设置产品成功上市的目标。比如以 6 个月时间内达成 100 个成交客户为目标或完成 500 万元的营收目标等，不过笔者建议用客户数而非营收来进行验证。

通过各种营销手段使产品顺利上市之后，成交客户数量达到了目标，那么该产品进入了常规化营销的阶段。这个阶段就像我们在跑步的时候，完成了起步适应期之后，进入了一个惯性运动期。此时需要总结前期的 GTM 策略经验，实现常规的市场、销售协同增长，并且定期复盘和迭代。

一些 ToB 企业的增长规模在达到一定程度后出现了瓶颈，这主要是企业过于依赖销售驱动导致的"后遗症"。随着销售规模增长，组织管理难度变大，人效逐渐降低，而且销售驱动的增长模式很难带来惯性增长，一旦团队出问题，增长就容易停滞。所以笔者建议 ToB 企业应该优先采用 SLG+MLG 的组合模式实现增长，而不要"一条腿走路"。

在营销策略的制定过程中，经常有人引用欧美的行业理论来指导国内 ToB 企业中市场人员的工作，但笔者认为这是不合适的，因为国内外市场有着巨大的差异。如图 2-16 所示，从营销渠道有效度的评分可以看出，欧美市场中排在前列的电子邮件、LinkedIn、直播等营销手段在国内并不那么有效。

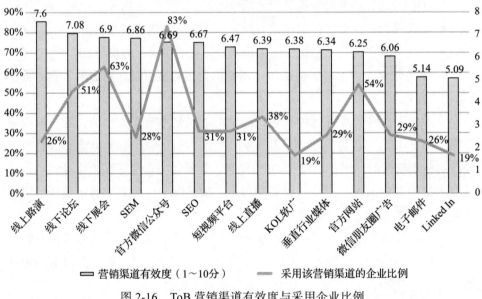

图 2-16　ToB 营销渠道有效度与采用企业比例

查看采用不同营销渠道的企业比例曲线，可以看到官方微信公众号、线下展会与官方网站是大部分市场人员最常采用的营销渠道。这与笔者一直提倡的"ToB 营销三板斧"——数字化营销、线下活动和内容营销——是一致的。

好的 GTM 策略会考虑产品生命周期，打破信息孤岛，统一产品认知；好的 GTM 策略主导者能够打破部门墙，拉通部门协作。通过对以上 3 个阶段中各个关键事项的梳理，再将对应的工作内容分配到主责部门，明确好各自的责任，就可以形成如表 2-3 所示的 GTM 策略执行指南。

表 2-3　GTM 策略执行指南示例

GTM 负责人：

产品负责人：

市场负责人：

销售负责人：

成功指标：

GTM 策略		责任人	开始时间	结束时间	状态	W1	W2	W3	W4
产品计划	1. 产品定位								
	2. 产品功能								
	3. 产品开发								
市场计划	1. 产品手册								
	2. 内容推广								
	3. 市场活动								
销售计划	1. 客户自拓								
	2. 客户转化								
	3. 成交复盘								

2.4　客户画像，深入洞察客户

制定营销策略需要对客户进行洞察，而做好客户洞察很重要的就是明确目标客户的画像。企业的产品是为客户服务的，企业需要时刻审视客户是什么样的人，他们有什么需求。对客户了解得越多，需求把握得越精准，企业才能将产品价值描述得越清晰。

洞察客户的过程中，最常用的方法是制作客户画像。只有目标清晰，才能一击即中。如果连自己面向的客户的特性都不能掌握，企业还能做好营销吗？

本节我们一起来探讨客户画像的相关内容。

2.4.1　什么是客户画像

交互设计之父阿兰·库珀最早提出了用户画像这个概念，他表示用户画像是真实客户的虚拟代表，是建立在一系列真实数据上的目标用户的模型。

简单来说，用户画像就是给目标用户贴上标签，这些标签是对用户的各种属性、行为、信息提炼出来的特征，而这些数据正是企业需要用工具去记录和分析的。

比如笔者使用各种购物平台时，经常浏览电子产品，买了多次商务衬衫，并且收货地址一直是深圳市，那么笔者在该平台上可能会被打上"男""深圳""商务人士""爱好电子产品"等标签。平台再把各个维度的标签综合起来，就形成了笔者在系统中的画像，这个画像成为平台推送广告时可参考的数据。这就是常见的用户画像。

ToB 企业将上述概念迁移至客户画像上。客户画像是指根据客户的属性、信息和数据综合得出的一个标签化的客户特征模型。

客户是产品的需求提出者，也是采购者，关注的是产品的效果和价格。而用户是产品的实际使用者，关心产品的使用体验。比如对于 CRM 产品，企业是客户，需求是解决企业的销售管理问题；而企业中的销售人员是用户，是产品的使用者。

ToB 企业的客户画像不仅包括客户企业的相关特征，还包含关键人画像，即：

$$ToB\ 客户画像 = 企业画像 + 关键人画像$$

首先，企业画像是由行业、企业标签组成的，用来描述企业的特征。主要标签如下。

- 行业标签：企业所在的行业类别、产业链地位等。
- 企业标签：企业规模、发展阶段、组织架构、商业模式、业务模式、业务流程、地域、关键决策链、内部关系等。

其次，关键人是指客户企业中能影响成交的关键人物，如 CIO、CMO、CEO 等。比如对于 SaaS 营销产品，关键人就是客户企业中的市场、营销负责人，销售 ToB 产品时如果得到了他们的认可，交易成功率就达到了 70%。而市场部的员工也很重要，因为他们是营销产品的使用者，能检验产品是否合适，在续费的时候有较大的话语权。

关键人在采购决策链上起到很重要的作用。DemandGen 发布的《B2B 买家行为调查报告》指出，79% 的受访者表示他们的购买流程中会有 1 ～ 6 人参与。报告同时指出，采购方的决策人不会主动提出"签合同吧""我们需要这笔预算""在我们的预算内""可以买这些方案"等结论，而是先了解各种信息，明确决策对其他部门的影响，因此采购方的工作可能非常缓慢，会经过漫长周期，并受到内部的很多阻力，才能完成采购。

关键人在采购决策链上可以分为需求提出者、采购者、使用者、决策者等角色。他可能扮演多个角色，既是需求提出者，也是产品使用者，还是决策者。

- 需求提出者：提出产品需求、采购需求的人。
- 采购者：真正负责采购的责任人，可能是需求提出者，也可能是采购部门或财务部门。
- 使用者：产品或服务的真正使用者。
- 决策者：对采购进行最终决策的人。

除此之外，其他人也可能影响采购，既可能是促进购买，也可能是阻碍购买。

经过对关键人的理解，我们进一步明确：

关键人画像 = 职业标签 + 个人标签

- 职业标签：关键人的决策链角色（如需求提出者、采购者、使用者、决策者）、岗位、职能、职业背景、想解决的问题、产品使用场景、最关心的需求、工作中面临的挑战、与产品相关的绩效指标等。
- 个人标签：用户的名字、年龄、照片、性别、性格、爱好、籍贯等。

某 CRM 产品的客户画像可能是：公司规模在 50 至 200 人之间；营收在 2000 万元至 1 亿元之间，有一定的盈利能力；销售团队占公司总人数的 30% 以上；有 2 个以上的分公司；关键人是该公司的销售负责人或者 CEO。

笔者总结了一些客户画像的关键内容，如表 2-4 所示。

表 2-4　ToB 客户画像的关键内容示例

企业画像		关键人画像	
行业标签	企业标签	职业标签	个人标签
• 行业类别 • 产业链地位	• 企业规模 • 发展阶段 • 组织架构 • 商业模式 • 业务模式 • 业务流程 • 地域 • 关键决策链 • 内部关系	• 决策链角色（需求提出者、采购者、使用者、决策者） • 岗位 • 职能 • 职业背景 • 想解决的问题 • 产品使用场景 • 最关心的需求 • 工作中面临的挑战 • 与产品相关的绩效指标	• 名字 • 年龄 • 照片 • 性别 • 性格 • 爱好 • 籍贯

企业画像的建立通常会遇到信息不足的问题，很多企业的信息较为封闭，有一定的保密需求。而客户数量经常不足，也很难对客户提炼出详尽的特征。关键人往往是客户企业的中高层，很多时候销售人员难以接触这些人，无法深入了解他们，而不同企业、不同岗位的关键人对产品选择、诉求又存在着不小的差异。以上可能是很多 ToB 企业做不出客户画像的原因。

2.4.2 客户画像应用现状

一份北美的报告显示出这样的数据：超过业务目标的公司中，71% 的公司有文件格式的客户画像；刚好达到或未达到业务目标的公司里，只有 37% 的公司有文件格式的客户画像，其他都是口头形式的。

如图 2-17 所示，在 ToB 企业受访者中，只有 19% 的受访者对目标人群的画像非常清楚，有 77% 仅大致清楚或者不是很了解，这意味着 ToB 企业市场人员在客户画像的认知和落地上还有很大的不足。

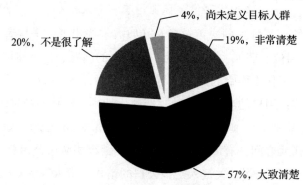

图 2-17　ToB 企业受访者对客户画像的认知

在笔者所做的关于客户画像的调研中，知道客户画像概念的企业约为 66%，真正做了客户画像文件的企业只有 17%，也就是说很多企业的客户画像还停留在框架和口头阶段，国内大多数 ToB 企业还没有重视客户画像这一重要工作。不少企业的客户画像往往只存在于创始人或管理团队的脑海中，依靠口口相传在企业内部使用，这样的画像是不完整的。如果再进一步沟通，会发现产品、市场、销售各部门所理解的客户画像存在着不小的偏差。

2.4.3 客户画像的价值

好的客户画像能够帮助产品、市场和销售团队进行精准营销和个性化服务，而在不同的阶段，客户画像也承载着不同的作用，如图 2-18 所示。

1. 初创期

这一阶段企业的产品没有成形，还需要经过市场验证，需要通过客户画像指导产品的打磨。这一阶段的客户画像主要用于明确目标客户，帮助产品团队了解客户需求，明确产品的功能，识别客户在不同场景下的诉求，帮助产品持续迭代。在该阶段，需要对潜在客户的市场容量、行业特征、行业痛点、客户痛点、客户习惯等进行调研。

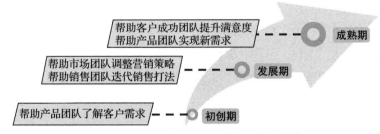

图 2-18　企业在不同阶段客户画像的价值

2. 发展期

企业的产品已经完成 PMF，被客户认可，开始逐步扩张，各项数据持续积累。在这一阶段，市场开始建立基于客户画像的品牌战略、营销策略以及渠道矩阵，做针对性的营销动作。客户画像可以帮助销售人员了解用户，筛选用户，找到精准的潜在客户，调整团队结构和打法，提高工作效率。

市场环境和客户需求总是处于变化之中，因此企业还需要保持对客户画像的更新和升级。

3. 成熟期

这时候企业的产品已经成熟，并有一定的市场规模，日常维护和客户成功成为重心。这一阶段的客户画像主要用于指导客户成功团队，提升客户满意度，帮助产品团队发现新的增长点。

很多时候采购产品和使用产品的角色并不一样，对于客户成功团队所依赖的客户画像，也要继续更新其定义。明确老客户在使用产品的过程中有哪些问题，如何更好地服务客户，如何更好地让客户复购，以及结合老客户的需求，能否挖掘新的增长点，比如哪些功能可能被抛弃，哪些功能和潜在需求可以成为新的产品等，就成了企业新的课题。

2.4.4　客户画像制作 5 步法

客户画像的搭建可以理解为一个完善客户标签的过程，笔者梳理了 ToB 客户画像制作 5 步法：信息准备——信息采集——分析建模——画像呈现——画像应用。

1. 信息准备

企业开始搭建客户画像的时候需要做一些信息准备工作，并将收集到的内容记录下来，如表 2-5 所示。

（1）内部信息准备

- 收集管理层心中客户画像的雏形；
- 收集产品、市场、销售、客户成功人员心中的客户特征；
- 收集销售团队的成单数据、市场团队的活动数据、产品团队的回访数据以及系统的卖点数据。

（2）外部信息准备

- 了解公司主要服务的行业的信息；
- 了解公司主要竞品的信息；
- 了解公司服务行业的专家用户信息。

表 2-5　客户画像基础信息示意

行业标签	职业标签
行业类别	岗位
产业链地位	决策链角色
企业标签	**个人标签**
企业营收	性别
企业人数	年龄
组织架构	性格

2. 信息采集

做完初步的信息准备还不足以制作用户画像，所以我们还需要继续采集更多行业、企业和关键人的信息。

行业、企业信息主要通过收集和整理完成，关键人信息主要采用调研和访谈的方式来完成。

首先可以通过搜索和行业网站等来完善行业标签，这需要了解客户处于产业链的哪个位置，行业中的头部公司有哪些，客户的竞品公司有哪些等。然后可以通过官网和公开渠道获得企业标签，也可以通过熟悉的关键人来收集信息，除了企业的商业模式、人员规模，还需要关注企业文化、组织架构，甚至关注创始人相关新闻和融资新闻等。此外，我们还可以整理合作过的客户的内部信息，比如 CRM 中的信息、提案 PPT 等，以便全面地了解已成交客户的信息。

关键人信息的职业标签比较好掌握，个人标签中的一些信息，如性格、爱好等比较隐私且很重要，需要重点注意获取方式。

在营销 SaaS 采购过程中，典型的关键人信息表如表 2-6 所示。

表 2-6 典型的关键人信息表

关键人	CEO	CMO	市场经理	市场专员
决策链角色	决策者	影响者	需求提出者	使用者
产品需求	降低成本	方便管理，提高效率	提高效率	提高效率
业务目标	企业营收	部门 KPI	个人 KPI	个人 KPI
采购顾虑	价格	实用	实用	实用

获得关键人信息并不容易，我们可以先找到公司内和客户企业中关键人熟悉的人，如销售、市场、客服、客户成功人员等，列出访谈问题清单去沟通。与客户沟通很重要，既可以收集到企业信息，还可以更好地完善关键人信息，但是沟通前一定要做好准备。

为了确保沟通效率和双方的体验，拜访前要和关键人明确好目的，提前对客户进行了解，做好问题清单，思考如何去了解隐藏的信息，比如关键人的个人爱好、关键人的选择倾向等。

在沟通的过程中要尊重关键人的感受，多问为什么，多倾听，多问其岗位关心的问题，我们如何帮助他解决问题等。在沟通时要做好记录。

沟通后要及时整理内容，提炼关键要素，持续完善客户画像。

3. 分析建模

建模的过程就是将各种零散的数据、标签进行整理和分析，用更好理解的方式表达出来，将客户画像具体化、拟人化。

比如某营销云企业采集了 50 个客户企业及其关键人的基础数据，并且尝试提取共同特征。首先在企业画像上提炼出一些共性标签，如表 2-7 所示。

表 2-7 包含较多的不同层级的指标，可以先对该表内容进行简单分析再来提炼信息。比如，玩具厂商是否是企业的目标客户？经了解，并非目标客户，产品使用效果不佳。营收大于 10 亿元的企业是否是目标客户？经了解，该企业的一个事业部在使用产品，该事业部年营收约为 2 亿元。如产品进一步完善，也许可以推广至全集团使用。

表 2-7　50 个客户的企业画像梳理

行业标签		企业标签	
行业类别	快消：39 家 餐饮：10 家 玩具：1 家	企业规模	年营收大于 10 亿元：1 家 年营收为 3 亿~10 亿元：5 家 年营收为 1 亿~3 亿元：42 家 年营收小于 1 亿元：2 家
		发展阶段	融资在 B 轮以上：36 家 融资在 A~B 轮：14 家 融资在天使轮~A 轮：9 家 未融资：1 家
		商业模式	品牌打造型：44 家 生产制造型：3 家 加盟管理型：3 家
产业链地位	品牌商：44 家 制造商：3 家 加盟商：3 家	所在城市	广州：22 家 深圳：15 家 东莞：8 家 惠州：4 家 长沙：1 家
		企业文化	/
		是否用过类似产品	用过：3 家 未用过：47 家

经过分析后可以将上述信息精炼为表 2-8。

表 2-8　提炼企业画像示意

行业标签		企业标签	
行业类别	快消	企业规模	年营收为 1 亿~5 亿元
		发展阶段	融资在 A 轮及以上
		商业模式	打造品牌，售卖产品
产业链地位	品牌商	所在城市	广东省的城市为主，华南地区其他城市为辅
		企业文化	重视品牌，重视数据分析
		是否用过类似产品	不限制

经过统计，关键人以市场总监、CMO 为主。

4. 画像呈现

当收集完信息后，再通过分析建模可以逐步填充画像中的共性标签。当所有标签都填写完后，就基本完成了客户画像的制作。某营销 SaaS 企业的客户画像如表 2-9 所示。

表 2-9　客户画像示意

企业画像			
行业标签		企业标签	
行业类别	快消、教育、医疗	企业规模	年营收为 3 亿元
		发展阶段	融资在 A 轮以上
		商业模式	打造品牌，售卖产品
产业链地位	直面客户的品牌商	所在城市	广东省的城市为主
		企业文化	重视品牌
		是否用过类似产品	不限制
关键人画像			
职业标签		个人标签	
岗位	市场总监	年龄	/
职能	负责市场营销工作		
决策链角色	需求提出者、影响者	性别	/
上级	CMO		
下级	内容营销团队、活动营销团队	性格	/
职业背景	10 年品牌营销从业经验		
想解决的问题	对内容和活动的管理	籍贯	/
最关心的需求	评估市场工作的产出		
工作中的挑战	过程管理	爱好	/
与产品相关的绩效	市场内容投放 ROI、活动传播量		

5. 画像应用

制作完客户画像之后，客户的形象和特征就生动地呈现出来了，那么企业该如何使用呢？

首先，需要与全公司共享客户画像，还可以和产品、销售、市场、客户成功团队建立应用规则，让客户画像在企业内部达成共识。

值得注意的是，客户画像是需要不断迭代的，一是行业可能会有新的变化，二是产品方向可能会有调整，三是客户的关键人也在变化，所以我们需要定期回顾和调整，以保证客户画像和现实一致，甚至超前预测。

随着客户需求和业务的动态变化，产品和服务也需要随时调整，而营销策略也需要根据变化来调整，一个不能满足客户需求的产品与营销策略随时会被客户抛弃。

其次，客户画像应该为企业内部产品决策、营销活动、销售策略等多个场景提供决策依据和方向指导。比如，根据客户画像和客户旅程来制定营销 GTM

策略，以客户为目标群体，以需求为营销重点来策划一系列的营销活动，加强企业在客户心中的地位。

制定营销 GTM 策略重点需要回答几个问题：企业的目标客户是谁，产品如何满足客户需求，以及企业对目标客户的独特价值主张是什么。

最后，可以根据客户画像模板，为每一个客户制作单独的画像，如图 2-19 所示。这有助于市场和销售团队更好地了解客户，也可以持续积累客户标签，以便后续的客户画像迭代。

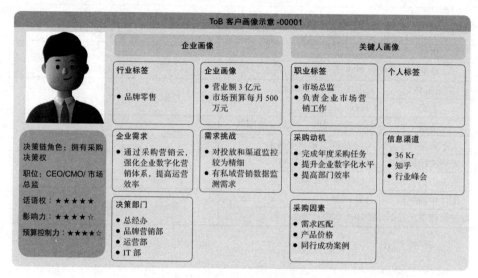

图 2-19　客户画像示意

客户画像的制作可以说是 ToB 客户洞察的开端，笔者遇到过很多因为产品没有充分满足客户需求而失败的案例。客户画像的调研和制作确实耗时较长，却能很好地指导后续多项工作的开展，希望企业充分重视客户画像的制作与迭代。

2.5　思考

本章我们学习了 ToB 企业的 SLG、MLG、PLG 的增长模式，也了解了目前行业中还是以 SLG 为主，但是 MLG 越来越受到重视。

在增长过程中 ToB 企业的市场人员往往会遇到诸多挑战，比如营销策略的制定、营销费用的不足等，于是我们从 GTM 策略的制定、客户洞察、客户画像等方面挖掘市场营销工作的价值。

现在我们基于本章所讲的内容来做一些练习，来更好地与现有的工作结合。

- 你所在的企业属于什么增长模式？请简述增长模型。
- 在当前的市场工作中，企业主要面临的挑战有哪些？
- 为你所在的企业制定一个年度营销策略。
- 为你所在企业的产品做一个完整的 GTM 策略。
- 为你所在企业的产品制作客户画像。

3

品牌营销，影响客户认知

不少 ToB 企业刚拿到融资就急着招募品牌、SEM、内容等方向的市场人员。笔者也曾接到不少类似的用人需求，此时一般会多问几句：你们做品牌战略规划了吗？是否有完整的 GTM 策略？增长模型中各个转化阶段的部门职责明确吗？而得到的答案往往是否定的。很多企业虽然成功实现了融资，但产品 PMF 并不一定完成了，品牌战略规划可能从未做过，客户画像也没有厘清，这时候去烧钱投放、大规模推广，很可能只是一场"混战"。

不够聚焦的投放很容易浪费企业本不雄厚的资金，缺乏品牌认知的流量转化通常效率低下，缺乏目标的市场部也容易沦为没有产出的打杂部门。想要在同质化的市场竞争中脱颖而出的产品，少不了品牌的赋能。只有做好了顶层设计，制定了传播策略，品牌和营销的工作才能力出一孔。

3.1 深入了解 ToB 品牌

要做品牌营销，就要先了解品牌是什么，品牌的现状是怎样的，以及品牌对于 ToB 企业的价值如何。只有了解了这些基本知识，才能更好地完成品牌工作。

3.1.1　品牌是什么

在参加行业交流会的时候，笔者经常听到从业者讨论 ToB 企业要不要做品牌、什么时候做品牌、怎么做品牌等问题，并且大家往往各执一词。

这时候，笔者发现即便是从业者，大家对品牌的认知也不一致。其中，在一些创始人或 CMO 的脑海中常会有这样的印象：品牌 = 营销，品牌 =PR，品牌 = 推广。这导致很多公司高层以为策划一个营销事件，搞一次刷屏传播，换一个品牌 Logo，或者每个月发几十篇公关稿，就能完成企业的品牌建设工作。这样的理解当然是片面的。

那么品牌到底是什么，ToB 企业的品牌又有什么特点呢？我们从品牌的源头开始，一起探究这个问题。

在生产力不足、社会经济水平不发达的时候，商家只要能生产出商品即可，基本不愁销路，那时候没有统一的品牌的概念。

最早的品牌主要是符号。品牌的英文单词 Brand 来源于古挪威语 BRANDR，该古挪威语是灼烧、烙印的意思，因为中世纪欧洲的手艺人用打烙印的方法在自己的手工艺品上烙上标记，以便购买者在市场上识别出自己的产品。

随着社会经济的发展和生产力的提高，当物质丰富到一定程度时，一些有身份的人就希望用品牌来区分自己与普通人。比如汉代有一种包叫鞶囊，这是一种盛放印绶的方形包，也被称为绶囊、旁囊，因为皇家御赐的属性被上流人群追逐。鞶囊最常用的图案就是兽头，这就是一种品牌符号，用于区别普通包。而到了唐代更有紫荷鱼袋这种颜色和造型独特的奢侈品包，被贵族用来彰显身份，这大概就是早期的品牌发展。

欧洲工业革命以后，随着社会生产力的极大提升，产品也变得越来越丰富，经济的发展又促进了人们购买需求的复杂化和多样化。这时候品牌就承载了更多的功能，从最初的区分、识别，进而发展出独特的形象、品质的信任、产品的溢价等，而比鞶囊、紫荷鱼袋更晚出现的 LV、香奈儿、爱马仕就是典型代表。随后现代化的品牌理念逐渐成熟。

1931 年，在宝洁公司任职的尼尔·迈克尔罗伊担任新的行销经理，负责佳美香皂的广告活动，他观察到佳美香皂的营销活动过于分散、缺乏协调，于是写下了 3 页关于品牌经营的理念。这些理念后来被广泛用于宝洁的产品，而他提出的品牌经理制影响至今。

1955 年，大卫·奥格威在《品牌与形象》的演讲中第一次阐述品牌的概念，并提出了品牌形象的理论。后来，杰罗姆·麦卡锡在其《基础营销学》中提出了 4P 营销理论，为品牌建设提供了营销战术组合。菲利普·科特勒在此基础上对 4P 做了进一步的完善，提出了 STP 营销战略。20 世纪 70 年代，里斯和特劳特提出了定位理论，逐渐演变为著名的品牌定位理论。

到了现代，品牌已经不仅仅是商品上的一个符号，而发展成具有价值主张、生活态度、品牌人格等多元含义的重要内容。

现代营销学之父菲利普·科特勒将品牌的定义表述为："品牌是一种名称、术语、标记、符号或设计，或是它们的组合运用，其目的是辨认某个销售者或某群销售者的产品或服务，并使之同竞争对手的产品和服务区别开来。"

戴维·阿克进一步提出了品牌资产的概念。品牌资产是指与品牌相联系，并可为企业和顾客增加或减少产品和服务价值的资产。

而美国著名广告研究专家拉里·莱特根据其市场发展的研究提出：未来营销之战将是品牌之战，是为获得品牌主导地位而进行的竞争。

品牌是标志，品牌是印象，品牌是关系，品牌是资产……可能一千个专家有一千种对品牌的定义，但是不可否认围绕品牌应该有一系列动作而非单一的行为，品牌是企业赢得市场竞争的必由之路。

笔者综合品牌的众多定义，认为：对于 ToB 企业，品牌集合了该企业所有的动作以及所有客户触点，是在所有客户心智中形成的认知的总和。

其中，"所有的动作"意味着管理层、产研部、市场部、销售部、客户成功部甚至人事部、财务部等面向客户的所有动作。在这个时代，品牌覆盖的环节已经发生了变化。品牌不仅仅是市场部的工作，产品也是品牌，是客户成交后的触点；体验也是品牌，存在于客户生命周期中。

而"认知的总和"是指客户的数量不固定，会随着品牌影响范围的变化而变化；客户对品牌的认知程度也不是固定不变的，会随着接触频率、接收信息量的变化而变化。如果我们将客户对品牌的认知进行量化，就产生了可衡量的品牌关系资产。该概念用来衡量品牌所影响的客户数量以及客户对品牌的认知程度。

品牌关系资产可以在一定程度上衡量品牌工作的成绩，也可以在品牌与客户关系这一维度上初步解决品牌效果难以考核这个问题。

资产会贬值和增值，品牌关系资产当然也是。它的增值需要企业长期、持续的积累，而一个负面事件就可能造成贬值。如果企业的品牌不存在于客户的心智中，这一部分人就不会对品牌有认知，也就不会形成品牌关系资产，所以品牌需要不断拓展对潜在客户的认知覆盖程度。比如一个企业客户想要购买营销云产品，但是负责人对这个领域的产品没有任何了解，这就说明他没有被相关厂商的品牌覆盖，自然就不会有这类企业的品牌认知了，所以品牌与该客户的关系资产为 0。

从 ToB 品牌的概念可知，不管企业是否有意识地开展品牌工作，当企业成立并把产品推向市场的时候，就会有客户对其产生认知，这已经埋下了品牌的种子。所以品牌不是 ToB 企业想不想做，而是从一开始就与企业发展息息相关的，企业的品牌关系资产也从成立那一刻就开始积累了。随着企业持续发展，对品牌有认知的客户会越来越多，品牌关系资产也会越来越大。

3.1.2　ToB 品牌现状

在服务了数十家企业后，笔者发现一些有趣的现象：企业一方面认为品牌没有价值，另一方面却羡慕行业头部公司的品牌影响力；在获客培育环节，客户对企业缺乏认知，造成周转时间长，ToB 企业却不知道如何加速成交；企业创始人说不打算开展专门的品牌工作，实际上在品牌的相关事项上浪费了大量的资金；还有很多 ToB 创业者抛出 "ToB 品牌无效" "搞品牌不如搞流量" "没有钱，做什么品牌" 等论调。

实际上这些现象和 ToB 品牌发展的现状是有关联的。ToB 品牌发展现状如下。

1. 认知存在偏差

大部分创始人是技术或销售人员出身，他们往往认为打造品牌要花很多钱，要做很多广告才有效。这其实是一种认知偏差，他们没有理解什么是品牌，把品牌等同于广告投放。实际上 ToB 企业并不一定需要依靠广告投放来打造品牌，还有多种不同的手段来塑造品牌，比如销售、内容、创始人个人品牌、客户成功等。

2. 理论缺乏

国内 ToB 行业发展较慢，缺乏成熟的 ToB 品牌方法论和大量的成功案例。

即便是设有品牌专门岗位的企业，因为其管理团队的不重视和对品牌理念认知的不足，也往往存在品牌定位不清晰、品牌落地规划不够、各部门协同不足的情况。

3. 短期价值难以凸显

大部分 ToB 企业还处于生存期，企业更追求短期内获客、转化、营收等方面的增长，寻求确定性的收益，而客户企业的决策链长、群体决策复杂度高等，使得品牌的价值需要较长时间才能体现，所以企业很难重视品牌。很多 ToB 企业到了 B 轮之后，整个团队数百人却依然没有品牌岗位。

ToB 企业的品牌发展应该是"一把手"工程，能不能做好不在于是否有品牌负责人，而在于创始人有没有品牌意识以及有没有清晰的品牌战略，然后才是品牌团队围绕战略来制定落地策略。

基于上述现状，不少 ToB 企业的品牌工作或者没有启动，或者盲目开展、不成体系。很多时候，ToB 企业在没有顶层设计的情况下寄希望于外来的品牌负责人，期待他能够改变企业品牌的困境。结果是做了各种手册和无数物料，拍了宣传片，投放了不少户外广告。笔者不能说这些事项没有实质效果，但是细算一下性价比，创业企业可能会后悔不已。

3.1.3　ToB 品牌的价值

ToB 企业是否需要做品牌？当然需要！那么，ToB 企业如何科学地做品牌？很多人的回答是：不知道。

ToB 企业市场部的两个主要职能就是品牌和营销，其中品牌职能就是建设品牌及积累品牌关系资产，营销职能就是持续获客和培育现有客户。

笔者遇到过不少只想做营销和增长、不想做品牌的 ToB 企业，这些企业的负责人往往认为只要做好投放、活动、内容就能带来增长，至于为什么现阶段增长不够，一定是市场、销售人员没有把工作做好。

每当遇到有这样想法的企业创始人，笔者就会和他们交流其所在行业的竞品和头部企业，倾听他们对这些企业的印象和感受。令人惊奇的是，他们能准确说出主要竞品的特点、个性，甚至会对某个海报、某场活动、某篇宣传稿印象深刻。而当笔者问他们为何会购买某企业的服务时，创始人往往会说："对方品牌大，值得信任。"此时笔者会反问一句："这不就是品牌吗？"

Edelman 公司曾发布一份关于品牌与购买力的报告，其中有这样一组数据。

- 63% 的 18 ～ 34 岁的受访者更信任有影响力的人和知名品牌，而非广告。
- 87% 的受访者表示，在 6 个以上不同渠道看到品牌的相关信息后，就会产生强烈的品牌信任。
- 74% 的受访者认为，与其建立信任的最佳渠道是企业自行传播的行业内容。

这些数据表明，品牌确实是客户购买产品或服务的关键因素。

经常有人不理解品牌、营销、销售的差异，以及企业如何在不同阶段进行资源倾斜。通常来讲，品牌解决的是企业长期的价值，侧重于企业品牌的塑造、潜在客户的覆盖、客户心智的影响等，也就是说，品牌对客户的影响往往是心智层面的。营销解决的是企业中短期的价值，侧重于加强客户对企业的认知、引导客户参与营销活动、为企业获得潜在客户线索等，对客户的影响是认知和行为方面的。销售解决的是企业当下的价值，侧重于找到客户、影响客户并促使客户成交，对客户的影响是行为和行动方面的。

如果用一句话来说明销售、营销、品牌对增长起到的不同作用，笔者总结为：销售可以影响企业未来 1 ～ 3 个月的增长，营销可以影响企业未来 4 ～ 12 个月的增长，而品牌可以影响企业未来 2 ～ 3 年的增长。

从客户的角度来说，品牌是企业服务、承诺的保障，这种保障能够让购买者简化决策或获得情感满足。

从企业的角度来看，品牌能够带来多方面的价值，好的品牌能吸引更多的合作伙伴，在员工招聘方面也能起到作用。品牌对企业至少有如下几方面的重要价值。

1）保持客户的产品预期。预期管理是品牌很重要的价值之一。清晰的品牌认知能够让客户了解 ToB 企业为什么样的客户服务，产品的客群和产品定位是什么，产品解决什么问题，价格在什么层次，这些能够让客户在选择前先有预期，减少无效的沟通。比如大型企业总会选用 SAP，中小型企业更倾向于轻量化产品。

2）提高产品溢价。一个普通的杯子大概卖 20 元，与潮牌联名也许可以卖到 300 元；一件普通的 T 恤 19 元，打上了奢侈品品牌的 Logo 就可以卖 2999 元。虽然 ToB 客户的决策不会在品牌层面受到这么大的影响，但在市场上的同质化产品越来越多、企业的获客路径趋同的情况下，客户能通过对品牌的信任而更快速地做出选择，即提高了溢价。IBM、埃森哲等企业的产品和服务相对价格高昂，但还是有很多企业愿意与之合作，因为其品牌代表的是强大的实力。

3）降低获客成本。现在的客户对广告的辨别能力越来越强，在购买前也更频繁地自主寻找信息。如果客户在购买前对某 ToB 企业的品牌有所认知，该企业就能够在众多的信息中脱颖而出，从而降低获客成本。典型场景是：在一场成功的行业大会或者一篇爆款文章过后，ToB 企业官网的流量和品牌词搜索热度往往会有一定上升，在经年累月不断地积累活动和内容的过程中，品牌词的搜索量会逐月稳定上升。此外，企业 IPO（首次公开募股）往往能带来流量和品牌词搜索热度的大幅上升，其中自然流量的涌入和高转化的品牌词就能持续拉低整体获客成本。

4）降低决策成本。很多人认为客户进行产品或服务的采购一定是综合性价比、功能的，其决策一定是理性的，所以 ToB 企业拼完营销拼销售，拼完方案拼价格。实际上纯粹的理性并不存在，任何人做决策的时候都会受到情感的影响。有数据表明，在客户有一定品牌认可之后，ToB 企业产出纯情感内容比纯产品内容的获利能力高出一倍。

在行业竞争不激烈时，很多人可能感觉不到品牌的价值。随着市场竞争加剧，产品同质化越来越严重，客户决策因素越来越多，ToB 企业的获客也就越来越难。当客户提出各种灵魂拷问的时候，有品牌积累的企业可以让客户参与市场活动的阻力变小，让销售人员拜访客户的时候被拒绝的概率变小，进而产品演示的时候机会变大，也让客户在决策的时候受情感影响的概率变大。

有个同事跳槽到大厂之后和笔者打趣，说："以前我去见客户公司的高管，经常要绞尽脑汁争取机会，现在我只需要在对方公司前台亮出名片，前台服务人员就会很客气地接待我，并且快速向上层报告。而在一些行业大会上，挂着大厂工牌的我去和嘉宾交流及添加微信，也很顺利。"可见，品牌的影响既无处不在，又深入人心。

在研究 ToB 品牌的过程中，笔者对数十位从业者进行了深度调研，尝试量化了品牌在增长转化中的价值。

非充分竞争市场中：

$$ToB\ 品牌价值 = 产品认可度 \times 40\% + 价格接受度 \times 30\% + 销售能力 \times$$
$$20\% + 品牌认可度 \times 10\%$$

充分竞争市场中：

$$ToB 品牌价值 = 产品认可度 \times 40\% + 品牌认可度 \times 30\% + 价格接受度 \times 20\% + 销售能力 \times 10\%$$

所以说，在客户企业的购买决策流程中，产品认可度在任何时候都是最重要的，如果产品功能无法解决企业问题，那说什么都没有意义。

在两种市场中，价格、销售、品牌三者所起的作用存在着较大的差异。

如果是非充分竞争市场，产品存在一定差异，并且客户对市场了解得不够充分，可能调研了几家 ToB 企业后就进入对比、决策阶段，这时候价格和销售能力就比较影响成交。

如果是充分竞争市场，客户企业的需求往往存在多个产品可以满足，这时客户就会倾向于选择品牌知名度、美誉度更高的。毕竟品牌意味着更稳定的产品、更领先的技术和更贴心的服务等保障，很多客户企业是愿意为这种保障付出溢价的。只有在待选的产品和品牌区别都不大的时候，客户才会真正去比拼价格和销售。

同时，对于经常提到的"客户付费能力弱"的问题，我们也可以通过此公式来分析。其实笔者认为不存在付费能力弱的说法，因为 ToB 购买流程的核心从来就不是价格，任何企业对满足其需求的必要开支都不会太节省，更重要的是产品或服务是否匹配客户需求。

在成交过程中，同行好评能起到很大的促进转化的作用。当客户面临多个类似产品的选择时，品牌认知度、美誉度高的产品更有可能被选中。在客户决策的时候，"本行业的某头部企业或者竞品企业都选择了本产品"这种说法可能会比任何产品演示和价格优惠都更有说服力。特别是在百家争鸣的充分竞争市场的背景中，在各个需求维度上都有很多同质化的产品和服务，客户在选择的时候更愿意考虑甚至直接选择品牌厂商，来降低购买决策的风险。由此可见，在充分竞争市场中，品牌是多么重要。

早些年，很多企业愿意采购 IBM、SAP 等国际大品牌的产品，产品价格一般高出国内品牌数倍，但是对决策者来说其产品更可靠、服务更专业、风险更小，甚至还可以作为实力的证明，借助产品品牌来拉升本企业品牌。这也是品牌价值的体现。

而在非充分竞争市场中，企业如果能够提前进行品牌布局，占领潜在客户的认知，甚至形成品类"垄断"，让客户心中的某类产品直接等于某企业品牌产品，则该企业赢得竞争的机会会更大。

总之，品牌对客户认知会起到潜移默化的影响，这也是所有有理想的 ToB 企业规划品牌顶层设计、积累品牌关系资产的主要原因。

3.2 ToB 品牌关系资产模型

客户对品牌的认知不是突然产生的，而是在被品牌相关内容影响的过程中逐渐改变的。企业的品牌价值可以用品牌资产来衡量，品牌资产需要通过长期的品牌建设、持续的客户影响来完成积累。

那么，这种客户影响是从何而来的，又是如何起作用的？品牌价值如何量化为品牌资产呢？对这些问题，本节一一进行探讨。

3.2.1 ToB-O6A 模型和品牌关系资产

营销大师菲利普·科特勒在《营销革命 4.0：从传统到数字》中提出的 5A 模型，定义了客户与品牌间的关系，也就是 Aware（了解）、Appeal（吸引）、Ask（问询）、Act（行动）、Advocate（拥护）。5A 模型描述了客户与品牌间关系转换的全过程，这种关系转换可能受到内容、活动、私域、面对面沟通等各种因素的影响。如图 3-1 所示的是不同内容对 5A 模型的影响。

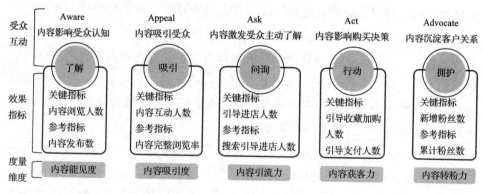

图 3-1　5A 模型与内容的关系

而通过对客户认知的不同层次的研究，企业可以制定对应的策略，达到持续增长的目的。

ToB 品牌与客户之间也存在类似的关系，为了探索品牌如何对客户产生影响，客户的认知阶梯如何变化，以及更重要的如何衡量品牌工作价值，笔者结合菲利普·科特勒的 5A 模型以及巨量引擎的 O5A 模型，尝试总结了 ToB 行业的品牌关系资产模型——ToB-O6A 模型，如图 3-2 所示。该模型一方面厘清了客户与品牌的关系，另一方面明确了品牌关系资产的衡量方法。

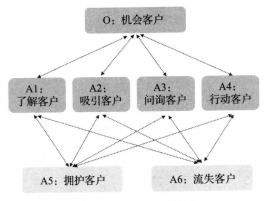

图 3-2　ToB-O6A 模型

O、A1 ～ A6 就是客户与品牌的 7 种关系，如表 3-1 所示。其中，O 客户是品牌要覆盖的机会客户总和；A1 客户处于了解阶段，相当于 Leads；A2 客户处于吸引阶段，相当于 MQL；A3 客户处于问询阶段，相当于 SQL/OPP；A4 客户处于行动阶段，相当于成交；A5 客户处于续费 / 转介绍阶段；A6 客户处于流失阶段，相当于断约，而断约客户的挽回也是企业增长和积累品牌影响力的重要部分。

表 3-1　线索生命周期与 O6A 客户对照表

客户与品牌的关系阶段	O 客户	A1 客户	A2 客户	A3 客户	A4 客户	A5 客户	A6 客户
线索生命周期	机会客户	Leads	MQL	SQL/OPP	成交	续费 / 转介绍	断约
客户与品牌的关系状态	包含所有可能性	客户开始了解品牌	客户被品牌吸引	客户咨询品牌问题	客户对品牌发生了购买行为	客户对品牌发生了续费 / 转介绍行为	客户与品牌断约

3.2.2　ToB-O6A 模型说明

接下来，我们对 ToB-O6A 模型的 7 个阶段和 18 条链路进行分类说明，如图 3-3 所示。

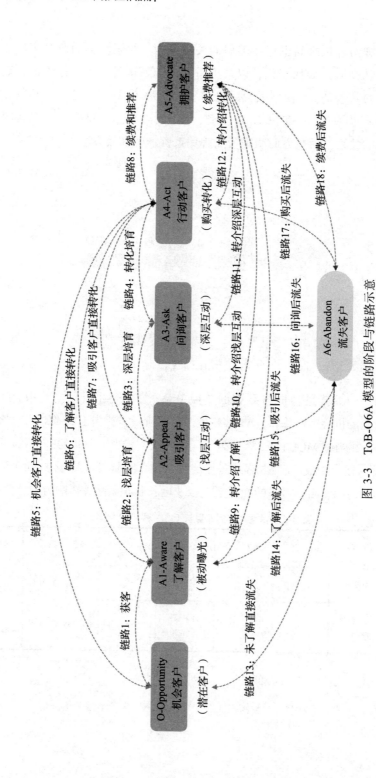

图 3-3　ToB-O6A 模型的阶段与链路示意

1.O 客户链路分析

O 客户：指企业的机会客户群体，也可理解为潜在客户数量，企业需要对这类客户进行品牌覆盖。其链路如表 3-2 所示。

表 3-2　O 客户链路分析

客户	营销动作	链路		说明
O	广告、投放	1	O → A1	一般的品牌内容对客户的影响
		5	O → A4	决策者看到单价较低、比较成熟的产品直接购买
		13	O → A6	客户未深入了解就认为产品不合适或放弃采购计划

2.A1 客户链路分析

A1 客户：对品牌有所感知，表现为听过、知道，但是不了解 ToB 企业品牌，与品牌缺乏互动的客户。A1 客户数量也可理解为获客数量。对品牌而言，知名度可以用 "A1 客户数量 ÷O 客户数量" 来简化计算。其链路如表 3-3 所示。

表 3-3　A1 客户链路分析

客户	营销动作	链路		说明
A1	投放、内容、活动	2	A1 → A2	一般的品牌内容对客户的影响
		6	A1 → A4	决策者看到单价较低、比较成熟的产品，了解后购买
		14	A1 → A6	客户了解后，认为产品不合适或放弃采购计划

3.A2 客户链路分析

A2 客户：对品牌有一定的印象，被品牌吸引，与 ToB 企业产生了浅层互动的客户。A2 客户数量也可理解为 MQL 数量。对品牌而言，认知度可以用 "A2 客户数量 ÷O 客户数量" 简化计算。其链路如表 3-4 所示。

表 3-4　A2 客户链路分析

客户	营销动作	链路		说明
A2	内容、活动、私域	3	A2 → A3	一般的品牌内容对客户的影响
		7	A2 → A4	决策者被吸引后直接购买
		15	A2 → A6	客户被吸引后，经过了解认为产品不合适

4.A3 客户链路分析

A3 客户：对品牌有一定的了解，因为需求和兴趣与品牌产生了深层互动的客户。A3 客户数量也可理解为 SQL 数量。对品牌而言，认可度可以用 "A3 客

户数量 ÷O 客户数量"简化计算。其链路如表 3-5 所示。

表 3-5　A3 客户链路分析

客户	营销动作		链路	说明
A3	内容、活动、私域、上门拜访、方案讲解	4	A3 → A4	客户经过深度互动后购买
		16	A3 → A6	客户经过深度互动后，认为产品不合适

5. A4 客户链路分析

A4 客户：进行了行动，产生了购买，变成了成交客户的客户。A4 客户数量也可理解为成交数量。对品牌而言，信任度可以用"A4 客户数量 ÷O 客户数量"简化计算。其链路如表 3-6 所示。

表 3-6　A4 客户链路分析

客户	营销动作		链路	说明
A4	站台演讲、成功案例	8	A4 → A5	客户购买后，经过持续经营和使用产品产生更深层的信任，从而续费和转介绍，成为拥护者
		17	A4 → A6	客户购买后，经过使用产品，认为不合适，不再续费

6. A5 客户链路分析

A5 客户：进一步信任，对品牌称赞，进行了复购或转介绍的客户。A5 客户数量也可理解为续费客户数量。对品牌而言，美誉度可以用"A5 客户数量 ÷O 客户数量"简化计算。其链路如表 3-7 所示。

表 3-7　A5 客户链路分析

客户	营销动作		链路	说明
A5	投放、内容、活动	9	A5 → A1	
		10	A5 → A2	客户因为拥护从而转介绍其他客户，被转介绍的客户
		11	A5 → A3	进入 A1 ～ A4 等不同的阶段
		12	A5 → A4	
		18	A5 → A6	客户因为发展或其他原因认为产品不合适而不再续费

7. A6 客户链路分析

A6 客户：出于企业发展或其他原因，比如认为产品不再合适而断约的客户。对品牌而言，可以根据 A6 客户的情况对品牌资产总分进行扣减来更新品牌资产。对增长而言，A6 客户数量就是流失客户数量。

如果将 ToB-O6A 模型关联到 ToB 增长公式，可以获得如下公式。

$$ToB \text{ 增长} = \text{线索数} \times \text{线索转商机转化率} \times \text{商机转成交转化率} \times \text{客单价} +$$
$$\text{老客户数} \times \text{续费率} \times \text{客单价} + \text{老客户数} \times \text{转介绍率} \times \text{客单价}$$

我们发现，提高线索数就是要改善链路 1，提高线索转化率需要改善链路 2、3、6、7，提高商机转化率需要改善链路 8，提高续费率和转介绍率需要改善链路 9、10、11、12。通过将增长的要素与品牌影响客户的链路进行关联，我们能更好地理解营销的价值。

品牌一方面需要扩大对 O 客户的覆盖率，另一方面需要持续提升与 A1 ～ A4 客户的关系。从认识到信任是一个漫长的历程，品牌最终目的就是让更多的客户走过这个历程，成为企业的拥护客户。

3.2.3　品牌关系资产的应用

在戴维·阿克的定义中，"品牌资产"所包含的内容非常广泛，在实际应用中会对其进行简化。在巨量引擎提出的 O5A 模型中，品牌资产被定义为品牌关系资产与品牌内容资产的组合。当然品牌资产的包含范围更广，但是考虑到管理的便利与计划的简洁，我们可以参考该定义。而 ToB 的品牌内容资产很难量化，于是在 ToB-O6A 模型中，为了使用方便，将品牌资产等同于品牌关系资产。虽然 ToB 品牌关系资产还很难做到行业、竞品的对比，但是内部用于量化已经足够。

那么，品牌关系资产如何计算呢？

简单来说，在 ToB 企业目标客户固定的情况下，一般 O 客户是固定的，其数量是可以统计的，我们可以将 O 客户理解为某企业的品牌需要覆盖的总量，而给 A1 ～ A6 客户赋予不同的分值，然后计算得出品牌关系资产值。

比如某设计工具的客户群体是 1000 万设计从业者，某跨境 SaaS 工具服务于 200 万亚马逊平台商家，某 ERP 软件的客户群体是 30 000 家房地产开发商，这些数据一般在企业做市场洞察、战略规划的时候都会分析。通过这样处理，O 客户就变得可量化。

接下来，我们通过案例来说明如何量化品牌关系资产。

比如某垂直行业软件企业 2021 年统计的 O 客户是 30 000 个，通过查看企业的 CRM，发现更多数据，如表 3-8 所示。可以得知，A1 客户为 23 000 个，A5 客户为 2000 个。

表 3-8　某企业 O6A 客户数量示意

客户阶段	预计数量	累计数量	现有数量
O 客户（机会客户）	30 000		
A1 客户（Leads）		23 000	6000
A2 客户（MQL）		18 000	4000
A3 客户（SQL/OPP）		15 000	3000
A4 客户（成交）		7000	6500
A5 客户（续费/转介绍）		2000	

再给不同客户分配权重来计算企业品牌关系资产。

可以使用线索生命周期各阶段的转化率来计算不同客户数量，比如线索到 MQL 转化率为 20%，则在每 100 个线索中 MQL 为 20 个；MQL 到 SQL 转化率为 40%，则 SQL 为 8 个；SQL 到成交转化率为 50%，则成交 4 个；续费率为 75%，则续费 3 个。

设 A1 客户的权重分是 1，A2 客户的权重分是 5，A3 客户的权重分是 12.5，A4 客户的权重分是 25，A5 客户的权重分是 33，计算如表 3-9 所示。

表 3-9　品牌关系资产计算示例

客户阶段	预计数量	累计数量	现有数量	权重分	不同客户品牌关系资产	企业品牌关系资产
O 客户（机会客户）	30000			0		
A1 客户（Leads）		23 000	6000	1	23 000 × 1=23 000	
A2 客户（MQL）		18 000	4000	5	18 000 × 5=90 000	
A3 客户（SQL/OPP）		15 000	3000	12.5	15 000 × 12.5=187 500	541 500
A4 客户（成交客户）		7000	6500	25	7000 × 25=175 000	
A5 客户（续费客户）		2000		33	2000 × 33=66 000	

可以计算出品牌关系资产最大值为 30 000 × (1+5+12.5+25+33)=2 295 000，而该企业目前的品牌关系资产为 541 500。

如果更精细一点，还需要减掉断约的 A6 客户。"好事不出门，坏事传千里"，1 个断约客户可能会向 4 个同行企业传播该品牌的缺点，毕竟客户的断约可能是因为需求没有得到满足、不满意等，因此 A6 客户的权重较高。假设 A6

客户有 500 个，A6 客户的权重为 100，是成交客户的 4 倍，则 500 个 A6 客户需要在企业品牌关系资产中扣减 50 000。

因为缺乏行业数据和标杆数据，并且每家企业的算法和权重有所差异，所以品牌关系资产一般用于企业内部以及与同类型客户、同类型产品进行比较。比如在年度规划的时候，可以设定目标为增加 A1 客户 3000 个、A4 客户 500 个，也可以将目标定为在下一年度将品牌关系资产增加到 300 000 等，将品牌工作逐步量化。

目标客户画像相似、数量接近的企业，可以按照同样的方法来计算品牌关系资产，并进行比较，找出差异。

同时，我们可以基于 ToB-O6A 模型，按照不同的客户计算出困扰行业已久的知名度、认知度等品牌五度，以及按照线索的不同层级来区分出品牌五度的标准，如表 3-10 所示。

表 3-10　某企业品牌五度示意表

客户	预计数量	累计数量	现有数量	品牌五度	数值
O 客户	30 000	—	—		
A1 客户	—	23 000	6000	知名度 =A1 客户数量 ÷O 客户数量 ×100%	76.7%
A2 客户	—	18 000	4000	认知度 =A2 客户数量 ÷O 客户数量 ×100%	60.0%
A3 客户	—	15 000	3000	认可度 =A3 客户数量 ÷O 客户数量 ×100%	50.0%
A4 客户	—	7000	6500	信任度 =A4 客户数量 ÷O 客户数量 ×100%	23.3%
A5 客户	—	2000		美誉度 =A5 客户数量 ÷O 客户数量 ×100%	6.7%

通过计算，我们可以得出该企业品牌知名度为 76.7%，认知度为 60%，认可度为 50%，信任度为 23.3%，美誉度为 6.7%，这样看，该企业品牌的知名度较高，而信任度、美誉度还有较大的增长空间。如果要计算已成交客户的美誉度，就可以用 "A5 客户数量 ÷A4 客户现有数量" 来计算，得出成交客户美誉度为 30.7%，并且可以通过组合来设置各种企业内部数值。而且这样的结果不是通过调研或者 "拍脑袋" 得出的，而是真实的客户行为所反馈的，具备较好的实用价值。

也许 ToB-O6A 并不完美，但这是笔者对 ToB 品牌的衡量标准的一种探索，希望让从业人员在沟通的时候有统一标准。即便品牌关系资产的计算结果较难统一，但是品牌五度比较容易统一，也能够满足当下工作的使用以及企业内部的考核。

前面说到客户对企业品牌的认知是渐进的，是随着品牌的影响程度加深而逐渐升级的，因此品牌还要推动 A 客户与品牌关系的升级。ToB 品牌工作很重要的就是覆盖尽可能多的 O 客户，并且推动 A1 ～ A5 客户与品牌关系的升级。

3.3　如何打造品牌，积累品牌关系资产

企业通过打造品牌形成客户关系与客户认知，从而积累品牌关系资产，并且通过 ToB-O6A 模型可以量化和计算品牌关系资产，那么品牌要如何打造呢？

要打造品牌，必须先做好品牌的顶层设计，也就是品牌战略。战略这个词源于军事领域，原本的意思是驱动军队抵达决战地点，对于企业，品牌战略就是驱动品牌到达未来的决战点，也就是立足于品牌未来的目标来看现在应该怎么走。

如果说 ToB 企业打造品牌的目的是扩大影响客户数量、持续加深客户认知，从而实现品牌关系资产持续增值，那么实现这个目的就需要规划品牌战略，具体执行就需要品牌落地策略了。

本节我们一起来学习品牌战略的相关内容。

3.3.1　品牌战略工具

结合多年顾问和工作经验，参考企业战略屋模型，笔者总结了一套用于 ToB 企业的品牌战略制定方法，包括"品牌信息屋"和"品牌战略屋"两个模型。这些模型曾被笔者运用于多家上市企业的品牌重塑，也被多家头部 ToB 企业验证过。

其中，品牌信息屋用于企业品牌的相关元素、内容尚不健全的时候，指导企业完善品牌心智、品牌感受、品牌表达等内容，解决"有没有"的问题。品牌战略屋用于企业制定年度品牌战略目标、主要战场、关键战役、组织保障，解决"怎么做"的问题。

3.3.2　品牌信息屋

当品牌基础设施搭建尚不健全的时候，企业可以使用品牌信息屋模型来完善品牌定位、价值主张、品牌个性、品牌口号、品牌表达等内容，如图 3-4 所示。品牌信息屋由品牌心智、品牌感受、品牌表达 3 个层面构成。

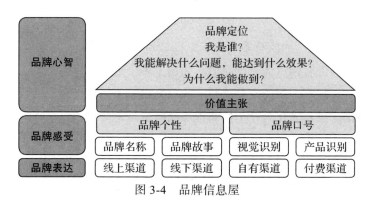

图 3-4　品牌信息屋

1. 品牌心智

品牌心智层面主要包括品牌定位和价值主张。

（1）品牌定位

品牌定位是品牌的核心，就像企业要找到自己在市场中的位置一样，品牌也要找到自己在众多竞品和客户心智中的位置。在竞争不充分的时候，企业可以用一个大品类作为自己的品牌定位。若其他企业在这个品类中已经占领了客户心智，那么企业就需要做差异化的定位，因为客户的心智空间有限，只有定位清晰，企业品牌才能有机会在客户的心智空间中占有一席之地。例如，在财务领域，金蝶、用友已经占领了泛财务管理领域的客户心智，那么后来者想要抢占客户心智，就要从更加细分或垂直的角度切入，比如从费用控制、报销的角度切入，从房地产财务管理的角度切入等，这样才有机会抢占一部分客户心智。

如何确定品牌定位呢？对企业而言，想确定品牌定位，需要思考如下一系列问题。

- 我是谁？包括企业属于哪个赛道，产品属于什么品类，现有品类是否还有位置，是否是新的品类，客户画像是什么样子。
- 我能解决什么问题，能达到什么效果？
- 为什么我能做到，即我的优势是什么？包括产品优势、资源优势等。

对上述问题，我们以一家跨境 SaaS 公司为例进行说明。

这家跨境 SaaS 公司的主要客户是亚马逊网的卖家，客户的关键决策者是 CEO 或运营负责人。

跨境 SaaS 公司的产品能够为亚马逊卖家提供全过程运营支持，包括选品、物流、电商数据分析、店铺经营分析等，据统计其客户通过该产品能平均提高

34% 的运营效率。

跨境 SaaS 公司的团队有多年跨境电商领域的实践经验，了解卖家需求，其产品取得了亚马逊官网认证，产品团队独创了多个数据分析模型。

经过分析，这家公司的定位就是"为亚马逊卖家提供优秀的运营工具"。

笔者将上述过程简化为一个快速提炼品牌定位的公式：

我们是＿＿＿（品牌定位）＋为＿＿＿（目标客户）＋提供了＿＿＿（独特价值）

品牌定位既可以用于企业内部使目标达成一致，也可用于外部实现客户心智的占领及客户认知强化。

（2）价值主张

这就是品牌的"价值观"，是品牌为客户提供的功能价值、情感价值以及精神价值。有效的价值主张是品牌与客户建立关系的关键点，可以从品牌定位中提炼出来。

比如上文跨境 SaaS 公司的价值主张是"亚马逊运营用船长 BI"，企业微信的价值主张是"连接创造价值"，飞书的价值主张是"让组织和个人更加高效、愉悦"等。

价值主张会随着企业的发展阶段而调整。

2. 品牌感受

品牌感受主要包含品牌个性、品牌口号、品牌名称、品牌故事、视觉识别、产品识别等，是企业让客户接收的对品牌内容的主要感受，用于传递客户对品牌的认知。

（1）品牌个性

品牌个性指品牌在传播的过程中，在客户心中留下的印象。有个性的品牌更容易人格化，为品牌做好"人设"就更容易吸引对应的目标客户。比如致趣百川的品牌个性比较活跃，符合营销人员的特征；特赞的品牌个性比较有文艺范、精致；金蝶的品牌个性偏理性、沉稳。

（2）品牌口号

品牌口号也就是 Slogan 或 Tagline，是品牌在传播的过程中与客户沟通的口号。企业通过一个精心设计、朗朗上口、反复出现的口号来传达品牌理念或产品卖点，甚至还可以进行品类卡位，比如阿里云在 2018 年的 Slogan 是"上云就上阿里云"。

在信息繁杂、节奏紧张的现代社会，初次接触的客户基本不会给品牌过多的机会去解释，通过一个强有力的品牌口号去吸引客户的注意力，顺便传递部分品牌价值主张，就是品牌口号的价值，比如"亚马逊运营用船长 BI"等。日常文案就是围绕品牌定位、价值主张、品牌口号不断二次创作产生的。

品牌口号的撰写并不容易，写长了会像企业介绍，写短了又无法突出企业的特征，是一个看似简单又令不少创始人和工作人员头疼的事。我们可以按照这样的方法来尝试撰写口牌口号。

1）按照品牌定位的公式提炼企业的介绍。比如在笔者曾任职的某云通信公司中，最早的品牌口号是"为企业提供高保障、高并发、高抵达的短信服务"。

2）站在客户角度思考，看到这个口号是否能联想到企业。比如很多云通信企业都可以使用上述口号，从中基本看不出企业或产品的独特性，不方便记忆也不方便传播。于是这个品牌口号有了第一次修改，变成"为企业提供优质的短信服务"。

3）站在客户的角度思考痛点，持续提炼和优化。修改后的口号给人留下的印象还是比较模糊，比如：什么是"优质"，是不是所有的云通信企业都可以说自己的产品优质呢？再结合 2015—2016 年的背景，当时普遍的验证码短信送达时间接近 10 秒，验证码短信、营销短信的客户痛点就是"送达率不够高，送达速度不够快"。根据某 App 客户反馈，其注册用户有 14% 等待 5 秒左右没有收到验证短信就放弃登录了，造成了大量的流量浪费。于是笔者所在公司加大技术投入，积极对接运营商，在行业内领先将短信送达时间控制在了 5 秒之内，获得了众多客户的赞赏，企业也随之迎来了跨越式的增长。这时候，我们就顺势将品牌口号迭代为"创蓝短信 5 秒到"，并通过市场、销售团队数百人进行了长达 4 年的传播，强力占领了客户心智，甚至成了行业标准，无数竞品口号开始模仿。

对于这个口号，有人会问：它只强调了"快"这个优点，那其他优点怎么办？其实心理学中有个名词叫"晕轮效应"，客户认可企业产品的一个优点后，可能会把其他的优点也与该企业的品牌产生联系，客户会越看越喜欢，越用越信任。

并且，在 2019 年之后，客户关心的重点从速度快转移到服务质量上，我们又顺势将品牌口号升级为"为您的每一条短信负责"。客户一天的短信量可能有几万到几千万条，为每一条短信负责就体现出了企业的优质服务，从而可以持续赢得客户信任。

此外，品牌口号传递的信息越简单、越清晰，越有利于占领客户的心智。

下面列举一些笔者认为比较好的口号，以供参考。

- 飞书：先进团队用飞书。
- 今日头条：你关心的，才是头条。
- 公众号：再小的个体，也有自己的品牌。
- 36Kr：让一部分人先看到未来。
- KEEP：自律即自由。

（3）品牌名称

ToB 企业的品牌名称最好要具有风格和意义，还要好听易懂，比如线上签约品牌"上上签""法大大""E 签宝"等。如果有多个产品线，还需要思考产品系列名称，比如明源云的云客、云链、云空间、云采购，金蝶的星空、苍穹，船长 BI 的产品命名围绕海洋、罗盘、方舟、水滴等。

笔者很多次在向人推荐时因为品牌名称复杂难记而说不上来，这实在可惜。

（4）品牌故事

品牌故事可以是企业故事或创始人故事，诉说创始人的故事会更容易传播和引起共情。比如钉钉这个产品背后是创业的故事，阿里云的创始人王坚博士也是一个有故事的人。

（5）视觉识别（VI）

品牌视觉是客户看到品牌第一眼的感觉，也是品牌在早期最能让客户感受到的内容。

很多创业公司往往对视觉识别不够重视，要么没有明确规范，要么没有主视觉色。笔者还经历过某市场公司的分公司自己改 Logo 颜色和形状的情况，这是品牌落地时的忌讳之处。

品牌的视觉识别体系定好后，公司简介手册、易拉宝、PPT 等一系列印刷品和宣传品就可以有一套完整规范的形象，品牌视觉对于品牌个性的塑造也有较大的影响。

（6）产品识别（PI）

友好的产品识别能让客户留下独特的记忆，比如 ThinkPad 笔记本电脑键盘上的小红点、戴森吹风机的中空设计、奥迪汽车的大灯等。这也是大多数 ToB 企业忽视的地方，比如服务型企业可以在交付文件或者 PPT 时使用独特标记，硬件型企业可以为产品设计独特外观，软件型企业可以通过产品的 UI 等来实现产品识别等。

品牌感受包含的细节比较多，一切和客户接触的东西都是品牌感受的一部分，本书无法——列举，还需要大家根据企业的实际情况进行完善。

3. 品牌表达

如果说品牌心智、品牌感受解决的是表达什么内容的问题，那么品牌表达解决的是如何将内容传播给品牌目标客户的问题。

品牌表达关注的主要是传播渠道，如自有渠道、付费渠道，以及线上渠道、线下渠道等，具体讲解会在后文关于品牌传播的内容中展开。

3.3.3　品牌战略屋

通过品牌信息屋模型，企业可以搭建品牌的基本框架和完善需要的物料。就像赛车一样，品牌信息屋是造车，造好了车仅仅是有了比赛的工具，还需要教练、导航员、保养人员，再通过这些人员相互配合来赢得比赛，这是一整套战略规划。而制定这种战略规划就需要用到品牌战略屋模型，如图 3-5 所示。

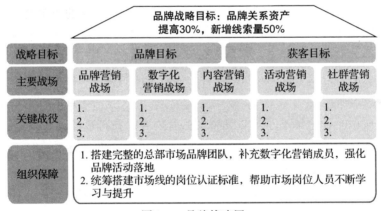

图 3-5　品牌战略屋

1. 战略目标

品牌的战略目标不是固定的，是随着企业的战略动态调整的。目标的实现也不是一蹴而就的，需要企业一步一个脚印，逐步积累、蓄力才能达成。

本书所说的战略目标主要是年度的。企业的年度目标可以分解出品牌的年度目标，通常 1～2 项，不宜太多，否则后续执行无法聚焦。

品牌战略目标比如在某个领域打造品牌影响力或者提高某个产品的美誉度等。对此，可以尝试结合 TOB-O6A 模型来量化目标。

2. 主要战场和关键战役

分解好战略目标之后，就需要继续拆解，将目标拆解到 3 ～ 5 个战场里面去。战场通常指一个完整的业务版块。根据这个业务版块的目标，每个战场又可以拆解出 2 ～ 3 个战役。对企业来说，品牌每年的战略目标可能不同，同时战场和战役也会有差异，如图 3-6 所示。

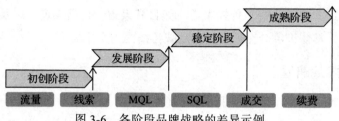

图 3-6 各阶段品牌战略的差异示例

（1）初创阶段

这个阶段大多数企业都谈不上系统地打造品牌，企业可以通过品牌信息屋完善品牌的各种要素，将 Logo、企业介绍、品牌手册、解决方案等内容梳理清楚，再制定好第一年的战略目标，比如覆盖多少 O 客户，A1 客户达到多少，重点是在一部分 O 客户中培养出品牌知名度和认知度。

这时候的主要战场可能是官网制作、品牌手册制作等内容建设的工作。

（2）发展阶段

这个阶段企业应该有了比较完整的品牌内容，在打造品牌的规划和执行上也逐渐成熟，甚至形成了自己的一套方法。这一阶段要重视和销售、客户成功部门的联动，让企业在市场上形成声势，继续加大品牌知名度和认知度，提高认可度和信任度，还需要考虑一定的品牌效果，也就是获客和转化。

这时候的主要战场可能是行业大会、产品大会的组织，公众号粉丝数发布等。

（3）稳定阶段

在新一轮的融资之后，企业进入稳定阶段，需要大规模增量，这时候可以策划一些品牌传播的专题，邀请一些已有的合作伙伴来配合进行，并且持续加大品牌知名度和认知度，提高认可度和信任度。

这时候的主要战场可能是客户大会的召开、企业学院的成立、白皮书的发布等。

（4）成熟阶段

很多从业者没有经历过品牌升级，其实最近几年 ToB 企业品牌升级的动作不断，比如阿里云、金蝶、明源云、Udesk 等。很重要的原因是，企业经过多年的发展，上了一个台阶，需要进行品牌升级来承接新的品牌战略。如果你所在的企业刚好也处于这个阶段，那么品牌的年度战略可能就是品牌升级了。

品牌升级需要思考两方面内容。

一方面，品牌信息与企业战略对齐。比如品牌愿景与企业愿景是否更新，品牌个性是否延续，品牌口号是否调整，品牌是否更名，Logo 是否升级，是否建设新的官网和拍摄新的宣传片等。

另一方面，品牌信息与产品对齐。比如使用一个企业品牌还是多个产品品牌，企业品牌和产品品牌如何布局。ToC 企业很多时候会推广产品品牌，但是对于 ToB 企业，笔者建议以企业品牌为核心，附带产品品牌，并且产品品牌最好组成一个系列，让客户容易识别，比如明源云旗下的明源云客、明源云链、明源云空间。

从战略目标到主要战场，再到关键战役，层层拆解，就能做到目标明确、工作聚焦。品牌的整个战略目标规划和落地策略的制定过程与 OKR 非常像，相比之下，战略目标是 O，主要战场和关键战役是 KR。

3. 组织保障

分解完战场和战役，为了保证目标能够达成，还需要思考组织保障。组织保障主要分为人才、机制和文化 3 个方面。

其中，人才保障就是完成战役需要配备的人力资源，包括人才、专业岗位和人数；机制保障就是保证一些战役的完成所需要的机制，如活动和内容的奖励机制、内容和销售的配合机制、私域和全域的配合机制等；文化保障就是让全员具备品牌思维，并且具备服务意识等。

战场和战役的规划只是计划，还需要强有力的组织保障才能保证战略目标的完成。

通过以上过程，企业就能制定出一个完整的年度品牌战略了。

4. 案例：某头部营销云企业的品牌战略屋

如图 3-7 所示，这是某知名营销云企业按照品牌战略屋制定的品牌战略。我们可以从中看到一个典型的营销云企业的战略目标、主要战场、关键战役和组织保障，大家可以自行研读和拆解。

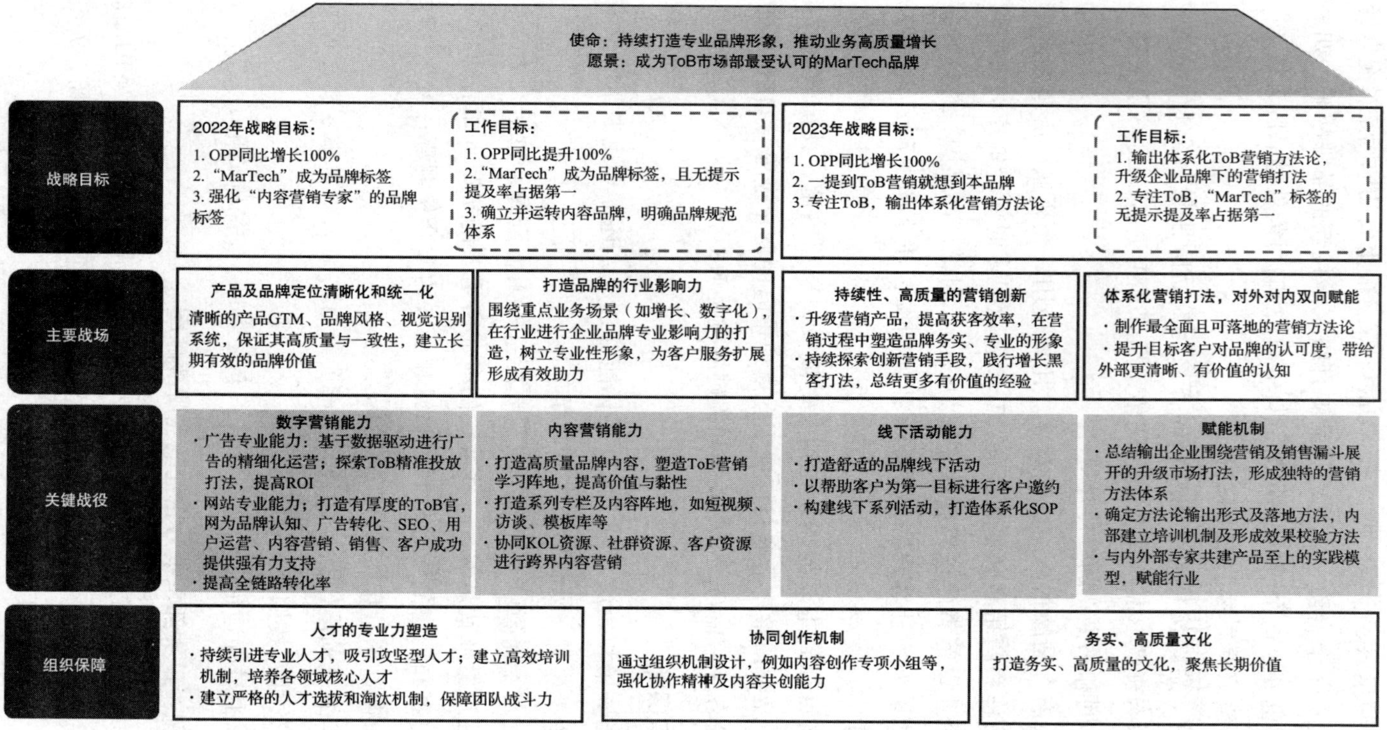

使命：持续打造专业品牌形象，推动业务高质量增长
愿景：成为ToB市场最受认可的MarTech品牌

2022年战略目标：
1. "OPP"同比增长100%
2. "MarTech" 成为品牌标签
3. 强化 "内容营销专家" 的品牌标签

2023年战略目标：
1. OPP同比增长100%
2. 一提到ToB营销就想到本品牌
3. 专注ToB，输出体系化营销方法论

工作目标：
1. "OPP"同比提升100%
2. "MarTech" 成为品牌标签；且无提示
提及率行业第一
3. 确立并运营内容转行业规范
体系

工作目标：
1. OPP同比增长100%
2. 一提到ToB营销渗想到本品牌
3. 专注ToB营销，输出本品牌

工作目标：
1. 输出体系化ToB营销方法论，升级企业品牌旗下的营销打法
2. 专注ToB，"MarTech" 标签的无提示提及率提及率行业第一

战略目标

主要战场

产品及品牌定位清晰化和统一化
清晰的产品定位GTM、品牌风格、视觉识别系统，保证其高质量品牌价值，明确并运期有效的品牌全链路转化率

打造重点业务场景（加增长、数字化），在营销过程中塑造品牌专业影响力的打造，树立专业性形象，为客户服务扩展形成有效助力

持续性、高质量的营销创新
升级营销产品，提高获客效率，专业的形象销过程中塑造ToB营销创新，践行新的长路客户价值的经验

体系化营销赋能
制作最全面面目可落地的营销打法，提升目标客户对品牌的认知，外部更清晰

关键战役

内容营销能力
打造高质量营销内容，提高内容营销学习率地、提升品牌价值
打造系列专栏及内容库，如短视频、长版，模板库等
协同KOL资源，社群资源、客户资源进行跨界内容营销

数字营销能力
广告专业化能力：基于数据驱动进行广告的精细化运营，探索ToB精准投放打法，提高ROI
网站专业化能力：打造有厚度的ToB官网为内容阵地，用户运营，内容营销，销售，客户成功提供强有力支持，提高全链路转化率

线下活动能力
打造活跃的品牌线下活动
以帮助客户为第一目标进行客户邀约
构建线下系列活动，打造体系化SOP

赋能机制
总结输出企业围绕营销漏斗展开的升级市级市场打法，形成致助转化的营销方法体系
确定方法论输出形式及落地地方法，内部建立专家共建产品室上建的实践规模型，赋能行业

组织保障

人才的专业力塑造
持续引进专业人才，吸引次坚定型人才；建立高效培训机制，培养各领域核心人才
建立严格的人才选拔和淘汰机制，保障铁军战斗力

协同创作机制
通过组织机制设计，例如内容创作专项小组等，强化协作精神及内容共创能力

务实、高质量文化
打造务实、高质量的文化，聚焦长期价值

图 3-7 某知名营销云企业品牌战略屋

如果把品牌当作宝藏，品牌关系资产就是宝藏的规模，品牌战略就是寻宝图。借助品牌信息屋和品牌战略屋两个模型，所有人可以齐心协力，相互协同，共同达成目标。

3.3.4　品牌精准传播，影响客户认知

不少人对品牌传播都存在一个误区，以为打造品牌一定会需要很多钱，公司没有足够的预算就无法开展品牌工作。其实品牌工作中需要大量预算的主要是广告投放、大型品牌活动等。如果没有预算，也可以通过市场和销售的触点、自有渠道的内容营销、客户合作活动及成功案例、生态合作、投资人口碑等方式进行传播，也就是通过企业全员、利益相关者和客户的精准触点来进行品牌传播。

品牌传播的逻辑是要引起客户关注，达成认知上的共识，刺激客户行为。对大多数 ToB 企业而言，品牌传播不需要烧钱进行广泛传播，而应遵循一定的原则和策略进行精准传播。

1. 4 个传播原则

品牌的认知是客户在企业、产品、创始人等所有触点的认知总和，因此品牌战略的实现需要品牌传播来承载。简单来说，品牌的建设就是让更多的客户知道自己，让客户对品牌了解得更深入，品牌传播亦是如此。

品牌通过大量烧钱的推广，确实可以让更多的客户知道自己，但如果缺乏深层次、有节奏的传播策略，很容易让客户产生片面的认知，反而会让客户陷入迷茫。笔者曾经遇到过这些情况：区域客户以为明源云是售楼软件，社群中有人问小鹅通是不是直播软件，还有人说销售易是做培训的。

总结一下，ToB 品牌传播需要遵循以下原则。

1）一致性：按照公司品牌传播的规范和整体营销策略，在一定的周期中保持品牌传播调性和视觉的一致性，避免造成客户认知混乱。

2）持续性：品牌的传播需要有一定的持续性，才能完成品牌在客户心智的有效植入，避免浅层次、间断性的传播。

3）多样性：品牌传播的内容形式需要具备多样性，比如图文 PR、企业宣传视频、品牌海报、企业直播栏目、品牌峰会等，让客户从多个维度接收品牌的信息。

4）精准性：企业在传播品牌的时候一定要注意渠道客户是否精准，比如财务人员很少会去人力资源论坛看内容，程序员很少会关注跨境电商公众号，企业需要面向精准客户做传播而非泛传播。

2. ToB 品牌传播策略

ToB 企业在品牌传播过程中，经常遇到挑战的就是精准度、有效性，其实相比于 ToC 企业成千万上亿的用户数量，ToB 企业的客户是有限的、固定的，需要传播的客户就是 O 客户。

在传播策略上，笔者推荐大家参考奢侈品品牌。普通消费品大部分是在做大众传播，而奢侈品品牌基本是在做克制的精准传播，ToB 品牌也需要克制和精准。

- 从背书上，奢侈品品牌会找顶级的代言人来做出最符合品牌调性的宣传内容。ToB 品牌也需要寻找大客户、典型客户来做案例，以及用行业大咖的意见来背书。
- 从渠道上，你很难在面向普通大众的媒体上看到爱马仕、香奈儿的广告，更多是在会所、航司等面向较高端客户的杂志上看到它们的传播，就连发布会也基本上是定向邀请老客户。ToB 品牌也需要选好渠道，定向邀请客户参加企业峰会等。
- 从产品上，奢侈品品牌会推销自己，但是很少说自己的产品是什么材料，有什么功能，产生什么价值，而是在塑造自己的调性，告诉客户自己的产品彰显了什么地位，这就是奢侈品品牌的基本传播策略。同样，ToB 产品过多宣传功能点并不是最好的传播方式，洞察客户的需求来做价值传播更重要。

这样我们就能梳理出 ToB 品牌传播策略：面向目标客群，做出品牌想表达的内容，并在精准的渠道进行传播，让客户对品牌产生认知。

除了常见的市场活动和营销传播之外，销售人员、产研团队和管理层的品牌传播也很重要。尤其是不少初创公司缺少市场营销预算，那这类公司是不是就不能做传播了？不是。还有一个极简的模式，只需要品牌人员做出基础物料，销售人员带着品牌手册和 PPT，就可以对精准的潜在客户进行宣传，说清楚产品是干什么的以及有什么优势就足够了。这种传播虽然量小，但是精准，而且是强传播。

除了外部传播，企业还需要反复地向内部全员解释品牌的意义、价值，才能保持全员在品牌认知和传播上的一致性。

3. ToB 品牌传播的流程

在品牌策略中，我们知道了目标客户、传播渠道，对这个框架进一步分解，就可以得到如下品牌传播流程。

- 通过理解品牌定位、品牌目标，确定传播什么内容。
- 通过分析目标客户，确定对谁传播、在哪里传播。
- 通过分析内容，确定传播内容的形式和创意。
- 通过内外沟通，做好创意执行和媒介投放。
- 通过监控，对品牌声量、品牌词等方面的指标进行分析和复盘。

在上述步骤中，前三步是传播策略制定。

下面我们通过一个简单的案例来理解品牌传播流程。笔者听过一次分贝通的分享，其产品定位是"下一代企业支出管理平台"，那么分贝通是如何思考内容传播的呢？

首先，为了和传播报销产品区分，分贝通使用了"干掉报销"的广告语，并制作了大量围绕"干掉报销"展开的内容来支撑该广告语。

其次，强化"软件 + 支付"模式，强调"下一代"，并通过大量的自有和付费媒体矩阵来传播。

再次，在客户案例方面，重点突出"高成长型"的企业特点，占领"选择下一代解决方案"的客户心智。

最后，在视觉方面，将品牌个性定位为"简单、酷、未来"。

这样一层层的品牌信息，经过设计成为品牌和市场工作的主线，再运用到日常工作的各个环节去，让品牌心智和感受不断影响客户，让客户逐渐知道品牌，认知品牌，信任品牌。一个完整的年度品牌传播计划如表 3-11 所示。

4. 品牌传播之电梯广告

ToB 品牌的传播渠道有很多种，在后面的内容中会有详细的说明，这里我们对两个经常争议的问题进行讨论，即 ToB 品牌到底应不应该做广告投放，以及在什么渠道投放广告。

表 3-11　年度品牌传播计划示例

大类	项目	1月	2月	3月	4月	5月	6月	7月	8月	9月	10月	11月	12月
重要事项	里程碑			开年大会		产品大会						年度大会	
	营销主题							科技领先					
	阶段目标		借势		释放					蓄势		爆发	
内容生产	内容生产	年度内容规划		大会内容	月度内容	大会内容		月度内容		大会预热	大会预热	大会内容	大会内容
	公众号	月度内容	月度内容	大会内容	月度内容	大会内容		月度内容	月度内容	大会内容	大会内容	大会内容	大会内容
	抖音	月度内容	月度内容	大会视频	月度内容	大会视频		月度内容	月度内容	预热视频	预热视频	大会视频	大会视频
	视频号	月度内容	月度内容	大会视频	月度内容	大会视频		月度内容	月度内容	预热视频	预热视频	大会视频	大会视频
品牌传播	自媒体平台							保持发文					
	付费软文			付费							付费		
	付费KOL			付费							付费		
	创意传播					视频传播				H5 传播			
	传播活动		沙龙		沙龙		沙龙		沙龙	沙龙			
传播复盘	数据监控							百度指数/官网流量					

既然 ToB 企业传播的逻辑是针对特定的客户传播品牌想表达的内容，那我们就把广告投放到有需要的客户眼前，不就行了吗？那么，怎么才能将广告比较精准地投放给目标客户呢？

电梯广告可以说是针对特定客户的传播利器，影响的客户群较为集中，主要面向在写字楼或特定区域办公的客户。钉钉、企业微信、脉脉、企查查等多个 ToB 品牌都在商务人士聚集的写字楼电梯中进行了广告投放。2022 年华为云举办的 828 企业服务节活动也做了很多投放。

找到了投放的方式，那么不同的企业如何确认是否投放呢？对于这个问题，一定要考虑企业所处的阶段和背景才能做出正确的决策。笔者建议大家从以下几个方面来思考。

（1）企业所处的阶段和需求

并不是所有的企业都需要大量传播，因为有些企业连品牌部都没有，只依靠一个 PR 岗位来做执行。可以对不同企业的传播需求度进行如下划分。

1）较少做传播的企业：

- 规模小，没有预算，以投放、活动获客为主；
- 目标客户少，如汽车电池厂商、飞机零配件厂商等，不太需要传播；
- 客户比较封闭，如军工行业、政府部门等，进行广泛传播的价值较小。

2）需要大量传播的企业：

- 目标客户是中小型企业，且客户群体较大，如面向财务、HR 等领域的广泛客户群体的产品，面向协同办公领域的钉钉、飞书、企业微信等产品；
- 融资之后，需要提高市场占有率、行业影响力和品牌认知度；
- 需要满足特定时期的某些需求，如上市前需要巨大的声势。

3）其他类型的企业：适当传播即可，按照一定的节奏实现品牌的知名度、认知度和认可度。

（2）制订广告投放战役的计划

对于需要大量传播的企业，有预算，并且目标客户的分布有一定的集中度，笔者建议尝试广告投放。以电梯广告为例，广告投放需要制订详尽计划。

投放前，要选择好广告公司。首先需要分析客户画像，明确 O 客户的分布特征，这些客户可能在产业园区也可能在写字楼聚集区。再找电梯广告商寻找相应的点位，做到精准投放。

投放中，我们要知道是视频类广告还是静态画面广告，并且要在广告中设置好二维码进行监测，这个二维码最好是能够扫码后跳转到企业微信而非官网或小程序，实现闭环。可以协同销售人员问问客户是否看到广告，有什么改进意见等。并且，笔者建议先在一个城市进行投放测试，如果效果符合预期再大规模开展投放活动。

投放后，就要对广告投放的各项数据进行分析了，比如企业微信新增好友数等。笔者不建议使用官网或小程序的二维码是因为获客漏斗模型的重点环节就是加上微信，我们要尽量缩短这个路径，直接到重点。

2015 年，脉脉针对分布在主流写字楼的客户进行了大量的品牌宣传，短短数周的引爆效果显著：新增用户数 260 万，日活跃用户数从 16 万增至 80 万，同时保持着 40%～45% 的高留存率，投放所获用户总价值超 3 亿美元。脉脉联合创始人张伟曾表示，在脉脉品牌建立这件事上，电梯广告起到了至关重要的作用。

后来企查查、天眼查、分贝通等客户较为广泛的厂商都纷纷在电梯传媒这个小天地中进行了多次精准的品牌传播。分贝通是先筛选目标客户，然后在目标客户所在的楼宇进行定点投放，让其主题为"干掉报销"的广告遍布北京、上海、广州、深圳等多个城市的楼宇电梯，令人印象深刻。

笔者曾做过一次电梯广告投放活动，从北京、上海、深圳等城市中筛选出集中了数百个客户的近百栋写字楼，再挑选出 400 多个电梯屏幕，进行了为期一个月的投放。此次投放的目的是让销售人员去拜访的时候，客户能够对本公司有印象，建立"在电梯里看到了你们的广告""公司挺有实力""你们的广告语让我记住了"等初步的品牌认知，从而降低销售人员破冰的难度，最终取得了一定的效果。

按照"把广告投放到有需要的客户眼前"的逻辑，还有哪些渠道能起到类似电梯广告的效果呢？笔者有一段时间在深圳的地铁中看到很多跨境电商服务商的投放广告。但这些广告不是铺满所有的地铁线路，而是围绕 4、5 号线投放。因为这两条地铁线路所穿越的龙华、坂田是跨境电商企业的聚集地，在这里投放相应广告有着不错的精准度。

因此广告投放对 ToB 品牌而言，不是不可以做，而是要思考如何选择有效的渠道，制作符合客户需求的内容来进行投放。如果有一定预算，电梯广告还是值得尝试的。

3.4 如何打造创始人个人品牌

很多中小企业在人才和资源不足的情况下很难系统性、高投入地去塑造品牌，因此除了上面所说的按照品牌战略层层拆解，产出品牌内容，制定品牌传播策略来实现品牌的塑造外，本节介绍一个品牌营销的最小闭环，那就是打造创始人或高管的个人品牌。

个人品牌涉及品牌、内容、活动、私域的方方面面，可以说是企业品牌和营销的最小可行性验证方案。

3.4.1 什么是个人品牌

在讲述个人品牌的时候，笔者会列举下面 4 种场景。

- 有人对你说："我是邹叔，专注营销增长，顾问费性价比高，请让我为你服务吧。"
- 有人对你说："我是邹叔，专注营销增长，特殊时期的顾问费 3 折起。"
- 你虽然不认识邹叔，但是听过他的分享，觉得还行，想向他做营销咨询。
- 你不认识邹叔，公司想找营销增长顾问，身边的朋友都推荐邹叔。

以上 4 种场景分别对应推销、促销、营销和品牌，我们可以简单地将一个人是否拥有个人品牌理解为：在某个领域或某件事上有需求的时候，大家会联想、称赞、推荐这个人。

按照品牌和品牌关系资产的定义，创始人的个人品牌就是：创始人面向客户的所有动作，以及他所影响客户的认知总和。创始人品牌关系资产就是认识、认可、信任、称赞这位创始人的人数，当然该资产并不好统计，建议大家按照个人的粉丝数来粗略计算。

3.4.2 ToB 企业创始人是否要做个人品牌

很多企业的创始人或 CEO 会问：到底要不要做个人品牌，怎么做个人品牌？笔者的答案是看情况，既看企业情况，也看创始人的情况。如果情况允许，一定要做。毕竟品牌是客户心智层面的战争，如果我们不做，而让竞争对手的创始人抢先占领了客户心智，赢得了客户信任，再想去抢占位置可能要付出数倍的代价。

1. 创始人个人品牌的发展阶段

那么，如何判断企业和创始人情况呢？笔者调研众多案例，总结出如下几个常见的发展阶段。

（1）初创阶段

初创阶段的企业一般没有足够的品牌预算，如果创始人有一定的知名度，就能通过其个人品牌带来第一批种子客户，并且这还有利于吸引人才加入。在这一阶段有条件的创始人一定要做个人品牌。

笔者担任某企业 VP 的时候，创立了国际事业部，在数个月时间内赞助了超过 10 场出海领域的大会，并精心准备了演讲内容，通过出席会议和演讲塑造个人在该领域的专业形象，从而获得了第一批客户，迅速使事业部的月营收超过500 万元。而在行业中，有不少创始人在初创阶段通过个人品牌迅速出圈。比如见实科技的创始人徐志斌因为多本畅销书作者的身份和强大的个人品牌，在创业初期就接到了不少业务。又如卫瓴科技的创始人杨炯纬也因为其创业经历与360 前高管的身份树立了鲜明的个人形象，帮助企业在创立之初就获得了不错的知名度。

（2）发展阶段

这一阶段的创始人一般比较忙碌，需要"找人、找钱、找方向"。如果前期创始人没有做个人品牌，可能本阶段也较难分心，建议由企业的产品、技术、市场负责人来接棒，做高管的个人品牌，也能为企业带来不小的收益。

另一点值得注意的是：如果创始人具备一定的个人品牌，对融资也有所帮助。

（3）稳定阶段

企业这一阶段的发展趋于稳定，有完整的管理团队，这时候的创始人反而可以抽空思考个人品牌。这时候打造个人品牌已经不仅是为了获客，还为了赋能雇主品牌，帮助企业吸引更多的人才，以及作为代言人来传播企业的愿景、使命、价值观，让企业更具有社会责任心，赢得资本市场的青睐。

比如，致趣百川的何润不断为企业发言，推送企业发展和人才招募的相关信息；保利威的周鑫作为高管，不断打造个人品牌，高频出席会议进行演讲，在社群中积极活跃，也为企业持续带来了客户信任。

2. 创始人个人品牌的好处

创始人的个人品牌除了能给本身带来知名度之外，更重要的是能为企业带来线索、客户信任和增长，其好处至少包括如下 3 个方面。

（1）更低成本的流量

个人品牌更容易让人亲近，也更容易传播，还有助于融资。首先，客户不一定转发企业的内容，但可能转发关于创始人的内容。其次，创始人如果有一定影响力，被邀请出席行业大会的可能性也会大很多，会增加企业及其产品的曝光度。

打造个人品牌势必会不断积累粉丝，创始人账号在特定领域的关注度高，就能获得低成本的流量。如果流量和公司的客户群体高度一致，那么流量的获得成本就降低了。

（2）更高的转化率

人是情感动物，在商业化的公司和有温度的人之间，后者更容易获得信任，这是人与人之间天然的默契。一切合作都基于信任。客户正因为有了了解、认知才会成为创始人的粉丝，这样更容易解决品牌和客户之间的信任问题。

在所有的成交中，转化率最高的成交方式是转介绍。在笔者任职某企业 VP 的时候，个人业绩可以达到数百万，成单周期最短，线索成交率高达 46%，最短的交易过程可能只需要 15 分钟，而笔者所在企业的销售人员的平均成交周期是 21 天。这基本都得益于笔者作为高管有大量出席会议、登台演讲的机会，能与很多潜在客户建立较好的信任关系。这也充分说明了个人品牌对于转化率的巨大促进作用。

（3）提升个人价值

在竞争愈演愈烈的商业环境之下，个人品牌还能提升个人价值，特别是能在企业合作、融资的时候起作用。

在打造个人品牌的过程中，创始人或高管会不自觉地不断提高自己各方面的能力。当开始推出个人品牌时，创始人或高管就将自己置于大家的目光之中，公众的监督会倒逼他珍惜羽毛，促使他不断学习、成长，保持自律、分享、包容、利他等优秀品质，直到把这种优秀习惯融入骨子里。

总之，企业创始人打造个人品牌的好处极大，有条件的一定要做。

3.4.3 创始人个人品牌的打造

很多人在打造个人品牌的时候，会想到打造人设、传播人设、引流变现的流程，笔者对此是持反对意见的，这种方式更适用于 ToC 的个人品牌，带着一些按照剧本来表演的性质。对于 ToB 的创始人个人品牌，不应该打造人设，而应该展现人格、传递价值，赢得客户的信任，比如乔布斯之于苹果，雷军之于小米，江南春之于分众传媒，华杉之于华与华等。

可以将个人品牌的打造分为定位、培育、转化 3 个阶段。

1. 定位

人的心智容量是有限的，每个人能记住的事情也是有限的。如果创始人的个人品牌不能在客户的心智中占领一席之地，那便做了无用功。

一个好的定位胜过 10 倍努力，借助优势资源可以实现单点突破，独特价值有利于将品牌植入客户心智，企业匹配的功能设计可以提高信任度。可以按照下面的方式来做创始人的个人品牌定位。

（1）明确目标客户群体

明确目标客户群体，就是企业需要的流量和关注在哪里，创始人就去哪里。

如果创始人的目标客户和个人优势能够与公司的目标客户群体高度一致，那应该是最佳选择；如果不一致，也不用担心，只要创始人在某一个领域的影响力有所突破，在客户的认知里该创始人的可信度仍会高于其他人，这时候创始人再跨领域进行影响力迁移是比较容易的。

比如笔者之前所在企业的产品 KP（关键人）主要是大量 C 端用户，包括产品、运营、市场等人员以及中小企业 CEO。笔者结合自己的专业能力和企业现状完成了自己的初步定位：运营和营销增长专家。再比如，曹虎的定位是品牌营销大师，陈勇的定位是超级转化率专家，徐志斌的定位是私域流量专家，于勇毅的定位是数字化营销专家，杜忠的定位是工业品营销专家等，这都是面向企业目标客户的精准定位。

（2）分析现有资源

在定位的过程中，主要还是找到自己的优势：人无我有，人有我优。

前面说到创始人的个人品牌应该展现人格，这可以从 3 个方向来考虑：成就、专业、性格。

- 成就：创始人过去取得的成绩，类似于品牌故事。
- 专业：创始人的专业积累和职业头衔，比如行业专家、产品大牛、技术大咖等，类似于品牌专业内容。
- 性格：创始人是严肃还是幽默，类似于品牌个性。

对此，推荐马库斯·百金汉的《现在，发现你的优势》这本书，读者可以通过这本书更新自我评价，重新认知自我，发现自己的优势。

（3）寻找独特价值

在寻找独特价值的时候，很多人会觉得自己好像没什么独特之处。比如，陈勇语速飞快、思维敏捷，很容易让人记住；而邹叔其貌不扬、声线平淡，似乎只能埋头提升专业，才能争取到机会。我们如何才能找到自己的引爆点，让自己变得不一样呢？

笔者给大家提供如下 3 条建议。

1）研究"竞品"。这是企业做市场研究的时候经常用到的方法。在个人品牌上，如果创始人明确了面向的客户群体和自己的优势，剩下的就是分析竞品，即寻找同领域最厉害的人，研究并学习。

2）发现利基领域。利基就是比常规细分更细的领域，创始人要去找到细分市场里面可能存在但被同领域大咖忽略的点，并基于此进行单点突破。比如专门为企业提供 PPT 制作服务的演示大师李镇江、专注于 ToB 数字化营销实战的赵岩、专注于 ToB 企业品牌传播的陈小步，都找到了相应的利基领域。

3）塑造独特之处。很多时候竞品和利基领域并不容易找，那就可以主动塑造自己的特点。把一件事做 100 遍，这件事就会显得独特，如乔布斯的牛仔裤、雷军的微笑等。

（4）设计功能模块

像打造产品一样去设计个人品牌的功能模块，比如简介、形象、温度等。

从名字开始就要进行设计。比如，笔者的名字是邹杨，但当我们在百度上搜索"邹杨"的时候，看到的很可能是其他同名的人而不是笔者，所以笔者就改了个昵称"邹叔"。这样读者一百度就能立刻找到笔者。而且"邹叔"作为个人品牌名，很容易制造话题，还能拉近与客户之间的距离，笔者和他人的话题经常是从称呼开始的。

总结一下，好名字的三要素：被搜索时容易找到，说出来时容易记住，听到之后容易理解。

除了名字以外，在职场和商务场所，一个干净阳光的形象很重要。心理学研究表明，人与人之间的信任主要来自语言、语调和形象这三方面，而其中形象造成的影响最大，可见形象的重要性。

但并不是每个人都那么美丽动人或者器宇轩昂，我们普通人的出路在哪里呢？笔者的建议是标准化、统一化，即保持统一的形象、标准的动作、统一的简介、标准的 PPT、统一的色调、标准的风格。笔者采用的个人照片几乎都是同一张，PPT 都是同一套模板，努力将自己的品牌印象植入客户和读者的心智。

然后，我们需要思考如何呈现功能。究竟是通过一个公众号来输出内容，还是运营抖音或视频号？是只将粉丝沉淀到微信端，还是提供社群服务来创造更多链接？是只发布个人观点，还是提供培训课程？呈现方式很多，想要将个人品牌和企业产品结合，就需要大家深入思考。

作为案例来说，笔者在做个人品牌的时候，梳理后的个人定位为：邹叔，专注增长的首席营销官，10 亿级营收案例操盘手。对外输出时使用统一的形象和颜色，同时运营了公众号、抖音、视频号、知识星球和社群，提供了培训、咨询等服务，形成了完整的营销闭环。

2. 培育：从认识到认可

创始人个人品牌要和客户发生链接，还需要通过内容和活动触达。

（1）内容的生产

ToC 品牌营销有一个特别有趣的公式：

一个新品牌的崛起 = 5000 篇小红书种草 +2000 篇知乎解读 +
1 个行业大 V 的直播推荐

如果我们把这个公式引入 ToB 领域，那就是：

一个 ToB 品牌的打造 = 5000 篇基础内容传播 +2000 篇专业内容植入 +
1 个行业大 V 的推荐

实际上，笔者发现 ToB 品牌在打造时只需要实现上述公式中数量的十分之一，就足以具备一定的知名度。比如赵岩的 100 篇数字化营销内容让企业获得了数千关注者，而 To B CGO 创始人朱强组织的 100 位营销专家分享的活动，截至 2022 年 10 月有 39 位分享者产出专业内容，就已经使朱强有了较为强大的个人品牌。

个人品牌的塑造是一项长期的行为，通过持续的输出、系统化的运作、高品质的内容，不断扩大对目标客户的覆盖面并且影响客户的心智，达成个人品牌关系资产的积累。

不少创始人做个人品牌的时候会有疑问：如何保持持续的产出？其实想要持续产出，就必须做到持续输入。对于营销从业者，笔者提供 4 点输入建议。

- 复盘工作中得到的经验。
- 思考阅读中获得的观点。
- 记录来自大咖的分享。
- 拆解行业典型的案例。

把上面 4 点做好，经过一段时间的练习和沉淀，内容产出将不再是问题。

（2）内容的传播

当明确定位、持续产出不错的内容之后，就需要传播内容了，毕竟这是个酒香也怕巷子深的时代。

内容传播最重要的策略就是"多渠道、全网发"。比如笔者在全渠道的个人品牌名都叫"邹叔的任性"，头像和介绍基本一致，而笔者每写一篇内容，都会全渠道发布。其中，笔者之前为数千名市场人员分享的内容《如何用运营思维，打造个人品牌实现流量增长？》，在没有花费任何推广费用的情况下被超过 500 个站点收录，包括钛媒体、亿邦动力、新浪科技等，形成了较好的传播，也带来了不少关注，帮助笔者实现了个人品牌关系资产的增值，如图 3-8 所示。

（3）活动的触达

活动是提高客户对个人品牌认知的非常好的手段，笔者有以下几点建议。

1）既要组织也要参与。创始人势必会参加很多行业会议，往往是作为参与者或嘉宾，此时创始人能够借助组织方的平台来进行内容传播，触达会场的资源。

　　同时，创始人也需要利用公司的资源来组织活动，既可以触达想链接但链接不到的客户，又有利于创始人个人品牌的塑造。

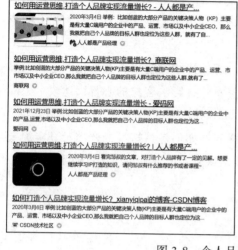

图 3-8　个人品牌内容传播案例

　　2）聊一年不如见一面。在线上用内容和大家建立了联系，培养了信任，还远远不够。"线上得来终觉浅，关系要深还得见"，很多市场从业者在社群中相识之后还需要通过线下活动来加强关系。创始人如果通过个人品牌邀约到潜在客户进行面对面沟通，一般会大大地缩短成交周期。

　　3）找机会参加高势能的活动。创始人需要参加一些势能非常高的活动并成为主角，这样就能吸引客户来主动链接，比如行业大会、知名创投比赛、本地电视节目等。先借助公域来覆盖潜在客户，再借助专业内容和活动来提升客户的认知。

3. 转化：从信任到美誉

　　当创始人积累了一定的潜在客户之后，还要促其变成成交客户，这是从量变到质变的过程，也是非常关键的一步。

　　（1）积累核心，形成圈层

　　创始人通过微信沉淀了潜在客户后，可以通过私域和圈层活动反复对其进行触达，加深信任。

（2）跨界圈粉，影响裂变

当创始人在某一个领域积累到一定程度的时候，可以尝试从不同的领域去跨界圈粉。

最早的时候，笔者主要活动在 ToC 运营圈。在一次偶然的机会中，笔者见证了 To B CGO 的成长，于是跨到 ToB 圈与各位同好一起学习，并结识了众多 ToB 行业大佬。最近笔者又将自己的社群、内容等能力迁移到了零售行业，给数千名零售从业者培训，给近百个新消费品牌进行营销增长方面的培训。2020年，笔者在零售行业做了超过 10 场线上分享，这就是用自己可以复用的专业能力在目标客户里不断进行影响力的裂变。

创始人可以让市场团队来操盘个人品牌的私域活动，在做圈层活动的时候带上销售人员，将自己作为线索连接器，将转化的重点交给市场部或销售部，从而通过个人品牌实现批量转化。

个人品牌的发展和企业品牌一样，从战略的规划、可执行策略的制定，再到持续的长期积累，从知名度、认知度、认可度、信任度、美誉度，再到个人品牌资产，通过各个维度的设计和落地来实现转化目标。这个过程并不需要大量的企业资源投入，主要依靠创始人个人的努力、专业和人格魅力，为企业在市场竞争中打造秘密武器。

3.5　思考

本章我们学习了 ToB 品牌的现状和价值，了解了品牌对于 ToB 企业的意义，知道了品牌从创业之初就已经存在。

通过 ToB-O6A 模型，我们了解了品牌与客户的关系，并进一步知道品牌是可以被衡量的。企业打造品牌是一个长期持续的工程，需要先用品牌信息屋来补全企业需要的品牌要素，再用品牌战略屋来规划年度战略，并且通过品牌传播策略来落地。而创始人的个人品牌打造也是很多中小型企业在营销上实现弯道超车的好方法，值得大家深入研究和探索实践。

现在，基于本章所讲的内容来做一些练习。

- 现在的你对 ToB 品牌是如何理解的，说说你的见解。

- 现在的你对 ToB-O6A 模型是如何理解的，说说你的见解。
- 计算你所在企业的品牌关系资产。
- 计算你所在企业的品牌五度。
- 按照品牌信息屋，梳理你所在企业的品牌基础信息。
- 按照品牌战略屋，规划你所在企业的年度品牌战略。
- 按照品牌传播策略，制定你所在企业的年度品牌传播策略。
- 尝试为创始人或你自己规划一下个人品牌。

第 4 章
数字化营销，快速获得精准线索

企业通过创始人链接的早期客户完成了产品的 PMF 之后，就要开始将产品大规模地推向市场。此时可以招聘大量的销售人员去寻找客户，也可以招聘少量的市场人员通过营销手段来吸引客户。

笔者建议，企业在产品打磨的早期就招聘一两位市场人员，对产品进行学习，对客户画像进行研究，从而产出合适的内容和活动方案去吸引客户，而这些被吸引的客户会通过互联网来寻找企业。这时候，企业就需要搭建官网来承载客户流量，并在小规模验证后通过 SEO、SEM 来加大流量。这就是数字化营销。

"数字化营销"是这几年营销的热门话题，特别是在 2020 年之后，企业增长的不确定性因素越来越多，线下活动预算缩减，不可溯源的线索获取方式、无差别的客户内容营销等缺乏数字化支撑的营销工作已经很难让企业在市场上赢得竞争，数字化营销成了众多 ToB 企业探索的新方向。

数字化营销就是使用各种技术手段来实现数字化的一种营销方式。目前企业常用的数字化营销方式有 EDM、线上广告、SEM、SEO、信息流等。

本章对数字化营销进行系统讲解。

4.1 官网运营，让访客成为线索

当客户对 ToB 企业缺乏了解的时候，可能会通过网上搜索结果或者该企业的官网，了解企业发展、产品、案例，建立对这个企业的认知。官网就充当了企业的"展厅"，是传达信息的重要途径，而官网的设计是否美观、内容是否丰富、引导是否合理等会在很大程度上影响客户对企业的认知与信任。

在 GTM 策略中，搭建官网是 ToB 产品上市前的重要工作，而官网也是 ToB-O6A 模型中链路 1、链路 2 等多条链路的重要影响因素。

在本节我们探讨如何搭建和运营官网才能令营销价值最大化。

4.1.1 为何要搭建官网

笔者经常建议 ToB 企业在创立之初就着手搭建企业官网。在市场人员做完活动、销售人员拜访完客户之后，客户可能通过线上搜索去了解企业信息，如果连企业官网都找不到，那将极大影响客户信任。如果企业不重视官网建设，甚至可能导致客户通过搜索进入了竞争对手的官网，并变成竞品的成交客户，这就让企业早期的努力全部白费了。

有些人可能会认为，现在都是移动互联网时代了，谁还会看 PC 网站呢。其实这反映了典型的 ToC 视角。作为个人消费者，我们很多购买行为可以在手机上完成，App 和小程序足够强大，购买动作在移动设备上就能形成闭环。但在办公场景中，端坐在办公室使用电脑处理工作还是主流方式，员工寻找解决方案的时候，更多会通过电脑来搜索和浏览，而非使用手机。

官网主要起到了几个作用：获取流量、展示内容、线索增长、塑造品牌。

- 获取流量：客户可能通过企业在互联网上留下的信息或广告来到官网，从而省去了企业主动寻找客户的过程。
- 展示内容：官网承担着展示产品和业务领域的功能，可以向客户展示有价值的信息，帮助其了解企业。
- 线索增长：访客如果认为网站信息是有效的，就会有一定的概率在官网的引导下留下个人资料或直接注册来试用产品，从而带来线索增长。
- 塑造品牌：优秀的官网也是企业塑造品牌的一部分，是企业在互联网上的"门面"。精致的官网更容易让访客留下该企业有实力的印象，从而产生信任。如果官网制作得很差，企业很可能会失去访客的信任。

在笔者做的朋友圈调研中，SaaS 企业的线上线索中有 50% ~ 80% 来自官网，另外有一部分来自公众号、小程序、社群等渠道。所以说，一个优秀的企业官网就像一位形象气质佳且 24 小时不休不眠的在线营销人员，默默展示着企业形象，吸引着源源不断的线索。

官网还能够反馈市场需求和客户行为。通过官网埋点记录客户的行为，企业可以了解访客点击了哪些内容、下载了什么文件、报名了哪些活动，从而了解客户的需求。通过官网的运营数据，我们还可以知道官网的访客情况，也就能够知道近期吸引客户的关键词，以及不同关键词的浏览、跳出等情况，从而了解市场最新的动态。

4.1.2　搭建流程

搭建官网大致是这样的流程：建站策划→注册域名→购买服务器→网站策划→建站开发→设计美化→内容填充→网站推广→运营迭代。如图 4-1 所示。

图 4-1　网站搭建流程

在建站之前，需要先进行策划，考虑搭建什么类型的网站以及将网站设计成什么样子。

ToB 企业的官网一般分为名片型、品牌型和营销型。其中名片型网站比较简单，一般是静态网页，就像企业在互联网上的名片，展示着企业的基本信息。品牌型网站制作会比较精良，目的在于展示品牌实力，一般设计感比较强。营销型官网较为复杂，因为需要承接和转化流量，所以需要进行较多的内容、交互上的设计。不同类型网站具体见表 4-1。

表 4-1   不同类型网站对比

网站类型	开发难度	页面数量	搭建周期	适用企业
名片型	简单，常为静态页面或图片	1～5 个	1 天以内	没有太多获客需求，不注重品牌营销的企业
品牌型	一般，会有少量交互	5～10 个	2～7 天	有一定获客需求，有一定实力，对品牌营销有一定关注的企业
营销型	较复杂，会有较大量交互	20～100 个	7～90 天	有大量线上获客和展示需求的以 PLG、MLG 模式为主的企业，以及重视数字化营销的少量以 SLG 模式为主的企业

确认好官网的类型后，可以直接出线框图、设计图，将网站的结构和内容描述清楚。笔者认为这需要由最了解客户需求、也承担线上获客职责的市场部来确定。不过实际很多市场人缺乏这方面的专业知识，所以笔者也经常看到由企业的产品团队来规划网站，再供市场部使用，但是这样经常会出现一些需求偏差。作为市场人员，我们了解官网的搭建和网站的基本原理很重要，这也是数字营销岗位很重要的工作之一。

搭建网站首先需要一个域名，大部分人都会把注意力放在网站的建设上，而忽视了域名的重要性。

域名就是一个网站的名字，一个好的域名需要简单、易记忆，或者能够与企业产生关联，例如 JD.com、taobao.com、253.com 等域名就非常简单。而像 mingyuanyun.com 虽然不够简单，但是胜在匹配客户的中文输入习惯，使其在搜索的时候可以按照拼音输入。像 captainbi 这样的域名就与"船长 BI"这个品牌名保持了一致。域名中常见的后缀还是 .com，有些后缀有一些特殊的含义，如 .ai 等，对其他不常见的后缀并不推荐。

在注册域名和购买服务器的时候要选择正规可靠的大公司，比如阿里云、腾讯云、华为云等，这样才能保证之后的过户、续费等业务流程更顺畅。

注册好域名和购买了服务器之后，就要决定如何开发网站了，而现在开发官网已经是一件比较容易的事了，无外乎分为自建和外包。另外，网站开发后还需要进行备案，才能顺利上线。

如果企业有一定数量的开发人员，可以成立一个官网开发团队，实现开发以及后期维护，上线周期按照网站类型而定。如果团队不完整，企业也可以使用模板、SaaS 等方式建站，如使用云服务厂商自带的企业网站模板，或者尝试使用 Wordpress 快速构建官网，基本 1 天就可以完成基础搭建。

如果企业的开发团队资源较紧张，缺少搭建网站的程序员，或者对网站要求比较高，将工作外包也是一种不错的选择。

在建站平台上，通用类的建站模板的成本在 1000 ～ 5000 元，定制类的一般在 3 万～ 10 万元，外包建站大概需要 5 万～ 30 万元。创业公司需要注意成本控制，而对于发展较成熟的企业，笔者建议在官网方面增加一些投入，比如上海雍熙为致趣百川升级的官网，很多细节都处理得比较好，据了解整站获客效果也有所提升，如图 4-2 所示。

图 4-2　上海雍熙制作的致趣百川官网

对 ToB 企业来说，网站的设计感和内容的丰富度都会对客户的认知造成直接的影响，需要大家重视。企业官网是一件看似简单实则复杂的事情，耗时耗力。通常一个精心策划的官网从前期准备到中期策划再到开发，需要 1 ～ 3 个月甚至更长的时间，再加上内容填充以及网站运营的阶段，待官网在搜索平台上获得不错的权重和收录，可能已经过去了半年时间，建议大家尽早规划官网并进行搭建。

4.1.3　网站策划

ToB 的客户决策是复杂的群体决策，是一个理性选择的过程，好看、精致的落地页设计和转化海报还不足以影响客户的最终决策，网站上还需要填充内容才能让客户有所收获。数字化营销岗位人员需要按照客户购买旅程中信息获取的路径来对官网进行整体策划。

访客进入官网之后，能通过内容判断企业提供的产品和方案能否解决问题，其价值是否符合需求，是否被成功案例和最终成果打动，价格是否匹配预算，以及如何进行下一步沟通等，这就构成了一个典型的客户官网旅程，如图 4-3 所示。

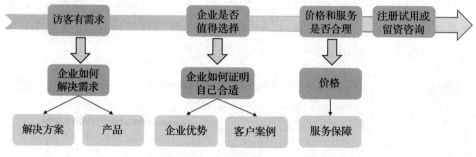

图 4-3　客户官网旅程示意

通过对 20 多家优秀 ToB 企业的官网进行分析，笔者发现官网一般会采用如下结构公式：

企业官网结构 =（品牌名或 Logo+ 产品介绍 + 解决方案 + 客户案例 +
价格体系 + 公司介绍）× 注册流程 × 页面设计

这个结构公式其实是按照官网客户旅程的思路在逐一回答访客的需求问题：哪家企业，产品是什么，能解决什么问题，哪些客户已经合作过，价格是什么水平，以及企业介绍和发展历程是怎样的。并且，企业用精心设计的注册流程来引导访客留下资料，用优良的页面设计来提高访客的体验，提高线索量。

根据笔者提供的结构公式，基本上所有 ToB 市场人员都能快速做出一个结构及格的官网。

确定了官网的结构就基本确定了网站的主导航，接下来需要拆解每一个页面的结构。笔者推荐使用 FABE 法则来确定官网、产品的价值结构。

FABE 法则是美国奥克拉荷大学企业管理博士、中国台湾中兴大学商学院院长郭昆漠总结的一种整理产品卖点的方法。它将一个产品从 4 个维度进行拆解、分析和填充，分别是特征（Feature）、优点（Advantage）、利益（Benefit）、证据(Evidence，表示报告、案例、认证等一系列信任支撑内容)。根据这 4 个维度拆解官网内容，结果如图 4-4 所示。

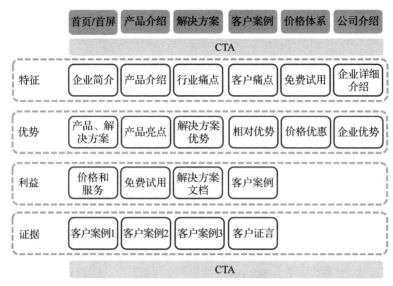

图 4-4　用 FABE 法则来拆解官网内容

以 FABE 法则的内容拆解为基础，可以进一步设计出官网的框架结构和页面细节。比如产品介绍页面可以根据 FABE 拆解为产品介绍、产品亮点、免费试用、客户案例，而客户案例页面也可以拆解为客户痛点、相对优势、客户案例和客户证言。一个完整的官网内容结构如图 4-5 所示，我们详细讲解其中的关键点。

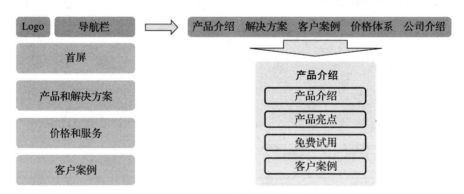

图 4-5　官网内容结构示意

1. 产品介绍

产品介绍的目的是让客户快速了解产品核心价值，引起客户兴趣，引导客户继续了解更详细的产品功能或解决方案。

113

产品介绍有两种形式：一是在首页首屏通过一段文字介绍产品，再搭配符合场景的图片来突出产品价值；二是制作专门的产品页面，展示得比较详细，也能在流量从外部跳转进来后承担落地页的功能。

我们可以将以上两种形式结合起来使用，既有首页首屏介绍，也有产品页面，还可以设计首页跳转产品页。

由于不少企业的产品或服务都比较复杂，如何清晰介绍产品并突出其价值是非常有挑战的。笔者尝试总结了一下产品落地页的共性，一般会有 4 个部分。

- 标题介绍：一般用醒目的大号字体描述产品的核心价值。
- 产品说明：用图、表与文字等形式来说明产品的作用、特性、优点等。
- 产品配图：产品截图、产品效果图或对比图表。
- 行为召唤（Call To Action，CTA）：指吸引访客和引导其行为的按钮或图案。如图 4-6 所示，我们在设计官网时会设计一些按钮来引导访客进行注册、咨询、下载、试用、演示等操作，甚至引导访客按照特定的路径来浏览网站，这都属于 CTA。

图 4-6　飞书官网首屏

其中，官网内容设计上有一些值得注意的技巧。

- 有层次、结构化的文字更吸引访客，比如飞书主页上大号字体"先进团队先用飞书"和小号字体的"先进企业协作与管理平台"结合。
- 与文字相匹配的展示场景的图片优于与文字无关的配图，比如飞书的首页首屏展示的是办公的场景，并且配有文字解说，比较形象。

- 有简短的解说视频更好，比如飞书的首页首屏嵌入了视频，并且有观看按钮进行提示。

2. 解决方案

解决方案的目的是让客户在还未使用产品时就能了解产品如何解决问题。解决方案的内容输出需要产品、销售、解决方案、市场等多部门协同才能更好地完成。

解决方案可以从客户角色、行业、场景或业务等角度分别组织并呈现。如图 4-7、图 4-8 所示，金蝶的解决方案会按照角色和行业区分，不同的访客能够查看对应自己行业及角色的解决方案。

图 4-7　金蝶解决方案

图 4-8　金蝶官网中面向不同角色和行业的解决方案不同

如图 4-9 所示，解决方案的内容逻辑一般是：业务挑战——解决方案——相关产品——成功案例——CTA 等。

图 4-9　金蝶解决方案部分的内容结构

3. 客户案例

客户案例部分主要介绍公司的真实合作案例，目的是让客户看到之后能够产生信任及了解同行如何解决自身的问题，知名客户的案例能更好地增强访客的信心，具体案例呈现方式分为详尽的案例文章、简单的案例说明和 Logo 墙 3 种。

如图 4-10 所示，飞书采用的是单独的客户案例页面，并且进行了案例分类。而如图 4-11 所示，金蝶除了搭建独立的客户案例页面以外，还会在所有的解决方案页面中加入客户案例的跳转链接，这种方式会让客户的访问路径更加顺畅。

图 4-10　飞书客户案例

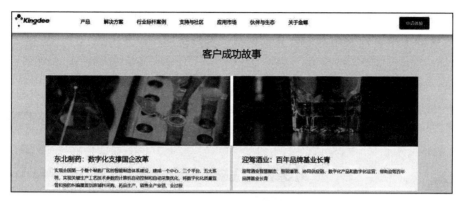

图 4-11　金蝶客户案例

笔者在一家上市企业任职 CMO 期间，曾经对官网进行了升级，重点就是梳理官网结构、增加客户案例，并且招募了内容营销经理进行内容制作，如图 4-12 所示。

图 4-12　明源云官网新增客户案例

在没有客户案例内容之前，官网访客的平均停留时间只有 17 秒，增加了客户案例内容之后的 3 个月，访客平均停留时间增加到了 54 秒。其后明源云又通过关键词分类将客户案例与产品介绍页关联起来，访客平均停留时间又大大增加。在官网上，客户更好地建立了对明源云及其产品的认知。

客户案例页面常用的内容元素包括：客户概述、业务挑战、解决方案、项目价值、客户证言、CTA 等。如图 4-13 所示，飞书的客户案例页面采用了客户证言、项目背景及项目价值的元素。

图 4-13　飞书客户案例页面

而金蝶的客户案例页面的内容结构比较标准。首屏是客户证言，第二屏是价值数据，从第三屏开始是客户概述——业务挑战——解决方案——项目价值的格式，并且左侧会出现漂浮目录，如图 4-14 所示。

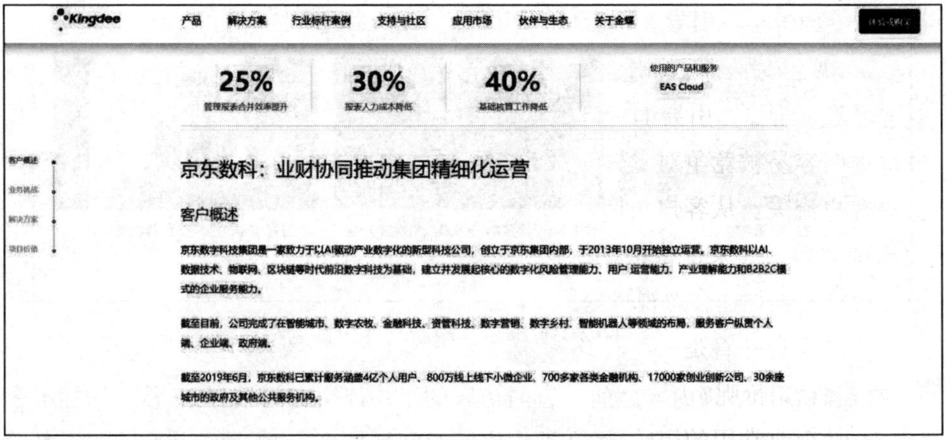

图 4-14　金蝶客户案例页面

其中，客户案例的内容组织上值得注意以下技巧。

- 从品牌角度来说，ToB 企业官网应该尽量选用与知名公司的合作案例，但初创 ToB 企业不用刻意强求。
- 从转化的角度来说，与主要潜在客户相匹配的客户案例也值得关注。
- 多使用可量化、有对比的数据和图表，使案例介绍更加可信，比如金蝶大部分客户案例的介绍中都会用到数据。
- 多使用真人头像和真实场景的照片，使案例介绍更加真实，比如飞书的客户案例中使用了小米创始人雷军的照片。
- 如果没有足够的内容产出能力，可以放上合作客户的 Logo 墙，进行背书。

4. 价格体系

价格体系能向客户说明产品或服务的收费方式。

目前国内 SaaS 企业产品的价格体系是比较标准的，普遍采用的方式是分 3～5 个价格阶梯，并突出其中最希望客户接受的一个价格，以此来提高转化率。对于根据授权数量或其他客户需求来定制的产品，官网会引导客户留资，然后通过销售人员进行联系、提案和报价。

而软件型或服务型 ToB 企业常会引导客户询价。比如以定制开发为主的软件型企业，因为客户需求不一，有大量的需求沟通与定制开发工作，整体价格的不确定性较大，所以其官网基本都是让客户留资。而在服务型企业中，除了提供注册记账等标准型服务的企业，很多提供非标服务的企业是在官网上呈现一个较低的价格，引导客户咨询，再进行具体报价。

笔者认为明码标价对访客来说是友好的，但是实际上越来越多的 SaaS 企业也隐藏了价格，引导询价。企业隐藏价格也算是无奈之举。从价格本身来说，报价透明容易被竞争对手针对性打击，报价太低会缺乏议价空间，不报价可能造成客户流失。从客户角度来说，采购者不一定有预算决策权；根据报价获得预算批准后，如果价格根据定制需求有所调整，客户再修改审批会比较麻烦；第一次购买者往往会忽视增值服务的价格。

产品定价一直是一项重要的技能，希望市场从业者务必掌握，那么产品到底应该怎么定价呢？

ToB 企业常用的定价方法有基于成本定价、基于竞争对手定价和基于价值定价。

1）基于成本定价：企业先确定产品的成本，然后加上一定比例的利润，以此来确定价格。这样的方法对服务、硬件、软件企业比较有效，但是对 SaaS 企业可能失灵。因为 SaaS 产品可以一次开发、持续迭代、多次售卖，客户数量越多则每位客户均摊的成本也就越低，基于成本定价可能造成前期价格过高，导致无法获得客户。

2）基于竞争对手定价：企业紧盯着竞争对手的价格进行调整。这种方式的问题在于不同企业的产品、成本结构等都存在差异，除非高度同质化或定向"狙击"，否则很难奏效。

3）基于价值定价：评估产品可以给客户带来多少价值，比如提高多少营收，降低多少成本等，再乘以一个比例作为产品价格。比如一个面向设计师或产品经理的工具可以为企业节约每年 100 万的成本，那么该工具收取 5% 的费用，就是 5000 元一年。这种方法会倒逼 ToB 企业不断优化产品，为客户创造更大的价值。

ToB 企业不管怎么定价，都要多了解行业和竞品，并善于使用一些营销技巧来提高客户的信任，比如合理运用锚定心理等。

对于定价，提供如下设置技巧。

- 明码标价且利用客户损失厌恶的心理来引导其购买中 / 高等套餐，
- 明码标价且使用价格锚定和横向功能对比的方法来提高转化率。
- 标明起始价且提供常见的几种组合引导客户咨询。复杂的产品或服务往往会根据客户的需求及组织的复杂程度来开发，因此价格是可变的。但是注意不能让客户有"看人下菜碟儿"的印象，以免引起客户反感。
- 引导客户询价且说清楚哪些部分是可以定制的。不同的客户对定制方案的理解是不一样的，ToB 企业一定要学会管理客户的期望，不能过度承诺给客户带来不切实际的幻想，从而破坏了客户对企业的信任。

飞书提供的功能会因为客户的员工数和需求差异而产生价格差异，其官网的价格页面采用的是"购买咨询"的方式，如图 4-15 所示。

蓝湖因为产品比较标准，采用了比较明确的报价方式，如图 4-16 所示。

笔者辅导过的企业多有米，深耕工商财税服务领域 10 余年，其官网上标准的记账报税类业务采用较低的起始价来吸引客户，如图 4-17 所示。

图 4-15　飞书产品定价

图 4-16　蓝湖产品定价

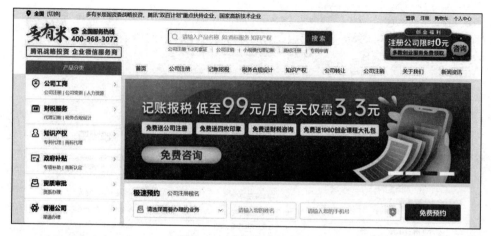

图 4-17　多有米产品定价

5. 公司介绍

公司介绍一般包括公司简介、创始团队和管理层介绍、发展历程、企业荣誉、使命／愿景／价值观、联系方式等。如果是上市公司，公司介绍还会包含投资者关系、社会责任等。

有些企业可能认为没必要过多展示公司的信息。实际上，在生活中当一个人想和另一个人合作的时候，往往会想了解他的为人、过往等，而企业间的合作也是类似的。当客户想和一家企业建立长期合作关系的时候，会想去了解合作企业的一切，比如创始人的背景、企业创业的故事、产品的发展历程、与其他客户合作的情况等。

笔者曾做过相关的调研，有名校、大公司背景的创始人往往更令人容易信任，而创始人的情怀、态度等也容易引起客户企业决策者的共鸣，展示公司员工风貌和办公场所环境的内容可以让访客感到企业的正规。更重要的是，公司介绍页面加上历年来获得的荣誉、奖项、认证等，都有助于证明其实力。

6. 注册流程

在 ToB 客户旅程中，企业一般是通过投放、内容、活动等动作初步影响客户认知，客户有了兴趣会再去寻找信息。如果客户是带着需求访问官网的，那么 ToB 企业负责的工作人员承接该流量会比较顺利。如果客户只是随意浏览，那么工作人员对该流量的承接会比较困难，需要引导客户注册。比如注册下载有价值的资料、免费试用产品，还可以通过"在线咨询"等方式来引导客户注册，这就是官网流量承接中的注册流程。图 4-18 是笔者总结的官网访客注册旅程。

图 4-18　官网访客注册旅程

好的注册流程能够提高注册率，让客户顺其自然地提交信息成为线索。承接访客并将其转化为线索是官网核心的价值之一。

官网主要是使用各种形式的 CTA 来引导客户注册，而不同访问深度的访客可能在不同的时间节点留资，比如客户看到产品、浏览案例甚至看完公司介绍的时候，所以企业的网站要随时准备好。

那么，常见的设置 CTA 的方式都有哪些？

1）免费体验。如果企业有免费的试用版本，就可以借此引导客户注册，因为客户只有在有强需求时才会体验产品，当然友商偶尔也会来体验。

2）预约演示。不是所有的产品都能够直接试用，有些可能需要预约，以便安排员工上门演示，常见于比较复杂的 SaaS、软件等产品。访客填写资料后，企业会进行联系和沟通。

3）资料下载。这种方式与免费试用类似，但是操作更简单一点，主要是使用有价值的资料、白皮书等吸引访客注册下载，以便市场或销售人员进行联系。

而 CTA 的设计还需要注意以下原则。

- CTA 的设计必须醒目，颜色鲜艳、有对比度的按钮更容易引起访客的注意。
- 引导访客点击的文案要有力量，比如"免费""立刻""观看"等词语。
- CTA 可以出现在网站的所有页面，甚至出现在页面中的多个位置，比如首页大图、顶部导航、网页底部、侧边栏等。

不同的 CTA 文案和样式会带来不同的转化率，需要进行 A/B 测试来对比和选择。

此外，CTA 的设置往往不是单一的，而是可以组合使用的。比如提供两个 CTA：一个高成本，文案是"免费试用，需要注册"；另一个低成本，文案是"查看演示，直接观看"。这让访客可以选择其一，而不是离开页面。

飞书的首页有多个 CTA：第一个是右上角的"立即注册"，第二个是首屏的"体验飞书"。客户点击 CTA 之后，往往会进入注册表单或落地页，建议在设置注册表单时考虑如下注意事项。

- 表述清晰：明确客户完成注册的收益，比如"点击获取优惠""免费开放10 000 个名额"等。
- 页面简洁：注册页面要尽量简洁，防止访客被其他不重要的元素吸引注意力直到退出，应该让访客专注在填写资料上。
- 定制表单：如果官网有多个 CTA，则不建议使用同一个注册表单，建议首页的注册表单设计得尽量简单，比如只收集姓名和手机号，而埋藏得深的注册表单，说明客户需求较大，可以使用详细的表单。比如飞书因为其较强的品牌影响力和丰富的产品，注册表单就比较复杂，如图 4-19 所示。同时，笔者不建议中小型企业设置这么多必填项，否则表单的跳出率会非常高。

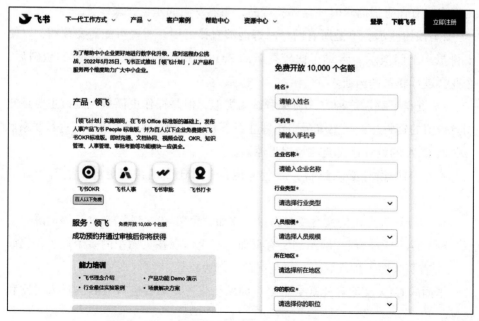

图 4-19　飞书注册表单

如果是从 CTA 跳转到注册落地页，就需要对落地页进行详细规划。注册落地页是一个专门将访客转化为线索的网页，会提供详细的产品或解决方案的信息来引导客户。

7. 页面设计

官网的页面设计必须符合品牌设计规范，比如视觉识别（VI）的元素、视觉色系等，大中型企业一般在这个方面普遍做得比较好，因为大企业对设计比较重视。同时，好的设计也有助于提升访客对品牌的认知，并且能够体现企业的专业性。

官网的页面设计不一定要多么炫酷，统一的色调、合理的排版能让访客感到舒适并愿意停留，同时在一定程度上也会影响转化率。很多 ToB 企业缺乏对设计美学的正确认知，这一点还需要市场人员不断地教育市场。

在网站的页面设计上，笔者有以下建议供大家参考。

1）建立品牌的 VI 规范，让品牌色可识别。比如阿里云的橙色、科技感以及 3D 设计元素，如图 4-20 所示。

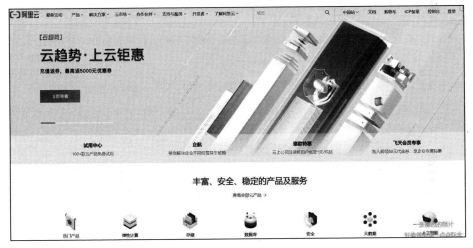

图 4-20　阿里云官网的页面设计

2）使用栅格设计规范，保持整站视觉的一致性。比如 IBM 使用科技蓝，并且使用立方体的视觉元素，将服务器具象化，如图 4-21 所示。

3）统一图标设计标准，实现视觉统一。比如 IBM 的变化图片使用线条图案，实现了较好的统一性，如图 4-22 所示。

4）使用高清照片，提高图像品质。比如 SAP 官网的客户案例页面进行了合集、视频和图文分类，均采用了较高质量的照片与视频进行展示，能提升客户信任感，如图 4-23 所示。

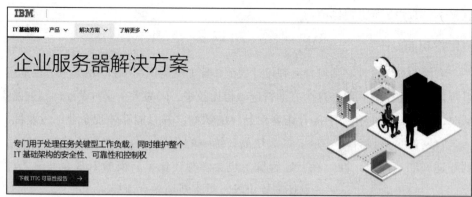

图 4-21　IBM 官网的页面设计（1）

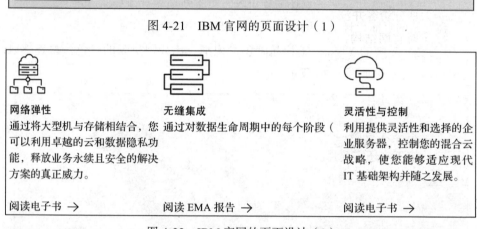

图 4-22　IBM 官网的页面设计（2）

图 4-23　SAP 官网的页面设计

5）其他方面原则也值得重视。比如用对比颜色、错位设计来突出需求或关键数据；有一定的留白，减少视觉疲劳；不用大面积的鲜艳色彩等。

此外，笔者不建议营销人员在官网上做过多创新，因为相比于页面设计的创新，访客的使用习惯更重要。比如官网的左上角一般有大大的 Logo，以便访客迅速确认自己进入了官网，了解自己没有误入别家企业的网站；访客在导航中能轻松找到客户案例，在页尾或者侧边栏能快速进行注册留资。访客来到官网为的是找到有用的信息来解决当前疑惑，并据此考虑是否要进一步联系，而不是来欣赏酷炫式网站的。并且某些设计元素过多的网站加载缓慢或者关键按钮不突出，大部分访客并没有耐心来探索隐藏在网站里面的信息，就容易离开页面。

除了对官网结构、流量承接和视觉设计的重视，在运营迭代阶段使用技术手段来监测客户行为也能够让转化工作更加高效和有的放矢。

4.1.4　运营迭代

企业搭建完官网，积累了初步流量，完成了填充内容和注册流程，只能算刚起步，接下来还需要进行官网的运营迭代。

官网的运营主要有两个目标：一是不断提高流量，从外站（如搜索引擎等）获得的流量到达官网后就称为访客，提高流量也就是提高访客数量；二是持续优化访客的注册率，访客只有留资或注册后才能称为线索，在访客数量不变的情况下，提高注册率就是提高线索转化率。

据笔者对数十家企业官网的跟踪和研究，ToB 企业的官网大多缺乏运营，不少官网都是上线即巅峰，两三年不再迭代，更谈不上运营了。

究其原因，一方面是团队精力不足，企业需要度过生存阶段，忽略了官网运营；另一方面也是经验不足，团队不知道如何运营。更重要的是，不管是提高网站流量还是提高访客注册率，都不是一件容易的事，并且当企业短期内无法从官网运营中得到明显的收益时，管理层可能会因此失去运营的耐心。

笔者曾经诊断过一些企业的官网，发现其普遍的问题主要在于两方面：缺少流量；流量到线索的转化率低。针对缺少流量的问题，企业可以通过 SEO、SEM 等方法持续带来流量，后文将对此进行详细介绍，而本节主要分析转化率低的问题。

为什么转化率的优化很重要？假设官网平均每天有 1000 个访客的流量，其中能转化 100 条注册线索，最终成交了 10 个，而客单价 5000 元，则意味着 50 000 元 / 天的收入，一个月按 30 天计算，就有 150 万元 / 月的收入。如果我们能将流量到线索的转化率提高 10%，在 1000 个访客不变的情况下，每天会有 110 条线索，在线索到成交的转化率不变的情况下，能成交 11 个客户，就意味着每月增加 15 万元的收入。

为了更好地达成官网运营的目标，笔者推荐一套方法给大家：勤分析、看数据、多测试。如图 4-24 所示。

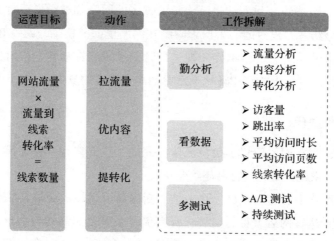

图 4-24　官网运营分析

1. 勤分析

围绕流量数量和流量到线索的转化率，网站分析主要有 3 个维度：流量分析、内容分析和转化分析。

（1）流量分析

流量分析可以从数量和质量两个维度展开，将不同来源的流量放入象限图中进行分析，如图 4-25 所示。

第一象限：流量的数量多、质量高。这是网站最渴求的核心流量，主要来自 SEM、垂直渠道的投放等，优化的方向就是在保持数量的情况下尽可能降低流量成本。

第二象限：流量的质量高而数量少。这部分流量主要是对公司有认知和信任的客户，比如通过各种内容的影响相信产品，或者由老客户介绍而来。优化的方向可以是提高内容营销的力度，影响更多客户心智，也可以在转介绍方面持续努力，增加这部分流量的数量。

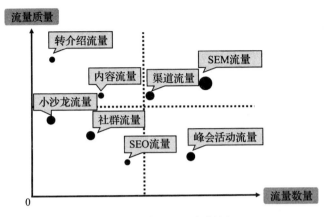

图 4-25　官网流量象限图

第三象限：流量的数量少、质量也低。这部分流量来源于典型的比较难做但是有一定作用的渠道。比如很多公司的社群都有不少的用户，但因为缺乏运营导致产出较低，如果能好好经营，这部分流量的数量和质量其实都有提高的空间。当然笔者建议企业早期应该集中精力在第一、二象限流量的优化上，这一部分流量的优化可以在有余力的时候再来做。

第四象限：流量的数量多但质量低。来自大会、展会的流量普遍数量较多，但是质量偏低。一次，笔者所在企业通过白皮书的发布获得了数千条流量，在后续的跟进中，我们发现线索的关闭率非常高，最后这些线索中能转化为商机的也不过数条。分析后发现，这一部分流量的主要目标就是获得白皮书，而非有真实的产品需求。

当然图中的位置不是绝对的，会随着公司重心的偏移产生变化，比如社群、内容等渠道都可能进入第一象限，带来质量高、数量多的流量。

（2）内容分析

网站内容质量的高低可以通过访客的行为和评价来分析。比如，在访客进入首页后，监测其浏览了哪些内容，是立即离开、中途离开还是留资后才离开。或者，回访已注册的客户，调研网站的导航是否清晰，内容是否易懂，是否被打动等。

为了更好地完成官网内容的分析，企业常常需要使用技术手段，比如使用埋点来了解流量的去向。具体地，访客是不是按照原本的设计思路抵达了产品介绍、客户案例等页面，并且查看访客的浏览时长、热力图以及转化数据等。

（3）转化分析

在过去很长的时间中，国内 ToB 企业都是学习欧美的市场营销方法，使用注册表单。随着国内市场情况的变化和行业的发展，现在企业已经对营销方法进行了很多优化。比如在官网使用漂浮的侧边栏提供多种访客与企业联系的方式，包括连接在线客服系统的"在线咨询"、添加客服人员微信的"专属顾问"、接通 400 电话的"热线电话"等，如图 4-26 所示。

在这个小小的侧边栏里面存在很多优化转化率的地方，比如可以用智能客服在人工客服繁忙或者不在线的情况下解决简单的访客问题，也可以设置一个常见的 Q&A（问题和回答）来帮助访客解决问题。

图 4-26　官网侧边栏示意

在 2019 年参加完企业微信 3.0 的发布会后，笔者就一直提倡 ToB 企业将注册表单的线索承接方式优化为添加企业微信。

为什么要改为添加企业微信呢？常规的注册后的线索流转流程是这样的：流量→访客→注册→SDR/市场/销售人员联系→添加微信。在此流程中，客户联系的终点就是微信，而企业工作人员与其引导客户注册，再经过一系列动作添加其微信，不如让访客直接添加企业微信，省略中间步骤，降低过程损失，如图 4-27 所示。相信这会是官网营销的发展趋势。

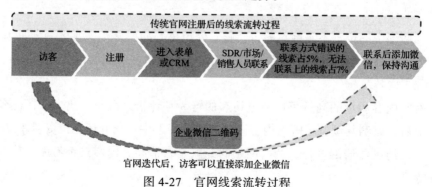

图 4-27　官网线索流转过程

比如明源云在官网优化之后，企业微信每月可以新增数百个好友，一部分新增的客户好友会索要资料，一部分会直接咨询产品，大大提高了工作效率。

了解完这些分析的维度之后就有了大致的运营思路，然后就需要通过每个环节的转化率来发现问题。

2. 看数据

勤分析之后还要看数据，并且需要围绕访客数量和线索转化率等来思考数据指标体系。

网站分析的数据指标不少，大致可分为如下 3 类。

- 流量指标：浏览量、访客量、访问次数、新访客数、新访客比例。
- 内容指标：跳出率、平均访问时长、平均访问页数。
- 转化指标：注册转化率、流量到线索转化率。

笔者梳理出了其中比较重要的指标，介绍如下。

（1）访客量

访客量（Unique Visitor，UV）指一天内网站的独立访客数量。通过访客量的指标，我们就能知道有多少人访问了官网。而通过该指标的变化曲线就可以知道企业的各种营销动作，比如投放、内容、活动及品牌营销等，到底在某一段时间内产生了什么效果。

对一些重大动作之后的访客量进行监测、对比，是了解市场行为对应效果的重要辅助手段，比如监测白皮书发布后官网在 1 周及 1 个月内的访客量变化，以及其他重大活动举办 1 周内的访客量变化等。

（2）跳出率

跳出率指一段时间（比如一天）内只浏览了一个页面便离开网站的客户访问次数占总访问次数的百分比。跳出率主要显示了访客对网站内容的兴趣，跳出率越低说明访客对网站越感兴趣，很可能是潜在客户。

跳出率也可以用来评价流量质量。市场人员在渠道上进行投放，并且做好标记，那么通过跳出率就可以初步分析该渠道的流量质量，并且可以通过其他的指标，比如平均访问时长、平均访问页数、留资率等进一步分析网站内容质量和转化路径的好坏。

通过百度统计和行业交流的情况来看，搜索引擎推广来源的流量的跳出率在 1% ～ 30% 则说明访客匹配度高，30% ～ 70% 则说明访客匹配度中等，70% ～ 100% 则说明访客匹配度低。

（3）平均访问时长

平均访问时长是指访客在网站上的平均浏览时间，也就是总访客浏览时长与访问次数的比值。平均访问时间长，通常就是访客被网站内容吸引了。如果访客对网站不感兴趣，基本会很快关闭网页，这个浏览时间一般不会超过 5 秒。

多数 ToB 企业的官网平均访问时长都不超过 60 秒，因为很多官网确实没什么有价值的内容，或者页面粗糙、文案生涩，导致访客索然无味地关闭页面。这也是笔者一直认为官网要尽量提供有价值的内容的主要原因。

（4）平均访问页数

平均访问页数是访客每次浏览网站页面的数量，平均访问页数等于总浏览页数与访问次数的比值。与平均访问时长类似，浏览的页面多通常意味着访客有较大的兴趣。笔者所统计的官网平均访问页数为 3.74 ～ 8.46 页，而达到 8.46 页的官网拥有较多的客户案例内容。

笔者常常会将平均访问页数和平均访问时长两个指标放在一起综合分析。比如只访问了很少的页面，但是访问时长很长，也许是因为访客在忙其他事，并没有专注地查看内容。而访问了很多页面，但是平均访问时长很短，也许是因为访客随意快速地浏览，或访客在寻找自己想要的信息。

（5）线索转化率

线索转化率越高说明越多访客被转化成了线索。线索转化率等于线索数量与总访客数量的比值。通过线索转化率，我们可以评估落地页和 CTA 的好坏。

3. 多测试

网站运营经常需要进行 A/B 测试。A/B 测试就是对不同的方案，比如 CTA、落地页等进行对比测试，比较每个方案的转化率，以此确定哪个方案更好。

（1）测试方法

第一种测试方法是人工式的，企业邀请一些行业从业者或数字化营销专家来官网体验、点评和反馈。第二种是通过技术手段来做分析和对比，对比不同方案的优劣。目前国内用户行为分析的相关产品也越来越完善，能够帮助数字化营销人员统计出更准确的数据。

（2）对必填项的测试

访客注册时可能会在填写姓名、手机、邮箱等必填项的过程中逐渐流失，3个必填项和 5 个必填项的转化率会有差异。理论上，注册的时候每多一个必填项，都可能增加 20% 左右的流失率，而整体超过 5 个必填项，流失率会急剧升高。另外，愿意填写更多内容的访客，往往更容易被转化。

所以我们需要知道访客遇到哪个字段时最不愿意输入信息，也需要想尽办法去优化字段的提示内容，消除访客的顾虑。我们需要进行很多次尝试，知道客户在哪个字段最容易流失，找到让更多访客输入信息的办法，如提示、优化字段说明等。

（3）对文案的测试

CTA 和引导文案会有非常多的可能性，而我们可以通过测试来判断哪种效果最好。比如，"立即注册"可能比"注册"好，"免费体验"可能比"体验Demo"好。测试的方法就是同时上线两种文案，随机展示给不同的客户，来看哪种文案带来的点击量更多。比如告诉访客如果留下邮箱，可以不定期地收到行业白皮书，比如提示访客"今天注册，赠送 100 条短信"等，都显著地提高了访客的留资率以及填写邮箱的意愿。

4.1.5　案例：神策官网的优化

神策原本官网的线索增长率趋缓，通过对搜索词进行数据分析，发现访客更关心"用户行为分析""数据分析平台""网站数据分析"等关键词，并且访客通过"体验 Demo"注册时跳出率较高。

经过分析，神策开始了官网的优化工作，优化的目标如下。

- 根据访客的搜索词，让其快速获取有效信息。
- 梳理落地页和注册表单，让访客注册更加顺利。
- 测试不同版本的页面，降低跳出率。

神策采取了三步走的优化方式。

第一步：梳理并还原用户从进入落地页至注册的表现。比如在分析神策官网的 Demo 页面时，发现部分用户会重新点击"登录 Demo"按钮。由此可以判断，可能当前页面在用户进入具体行业 Demo 的引导上不够明确，需要做数据分析进行原因佐证。

第二步：经数据分析，进行官网的优化改版。神策确定了两个版本，然后监测跳出率、平均访问时长、平均访问页数，最终选定了 B 版本，如图 4-28 所示。

A 版本　　　　　　　　　　　　　　　　　B 版本

图 4-28　神策官网 A/B 测试

第三步：A/B 测试，验证改版效果。神策设计了用户分流规则：将访客的匿名 ID 按照 100 取余，余数在 0 ～ 49 的访客会访问 A 版本（旧），余数在 50 ～ 99 的访客会访问 B 版本（新），这样能确保不同版本的分流过程足够随机，再埋点来统计各项数据。

经过这三步，神策官网选择了 B 版本。完成了改版后，访客从浏览到离开的跳出率平均降低了 40%，从浏览到注册成功的转化率提升了 70%。

图 4-29 展示了神策官网新旧版本的访客转化流程的对比。

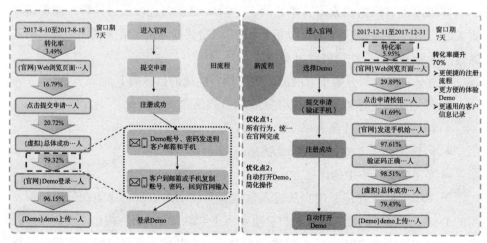

图 4-29　神策官网新旧版本的访客转化流程的对比

4.2　SEO 和 SEM，带来更多精准访客

了解官网的运营之后，我们会发现官网运营很重要的目的之一就是增加流量。很多管理者以为网站上线后自然就会有流量，不需要运营，这是非常错误的认知。除了少数大企业的官网和优质内容网站可能有一定的自然流量之外，大多数企业的官网几乎没有自然流量，ToB 苦流量久矣。

一般来说，网站的流量来源有 3 种，一种是直接输入域名访问，另一种是搜索引擎上的跳转，最后一种是外链的跳转。外链就是指从别的网站导入自己网站的链接，比如和友站交换链接，在社交媒体平台发布的内容中插入链接等。

对于刚搭建完的官网来说，网站上线并不代表会直接被搜索引擎收录，这时候企业需要将域名传播出去，等待网站被搜索引擎收录，才能在客户搜索的时候被看到。

如图 4-30 所示，在致趣百川与科特勒联合制作的报告中，国内 ToB 企业最常用和转化周期最短的营销渠道中，搜索引擎营销是较常用的市场营销渠道之一。

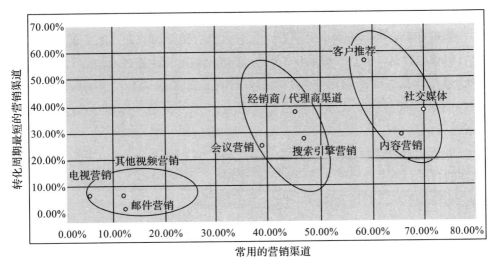

图 4-30　国内 ToB 企业最常用和转化周期最短的营销渠道

4.2.1　搜索引擎的底层逻辑

搜索的本质是百度、谷歌等搜索引擎将符合搜索者意图的内容经过处理后

进行展示，其中内容是搜索结果，网站是内容的载体。

客户搜索关键字，点击搜索结果后，跳转到企业官网进行访问，并成为企业官网的线索，这是 ToB 企业很重要的一种增长手段。搜索引擎上的搜索结果是从上至下展示的，企业要想获得更多的官网线索，就需要在搜索结果中占位，使其展现得尽量显眼、位置靠前和吸引人，这样客户在搜索相关产品、服务的时候，点击企业链接的可能性就越大。

基于企业这样的需求，网站流量获取形成了 SEO 和 SEM 两种方法，前者是企业依靠自身努力在搜索结果中占位，后者是企业向搜索引擎平台购买服务，实现在搜索结果中占位。在学习这两种方法前，我们需要先理解搜索引擎的工作原理，如图 4-31 所示。

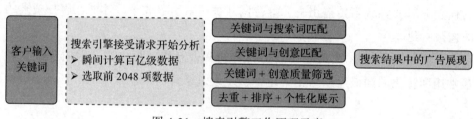

图 4-31　搜索引擎工作原理示意

简单来说，客户输入关键词后，搜索引擎会接受请求并开始分析，瞬间计算百亿级的数据，并且选取最相关的前 2048 项数据，优先展示。这个计算过程中会进行几次匹配来确定结果展示的顺序，比如关键词与搜索词匹配、关键词与创意匹配，经过去重排序后的个性化展示，最终展示搜索结果和展示广告。

上述工作原理不仅限于我们熟知的百度，还适合于其他搜索引擎。此外，知乎、微博、微信等平台中搜索功能的底层逻辑也都是与此相通的。

其中一个很重要的问题是，搜索引擎究竟会按照怎样的逻辑来展示搜索结果。这方面主要有以下几个影响因素，如图 4-32 所示。

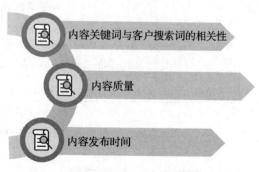

图 4-32　影响搜索引擎展示结果的因素

136

1. 内容关键词与客户搜索词的相关性

搜索引擎主要的功能就是给客户带来比较精准的内容或答案。如果搜索之后，客户完全找不到答案，可能会抛弃这个搜索平台。所以，搜索引擎首先会判断要展现的结果与客户搜索词的相关性，包括关键词出现次数、完全匹配和部分匹配等。笔者在为企业做 SEO 的时候，经常在标题中加入关键词，甚至会包含两次关键词。比如"明源云：保利与明源云开展全面数字化合作"等，这个标题的相关性就会高于使用单次关键词的。

除了在标题中进行设计，在正文添加关键词也会增加搜索权重，而知乎、微博、B 站等还可以在话题中添加关键词。

值得注意的是，不要刻意添加太多次同样的关键词，比如在标题中堆砌 3～5 次同样的词，既影响阅读体验，还可能被搜索引擎判定为作弊，起了反作用。

2. 内容质量

在搜索的时候，大家会发现一个有趣的现象，那就是百家号、知乎的搜索结果经常会在搜索结果页面中第一页前排展示。这既有网站权重的影响，还有内容质量的影响。

网站权重是指搜索引擎会给网站（包括网页）赋予一定的权威值，对网站权威进行评估或评价。一个网站的权重越高，在搜索引擎中所占的份量越大，在搜索结果中排名就越好。通过第三方工具，输入域名，就能方便地查询网站的权重。比如上文所说的知乎就是高权重的内容平台，企业经常可以在上面获得较好的搜索结果展示；而百家号是百度旗下的产品，不仅权重不错，还会获得平台的流量倾斜。

很多人的搜索习惯不是使用关键词，而是输入一个句子。比如有人会搜"房地产数字化系统"，也有人会搜"房地产公司如何做数字化？"等。这样搜索引擎就无法精准匹配关键词了，只能尝试给用户展示算法推荐的答案。

在关键词相关性不够精准的时候，搜索引擎会展示含有相近的优质内容的网页，对网页的质量也会按照一定的规则来考量，比如页面浏览量、内容点赞数、转发量等，多维度评分，进而优先展示其中评分高的网页。这样，哪怕没有完全匹配用户的问题，搜索引擎也能通过含有高质量内容的网页来提高用户体验。

3. 内容发布时间

另外值得说明的是，搜索引擎会收录非常多的内容，包括时间跨度很长的内容，如果只考虑上述规则，搜索结果靠前位置可能会涵盖很多多年前的内容，所以搜索引擎还需要考虑内容的发布时间。理论上发布时间越近的内容，在满足上述逻辑的情况下更应该被优先展示。

各位读者如果能先理解搜索引擎的底层逻辑，再去思考 SEO，相信会事半功倍。

4.2.2　SEO 和 SEM 是什么

说了这么多，SEO 和 SEM 究竟是什么含义，二者之间有什么区别呢？下面来详细讲解。

1. SEO 和 SEM 的定义

SEO（Search Engine Optimization，搜索引擎优化）是一种利用搜索引擎的规则来提高网站在搜索引擎中自然排名的方式，也就是让搜索引擎认为网站符合搜索者输入的关键词，从而将其优先展现。

SEM（Search Engine Marketing，搜索引擎营销）就是付费给搜索引擎，以便让客户搜索相关关键词的时候，官网出现在搜索结果的前列，从而达到占位、优先展示的目的。

SEO 和 SEM 的主要作用都是让网站内容中的关键词和客户的搜索词相匹配，以便企业尽量让自己的官网优先展示在客户的搜索结果页面中。

在欧美，搜索引擎被视为 ToB 营销，特别是内容营销的重要阵地。根据 CNNIC 的报告，在 2019 年，97% 的市场从业者认可 SEO，并且 SEO 的投入在市场营销总投入中占 22%，同时 65% 的企业表示 SEM 投入持续增加，并且能够快速见效。

而笔者在国内所做的调研中，有专人做 SEO 的企业不足 40%，精通 SEO 的市场人员不足 10%；而做 SEM 的企业虽然超过 70%，但是精通 SEM 的市场人员也不超过 20%。这说明国内市场从业人员对 SEO、SEM 的重视程度和掌握程度均有不足，而且更喜欢见效快的 SEM。

在全球范围内，谷歌在搜索引擎市场中占据了绝对领先的地位，市场占有率超过 91%；在国内，主要的搜索引擎有百度、神马、360 等，如图 4-33 所示。其中，百度在国内搜索引擎营销市场的占有率约为 71%，占据最大的市场份额。

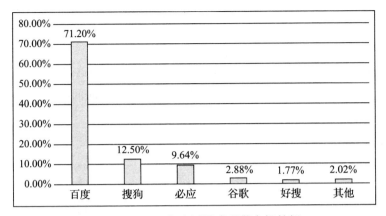

图 4-33　2022 年中国搜索引擎市场份额

2. SEO 和 SEM 的区别

流量如水，那么 SEO 就像挖井喝水，挖井的过程很辛苦，还不一定真的能挖出水来，但如果挖出一口好井并且经常维护，就能有源源不断的水喝。而 SEM 就像买瓶装水，搜索引擎平台则是卖水的商家，只要给钱，企业基本就能买到水。不过搜索引擎每天生产的水有限，企业不可能无限买水，而且企业一旦不付钱，平台就不会再卖水了。

下面通过一个完整的客户搜索旅程来了解 SEO 和 SEM 的一些差异。

首先，当客户产生需求并进行搜索后，会看到如图 4-34、图 4-35、图 4-36 所示的页面。

图 4-34　品牌广告专区

图 4-35　百度搜索页面（1）

图 4-36　百度搜索页面（2）

其中，图 4-34 所示的是品牌广告专区。品牌广告专区是百度根据品牌关键词的搜索量进行价格评估，并按年向投放广告的品牌收取固定费用的一种方式。如笔者曾任职的企业，一年投放 3 ～ 5 个品牌词的费用接近 100 万。品牌广告专区能将企业信息特别突出地展示出来，彰显企业品牌实力，也能够引起客户的较多次点击。

在图 4-35 所示的搜索结果页面中，前两个结果是营销广告。营销广告是通过 SEM 实现的，呈现时会带一个"广告"标记予以区别。在百度营销后台，我们可以针对不同的关键词来进行投放，并设置每一次点击的价格，竞争激烈的关键词可以达到每个几十元甚至数百元的价格。考虑各种因素，现在 SEM 的排名中除了对关键词的出价以外，还涉及关键词匹配和质量等细节，这也是需要注意的。

图 4-36 是正常搜索结果展示，也就是 SEO 的搜索结果展示，是按关键词与搜索词的相关性、网站权重、内容质量、发布时间等因素进行排序的。

百度会为一些知名的官网打上"官方"标记，并且显示在曝光度较好的位置，这也是品牌带来的附加效果。企业也可以通过提交相关资料进行认证后，为本企业的官网打上"官方"标记，来提高访客信任度。

通过上面的分析，我们知道不同的搜索词会出现不同的展示效果，并且客户在不同的阶段的搜索词也会有差异。这需要大家在关键词布局方面进行深入思考。

3. SEO 的优势和劣势

企业在前期一般都会通过 SEO 来优化排名，而非直接使用 SEM。这是因为 SEO 的方式具有如下优势。

1）排名比较稳定。对通过 SEO 优化好排名的网站，企业只要维护得当，其排名的稳定性能变得非常强，能保持数年时间不变。

2）价格比较低廉。通过 SEO 让网站维持一年排名的费用也许只是 SEM 一到两个月的费用，这要便宜得多。

3）全搜索引擎。进行 SEO 后，企业官网一般在搜索引擎中的排名都会提高，能从多个搜索引擎平台获得更多的访问者。

4）没有恶意点击。SEO 不按点击付费，那么假如竞争对手恶意点击，也不会造成投放费用的浪费，并且一些有经验的客户更倾向查看靠点击量实现自然排名的搜索结果的链接，而非广告的链接。

但对同行业的企业来说，SEO 关键词的数量有限，并且热门通用关键词的竞争压力较大，比如"营销云""MarTech""SCRM"等关键词可能已经被十几家甚至上千家企业用来布局 SEO。如果一些企业布局较早，已经利用该关键词在搜索引擎占位了，后来者依赖同样的关键词来优化排名的难度就很大了，甚至因此起不到 SEO 效果。

同时，关键词排名见效会比较慢，企业必须有足够的耐心。一般来说，关键词起效的周期是 1 ～ 3 个月。在这期间企业还要注重网站内容质量以及访客体验。似乎所有的企业服务类工作都是慢工出细活的。

4. SEM 的优势和劣势

企业进行了一定的 SEO 布局，使官网获得了少量的流量，帮助产品完成了 PMF 后，再进行 SEM 投入，可以在短期获得一定数量的线索。

SEM 主要有如下优势。

1）见效快：只要企业在相关平台开户、充值、投放，提前整理好关键词和创意，基本当天就可以收获流量，见效很快。

2）精准：企业可以在后台投放关键词时选择投放的地域、时间等，这样可以让获得的流量更精准，加上客户主动搜索和点击的操作，访客的意向会更强。

而 SEM 的劣势如下。

1）竞争较大：目前各种关键词的竞争都比较激烈，如果不够专业的人员进行操作，容易造成大量费用的浪费，投放成本也会逐月上涨。

2）没有积累：一旦停止付费，流量就会停止，并且排名是价高者得，若出价太低也会没有流量。

3）恶意点击：不管是无效用户点击、作弊点击，还是竞争对手的恶意点击，都会造成投放费用的浪费，并且很难完全预防，这就意味着 SEM 费用里面总有一部分是浪费的。

SEM 的流量获取速度很快。它的优势是能使企业快速提升自己的关键词排名，让官网在搜索结果页的首页甚至第一位呈现。如果操作得好，这会为企业提供大量流量，最终产生很高收益，但是如果操作不好，SEM 就是在烧钱。所以当网站的运营工作不够完善，或者刚开始进行搜索优化工作时，笔者并不建议企业做大量 SEM。

4.2.3 做好 SEO 的 6 个关键措施

SEO 虽然比较专业，但市场人员经过学习后能够快速入门，在企业对 SEO 效果的要求不高的时候基本能够胜任。要做好 SEO，重点从如下 6 个方面着手。

1. 保证网站的友好性

网站的友好性包含以下多个方面：

- 网站域名好记忆、易访问；
- 网站被搜索引擎收录，能被客户搜索到；
- 网站的 URL 结构合理，定义清晰；
- 网站服务器性能好，访问速度快；
- 网站内容结构合理。

2. 做好站内 SEO

站内 SEO 是对网站内部进行优化，包括标签优化、内容优化、用户体验优化等，来提高网站权重，站内 SEO 很重要的是关键词的布局。

关键词是搜索引擎判断用户意图的主要手段，所以合适的关键词就是一切优化工作的基础。首先我们要了解自己企业网站的 SEO 情况，可以通过工具来查询，比如站长之家、5118、爱站等。例如查看金蝶官网的 SEO 情况，如图 4-37 所示，其整体流量还是非常可观的。

SEO信息	百度来路: 2,559 ~ 3,133 IP 移动来路: 50 ~ 184 IP 出站链接: 6 首页内链: 263					
	百度权重: 4 移动权重: 1 360权重: 4 神马: 2 搜狗: 0 谷歌PR: 6					
ALEXA排名	世界排名: 8,306 国内排名: 1,399 预估日均IP≈41,400 预估日均PV≈132,480					
备案信息	备案号: 粤ICP备05041751号-2 性质: 企业 名称: 金蝶软件 (中国) 有限公司 审核时间: 2022-01-19					
域名信息	年龄: 24年6月21日 (创建于1997年09月26日)					
网站速度	电信: 28.064毫秒 SEO文章代写 纯人工编辑					
PC词数	移动词数	首页位置	反链	索引	24小时收录
508	61	1	193	5683422	-

图 4-37 网站相关信息

SEO 中一个重要的指标是权重，权重越高，搜索引擎会认为网站质量越好，收录量越多，搜索结果中的排名越靠前，网站获得的自然流量也就越多。网站的权重可以通过持续更新内容和提高网站关键词排名来提高。

（1）如何找到合适的关键词

1）关注与企业品牌和产品相关的关键词。根据公司的业务范围、产品介绍，并通过客户画像中的专有词汇，选择关键客户。

2）使用符合客户的真实搜索习惯的关键词。当客户对企业没有认知的时候，会通过行业通用的关键词和人群词进行搜索。当客户对行业有一定认识的时候，会搜索产品词、通用词以及相应的长尾词。当客户对企业有认知的时候，一般会直接搜索公司品牌词。例如，客户可能搜索"CRM""客户关系管理""客户管理系统"等通用词，也可能直接搜索"销售易""纷享销客"等品牌词。

不同的词代表着客户不同的意向程度。我们可以通过百度指数等数据或者通过客户调研等方式来了解客户的搜索习惯。

3）关注细分和地区等长尾词。长尾词指网站上的非目标关键词，它是与目标关键词相关、可以带来流量的组合型关键词。根据企业的资源和地区来组合形成对应的长尾词，也可能获得良好的排名。例如，"数字化""XX 数字化""深圳 XX 数字化"属于关键词；"深圳 XX 数字化哪家好""数字化多少钱"属于长尾词。不同的词搜索量不同，竞争程度及优化难度也不同。

选对了关键词，网站就成功了一半。同时，关键词不要轻易改动，每次首页关键词的改动，都会让搜索引擎重新做一次判断，会让网站的搜索收录"元气大伤"。

（2）如何应用关键词

关键词可以分为核心词（比如品牌词、行业词、产品词）和长尾词（多个关键词组合而成的词、完整的句子等），最简单的应用方式是将关键词加入企业网站的页面中，增加与搜索词的相关度，但这种方法很容易被搜索引擎判定为堆砌关键词，可能导致网站无法被客户搜索到。

因此笔者建议有规划地使用关键词。比如对同一个关键词，页面标签中出现 1 ～ 2 次，产品标题出现 1 ～ 2 次，产品描述中出现 2 ～ 3 次，产品图片描述中出现 1 ～ 2 次，网站内容的标题中出现 1 ～ 2 次，正文中合理出现 2 ～ 3 次。

了解完企业网站的基本信息和关键词的应用后，还可以对竞品的网站进行分析。比如对方的基本数据、关键词策略、外链策略、导航结构等，以便自身参考和优化。对于竞品如何花钱、如何投放、如何降本增效这些信息，还可以使用 AppGrowing 平台新上线的"公司推广排行榜"功能进行查询。如图 4-38 所示，可以看到某企业的推广落地页数量、推广关键词数量、推广记录、推广地域、推广域名、推广竞品等信息。

图 4-38　竞品信息分析

3. 使用外链提高流量

业内做 SEO 的人中流行一句话——"内容为王，外链为皇"。网站想要获得流量，外链是至关重要的，它也是影响网站权重的一个关键因素。

笔者经常在数字化营销的社群里看到有人求助做外链。虽然一般都知道高权重、高质量的行业网站的外链能带来精准的流量，但是当企业自身还不够强大的时候，这种外链就是可遇不可求的。基于此，我们可以通过以下的策略来交换外链。

- 在同行社群里联系外链交换。
- 搜索本企业的核心词，在结果中找相关网站交换外链。
- 人工或利用 SEO 工具收集竞争对手的外链资源，交换外链。

除了交换外链，企业还可以通过自媒体、论坛、门户、百家号等平台发布带有网站链接的内容，借助平台本身的流量引流，同时这些内容会被搜索引擎收录并获得好的排名。比如企业在知乎上回答问题，如图 4-39 所示，在个人介绍、签名和回答内容中提到企业品牌、产品或者网站链接等，都是使用外链引流的有效方式。

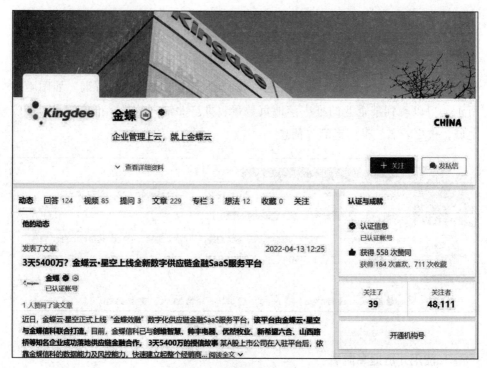

图 4-39　企业知乎账号示例

4. 内容是核心

搜索结果的本质是呈现有价值的内容，好的内容被搜索到并显示在搜索结果页面的前列，就会给网站带来持续的自然流量。因此内容的铺设才是 SEO 的核心，企业必须创造高质量内容，合理布局企业和产品的关键词，吸引流量，从而形成网站营销的闭环。

内容的铺设分为站内和站外。站内内容包含企业新闻、产品和解决方案、客户案例以及原创的行业干货等。站外内容不仅包含百家号、百度百科、百度知道、百度文库等搜索引擎平台产品，还需要在知乎、果壳、贴吧等知名社区，地方媒体，垂直媒体，以及自媒体等平台发布，以便尽量让搜索引擎收录，如图 4-40 所示。

做过良好 SEO 的网站会在客户搜索的时候在搜索结果中呈现大量相关内容，可以迅速占位，提高客户点击率，如图 4-41 所示。

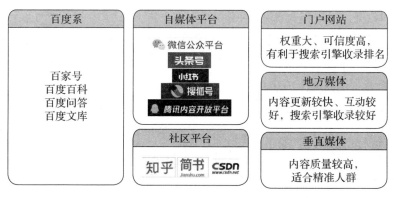

图 4-40　内容传播平台示意

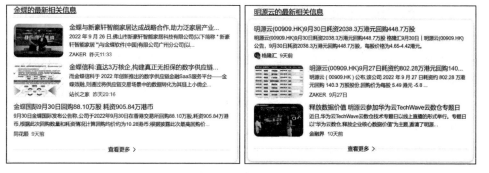

图 4-41　良好 SEO 网站的搜索结果示意

5. SEO 效果评估

ToB 企业市场部可以自己做 SEO，也可以通过第三方外包来开展 SEO 工作。那么 SEO 工作的效果如何衡量？SEO 效果的考核指标有如下几项。

1）关键词排名。做 SEO 的目的是让客户在搜索一个或多个核心词的时候，企业的官网或相关内容能获得更好的结果。如果企业进行了一段时间的优化工作后，关键词不能进入搜索结果展示的第一页或者不能从排名靠后进入前五位，则说明 SEO 工作的效果不明显。

2）收录量。在做 SEO 之前查一下企业官网的收录量，并将每个月的新增收录量作为考核标准。影响收录量的一个重要因素是网站原创、优质的内容数量。

3）网站流量，这方面主要是独立 IP 访客数量和浏览量。对 ToB 企业来说，不同的 IP 表示不同的访客，而浏览量是同一个客户的多次访问，每个月对比网站流量的数据，可以作为 SEO 的考核指标之一。

4）网站权重。网站权重是一个网站质量和重要程度的标志，如果一个 ToB 企业的官网权重能达到 4 以上，将会获得更多的自然流量。对于内容不够丰富的 ToB 企业，不需要太追求权重。

5）自然流量占总流量的百分比。SEO 是为了使企业官网增加更多的搜索引擎自然流量，如果其他条件不变，而自然流量没有增加，网站流量主要依靠的是 SEM 流量，则能够在一定程度上说明 SEO 的优化工作进行得并不成功。

6）其他指标，如网站访问量、网站跳出率等。如网站访问量排名越来越高，网站跳出率逐渐降低，则可以按照实际情况选择指标来评价 SEO 效果。

6. 内容平台的 SEO

虽然 SEO 的主要操作平台是百度等搜索引擎，但掌握了底层逻辑就可以将这种思维应用到任何具有搜索功能的平台来引流，使企业的流量渠道始终比竞争对手要丰富。

百度 SEO 主要涉及标签、标题、关键词、外链、内容原创度等，而在另一个很重要的流量阵地——微信公众号中，SEO 涉及公众号名称、介绍、粉丝数量、内容标题、内容原创度等方面的设计。

两者 SEO 的底层逻辑都是关键词相关性、内容质量和发布时间。相比于百度 SEO，公众号 SEO 有如下独特的优势。

- 微信内搜索入口方便，随手可得。
- 流量较大，竞争较小，适合营销布局。
- 收录速度快，基本当天发文当天就可以被收录。

百度搜索结果主要是网站这种形式，而微信搜索却可以导入公众号、视频号、小程序等多种产品，能够进行的营销动作也更加多样化。

同样，抖音也是可以做 SEO 优化的，各位读者也可以对此多加尝试，可能会有惊喜。

4.2.4　做好 SEM 的 7 个关键措施

在了解如何做好 SEM 之前，我们需要深入了解一下客户搜索旅程。从客户视角来看，这个旅程如下：客户出现需求→搜索→浏览搜索结果页面→点击链接→浏览落地页或网站→留资注册或关闭网页。而对应的企业 SEM 工作人员的视角是：客户输入搜索词→平台匹配关键词→进行搜索结果排名和展示→客户点击链接→客户进入落地页或网站→完成获客或获客失败。

将上述两种视角下的客户行为与 SEM 人员关注环节相结合，就形成了一个流量漏斗，如图 4-42 所示。

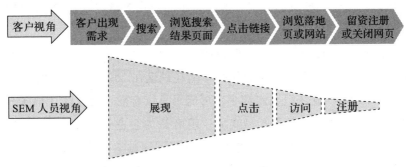

图 4-42　SEM 流量漏斗模型

在该漏斗模型中，如果我们的搜索引擎竞价广告被 2000 人看到，可能只有 1000 个访客进入官网，其中 600 个访客进入首页就关闭了，400 个访客会持续浏览多个页面，最终有 23 个访客注册。SEM 工作人员负责提高访客在每一个环节的转化率，而每一个环节又有不同的影响因素，如图 4-43 所示。

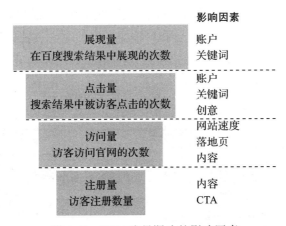

图 4-43　SEM 流量漏斗的影响因素

其中，影响因素是指 SEM 人员在百度营销后台所进行的各项工作。

● 账户：企业在百度营销后台的统称，包含计划、单元、关键词、创意等。

- 计划：账户中用来存放要购买的关键词的一级分类，下一级是单元。通常笔者会将计划用于大的分类，如地产业务、金融业务。
- 单元：账户中用来存放关键词的二级分类，笔者会将相同词义的关键词放在同一个单元，方便个性化设计。
- 关键词：在百度购买的关键词，用户搜索这些词可以触发广告展现。
- 创意：展示在搜索结果上，通过特定的样式来指定点击广告后跳转到哪个落地页。
- 落地页：点击广告后跳转到的页面。

很多优秀的 SEM 人员不愿意执行月消耗额度在 100 万元以下的工作，ToB 企业早期的 SEM 投放金额普遍较小，可能每月仅有数千元，这让很多 SEM 人员没有成就感，导致他们很容易离职。笔者认为企业这时候不需要招聘专职 SEM 人员，可以由市场负责人或者产品市场经理通过学习后兼任这部分职责。

笔者曾在 ToB 企业操盘过预算超过千万元级别的 SEM 案例，辅导过金额达到上亿元级别的消费、金融企业的 SEM 投放工作，总结了做好 SEM 的 7 个关键措施，供大家参考。

1. 搭建账户，便于管理

在 SEM 工作中，账户的搭建至关重要，一个良好的结构能够让账户更清晰，数据分析更简单，日常操作更便利，当然投放效率也就更高。

账户搭建是指将账户里的广告物料按照一定的原则去进行创建与管理。账户是按"计划—单元—关键词"的结构来划分的，如图 4-44 所示。

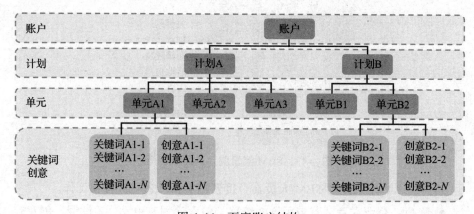

图 4-44　百度账户结构

可以从以下维度对账户进行分类。

- 产品维度：适用于多产品的账户，每类产品都设置相对应的推广计划。如营销云分为制造、金融、出海等多个系列的产品，可以对这些产品按照不同的计划进行针对性推广。
- 时间维度：可设置不同的推广时段及不同时段的出价比例。某产品下午2 点到 5 点推广效果较好，出价比例就可以调高，如设置成 1.2；晚上 8点到 11 点效果较差，出价比例就可以调低，如设置成 0.7；凌晨这段时间转化很差，就可以停止推广。
- 地区维度：对不同地区设置不同的推广计划。如某产品要在河北、山西推广，就可以针对河北和山西这两个地区设置 2 个推广计划。

掌握了计划、单元的基础知识，再结合推广目标去搭建清晰合理的账户结构，才会更易于管理和后期优化。

2. 高效拓词，精准引流

（1）了解关键词背后的搜索意图

搭建完账户后，最关键的步骤就是要拓展合理的关键词，因为访客会搜索不同的关键词来得到自己想要的信息，这些不同的关键词代表着访客的不同意向。

企业需要洞察访客搜索习惯，结合 ToB-O6A 模型思考不同阶段的客户需求与拓词逻辑，才能达到更好效果，如图 4-45 所示。

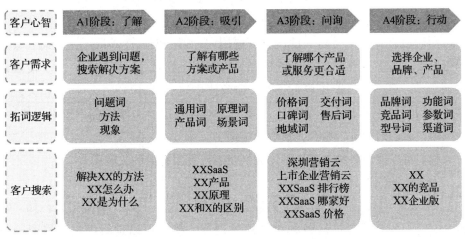

图 4-45　洞察不同认知阶段的访客搜索习惯

1）了解信息的 A1 阶段：客户根据现有的需求来收集信息，了解如何解决需求。这一阶段的特点是搜索词比较多样，搜索量比较大，但是转化率低，客户留资的可能性不大。比如客户有线索管理的需求，就会搜索"线索管理""线索管理的软件""怎么管理线索"等关键词。在这一阶段，ToB 企业在梳理好关键词后，还要根据它们的简称、别称、缩写等进行拓展，经常能有惊喜。

2）产生吸引的 A2 阶段：客户结合自身需求进行多个产品的性能、价格等对比。在获取需求的初步信息后，客户就会寻找解决方案，开始收集特定的企业和产品信息，了解其口碑、方案、价格与服务等。这一阶段的搜索关键词比较精准，搜索量不大，转化率不错，客户基本会留资，然后进行下一步沟通。这一阶段的关键词主要集中于对企业品牌、案例的了解，一般会有"哪个好""哪里买""怎么样"等前后缀。很多客户在查询"营销 SaaS"的时候，实际上搜索的可能是"哪个营销 SaaS 最好""哪些营销 SaaS 效果好""营销 SaaS 需要多少钱"等关键词，这更符合普通人提问的习惯。

3）选择问询的 A3 阶段：客户有了一定的购买意向，对某些品牌有一定信任度。客户在决定购买前往往会有些犹豫，为了避免风险会货比三家，对入围企业的口碑、实力进行评估。客户会搜索"某企业的营销 SaaS 怎么样""营销 SaaS 厂商排名"以及企业名等关键词。

4）行动购买的 A4 阶段：客户有了较为明确的购买意向，对某个品牌有一定信任度。此时，客户一般搜索产品对比信息、企业口碑、合作案例等。之后就能开始进行初步的拓词工作，并知道如何分类了。结合客户搜索旅程和认知的不同阶段，我们经常将关键词分为通用词、行业词、产品词、品牌词、竞品词等 5 类。很多企业只有几十或数百个关键词，这是远远不够的。除了使用核心词之外，客户还可能按照自己的习惯或使用句子来进行搜索，所以在关键词拓展的时候，核心词是一方面，长尾词也不可忽视。比如将客户搜索习惯词、地域词、活动词等进行组合，拓展长尾词。

我们可以使用各种工具来帮助我们拓展出更多有效的关键词。

（2）拓词的工具与方法

1）关键词规划师。打开"关键词规划师"这一工具，点击搜索，如"营销 SaaS"，系统就会推送各种相关的关键词，我们可以进行筛选，如图 4-46 所示。

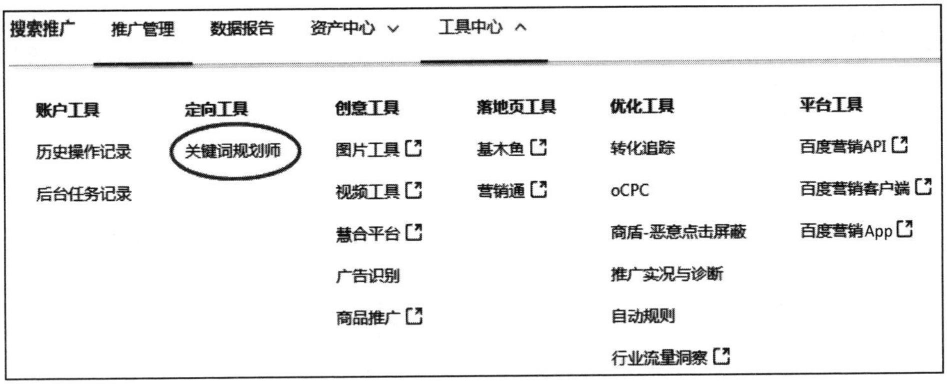

图 4-46　关键词规划师

2）观星盘。"观星盘"是一个百度全链 AI 营销数据平台。我们在观星盘的"洞察中心"里找到"关键词洞察"，选择"搜索前后序"或"意图关键词扩展"，可以得到很多关键词，如图 4-47 所示。

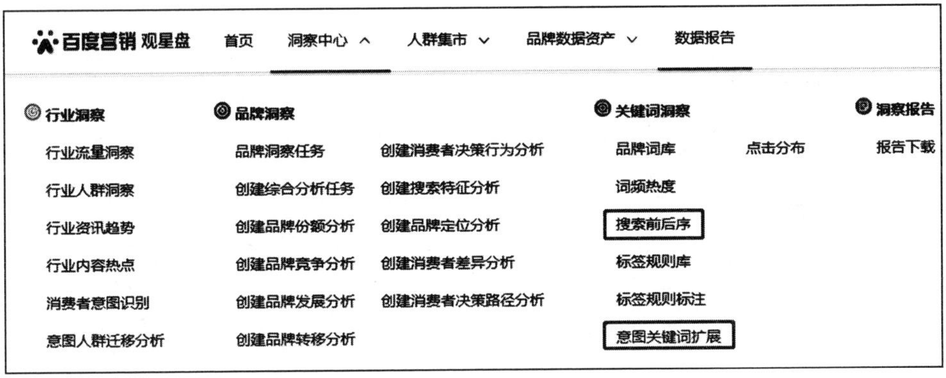

图 4-47　观星盘意图关键词扩展

其中，"搜索前后序"的功能可以让我们通过搜索行为数据来挖掘客户的行为特征，拓展关键词包的前后序信息，以便更好地识别受众行为意图。意图关键词扩展的功能则可以根据输入的关键词来拓展相关词汇。

3）搜索下拉推荐。搜索下拉推荐也是拓词的常用方法，如图 4-48 所示。一般来说只有被搜索得多了，才会形成下拉推荐词，这样我们就能了解客户的搜索习惯。虽然有别人刷词的风险，但是做好监控的话，参考该位置的搜索词也问题不大。

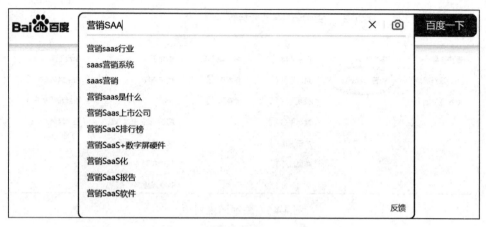

图 4-48　百度搜索的下拉推荐

4）相关搜索。搜索页面下方的"相关搜索"会将一些不够热的词集合起来给搜索者提供参考，它们通常是性价比不错且相关性高的长尾词，如图 4-49 所示。

图 4-49　百度的相关搜索

5）百度指数。百度指数不仅有助于企业进行拓词，还能让企业知道客户都搜索了什么，有助于企业了解行业动态和竞品信息，如图 4-50 所示。百度指数具有如下作用。

- 通过关键词对比，明确最近客户需求变化和人群画像。
- 通过关键词对比，明确哪个关键词更有竞争力或潜力。
- 找到类似或相关的热门关键词。

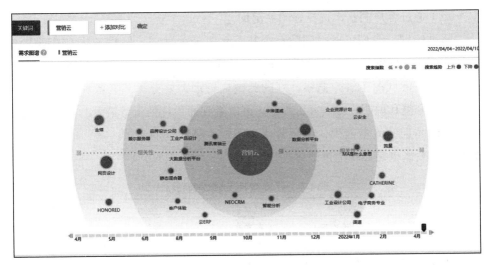

图 4-50　百度指数的需求图谱

6）关键词查询工具。对于第三方拓词挖词软件，推荐比较多的是"5118"，里面的"关键词挖掘"和"下拉词深度挖掘"功能都能提供大量相似的关键词，整体来说还是很实用的，如图 4-51 所示。此外更多、更实用的功能需要充值会员才能使用。

站长大数据				行业流量与商机挖掘			
排名综合查询				关键词挖掘			
				全网流量词 ▾			
网站百度 PC 排名词查询				需求分析			
				需求图谱 ▾			
网站百度移动排名词查询				下拉词深度挖掘			
				百度移动 ▾			
站长插件	站群监控	排名监控	排名内参	持续竞价	全网下拉	相关词	区域词库
SEO历史	360排名	神马排名	头条排名	行业词库	每日新词	流量查询	长尾监控
查百家号	百家暴涨	小程序	查竞价词	全网热词	商机挖掘	暴涨热词	流量规划
外链查询	备案查询	竞品网站	查子域名	词生成器	行业细分	高频需求	疑问商机

图 4-51　"5118"关键词查询

（3）通过客户洞察来选择好的关键词

通过拓词，我们可以得到数百个甚至数万个关键词，如此多的关键词应该如何处理呢？特别是对于投放预算不多的企业，如何更好地选择关键词呢？

好的关键词源于客户洞察，好的关键词管理需要分类，笔者对不同的关键词进行了分类和说明，如表 4-2 所示。可以看到通用词的流量最大，但是转化率较低；产品词的流量最少，但是转化率不错；品牌词的流量一般，但是转化率最高，这大概也是品牌的价值体现。

表 4-2 不同属性关键词的特征

	通用词	行业词	产品词	品牌词
流量	★★★★	★★★	★	★★
转化率	★	★	★★	★★★
词量	★★	★★★	★★	★
价格	★★	★★	★★	★★★

3. 优化关键词，提高投放 ROI

（1）关键词四象限分析法

SEM 过程中经常会用到关键词四象限分析法，也就是通过消费量和转化量来将关键词分为 4 类，方便进一步分析和优化，如图 4-52 所示。

图 4-52 关键词四象限分析法

第一象限：高消费、高转化。这类关键词竞争比较激烈，所以投放成本也比较高，一般是通用词、热门词，企业可以精细化控制出价，通过优化创意来提高转化率。

第二象限：低消费、高转化。这类关键词一般是企业的核心词，也是最应该关注的词，有利于降低获客成本，可以根据这类词来继续拓词，加大流量。

第三象限：低消费、低转化。对于这类关键词，需要思考是否词不对而展现量低、出价太低、创意不够好。如果是展现量低，可以提高出价、放宽匹配标准等；如果是创意不好，就需要优化创意。

第四象限：高消费、低转化。这类词一般被视为无效词，而不少企业的账户中都会存在这类词，一定要注意。

（2）具体分析关键词

在做关键词优化之前，先要分析关键词，主要是根据关键词的投放效果来分析，按照经验，基本上前 10% 的关键词会带来 60%～90% 的线索量，甚至前 10 个关键词能带来 50% 以上的线索量。同时，我们会发现很多关键词虽然有消费量，但是带来的线索长期为 0，或者其线索成本远高于账户的平均线索成本。发现这些问题，就是分析关键词的价值所在。

笔者的分析方法是选取一段时间（比如一个月）内的关键词，按照消费成本降序排列，做好标记；再按照网页转化量进行降序排列，同样做好标记。如表 4-3、表 4-4 所示。表格中，"展现量"是指客户搜索关键词后，该关键词被展示的次数；"点击量"是指客户看到关键词的广告链接后，点击了该链接的次数；"消费成本"是指该关键词一段时间内在平台上消耗的金额；"点击率"是指点击量与展现量的比值；"平均点击价格"是指实际客户每点击一次关键词的广告链接，平台要收取的费用；"网页转化量"是指客户点击关键词的广告链接后，再次进行了页面操作的数量。"网页转化量"并不代表线索数量，需要通过给关键词做标记后才能知道每个关键词带来了多少线索。

表 4-3　按消费成本降序排列的关键词

排序	关键词	展现量	点击量	消费成本	点击率	平均点击价格	网页转化量
1	关键词 1	22 529	2068	6875.14	9.18%	3.32	60
2	关键词 2	12 244	285	6708.00	2.33%	23.54	30
3	关键词 3	6174	3896	5110.71	63.10%	1.31	628
4	关键词 4	19 420	717	4850.00	3.69%	6.76	78
5	关键词 5	14 264	261	4844.84	1.83%	18.56	28

（续）

排序	关键词	展现量	点击量	消费成本	点击率	平均点击价格	网页转化量
6	关键词 6	11 225	1542	4828.92	13.74%	3.13	12
7	关键词 7	6298	2339	4436.14	37.14%	1.9	304
8	关键词 8	21 436	2255	4342.64	10.52%	1.93	38
9	关键词 9	8080	568	4329.00	7.03%	7.62	106
10	关键词 10	9257	712	3706.99	7.69%	5.21	118
11	关键词 11	4027	825	3516.64	20.49%	4.26	12
12	关键词 12	9333	1950	3211.73	20.89%	1.65	100
13	关键词 13	1914	79	3196.14	4.13%	40.46	30
14	关键词 14	239 227	1920	3014.49	0.80%	1.57	58
15	关键词 15	3337	614	3012.98	18.40%	4.91	50
16	关键词 16	2680	531	2863.11	19.81%	5.39	118
17	关键词 17	3440	793	2767.33	23.05%	3.49	66
18	关键词 18	897	524	2732.75	58.42%	5.22	82
19	关键词 19	14 362	695	2633.77	4.84%	3.79	36
20	关键词 20	7920	744	2630.34	9.39%	3.54	32

通过表 4-3 可以看出，消费成本最高的词不一定是带来转化量最多的词。比如关键词 1、关键词 2 月消费都在 6000 以上，但是网页转化量却分别只有 60 和 30，关键词 3 月消费 5110.71，网页转化量却有 628，可见消费成本高的关键词，网页转化量不一定高。可以尝试优化关键词 1、2、4、5、6，通过降低消费成本、提高点击率、提高网页转化量来降低转化成本，以及加大关键词 3、7、9、10 的投入来加大获客量。

对关键词按照网页转化量进行降序排列，如表 4-4 所示。

表 4-4　按网页转化量降序排列的关键词

排序	关键词	展现量	点击量	消费成本	点击率	平均点击价格	网页转化量
3	关键词 1	6174	3896	5110.71	63.10%	1.31	628
7	关键词 2	6298	2339	4436.14	37.14%	1.90	304
26	关键词 3	3544	925	2428.94	26.10%	2.63	284
40	关键词 4	1899	535	1509.20	28.17%	2.82	204
41	关键词 5	23 795	933	1470.05	3.92%	1.58	142
62	关键词 6	638	293	879.48	45.92%	3.00	130
10	关键词 7	9257	712	3706.99	7.69%	5.21	118
16	关键词 8	2680	531	2863.11	19.81%	5.39	118
9	关键词 9	8080	568	4329.00	7.03%	7.62	106

（续）

排序	关键词	展现量	点击量	消费成本	点击率	平均点击价格	网页转化量
31	关键词 10	20 784	1010	1821.74	4.86%	1.80	102
12	关键词 11	9333	1950	3211.73	20.89%	1.65	100
30	关键词 12	9236	295	1889.40	3.19%	6.40	100
58	关键词 13	9813	313	973.96	3.19%	3.11	98
97	关键词 14	636	211	577.36	33.18%	2.74	94
37	关键词 15	3459	408	1693.38	11.80%	4.15	92
39	关键词 16	551	352	1549.23	63.88%	4.40	92
51	关键词 17	3049	653	1113.83	21.42%	1.71	92
107	关键词 18	3521	663	513.91	18.83%	0.78	92
18	关键词 19	897	524	2732.75	58.42%	5.22	82

通过表 4-4 可以看出，很多消费成本不高的词却能带来较高的网页转化量，比如排序 26、40、41、62 的关键词，其月消费成本在 2000 左右，带来的线索量却排名靠前，这些词值得重点关注。

另外，很多关键词有消费成本，但是没有任何网页转化，很可能是被浪费了。对于连续 2 ~ 3 天都只有消费成本、没有线索转化的关键词，首先要分析它在搜索意图方面是否有偏差，其次分析落地页内容，如果该词确实属于无效词，可以考虑删除，避免浪费。

对于网页转化成本高的关键词，也需要关注和优化。比如如果公司平均网页转化为 80，那么对于网页转化成本高于 80 的词，就需要考虑是否需要减少投入或者进一步分析和优化。在实际工作，企业应该分析每个关键词的线索成本来进行优化。

以上只是进行了一些简化的分析演示，帮助读者理解关键词是如何优化的，各位读者可以尝试按照关键词四象限分析法对关键词进行分类，并从点击量、消费成本、点击率、点击成本、网页转化量、注册成本、线索成本等各个维度来进行更加深入的分析。

SEM 工作中关于关键词的部分并不仅是拓词和出价，还要针对关键词进行不断优化，逐步去除不精准的关键词，达到持续提高 ROI 的效果。

（3）品牌词的思考

关键词中，有一类很重要的词就是品牌词，它们数量不多，但转化率最高。关于品牌词，笔者有两点思考：一是品牌词能代表什么；二是企业是否应该投品牌词。

品牌词首先是和企业的品牌息息相关的，我们甚至可以使用品牌词来判断一家企业的品牌知名度。我们可以将自己所在行业的知名企业列出来，按照熟悉程度排序，或者直接找一个有公信力的企业排行榜，然后对其品牌词进行搜索，看看不同品牌词的百度指数。以云计算品牌为例，我们对阿里云、腾讯云、华为云、百度云进行百度指数的比较，可以初步判断阿里云近几年的搜索量一直保持领先，其市场占有率也位居第一，如图 4-53 所示。

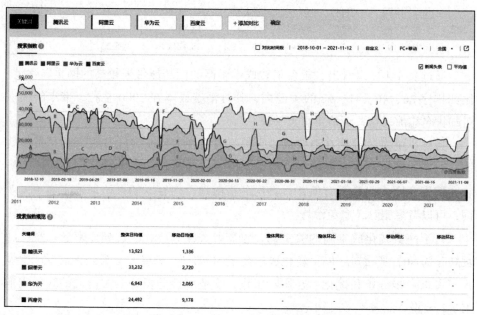

图 4-53　阿里云、腾讯云、华为云、百度云近 3 年的百度指数对比

当然百度指数只能作为品牌知名度的参考，而访客通过搜索品牌词来到官网的数量却是品牌知名度的较真实的反映，比如在笔者曾经操盘过的企业中，某企业的官网线索来源中，由品牌词带来的线索量占到 SEM 线索总量的 40%以上，说明该企业在潜在客户心中的品牌知名度非常高。

笔者认为企业应该对品牌词进行投放，要知道，企业哪怕再小，也可能会有对企业品牌或产品感兴趣的客户。如果竞争对手购买了该企业的品牌词，并且排名更高，当这些客户想和企业联系的时候，很可能被吸引到竞争对手的官网，从而成为竞争对手的客户。

比如，笔者曾经给 A 企业做咨询，发现其竞争对手 B 在投放 A 企业的品牌词，对此 A 企业的创始人并不在意。后来我找到 B 企业的市场负责人沟通此事，该负责人说："首先 A 企业的品牌没有商标，无法申请保护，其次本企业每月至少有 10 个客户是通过 A 企业的品牌词搜索而来的，对此本企业并不想放弃。"这也就意味着笔者所服务的 A 企业因为不重视品牌词在无形中每月至少损失 10 个客户。

笔者建议企业在 SEM 中一定要购买品牌词，并使自己企业在该关键词上保持着第一位置。如果预算充足，还可以购买百度平台专区，这能够让企业品牌在访客心中大大加分。并且还要注意对品牌进行商标注册，这样才能最大限度地避免竞争对手恶意抢词。如果发现同行对有商标的品牌词、产品词等进行投放，可以直接找平台的客服处理，一般在 1 个工作日内就能让对方投放的品牌词下线，甚至可以诉诸法律途径保护企业的利益。

除了品牌词，ToB 市场人还会就是否购买竞品词进行争论。竞品词就是竞争对手的品牌、产品词，由于竞品之间的业务及客群一致，竞品词带来的线索也会比较精准，可以充分利用对方的相关关键词为自己的网站增加流量。

笔者一直建议企业之间不要相互购买竞品词，购买竞品词是一场 SEM 的"内卷"，最后会使得投放价格被抬高，原本几元出价的品牌词可能被抬高到数十元。虽然通过友好沟通可以解决一部分问题，但很难说服所有的竞争对手都不购买竞品词，最终需要的是行业自律。而 SEM 人员更应该基于企业本身的优势，持续优化账户、关键词、创意、落地页等，来提高投放 ROI。

4. 好的创意带来更多访客

创意是账户的关键词被搜索后展示给客户看到的广告。创意主要的作用就是引导访客点击链接跳转到落地页，创意的好坏对投放效果的影响是较大的。

如图 4-54 所示，①标题，②描述，③组件。下方还有"广告"字样，显示这是一个竞价广告。

创意由标题、描述和组件组成，样式也比较多，如图片、文本、列表等，SEM 工作人员通常会组合使用，如图 4-55 所示。

图 4-54　创意的示意

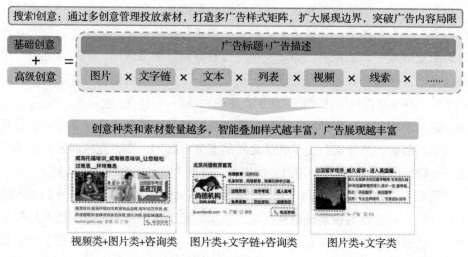

图 4-55　创意的组成和样式

好的创意需要站在访客的角度，洞察访客目前的处境，撰写有针对性并符合词性的文案。在百度官方给出的要点中，一条好的创意要包含 4 个要素和 10 个原则，如图 4-56 所示。

（1）创意标题

创意标题是搜索结果中的标题部分，通常会嵌入 1 ～ 2 个关键词的通配符。当访客搜索了账户所购买的关键词时，该词会自动飘红，增强对访客的吸引力。

通配符除了可以用访客的搜索词，还可以通过设置地域增强访客的属地感。不同产品、不同类别的关键词的创意要针对产品及单元进行撰写，提高相关性。

做出好创意的4个要素、10个原则		
4个要素	10个原则	操作标准
通顺度	文案通顺易懂	文案内容须简明精炼、言简意赅、语句通顺；创意前后内容须一致，避免前面A，后面说B
飘红量	嵌入通配符	飘红词语有助于吸引潜在用户，良好的飘红有助于提升创意的点击率和转化率
飘红量	避免超多嵌入	在通配符的使用上以获得1～3次飘红为最佳，如使用过多，可能导致创意不能清晰地向网民传达
相关性	单元细分	将关键词按搜索链路意图、产品线、词性等方向进行细分
相关性	差异化创意	围绕不同单元的关键词类型和需求阶段，针对性撰写标题、描述，以及明确样式等内容
相关性	落地页相关性	创意内容需要与落地页高度相关，才能提高用户转化率和创意转化率
吸引力	丰富样式	利用创意组件、创意自动生成工具等方式丰富创意样式，突出活动内容，丰富展示信息，提升点击率
吸引力	擅用组件	利用合适的组件缩短转化路径（如移动-电话组件、PC-咨询组件、表单等）
吸引力	突出优势	创意中要突出产品或服务的优势、独特性和专业性等
吸引力	丰富创意	确保每个单元至少有2～3条创意，且实现飘红，增加吸引力

图 4-56　好创意的 4 个要素和 10 个原则

（2）创意描述

创意描述是搜索结果中详细描述的部分，创意描述中可以增加 2～3 个通配符来形成关键词的飘红效果。当然也不能让飘红的密度过高，标题和描述中有 3 个飘红，视觉上会比较舒适。并且描述的文案要通顺、关联性强，且不管通配符被替换为任何关键词都能通顺。

（3）创意配图

创意配图常常被人忽视，不少人使用系统配图或者一套图片打天下。不够精致也没有明显相关性的图片就很难吸引访客的注意力，所以建议制作创意配图，PC 端和移动端还可以单独另外设置，重点考虑与 Logo 和标题相关的场景配图。

（4）跳转地址

SEM 精细化运营中很重要的一部分就是让访客在搜索不同的关键词时看到的创意是相关的，并且在点击链接的时候跳转的页面内容也是有针对性的，这就需要我们对跳转地址进行设置。

其中最影响创意转化率的还是搜索词和关键词的匹配度，以及创意的吸引力。

访客搜索后看到了企业创意，但是没有点击，即关键词有展示但是无点击，这很可能是由于关键词及创意没有满足客户的需求。另一种情况是企业刻意引导一部分用户不进行点击，比如在笔者之前的公司，产品之一是验证码短信，经常会有很多做接码的人来我们公司官网咨询，而接码是用很多手机号码来帮特定的人群接收验证码，属于一种违规操作，不属于公司的业务范畴，但是公司使用的关键词"验证码"很容易匹配到有这个需求的用户。后来我们在创意描述中加上一句"不做接码"，据统计每个月可以因此节约近千元的成本。

而增加创意吸引力方面，除了飘红、相关、通顺，很重要的是针对不同的关键词编写不同的创意。比如针对产品关键词突出产品的特点、优势；在价格关键词中直接包含价格、折扣等；针对统一产品，围绕不同的特性来撰写；使用引导性的标题，如"立刻""马上""点击"等；适当地增加"！"等符号来增加吸引力。

只有访客被创意描述吸引而产生了点击行为，才能跳转到网站的落地页，真正成为访客。

5. 优秀的落地页带来更多注册量

从搜索到关键词匹配，再到创意展示，访客通过链接跳转的第一个页面就是落地页。

落地页通过页面设计、文案来吸引客户，让客户得到想要的答案并进行下一步动作。所以落地页要符合客户的搜索需求，呈现客户想看的，直击痛点，并设置转化流程，引导客户注册，从而完成转化。

比如，搜索关键词"数据分析"，可以看到很多企业的不同创意：一家外企数据公司、一家国内 SaaS 公司、一家国内数据分析师培训公司。相同的关键词背后是不同的搜索意图，不同的搜索意图需要匹配不同的落地页，通过点击3 个不同的链接跳转到不同的落地页，通过这个关键词也可以看出 SEM 的激烈竞争。

而从搜索到访客再到线索转化，重点就在于落地页。

为了聚焦线索转化率的提高，笔者推荐大家使用 LIFT 模型来分析落地页。LIFT 即 Landing page Influence Functions for Tests 的缩写。LIFT 模型认为有如下 6 个因素会直接影响转化率。

- 价值主张（Value Proposition）：让落地页的内容与访客的感知更匹配，让访客更愿意响应企业的行动号召。
- 相关性（Relevance）：落地页与创意内容的匹配度。
- 清晰度（Clarity）：清晰度包括内容清晰度和页面清晰度，内容清晰度是指保证访客理解内容的时间最少，页面清晰度是使内容更容易被接受。
- 紧迫感（Urgency）：紧迫感体现为限时、限量、稀缺等。
- 焦虑感（Anxiety）：焦虑感是访客内心对下一步操作的疑虑，比如访客对品牌不信任、怕泄露隐私、怕麻烦、怕产品不好用等。
- 注意力分散（Distraction）：注意力分散包括任何打断访客进行下一步操作的事情，比如注册表单页面的图片、支付过程的链接等。但是在实际沟通过程中，很多企业的市场人员反映这样的模型不太具备可操作性。

一个高转化率的落地页要具备 4 种能力：广告连续、专词专页、容易理解、行动指引。

（1）广告连续

广告连续是指访客在看到创意、点击创意、浏览落地页的过程中表现出的连续性，这样访客的思考能够不间断，并且持续地进行下一步。

访客在这个过程中想要的是找到答案。如果客户搜索的是"ERP"，结果落地页呈现的是"BI"，搜索的是"数据分析"，而落地页呈现的是"营销工具"，那么该客户可能会毫不犹豫地关闭这个页面，这就是明显的广告不连续的情况。

在访客沿着企业的广告创意进入落地页并浏览落地页的过程中，任何环节出现断裂都会导致访客离开。

要提高落地页的转化效果，广告连续是最值得重视的。笔者见过一些企业将所有的链接都设置为跳转到官网首页，这是非常粗放也是非常不可取的，会导致访客的思考和动作很难保持连续性。

对此，笔者建议企业进行如下操作。

- 在标题中做出引导，告诉访客是否匹配。
- 在描述中提供产品价值，强化访客的收益。
- 给不同的关键词匹配不同的落地页，让访客找到答案。

这里有个小技巧：将转向相同落地页的关键词放在一个单元，因为该单元是可以自定义落地页的最小单位。很多企业在搭建账户的时候会将单元划分为行业词、产品词、品牌词等，这样的分类方式虽然方便管理，但不方便对相似搜索意图的关键词进行落地页设置。

（2）专词专页

基于广告连续，访客在落地页浏览的时间是十分珍贵的。通常一个访客会在 5 秒内判断是继续浏览还是关闭页面，因此一个页面如果包含过多的内容或功能是不可取的。关注转化的落地页除了保持广告连续之外，还需要针对不同单元对应的搜索需求做到专词专页，直接满足访客的需求。

比如对于品牌词吸引过来的访客，可以优先展示品牌实力、产品价值、客户案例来设计落地页；对于行业词吸引过来的访客，可以关注行业痛点、产品特色、解决方案、产品对比来设计落地页；而对于产品词，可以通过品牌实力、对应的产品价值、解决方案、客户案例来设计落地页。

同时笔者建议企业注意如下事项。

- 落地页的第一屏描述品牌实力或产品价值，直接表达价值主张。
- 落地页要有完整的故事线，如我是谁，我的产品是什么，怎么解决问题，有哪些成功案例等。
- 落地页要有 CTA，引导访客进行下一步。
- 持续做好 A/B 测试，优化落地页。

（3）容易理解

笔者看到一些企业做到了广告连续和专词专页后犯了这方面错误，因此特别提出来这一点。很多市场人员喜欢用大词，比如"数智""前驱""全价值链"等，访客往往并非专业人士，对很多业内人士爱用的名词其实并没有感觉。而访客留给企业的时间本来就不多，企业需要在访客失去耐心之前传递如下有效的信息。

如果访客看过官网上几个版块的内容却不能清晰地理解企业要表达的意思，则说明文案很可能存在"自嗨"或歧义的情况，需要进行调整。

（4）行动指引

访客在自己不确定的时候往往是不会主动去注册和咨询的，因为他们害怕在合作中作为主动方会处于劣势的地位，而落地页既不能说话也不能做出动作，因此 CTA 就非常有必要。

一个能带来高转化率的 CTA 应该有如下特质。

- 突出醒目：迅速吸引访客的注意力，可以用强烈的对比色、空间设计、放大的方式来达到这样的目的。
- 理由充分：让客户快速理解收益，比如资料下载页面的 CTA 告诉访客注册就可以直接下载资料，留资落地页的 CTA 告诉访客注册就会有工作人员主动联系，产品注册页面的 CTA 告诉访客可以免费试用。
- 流程简单：让客户转化的过程简单，比如通过优化表单、减少必填项来让填表过程简单；提醒客户注册进度；提供注册后的提醒短信或邮件等。

通过多年的咨询服务经验和个人观察，笔者还有一些提升落地页转化率的小技巧来和各位同人分享，如下。

- 带有数字能增强访客信任。
- 简单明了的文案可以降低跳出率。
- 有力量的、积极的文案可以增加停留时长。
- 移动端的适配性会极大地影响跳出率。
- 给出访客选择自己企业的理由，给其关于注册的暗示。

总结上述内容，笔者绘制了一个营销 SaaS 的落地页框架结构图，如图 4-57 所示，以帮助各位读者更好地在实际工作中应用。

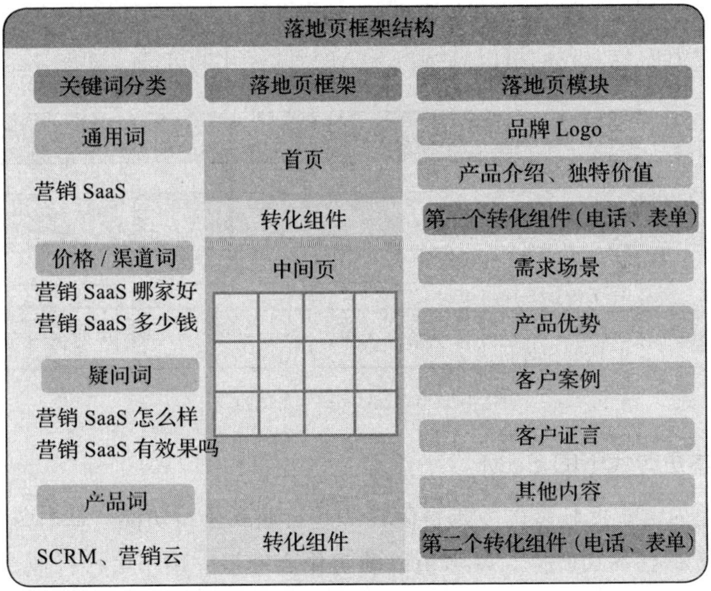

图 4-57　落地页框架结构图

6. SEM 的持续优化

与官网的优化类似，SEM 的优化同样需要勤分析、看数据、多测试。

（1）展现量指标

- 关键词：关键词是否合适，拓词数量是否合理，是否按照消费金额、线索量来筛选优质的以及需要优化或删除的关键词。
- 出价：是否需要出高价来获得最高的排名，价格是否有竞争力。笔者建议主要针对优质关键词提高出价即可。
- 地域或时间：地域和时间有一定的影响，属于非关键指标。

（2）点击率指标

- 创意：创意主要从上文提到过的标题、描述、配图、跳转地址等方面分析。
- 竞争对手：客户搜索相同的关键词，搜索页面还会展示竞争对手的广告，因此我们还要关注竞争对手的创意，并进行分析。

（3）跳出率指标

落地页的广告连续和专词专页会极大地影响跳出率。

（4）转化率指标

- 减少无效词消费。
- 落地页是否容易理解和具有明显的行动指引会极大地影响转化率。

综合以上内容，我们可以总结出 SEM 持续优化的方法，如图 4-58 所示。

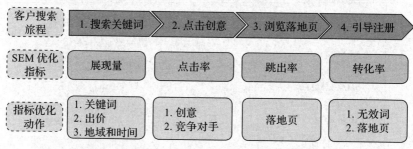

图 4-58　SEM 持续优化框架

7. 基木鱼时代下的 SEM

最近业内讨论比较多的就是百度让一些行业和公司切换"基木鱼"，这让很多市场人员有点不知所措。基木鱼以前叫作商家号，用于医疗行业，现在升级为百度的营销自建站平台，无论搜索还是信息流、落地页，都少不了基木鱼。

按照百度官方的介绍，基木鱼具备如下功能和特征，如图 4-59 所示。

落地页类型	丰富行业模板	页面优选
➤ 站点类型：PC、H5、小程序 ➤ 模板类型：行业定制模板、智能单页、多页站点、门店、应用下载、视频	➤ 多行业定制模板 ➤ 营销服务市场：个性化定制模板（付费）	➤ 程序化落地页+动态组件：将最优质落地页组件文案呈现给用户 ➤ 落地页内容与创意联动：内容输出与创意，增强相关性
高效便捷操作	提供丰富功能加持	全链路数据监控
➤ 模块化拼装：内容模块、预置物料 ➤ 高级编辑器：PSD上传，多类型组件叠加布局 ➤ 素材管理库：素材管理，一键同步素材库，免费版权图片，一键抓取网站素材	➤ 页面质检：落地页质量诊断并指导优化 ➤ A/B测试：找到推广最佳落地页 ➤ 热力图：洞察页面数据表现 ➤ 自定义页面分析：多维度数据分析	➤ 数据筛选：时间筛选、投放渠道、站点类型、设备类型、页面筛选 ➤ 页面数据：浏览次数、独立访客量、按钮点击量、有效咨询量 ➤ 线索转化数据：不同组件转化效果（营销组件）

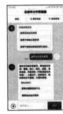

直播组件

图 4-59　基木鱼功能和特征

基木鱼的功能包括站点管理、内容管理、电商管理、门店管理、资产管理、落地页优化、站点分析、账户设置、营销转化、百宝箱。

其中对从业者比较重要的是站点管理和营销转化。站点管理主要是用于开发页面，而营销转化很明显主要用于转化。

为什么一个看起来不错的工具会引起从业者的讨论呢？

对创业企业来说，基木鱼为企业节约了建站、设计等成本，而自带的营销组件也能提高投放效率，所以一定程度上基木鱼是有利于创业团队的。

对平台来说，百度把所有的落地页放在自己的体系内统一管理，加强了审核，也加强了对内容的监管，能够让竞争变得相对公平，减少了一些劫持流量的操作。

但是对相对成熟的企业来说，以前客户通过搜索引擎进入企业的数字化营销系统的路径是从创意到官网落地页再到留资，而现在统一变成了基木鱼，这很可能带来转化率的降低，减少自由发挥的空间，于是引起了一些不满。

那么基木鱼时代下的 SEM 对 ToB 公司到底有什么影响呢？

1）强化 OCPC，更好地把控投放成本。百度通过 OCPC 的计费方式智能调价，通过基木鱼托管落地页，通过观星盘为广告主提供各类人群，通过爱番番提供客户管理，形成了一个闭环，打通了网络推广的全流程，这对没有专业人员配置的中小型企业还是有利的。

2）减少了官网落地页开发的工作量。很多企业在不同的阶段或者进行活动的时候需要制作专门的落地页，而推动内部资源来开发落地页经常是不容易的，但是有了基木鱼，后台是可以直接配置落地页的。

在目前行业官网水平整体不强的情况下，中小型企业本身官网做得不够好，内容版块也不够清晰，可能不如用基木鱼单独搭建一个落地页。

3）能够区分自然流量和 SEM 流量。很多时候我们比较难区分自然流量和 SEM 流量，而往往负责投放和内容的又是两个团队，我们总想区分品牌和内容带来的流量以便考核，但是总会被日常的 SEM 流量影响。比如访客搜索了品牌词来到官网，到底是自然流量还是 SEM 流量？两种好像都说得过去。有了基木鱼，区分流量就很便利了，到基木鱼落地页的都算百度推广的流量，到官网的都算自然流量。

4）百家号会更加重要。百度允许企业百家号在品牌介绍和底部菜单栏添加基木鱼链接，意味着百家号的粉丝能点击该链接进入落地页，这样百家号的重要度就会上升。

5）后台模板不够，灵活性也欠缺。目前后台只有两个模板，企业可以发挥的空间不大，容易造成访客的审美疲劳，灵活性也有所欠缺，这大概是工作人员吐槽最多的地方。

基木鱼的出现对企业来说有利有弊，可以节约中小型企业的精力和效率。而大中型企业可以与平台签订年度合作协议，成为平台大客户，或者购买品牌专区来避免切换到基木鱼，同样可以不受影响。

4.3 线上渠道投放，全面触达潜在客户

虽然 SEM 和 SEO 是不少 ToB 企业进行线上营销获得线索的主要来源，但除此之外还有很多线上渠道也值得尝试，比如社交媒体、垂直社区等。获客的逻辑就是：哪里有潜在客户，企业就应该尝试去哪里获客。市场部应该按照客

户画像中的关键人画像来寻找他们在线上的聚集点，选择合适的投放渠道，全面触达潜在客户。

4.3.1　社交媒体和内容平台

在社交媒体、内容平台上的投放，常见的方法是信息流。信息流是在客户浏览信息的过程中插入广告，比如今日头条的信息流广告、百度的信息流广告以及微信朋友圈广告。

信息流的优势是可以针对客户标签进行定向推广，全方位锁定潜在客户，比如百度信息流定向推广功能分为 6 维 21 类，如图 4-60 所示。

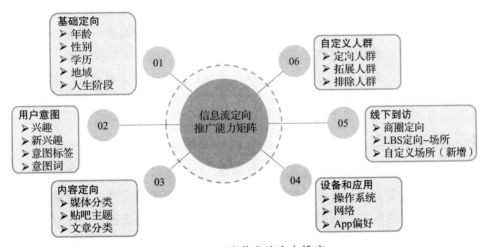

图 4-60　百度信息流定向推广

比如今日头条因为其基于数据挖掘技术的个性化资讯推荐策略，能够实现广告投放的千人千面，从而精准触达目标客户群体。其注册用户近 10 亿、日活跃用户近 4 亿，核心用户是青壮年，属于社会中坚力量，用户男女比例比较均衡，能够较好地针对日常获取信息量比较大、喜欢刷今日头条内容的专业人群进行投放，比如产品经理、技术、人力、财务、行政等。

而同为字节系产品的抖音则是以视频形式来做推广的，其核心用户是中青年，属于社会新鲜人，用户中女性偏多，可以通过数据分析和智能推荐来让广告精准触达目标人群。另外，抖音因为其用户规模的海量和使用上的沉浸感，不太适合专业内容的投放，比较适合投放场景化的内容来植入客户心智。

信息流是基于使用者标签进行投放的，通过对客户进行内容喜好的标记可以分析其画像。所以只要客户群体选对，投放内容足够匹配，信息流的投放效果不亚于 SEM。

基于一些投放测试以及与同行的交流，笔者发现，如果 ToB 企业面向的关键人是产品经理、人力、财务等特定领域的人群，或者面向下沉市场的中小型企业，则该 ToB 企业在信息流上是能够取得一定成绩的。但如果客户画像的关键人是大中型企业的高管，这类人群因为时间宝贵和有自己独特的信息渠道，比较少使用抖音这样的娱乐性产品，则 ToB 企业需要先加强对客户的研究和对信息流渠道的测试，才能决定是否要大量投放。

另一个值得推荐的信息流渠道就是广点通，该产品背靠微信，而国内大部分人的社交、工作关系链都基于微信。如果企业有较完善的客户画像，那么可以使用广点通进行智能匹配，根据客户属性、客户行为、人际关系等方面的情况来进行投放。更重要的是，企业在微信生态的投放可以完成投放、定向、落地页、数据分析的营销闭环。

4.3.2　垂直社区

对于垂直社区，不同企业可以各自寻找。如果要推荐一个适合大多数行业的社区，笔者会推荐知乎和脉脉。首先，客户喜欢在采购前进行搜索来收集信息，所以知乎这种基于问题的高质量内容社区在营销链路上的价值非常大，并且它具有数亿的高质量用户、均衡的男女用户比例。据了解，很多人遇到问题会在知乎上寻找答案，而企业解决方案、产品采购等话题在知乎上也有非常多的内容。其次，脉脉作为职场人士的社交平台，也值得探索。在脉脉上，企业既可以进行投放，又可以做内容营销。比如，笔者曾在脉脉上以 0 成本获得了将近 1 万名中高层管理者的关注，其中有不少能转化为客户。

因为信息流面向的用户范围十分宽泛，为了对精准客户进行探寻，ToB 企业会选择垂直社区，底层逻辑就是看其客户是否会聚集在这些平台。IT 行业人员经常会去 V2EX 社区，一线城市的职场人群喜欢逛逛知乎、脉脉，跨境电商从业者喜欢在雨果网获取信息，企业 HR 喜欢去人力资源论坛等。

如果我们针对企业客户和关键人进行分析，找到他们的信息获取途径或喜欢互动的社区，就能够通过广告投放来获取线索。比如船长 BI 的潜在客户是亚马逊网站卖家，帮助他们实现精细化运营，所以企业会在类似 AMZ123 亚马逊导航、创蓝论坛（亚马逊卖家交流平台）等垂直社群进行广告投放，来获取精准线索。很多通用 SaaS 产品的企业，比如协同办公、云笔记等职场工具领域的企业，经常会在知乎、脉脉等平台投放，以获取职场人群的线索，同时进行品牌展示。

垂直社区的广告带来的流量一般不如搜索引擎大，但是较为精准，转化率较高。企业通常是按照展示量或时间对流量付费，部分中小型社区接受按注册数量付费，但需要投放人员沟通才能达成这样的合作模式。这也是对数字化营销手段不错的补充。

4.3.3　线上渠道的投放效果评估

判断线上渠道的投放效果，需要兼顾数量和质量两类指标。

- 数量类指标有渠道客户的浏览量、点击量、获客数量、注册转化率等。
- 质量类指标有渠道客户的客单价、线索到 MQL 转化率、线索到成交转化率等。

笔者通常会通过在一段时间（比如 1 周或 1 个月）内投放金额与线索量的比值来算出线索成本，同时分析线索转化率、成交数量等数据，如表 4-5 所示。

表 4-5　不同渠道指标示意

渠道	线索数量	投放成本 / 元	获客成本 / 元	MQL	线索到 MQL 转化率	成交客户数量	线索到成交转化率
微博	300	2400	8	21	7.0%	1	0.3%
广点通	500	6000	12	40	8.0%	5	1.0%
垂直社区	300	3000	10	45	15.0%	9	3.0%

对于外部渠道，市场人员需要为每个渠道生成单独的链接，打上标记，才能进行更好的监测。很多数字化营销工具都提供 UTM 参数来进行广告跟踪，通过 UTM 参数可以得到 URL 链接和二维码，这样的 URL 链接和二维码是带有独特的标记的。市场人员将对应渠道的链接和二维码提供给对应的渠道商，当有访客通过它们访问的时候，在后台就能得到该渠道的数据，通常使用的有 PV、UV、注册数量等数据。

如果有较多的渠道，就需要分别来评估。不同的渠道分析能帮助我们按照类似官网的流量象限的方式来进行渠道象限的划分，进而采取针对性的处理方式。对于 ROI 高但是流量较小的渠道可以加强投入，对 ROI 一般的渠道可以进行优化，对于低质量的渠道一定要快速舍弃。

4.4 思考

本章我们学习了数字化营销中的官网、SEO、SEM、渠道投放等相关内容。笔者建议在企业创立之初即着手官网的搭建，在产品完成 PMF 之前，可以使用 SEO 来进行少量客户的获取，当 PMF 完成之后，再通过 SEM 和渠道投放等来大规模获客。

数字化营销所包含的知识比较广，比如渠道投放的跟踪就需要一些技术手段或营销工具的支持。这是未来 ToB 市场人必备的职业能力，还需要大家持续学习。

现在思考以下问题，并尝试将本章理论结合自身的工作实践。

- 你所在企业的官网是什么类型的，是否符合企业的营销需求？
- 梳理自己所在企业的官网结构，判断它是否合理，有什么优化意见？
- 了解你所在企业的官网流量的来源，比较自然流量与搜索流量的占比，并分析原因。
- 了解你所在企业的官网的搜索流量来源，并分析其转化路径。
- 分析你所在企业的流量承接环节是否存在问题。
- 为你所在企业的官网设计一个视觉方案，你会怎么做？
- 尝试为你所在企业的官网策划一个迭代方案。
- 谈谈你对搜索引擎的底层逻辑的理解。
- 你所在企业是否开展了 SEO 工作，为什么？尝试做一个 SEO 方案。
- 你所在企业的 SEM 工作效果如何，为什么？尝试做一个优化方案。
- 你所在企业是否有做线上渠道投放，为什么？尝试做一个优化方案。

5

内容营销，持续影响客户认知

对 ToB 企业来说，内容营销贯穿客户购买旅程，在 ToB-O6A 多个链路中起到影响客户心智的作用，也是 GTM 策略中重要的手段，重要性不言而喻。

那么，怎么做内容营销才能为企业带来增长？如何搭建内容营销体系？如何持续生产内容？客户对内容的核心需求是什么？对不同认知阶段的客户采用什么形式的内容？本章我们一一解答。

5.1 认识内容营销

5.1.1 什么是内容营销

营销的本质就是给客户一个选择自己企业的理由，最常用的方式就是借助内容来做营销。

2001 年，内容营销之父乔·普利兹提出了内容营销的概念。2007 年，乔·普利兹创立了内容营销协会（CMI），内容营销的概念开始在营销界流行起来。

根据内容营销协会的定义，内容营销是一种通过生产发布有价值的、与目标人群有关联的、持续性的内容来吸引目标人群，改变或强化目标人群的行为，以产生商业转化为目的的营销方式。

在这个定义中，内容营销至少具有以下几个作用。

- 吸引客户：使用内容将公域流量变成访客，让访客成为线索。
- 改变行为：使用内容影响客户认知，使其对企业产生了解和信任，从不愿意接触到主动沟通。
- 商业转化：让客户从信任到成交。
- 持续影响：让已合作客户产生自豪感，并且帮助传播品牌和转介绍等。

5.1.2　内容营销的现状

内容营销大概是 ToB 企业最常用也最具性价比的营销方式。致趣百川联合科特勒发布的《中国 CMO 调研报告》显示，在最常用的营销渠道中，内容营销属于最常用的营销渠道之一，并且转化效果也不错。

权威机构 Content Marketing Institute（CMI）的《2022 年 B2B 内容营销行业基准、预算及趋势》更是指出：越来越多的企业正在调整内容营销策略，有近四分之三的市场人采用了内容营销。CMI 还指出，84% 的 ToB 企业市场人员能完成内容生产的工作，但是只有 31% 的市场人员做了内容分发的工作。

通过《中国 B2B 市场营销现况白皮书》，如图 5-1 所示，可以了解到仅有 21% 的被调研者认为自己"持续产出内容且有心得"和"执行多年非常熟练"，近70% 的被调研者认为自己"已落地执行但仍有所欠缺"或"仅有少量内容产出"。

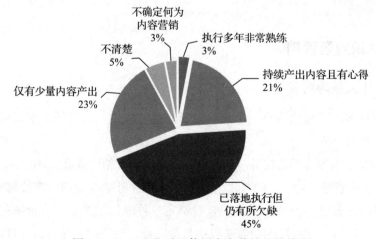

图 5-1　ToB 企业对于使用内容营销的熟练度

不过这种情况在这几年正在发生改变，国内 ToB 企业最习惯的销售获客、活动获客变得难以实现，而客户也更喜欢通过自主搜索来推动购买旅程，这使得不少企业逐渐认识到内容营销的重要性。

不过当下大部分 ToB 企业的内容团队依然较小，很多企业的市场团队都只有 3 ~ 6 人，能够有 2 个以上专门负责内容的团队的企业已经不多，并且内容岗位的日常工作更多是较浅的执行工作，内容营销人员难以专注钻研和输出深度内容。

如图 5-2 所示，根据内容营销研究所 2021 年的调查报告，拥有 2 人以上内容团队的企业只占到所有受访企业的 45%，并且 76% 的小型企业、46% 的中型企业、33% 的大型企业只有 1 个或没有内容营销人员。

	在所有受访企业中占比	小型企业（1 ~ 99名员工）	中型企业（100 ~ 999名员工）	大型企业（1000名以上员工）
11人以上	4%	5%	1%	15%
6 ~ 10人	6%	2%	8%	11%
2 ~ 5人	32%	22%	45%	41%
1人	26%	33%	23%	16%
0人（没有人全职或专注于内容营销）	32%	43%	23%	17%

图 5-2　ToB 企业内容营销团队规模

在北美，因为数字化营销的应用，企业生产的很多内容可以被追踪和衡量，数据分析又能推动内容的优化。而在国内，由于行业方法论的匮乏、营销数字化和数据分析工具的应用不足、中文互联网的割裂等原因，大部分企业的内容营销还处在基本能力不够且团队配置不足的窘境。

5.1.3　内容营销的价值

1. 塑造品牌，形成企业的竞争力

在行业发展的早期，产品非常重要，在行业快速发展的阶段，销售非常重要。随着时间慢慢推移，行业竞争加大，产品同质化加剧，销售拼杀白热化，此时企业通过内容来塑造专业的品牌形象，帮助客户降低成本，促使客户决策，反而能够具有竞争力。这却是大多数企业不够重视的一点。

ToB 企业产品本质上是为了给客户解决问题，客户在选择的时候会很重视

企业的专业能力，因为只有足够专业才有助于问题的解决。这也是为什么头部 ToB 企业都在输出自己的观点，建立专业的解决方案团队，甚至出版专业书籍，它们依靠这些内容来建立自己专业的品牌形象。

2. 带来增长，降低获客成本

我们知道 ToB 企业的营销三板斧：投放、内容和活动。其中，从性价比和长远影响力来说，内容营销的长期性价比是最高的。

如图 5-3 所示，企业早期的线索增长可能有 80% 都是百度推广等投放手段带来的，但是这些手段的成本会越来越高，竞争会越来越大，效果会逐步降低，并且一旦停止投放，线索获取就会归零，长期性价比偏低。

内容在刚开始积累的一段时间里很难为企业带来明显的营销作用，特别是在投入不够的情况下。

如果按照合理的速度，比如每天一篇中等质量内容、每月一篇高质量内容，一年下来企业会有 300+ 篇原创内容留存在互联网上，再有规划地进行关键词嵌入、渠道分发，持续覆盖精准客户，不仅能够提升品牌认知度，还能带来低成本的线索。如果把内容数量放大 2 倍、10 倍，内容的积累效应会越来越强，效果也会越来越明显。并且内容营销的主要成本是人力，随着内容的持续沉淀，获客成本也会越来越低。

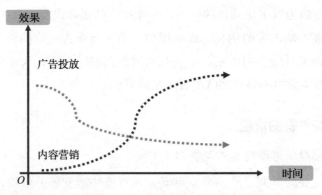

图 5-3　内容营销与广告投放的效果和时间的对比曲线

笔者在曾任职的企业中个人成绩一直不错，基本是客户主动找到笔者对接需求，且对价格敏感度不高，转化周期很短。这主要得益于笔者经常在外面演讲，很多人在现场扫码添加了我的微信好友，具备着天然的信任度。另外，笔者会在很多渠道上发布专业内容，积累了数万名读者，其中有一部分人与笔者建立了联系。在此基础上，客户在有需求的时候很容易会想到笔者。这样，笔者就通过内容产生了复利，降低了获客成本，这也是内容营销带来的增长价值。

3. 持续产出，影响客户认知

罗兰·贝格在《B2B 销售的数字化未来》这一报告中指出，ToB 企业的潜在客户在首次接触销售人员前会独自完成整个购买旅程中近 57% 的部分，此外，90% 的潜在客户会在线上搜索相关品牌、产品或者功能等关键词，70% 会在线上观看相关视频内容。

这就意味着，在企业还没开始向客户推销的时候，不少客户已经通过收集信息、阅读内容来对行业、企业、产品建立了认知，并且这种认知类似于第一印象，非常难以扭转。

因此，使用内容在客户独自完成的这 57% 的购买旅程中去影响他们，对 ToB 企业来说就显得尤为关键。

ToB 内容需要言之有物，需要目的明确，站在客户的角度思考。好的内容能切中用户的需求，给用户一个购买理由，比如"创蓝短信 5 秒到""明源云：百强地产 99 家都在用的数字化服务商"就是一个简单明了的内容，一句文案就能让客户理解企业要说明的信息。

当然，想要影响客户决策，绝不是一句文案、一张海报就能做到的，这需要我们搭建全面的内容营销体系。

笔者曾做过一个关于客户认知的数据统计，我们每月的线上线索量约有 5000 条，会分配给 100 个左右销售人员去跟进，这时候销售人员会打电话或加微信来接触客户。我们统计的客户答复分类如图 5-4 所示。

可以看到，只有很少的线索有明确的需求，82% 的线索都需要进行培育，大部分客户对自己需要什么样的产品、如何收费、如何对接、如何产生效果都缺乏深入了解。

对这些数据再进行拆解，还能发现一个有趣的现象：那些沟通中比较客气、成交比较快的客户，一般是对公司的品牌或产品有一定认知的；那些语气比较冷淡甚至高高在上的客户，一般是对企业陌生、没有认知的；还有一些比较犹豫，需要不断选择和比较的客户，一般处于两者之间。

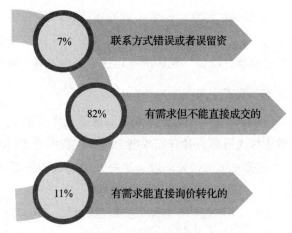

图 5-4　客户答复分类

于是笔者着手去分析不同行为背后的原因，原来客户所有行为都与其认知有着深刻的关联：对自己有良好认知的品牌会不自觉地做出更信任的判断，而对自己缺乏认知的品牌往往会抱着谨慎和怀疑的态度。而内容恰好是影响这种认知的最佳手段。

5.1.4　内容营销怎么做

英特尔的全球营销战略总裁帕姆·狄勒提出了内容营销 4P 策略，包括内容规划（Plan）、内容生产（Produce）、内容推广（Promote）和内容完善（Perfect）4 个部分，我们的内容营销也按照这样的策略来进行，如图 5-5 所示。

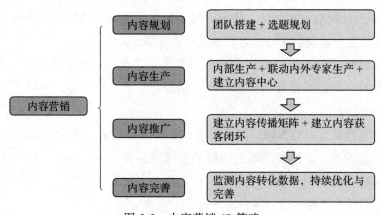

图 5-5　内容营销 4P 策略

5.2　ToB-O6A 模型下的内容营销体系规划

相关报告表明，超过 60% 的企业没有明确内容营销的目标、计划和传播点，导致内容分散、不聚焦，这些都是缺乏规划的表现。

内容营销体系应该包括面向什么客户，创作什么内容，达成什么目标，在哪些渠道影响客户，内容的形式是什么，怎样完成营销闭环，如何进行考核与迭代。

本节阐述如何应用 ToB-O6A 模型来进行内容营销体系的规划。

5.2.1　ToB 企业内容规划现状

如图 5-6 所示，在国内只有 22% 的受访企业"有内容策略且有明确的书面记录"，还有超过 36% 的企业处于"没有制定内容策略""不确定内容策略的具体定义或内涵"或"不清楚如何制定内容策略"的状态。若没有良好的规划，很难相信企业能够做好内容营销。

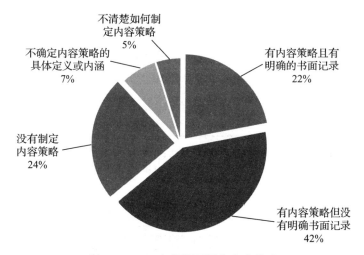

图 5-6　ToB 企业是否制定内容策略

要进行内容营销规划，就离不开对客户购买旅程的梳理。内容营销是贯穿整个客户生命周期的，企业在不同的阶段需要不同的内容来服务不同的客户，以达到不同的目的，最终通过内容影响客户认知。小到一段文案的结构、一篇深度内容的规划，大到内容整个体系的构建，都属于内容营销体系的规划范畴。

按照内容在客户购买旅程中的作用，内容营销包括播种、成长、成熟、收割等阶段。

按照内容的复杂程度，ToB 内容可以分为基础内容、进阶内容和高级内容 3 个等级，具体如表 5-1 所示。

表 5-1　ToB 内容的 3 个等级

内容等级	内容范围
基础内容	公司介绍、产品介绍、企业新闻
进阶内容	方案介绍、客户成功案例、行业干货、行业演讲
高级内容	行业干货、行业白皮书、专业课程、专业书籍

内容的类型分为图文和音视频两个大类，再进一步细分，如表 5-2 所示。

表 5-2　内容的类型

内容类型	基础内容	进阶内容	高级内容
图文内容	照片 海报 脑图 公司简介 品牌手册 新闻图文内容	邮件推送内容 社交媒体平台长文或回答 产品手册 解决方案 客户成功案例 短篇干货内容 演讲 PPT	长篇干货内容 行业白皮书 专业课程 专业书籍
音视频内容	公司简介视频	产品演示视频 短篇干货视频 行业直播内容	长篇干货视频 专业课程视频

接下来，笔者将内容营销规划与 ToB-O6A 模型相结合，并对此进行拆解，如图 5-7 所示。

图 5-7　内容营销规划与 ToB-O6A 模型

5.2.2　Aware：了解阶段

了解阶段主要影响目标客户（O 客户）。此时目标客户对企业还不了解，想要去了解其他企业是如何解决需求的，解决的效果怎么样。对应的内容营销动作如图 5-8 所示。

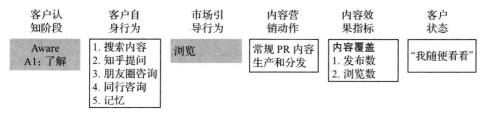

图 5-8   了解阶段的客户行为与内容营销动作

客户会通过搜索和询问来解决自己的认知问题，并带着怀疑的心态去了解
信息。

针对 O 客户，企业营销的重点是让内容覆盖这部分人群并引起他们的注意。
先触达才能引起注意，引起注意才可能产生吸引。这部分客户通常是不精准的，
企业要追求的应该是品牌和 PR 内容的曝光，让客户尽可能浏览到与自己企业相
关的信息，形成第一印象。

在内容生产方面，该阶段的内容不应该深入到产品功能层面，因为对应客
户的认知还没有到这个程度，所以内容应该围绕人群或场景而设计。PR 内容虽
然比较基础，但不可或缺，是和客户第一次接触必不可少的。

这个阶段的内容推广策略就是要尽量多渠道分发，全面覆盖官网、公众号，
以及其他自媒体平台、问答社区、专业社区等，做好内容播种，以便在客户进
行的各种搜索中，有很多相关内容能出现在搜索结果的第一页，这样曝光量就
非常可观了。

本阶段的内容营销目标就是尽可能多地将 O 客户转化为 A1 客户。

5.2.3 Appeal：吸引阶段

吸引阶段对应的是 A1 客户，这类型客户对自己的需求和问题的解决方法有
了初步的认知，会在了解信息的过程中被某些关联内容吸引，从而做出进一步
了解的行为，但还没到多个产品对比的阶段，如图 5-9 所示。

客户通常会到企业的官网、公众号查看信息，进行产品方面的粗略浏览，
建立产品相关的认知，并且了解一下企业的背景、发展历程、客户案例等。

在内容生产方面，我们不仅要介绍企业的背景等，还要重点思考如何让客
户更好地了解产品的价值点，以及考虑哪些方案和案例能够打动客户。

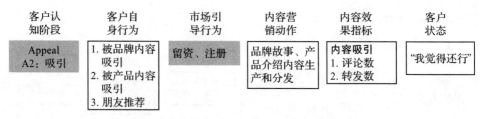

图 5-9　吸引阶段的客户行为与内容营销动作

这个阶段的内容策略就是从全面覆盖回归对自有媒体的精细化运营，目的是将 A1 客户转化为 A2 客户。

与吸引阶段相邻的是问询阶段。当客户的需求比较强烈时，吸引和问询阶段往往同步进行。而当需求比较弱时，潜在客户往往会经历漫长的吸引阶段，反反复复了解，多次进出官网，关注公众号几个月，与销售人员的链接已经过去很久，就是没有推进到问询阶段，这部分客户可以被称为弱意向客户。

5.2.4　Ask：问询阶段

问询阶段主要影响 A2 客户，这个阶段的客户已经对多种产品和解决方案有了一定了解，并圈定了几个产品开始深入研究和对比，这时候客户最关注的就是如何使用、客户案例、产品价格，如图 5-10 所示。

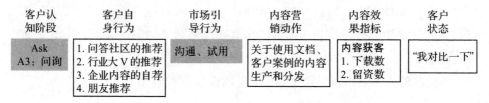

图 5-10　问询阶段的客户行为与内容营销动作

客户都会详细查看企业官网上的产品文档、解决方案和成功案例，并且会去网上查找产品使用者的真实评价，也会阅读行业报告来进行全面对比，甚至会去知乎提问"某某产品怎么样？""某某产品能很好地解决 XX 问题吗？""A 产品和 B 产品有什么差异？"等问题，以便支撑决策。

这种类型的客户会考虑"买还是不买""买 A 还是买 B"，这些恰好是可以引导的，比如通过行业报告、同行推荐或者 KOL 意见等方式。

在内容生产方面，除了官网和公众号的内容，还需要制作产品使用手册、客户案例、白皮书等，以及请外部专家发布一些评测、使用心得等内容来获得客户的信心。这样可以通过专业内容来吸引、引导客户注册和申请试用，达到获客的目的，从而将 A1、A2 客户转化为 A3 客户。

因为该阶段的内容偏专业，这个阶段的内容推广就没必要广撒网，内容营销人员更应该关注官网、公众号和社群等能够精准覆盖 A1、A2 客户的渠道。

近几年，不少 ToB 企业也在尝试使用视频的方式、用科普的态度来讲企业的产品和解决方案，使其场景化、可视化，这方面也有不少持续影响客户决策和带来线索的成功案例。

5.2.5 Act：行动阶段

行动阶段主要影响的客户是 A3 客户，该阶段客户对行业中可选的解决方案基本都有了一定的认知，即将进入决策购买阶段，转化为 A4 客户，如图 5-11 所示。

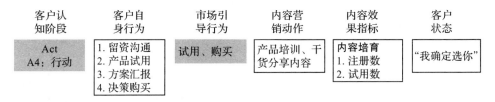

图 5-11 行动阶段的客户行为与内容营销动作

对于单价较高的产品，客户会让备选的 ToB 企业进行汇报甚至竞标；对于单价不高的产品，客户除了自己内部进行对比和选择外，往往也会听取销售人员的建议，或者去参加相应 ToB 企业的产品宣讲会等。

这一阶段主要影响客户的就是公司的品牌知名度、客户成功案例、价格等方面的因素了，我们可以把围绕这些因素展开的内容称为竞争型内容。对此，有些公司甚至会针对性地与竞争对手的相关信息一项项进行对比，或者将竞争对手对一些头部客户的丢单案例作为内容素材，增强自己的竞争力。

在应用新领域、新技术的购买决策阶段，一个优秀的案例往往能够非常好地促进决策。比如，腾讯先用数年时间来打造智慧城市"粤省事"案例，再不断对这个案例进行包装和营销，以此来推动和长沙、武汉等城市的合作，并成功对合作对象起到巨大的信任增强作用。智慧城市方向的合作往往达到数亿元，腾讯在长沙开展工程的合作金额就超过 5 亿元。这么大的合作规模，如果没有一个优秀的成功案例，光靠"画饼"来描述智慧城市那么复杂的解决方案，想必大部分客户都会云里雾里，让决策过程更加漫长吧。

所以，促进客户产生信任，提高购买转化率，加快成交周期，就成了这个阶段内容的重点。

5.2.6 Advocate：拥护阶段

拥护阶段要影响的是 A4 客户，客户已经购买并使用产品，此时 ToB 企业需要加强客户对企业的信任，促使客户推荐企业、转介绍其他客户，推动其转化为 A5 客户，如图 5-12 所示。

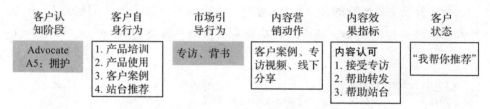

图 5-12　拥护阶段的客户行为与内容营销动作

此阶段客户的需求已经从狭隘的产品转移到了客户成功的范畴，企业在这个阶段应该真正地从行业的层面去帮助客户而非吸引客户，比如输出行业形势分析内容、业务水平提高内容，从非工具的角度帮助客户降本增效，提高管理或专业水平。一旦客户对企业具有了拥护态度，那么为企业背书、转介绍就变得简单了。

明源云在过去 10 年中通过"明源地产研究院"这一内容中心为行业输出了超过 20 本专业及行业方向的书籍，为客户高管提供研究院月报，组织各地的房地产企业董事长及 CIO 进行专业交流，跨区域举办活动，并因此取得了良好的效果，让客户不再仅仅是客户，而成为了伙伴。这也许就是内容带来的最高的推动力，如图 5-13 所示。

通过以上分析，可以梳理出完整的基于 ToB-O6A 模型的内容营销体系，如图 5-14 所示。

相信到这里，各位读者对内容营销体系的规划有了一个初步的了解，对内容营销所处的阶段、动作、引导、指标，以及客户的认知阶段、状态等有了比较全面的了解，并且可以按照企业所处的阶段来重点覆盖或影响不同人群，制定更详细的策略。

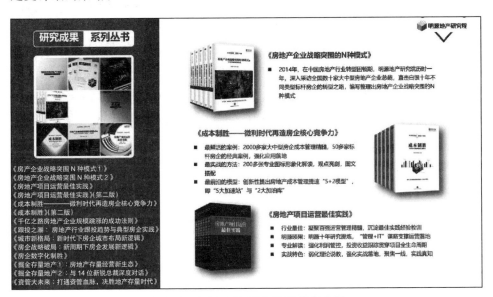

图 5-13　明源地产研究院的内容成果

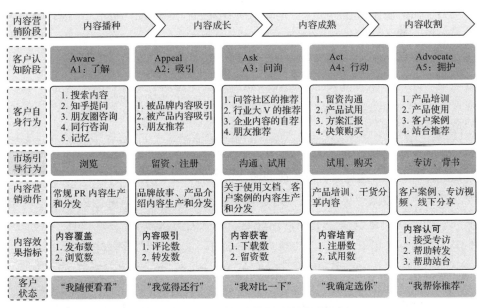

图 5-14　ToB-O6A 模型的内容营销规划

5.3 常规内容的创作

学习了 ToB-O6A 模型下的内容营销体系，就可以开始规划企业的内容营销策略了，但是光有策略还不够。对内容营销来说，最重要的还是优质内容的持续产出。

根据笔者对近百家企业的调研，能够做好内容的企业少之又少，大部分企业的内容岗位人员做的往往是基础的内容工作，而对更有价值、难度更大的产品或技术解决方案、白皮书、产品手册、客户案例等可以影响 A2、A3 客户的内容，工作人员往往在认知和专业上存在局限。既然无法做到专业上的深度理解，就更谈不上持续的产出了。这是国内 ToB 行业在下一个 10 年亟待补上的一课。

在本节，笔者将从内容创作的思考、具体方法、模板、素材库建设、模式几个方面探讨持续创作的方法论。

5.3.1 关于做好内容的几点思考

1. 接受不完美

关于如何创作内容的问题，笔者给所有人的答案都是：别问，直接开始。

如果是新人，那么你一定要大量阅读和交流，从行业相关的资讯、书籍开始，少看低价值内容，增强自己的专业性，学会带着目的输入，边读边思考边做笔记。并且，你要每天坚持创作，先把自己所想所说的东西变成文字，形成观点，再考虑加入场景、故事，然后逐步建立自己的写作系统，学习将散落的知识点串联成网。

此时一定要接受自己写的内容一开始不够好的事实，很多人做不好内容，其实是害怕失败，这导致自己不敢开始，而没有开始就无法迭代。

不要一开始就想长篇大论，内容创作是个系统工程，再好的内容也是从句子开始的。我们可以从一个小目标开始，每天写好 800 字，每一句话 10 ～ 20 个字，其实也就几十句话。每天练习，直到有一天你会发现内容创作并不难。

2. 逻辑清晰

内容创作的第一步是先将事情讲清楚，再考虑更高维度的思想输出以及文字可读性。欲速则不达，其实很多企业的市场人员连把内容完整、清晰地写出来这一步都没有跨过去，更别提考虑更高级的写作技巧。

在内容创作前可以思考清楚创作的基本逻辑，一般要明确如下几点。

- Why：为什么写这篇文章，文章要达到的目的是什么？
- Who：文章的目标读者是谁，我希望谁看到？
- What：我想要表达什么观点，希望读者收获什么信息？
- How：我通过怎样的方式或者渠道才能达到目的？
- How Much：如何计算投入和产出？

如果说销售人员是一个一个说服客户来销售产品，那么市场人员就是通过内容影响众多的客户，促进产品销售。好的内容要做到精炼、有逻辑、可读性强，创作者要知道字不如表、表不如图、图不如视频。

一篇文章表达的核心不要超过 2 个，常规的内容控制在 1500 字以内，在手机上阅读的场景下超过 3000 字就是长文了。并且内容中要多增加互动性的语句或元素，把读者当作朋友一样来交流。

当然不同的人创作内容的风格迥异，有的风趣幽默，有的旁征博引，有的就事论事，有的深入浅出。撇开天赋，我们想要成为好的专业内容创作者，除了勤加思考、多加练习之外，还需要掌握一些规律和方法。

3. 专业加持

ToB 行业的内容从业者必须要了解行业、产品、客户和竞品。

如果不了解行业，就很难知道公司和产品存在的意义，也无法有效地传递价值，更无法和客户同频对话。并且，内容肩负着讲解产品逻辑的责任，这就需要市场人员理解专业，学习产品。如果不了解产品，那么我们创作的内容将无法链接客户，甚至连产品的价值点都无法清晰阐述。只有了解客户画像，才能知道目标客户的特征，思考客户需要什么内容，才能有效传递价值，这就是客户画像的价值。另外，不断学习和追踪竞品的优秀内容，也是一个持续成长和开拓眼界的过程。

笔者一直有一个观点：ToB 内容营销人员的发展方向应该是行业专家。

4. 向大师学习

村上春树是笔者最喜欢的作家之一，他是一个典型的后天型内容创作者，人到中年才开始写作，却一直写到了 70 多岁，而他的写作方法值得我们学习，分享如下。

- 保持广泛的阅读。
- 建立清晰分类的素材库，以便随时取用。
- 创作时面向明确的对象，不要自说自话。
- 用简单的语言表达思想，确保读者能看懂。
- 内容中不断制造惊喜，不能过于平淡。
- 有规律地训练写作，保持刻意练习。
- 不纠结完美度，先确保能够写完内容。
- 每次修改只专注一个方向。
- 如果有人提意见，要学会对此思考和修改。
- 标题很关键。

5.3.2 内容创作的具体方法

1. 内容创作流程

虽然每个人创作内容的方法不尽相同，但对于常规内容，有 3 个要素很重要，那就是选题、标题、正文。

$$内容 = 选题 × 标题 × 正文$$

内容的创作一般是先策划选题，定好方向，再寻找和整理优质资料，然后正式创作并修改、审核，如图 5-15 所示，一般创作流程为：选题→标题→正文→升华→结尾。

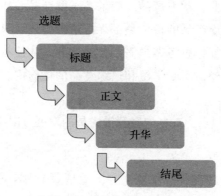

图 5-15　内容创作流程

如果说选题决定内容的一半命运，那么标题就决定了内容 80% 以上的打开率。没有被标题吸引，大部分人是不会去点击的，而打开率又是传播率的决定因子之一，所以关于如何取标题需要不断总结经验。

文章由开篇、正文、结尾组成。

文章开篇的重要性仅次于标题，我们应该将一些有价值的或有趣的信息和观点放在开篇，让读者产生好奇，以保证读者有兴趣继续阅读下去。

正文会占到文章整体篇幅的 60% ～ 80%。正文的关键就是获得读者的认同及提供价值，其中是否和读者利益相关就是读者认同感的来源，如何解决问题就是对读者来说最大的价值，如果在此基础上还能做到深入浅出、娓娓道来，那就更好了。

ToB 内容大多比较专业，容易显得枯燥，如果结尾部分能收得比较有趣，往往能让文章增色不少。

2. 行之有效的选题策划方法

内容创作的第一步是策划选题，常用的选题方向如表 5-3 所示。但是要做到持续的产出，靠感觉或随心所欲地策划选题是很难实现的，必须要有一套科学的选题策划方法。

表 5-3 常用的选题方向

企业信息	专业内容	行业内容
企业融资	专业动态	行业动态
客户签约	客户案例	行业分析
产品动态	解决方案	行业方法论
公司活动	技术解读	

（1）选题的基本原则

内容创作者要想清楚内容的受众是什么人群，以及他们希望接收什么信息。如果选题能切中痛点，哪怕正文文笔稍差，这篇文章的阅读量也不会太差，当然内容会影响互动和传播；反之选题不好，阅读量就很难上去。

比如营销云企业的客户需求是解决好投放、内容、活动等方面的工作，做好营销增长，做好投放，做好内容的生产、分发和跟踪，那么这些就是选题的切入点。

笔者一般遵循的选题基本原则如图 5-16 所示。

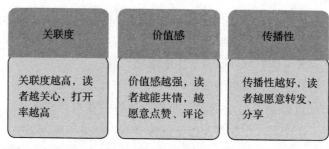

图 5-16　选题基本原则

1）关联度。内容是基于圈层传播的，市场工作人员身边会有很多同行，产品经理的朋友中有比较多的产品经理，所以内容的选题要和目标客户、关键人物有关联。

对于关联度越高的选题，读者会越关心，内容的各项数据自然就会不错。市场经理会关心好的营销方法论、有趣的案例、值得学习的干货；产品经理会关心各种产品拆解、心理学知识、一些简单的开发知识等；跨境电商从业者会关心亚马逊电商的运营干货、站外引流的好方法等。与目标客户关联度越高的选题，越容易被传播。

关于 ToB 企业是否应该追热点的问题，笔者通过自己梳理的公式来说明，如下。

$$热点选题 = 热点关键词 \times 选题 \times 客户（产品）$$

其中，很重要的是热点关键词是否和企业匹配，也就是热点和企业的调性是否相符、与产品是否关联、与企业价值观是否匹配。虽然不关联的热点也许能带来一定的阅读量，但这部分流量不精准，往往无法被转化为线索，并且这样的热点内容会引起其他读者的不信任。而如果该热点和品牌、产品有关联并且和企业的价值观相匹配，那还有什么理由不追呢？

值得注意的是，关于灾难事件的热点一定不能乱追，这就是俗话说的"不能吃人血馒头"，除非企业真金白银地捐款、捐资。一定要做一个有社会责任感的 ToB 企业。

2）价值感。客户进行阅读是有内在需求的，或打发时间，或获得价值，而 ToB 企业客户的价值感大多来自 3 个方面：情感共鸣、获得新知、解决方案。

首先，情感共鸣主要是说内容的选题能够引起读者共鸣，比如，面向市场从业者的《市场和销售的相爱相杀》、面向产品经理的《不改需求的第 100 天》等文章会让相应的读者看完后大声感慨："这不就是我的心声吗!"，能引起读者转发。

其次，获得新知是指要超越读者的常规视野，为其提供新的认知，甚至是颠覆他们的已有认知，如《不招销售，也能营收过亿》《谁说市场部不能赚钱》等文章。

最后，解决方案是指针对目标客户所在行业或关键人物所在岗位普遍存在的某个具体问题来给出解决的思路，或者描述一个具体的案例，让大家了解解决方案。笔者曾有一篇题为《市场人如何打造个人品牌》的文章就是从价值的角度出发，符合市场人员想要自带流量的情感需求，还提供了该问题可落地的解决方案，因此获得了不错的传播效果，引流到个人微信超过 1000 人，收到多个培训需求，为笔者个人创收超过 10 万元，这就是内容的价值。

对于价值感，推荐使用乔哈里视窗原理来考虑，如图 5-17 所示。对于业内普遍有认知的内容，客户从其中收获的价值感会很低；作者自己都不甚了解的内容，就很难给客户带来真正的认知改变；作者了解但是客户不了解的隐秘区的内容，能给客户带来更高的价值感。

	我知道	我不知道
别人知道	公开区	盲区
别人不知道	隐秘区	未知区

图 5-17　乔哈里视窗

3）传播性。不少市场人员在做选题的时候，过于关注自己或老板认为好的内容，而没有站在客户的角度去思考并设计传播价值点和传播链条。

符合上述原则的选题一般会有一定的阅读量和价值感，如果能够对传播价值点和传播链条进行深入研究，就可能收获更好的效果。比如，内容能否带来读者的认同，能否给读者带来社交货币，能否使读者有传播后的收益，是否引导读者传播，是否有传播节奏（如安排 KOL 发声、在社群引导讨论）等。

企业在内容营销上常犯的错误就是宣传企业融资、生态合作的信息，这种信息是老板最喜欢、认为最值得传播的内容，可是这些内容和客户有什么关系呢？这种内容的传播性很弱，往往只有企业员工才会转发。

如何能让企业的内部信息具备传播性？可以从关联度和价值感去入手。比如联系同一个投资机构的被投企业联合发布融资信息，比如将合作案例中的价值点提炼成干货内容，而非只告知读者合作这件事本身。

（2）双关键词选题法

了解了选题的基本原则后，还是会有人很难找到选题的感觉。下面再介绍笔者常用的选题策划方法：双关键词选题法。

以"营销 SaaS 企业"的选题为例，在一张白纸中间画一条竖线将白纸空间分成两边。在左边尝试填入和目标客户（即 ToB 市场人员）相关的关键词，想到什么就写什么，比如获客、线索、投放、内容、活动、产品市场等。在右边写上最近的一些热点，比如世界杯、新能源、出海等；也可以写上与客户相关的关键词，比如决策、价格、降本增效、数字化等。再将左右两边的关键词重新组合，就能得出一些有价值的选题，如图 5-18 所示。

目标客户相关关键词	近期行业或社会热点词
数字化营销	
官网	决策
获客	价格
线索	降本增效
投放	数字化
内容	
活动	世界杯
产品市场	新能源
销售协同	出海

图 5-18　双关键词选题法示意

再将左右两边的关键词重新组合，就能得出一些有价值的选题。

- 降本增效，市场人如何做活动？
- 618 活动背后的数字化营销。
- 向特斯拉学习品牌营销。
- 向世界杯学习内容营销。

你看，只要方法正确，选题并不难吧！这样不断练习和头脑风暴之后，我们就能列出很多切合热点以及专业的选题来。

而选题阶段列出来的关键词，还可以与 SEM、SEO 的关键词组合。关键词是线上连接企业与客户的最重要桥梁，这样既能做出选题，还能改善 SEO 的效果。

（3）客户成长路径选题法

既然选题的受众是目标客户，还有一种不错的方法也可以参考：客户成长路径选题法。

比如营销云的 KP 是市场总监，而目前市场总监一般会比较关注品牌、内容，那么我们就可以列出品牌、内容营销领域工作人员的成长路径。其中内容营销人员的成长需要掌握的知识有选题、创作、排版、运营、分析这几个主要方面，而在创作方面又需要掌握内容框架、逻辑思考、标题撰写、正文结构、素材收集、正文写作等能力，如图 5-19 所示。

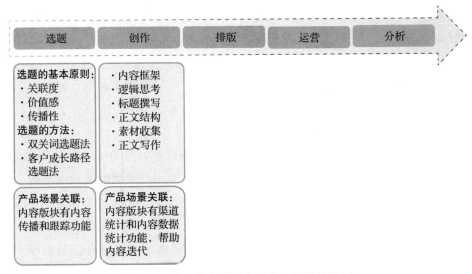

图 5-19　基于内容营销人员成长路径的选题

将产品功能和成长路径中的场景进行结合，可以产出既有干货又有场景，还具备产品价值的内容。

随着我们对行业和客户了解的深入，客户对应的成长路径就会越来越清晰，这样一个和目标客户相关性很强，并且符合客户职业成长所需的选题库也就形成了。比如明源地产研究院会输出地产企业中工程、成本、设计、营销各专业线的成长路径相关的内容，逐渐塑造了明源云在地产领域专业化的形象，进而获得百万级的粉丝，很好地扩大了品牌影响力和提升了客户信任度。客户在对这些内容进行深入了解的时候能很快地跳转到明源云相关产品。

（4）系列化选题法

系列化选题法也是很好的方法，一方面能够让创作者聚焦，另一方面有利于品牌的专业形象塑造，比如巨量引擎的"科学营销 100"系列、致趣百川的"市场人成长"系列脑图、吴昊的"SaaS 创业路线图"系列。

为此笔者梳理了如下常用的系列化选题法的应用技巧。

- 固定话题：围绕一类人群、一个专业方向进行专题创作。
- 固定时间：在固定的时间，如每周四晚八点，进行系列化创作。
- 固定形式：做视频号专栏、产品漫画、直播等系列内容。

3. 标题的创作方法

现在每个人接收的信息量都已经过载，读者会被各种各样的信息包围，注意力被无限分散，此时文章标题就显得尤为重要。正所谓"题好一半文"，标题是读者打开文章前看到的最重要的部分，必须能够抓住读者的注意力。

如果说内容的目的是与客户进行沟通并给客户一个购买理由，那么标题的目的就是与客户的情绪进行共鸣，给客户阅读文章的理由。那么，怎么取好标题呢？笔者提供一些常用的方法给大家参考。

1）标签法。通过分解客户画像的标签，对目标客户、关键任务等方面进行拆解，通过身份认同来吸引读者的注意力，这个方法与选题的关联度类似。如《ToB 市场人需要具备的 3 种能力》《产品经理应该学习的商业模型》等，在标题中带上读者的身份标签。

2）借势法。借助知名人物、知名企业、权威机构等来讲自己的内容，如《BAT 都在用的工具，你确定不试试？》

3）数字化。数字能够很好地抓住读者眼球，比如"7 个"就比"一些"更明确，"同比增长 171%"就比"增长迅猛"更直观，并且人的大脑对数字更敏感，利用数字将标题表达的内容具体化，能够让读者抓住重点。如《一种方法，让 SEM 转化率提高 8.1%》与《提高 SEM 转化率的方法》，前者的效果就更好。

4）蹭热点。就像之前说的双关键词选题法，做选题的时候将产品和热点结合并在标题中体现出来，这也是很好的方法，因为热点常常能吸引读者的注意。

5）猎奇感。人都是有猎奇心理的，ToB 企业中的市场岗位不被重视并不奇怪，若市场人员很被重视且能指导产品和销售人员，更能引起业内的关注；SaaS 产品增长缓慢很正常，而能够使用 PLG 带来 SaaS 产品快速增长的案例则令人非常好奇。起标题的时候可以打破常规，通过对比、矛盾来设计反转，利用猎奇感吸引读者的注意力。这时也可以借助乔哈里视窗，让标题超越目标客户的认知，使用客户认知之外的内容，并且使用疑问句。

6）疑问法。将读者感兴趣的话题和他们的疑惑以提问的方式表达出来，并且暗示这里就有答案。这样不仅能够引起读者的身份认同，还会让他们有寻找答案的欲望，进而点击文章标题。疑问法的核心是反常识。比如《市场人，还在为线索操碎了心吗？》《你是不会写文档的产品经理吗？》等。

7）带福利。在标题中加入福利，并且使用一些符合读者心理的限定词，比如"限量""VIP 专属""最后 99 份"等，引发读者的紧迫感和特殊感，从而吸引他们点击标题。

需要注意的是，虽然笔者提倡在标题中使用一些技巧，也就是一定程度上可以做"标题党"，而且这种做法基本也能带来不错的流量，但如果标题与正文完全不相符的话，去看后台数据会发现很多内容的完读率不超过 20%，点赞和评论数更是寥寥无几。因为 ToB 内容的读者基本是有一定知识水平的人群，当过于标题党而内容不够优质的时候，很容易在读者心中产生负面影响。

总结一下，标题就是用承诺给客户的价值来换取他们宝贵的时间和注意力，可以使用如下公式来判断标题价值。

$$标题价值 = （关联度 / 价值感 / 传播性）\times 情绪价值$$

同时，建议建立好标题库，汇总行业或竞品的高阅读量内容的标题、自己日常阅读中认可的标题，以及公众号、小红书等平台优质内容的标题等，以便自己后续取标题时能达到事半功倍的效果。

4. 正文的创作方法

（1）正文创作思维

如果将内容比作大树，正文的框架就是主干，内容就是枝叶。正文的框架是内容的基础，而好的框架是需要结构化思维的。

结构化思维是日常工作、内容创作中常用的思考方式。图 5-20 所示就是结构化思维的演化过程。

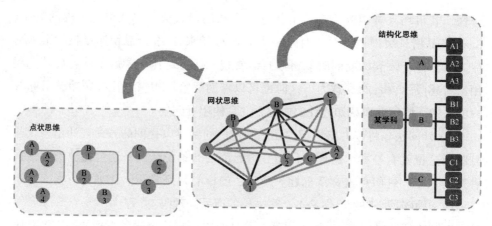

图 5-20　结构化思维示意

那么，如何培养结构化思维呢？常用的结构化思维工具是金字塔原理，如图 5-21 所示。其核心是结论先行，自上而下，归类分组，逻辑递进。

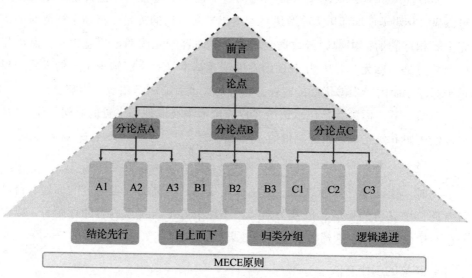

图 5-21　金字塔原理示意

1）结论先行：定主题。在一开始将你所要表达的主要观点用简短的语言概括出来，尽量用一句话说清楚。比如"企业的增长需要产品、营销、销售、客户成功 4 个维度一起配合才能实现持续、健康的发展"。

2）自上而下：搭框架。将主题关键词提炼出来，按照一定的原则拆解，比如按"论据—论点"或"最重要—次重要—最不重要"的顺序，拆解后的元素还可以继续拆解，形成一个自上而下的结构。比如一篇文章按照"开篇—正文—升华—结尾"或"论点—论据—案例—结尾"等结构拆解。

3）归类分组：分类都要清晰，各类别不要重合。比如，对于营销增长，我们又可以按照专业方向拆解为投放、内容、活动等维度，而内容又可以按照专业逻辑拆解为内容规划、内容创作、内容传播、内容迭代。分类顺序包括：时间顺序，如过去、现在、未来，事情前、中、后等；空间顺序，如上下左右、从内到外、整体到局部等；逻辑顺序，如先主后次，先简单后复杂等。

4）逻辑递进：每一层内容都要有逻辑，按照时间、地点、程度等维度进行排序。比如"企业做营销增长需要先建设官网，做投放测试，再逐步进行内容和活动的积累等"。

最后，MECE 原则是金字塔原理的重要法则，核心就是使信息相互独立和完全穷尽，要做到不重、不漏。使用 MECE 原则思考问题，能够倒逼自己把事情想透彻。如果你面对的是很庞杂的信息，可以先将信息分类，再去梳理。

对于一篇讲解如何创作内容的文章，其结构化思维如图 5-22 所示。

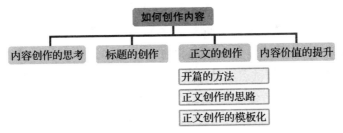

图 5-22　按照金字塔原理讲解如何创作内容

这样文章分为了标题、开篇、正文和总结 4 个部分。其中，标题和开篇是为了引起读者的注意；正文要通过创作逻辑来拆解，层层递进，每一层都有方法和观点，帮助读者建立系统的知识结构。

梳理好内容的结构有利于我们将想要表达的事说清楚，但是文章可能会有些生硬，所以我们可以在风格和可读性方面做一些优化。

（2）正文的创作要点

1）观点是内容的核心价值

首先，在内容创作之前，想清楚给谁看是最重要的事情。比如财务人员可能对数据比较敏感，但对新鲜事物的需求没那么强烈；而市场人员可能对很多营销、品牌的话题都会有兴趣。

其次，要有观点。缺乏独特观点的内容看完令人味同嚼蜡，内心毫无波澜。读者更重视有价值的阅读，需要我们提供更有深度和广度的内容以及有价值的观点。

2）不追求辞藻，重在清晰表达

我们创作内容的目的是让读者看得懂，看完有所收获，之后愿意转发。在内容创作的早期，希望大家不要追求华丽的辞藻，而应致力于用最平实、简洁的语言去表达想要对读者说的话。

3）使用积极的、有个人特色的语气。

企业内容不建议采用政府报告式的写作风格，最好呈现出文章背后的市场人员在和客户聊天的感觉，或者以企业创始人的口吻进行输出，并且建议多使用积极向上的语气。

（3）加强正文可读性的方法

1）多举案例，多讲故事。真实的案例和故事，总是能更好地激发读者的好奇，从而增加可读性。

2）优化表达方式。啰唆是很多文章的通病，创作者有时候担心读者不理解，会对事物进行烦琐的解释，或是在上下文中重复。在创作完成后，学会对语句进行精简，这也是能提高文章可读性的。

3）使用摘要来提炼重点。对于篇幅较长的内容或专业性较高的内容，可以使用摘要来归纳重点，方便读者阅读；还可以创造金句来提高读者的认同度。

4）使用排版来提高可读性。在排版的时候留白、调整字间距来减少文字压迫感，用粗体、斜体、阴影等来突出重点，提高内容的可读性。

5. 结尾的升华

内容的结尾可以对文章进行总结、提炼、升华，使首尾呼应，从而引发共鸣、促进转发。笔者也总结了一些结尾的方法：提炼精华，总结全文；强调观点，引发站队；抛出话题，引发讨论；提炼金句，制造共鸣。

如果文章的观点还可以延续，那么我们可以通过在文末来推荐相关阅读，既增加了其他内容的阅读量，又体现了专业性。

通过以上几个步骤，一篇内容的初稿就完成了，接下来进行审核、修订、排版、发布后，你创作的内容就会被推送给读者。只要你坚持创作与刻意练习，就能逐渐成为优秀的内容创作者。

5.3.3　内容创作模板化

作为内容创作者，我们不能等待灵感来了再动笔，大多数时候是需要在有限的时间里高效地创作出高质量内容的。对于企业内容营销人员，笔者建议大家提炼方法论和内容模板、SOP 来提高效率，特别是在一些日更、常用活动或产品的内容创作上，都可以走向模板化。

从读者的角度而言，并不是所有内容都需要有深度和干货，有时候阅读效率也很重要，比如对资讯的阅读、对数据的解读等。此时也需要使用内容模板来降低理解成本。

（1）固定时间和格式的内容

常见的一些内容创作模板化的案例如下。

1）社群早报。如果从其他渠道了解 10 多条科技圈资讯，可能客户需要花费 30 分钟以上，但是每天看看社群的早报只需要 5 分钟。如果还有人在社群内引导一下讨论，客户得到的信息可能会更多。

2）公众号的推送。公众号"刘润"的内容基本都是用同样的结构：先从一段话开始，也许是一个观点，也许是一句疑问；然后讲一个故事，提出一个论点，再用几个案例来支撑论点；最后重复论点。

3）白皮书。致趣百川的白皮书内容不少是对国外优质的白皮书或报告内容进行翻译和重组的，再加上自身的观察，给国内 ToB 营销从业者带来有用的信息。

按照一定的格式、时间、可复用的内容框架来组织内容，就是内容模板的特点。笔者也总结了制定内容模板的几个步骤：

- 确定模板主题，聚焦核心进行产出；
- 梳理内容的关键信息、内容来源；
- 确定内容的结构，做到逻辑清晰；
- 明确内容创作的分工和流程，责任到人。

（2）固定的写作模型

SCQA 模型多用于问题分析、方案撰写，如表 5-4 所示；PREP 模型多用于观点的沉淀，如表 5-5 所示；AIDA 模型常用于通过利益、心理吸引客户行动的情况，如表 5-6 所示。

表 5-4 SCQA 模型写作示意

SCQA 模型	案例
S（Situation，背景）	没有营销工具
C（Complication，冲突）	内容、活动数据无法监测，部门业绩无法统计
Q（Question，疑问）	到底能不能解决？优秀企业是如何解决的？
A（Answer，回答）	"XX 营销云，解决市场部的所有问题！"

表 5-5 PREP 模型写作示意

PREP 模型	案例
P（Point，观点）	高效的市场部应该有数字化支撑
R（Reason，理由）	数字化能够在各个方面提高市场人员的效率，能让工作效率领先于竞品
E（Example，例子）	有数字化支撑的活动管理非常高效，而没有数字化的市场部还在手工签到和统计
P（Point，总结）	"XX 数字化产品，ToB 市场部的最佳选择"

表 5-6 AIDA 模型写作示意

AIDA 模型	案例
A（Attention，注意）	想做私域，又不会操作
I（Interest，兴趣）	某 SCMR 支持微信生态下的各种操作
D（Desire，欲望）	免费版本可以实现大部分功能，付费版本的功能也很好用
A（Action，行动）	注册试用

还可以多种模型组合，比如"金字塔原理 +SCQA 模型 +MECE 原则"，如图 5-23 所示。

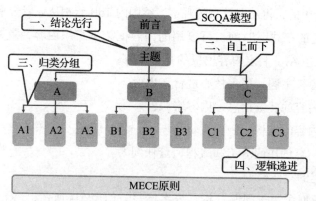

图 5-23 "金字塔原理 +SCQA 模型 +MECE 原则"的写作方法示意

有了这些模型框架后，可以将内容填入再优化，就能快速实现产出了。这

些模型还适用于文案、演讲等方面，此外还有更多的模型可以参考，大家可以
自行查找并总结。

（3）固定事项的内容 SOP

下面给出一些不同版块内容产出的 SOP，以供读者参考，具体细节可以自
行调整。

活动内容的 SOP 如图 5-24 所示，专访内容的 SOP 如图 5-25 所示，产品内
容的 SOP 如图 5-26 所示。

预热期	活动期	活动后
1. 活动主视觉文件 2. 活动宣传海报 3. 活动宣传文字内容 4. 活动分享 PPT	1. 活动现场照片、报道 2. 活动现场嘉宾金句海报 3. 活动现场互动，引导参与者发朋友圈	1. 活动后发布 PR 稿 2. 活动后分享嘉宾干货 3. 活动后内部复盘

图 5-24　活动内容的 SOP

价值点	问题设计	内容结构
1. 提高客户参与度和粘性 2. 形成第三方证言，作为客户案例的补充 3. 帮助客户进行知识和观点输出，塑造专业形象	1. 客户遇到的问题 2. 客户如何解决问题的方案要点提炼 3. 对行业中其他企业的启示 4. 客户对产品的使用感受	1. 客户遇到的问题 2. 如何解决问题 3. 产品价值亮点 4. 总结

图 5-25　专访内容的 SOP

内容分层	内容来源	内容结构
1. 基础型：产品功能的介绍，亮点提炼 2. 场景型：场景描述 + 产品功能融入 3. 故事型：故事 + 产品功能融入	1. 产品文档 2. 产品手册 3. 客户访谈 4. 行业知识 5. 个人使用产品心得 6. 其他素材	场景型 1. 一个常见的工作场景描述，说明其痛点 2. 常规解决方案 3. 使用产品与常规解决方案的差异 4. 产品的价值点与解决后的数据对比 5. 总结

图 5-26　产品内容的 SOP

有了以上 3 种内容 SOP，相信可以大大提高内容创作的工作效率。大家也可以根据企业的实际情况和日常工作习惯来形成自己的内容 SOP。只要持续练习，最终就能够具备又快又好进行内容创作的能力。

5.3.4 内容素材库建设

面对同样的主题，有的人旁征博引，内容丰满；有的人绞尽脑汁，下笔无言。造成这种差异的原因除了个人能力外，还有内容素材库的建设这一隐藏的影响因素。

在笔者指导的一些企业中，笔者会要求内容团队按照行业、客户、产品来搭建内容素材库。如果大家创作的时候，每次都要去搜索资料、整理素材，其效率势必不如从素材库中直接取用。内容素材库搭建方法如图 5-27 所示。

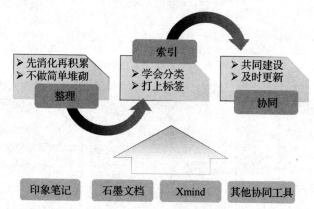

图 5-27　内容素材库搭建方法

市场的内容素材可以按照客户画像的分类和从产业链维度来进行收集，下面列举几种素材来源。

1）产品方面的素材既需要产品部门共享产品设计资料、产品说明文档以及操作指引，还需要销售、客户成功部门及时提交客户对产品的反馈、意见等，市场部门也要将产出的客户案例等素材入库，供销售人员使用。

2）读书笔记：内容团队整理好自己日常看到的相关好书，做好笔记和书评。一本好书中可以变为素材的内容往往很多。

3）知乎问答：知乎上有不少好的问题和回答，只要加以整理和归类，再找到和这些问答结合的产品内容，往往会是不错的直面客户需求的选题和内容。

4）行业资讯：经常收集行业资讯和案例，分类整理，有助于选题策划，也有助于提高内容的丰满度。

在收集这些素材之后，大家还要注意素材库搭建的几个要点。

- 将素材进行消化、整理，而非进行简单的堆积。
- 进行分类和建立索引，使用云笔记进行保存。
- 善于使用印象笔记、石墨文档、Xmind 等工具进行团队协同。

关于素材的积累，推荐大家阅读《卡片笔记写作法》一书。在记录笔记和收集素材的时候并不应该照抄原文，而应结合内容的观点去进行思考和转化。

在市场部门的统筹下，建立起多维度、多部门共享的内容素材库，能够更好地支撑内容的产出。

5.3.5　内容创作的模式

企业的内容团队规模是有限的，想要扩大内容生产的数量，除了提升内容团队的能力，一定要思考更多的内容创作方式，比如 PGC 中的专职内容、全员内容，UGC 中的合作内容、客户创作，AIGC 的内容智能化生成等。

PGC（Professionally-Generated Content，专业创作内容）可以理解为企业的专业人士自己创作内容。UGC（User-Generated Content，用户创作内容）可以理解为非企业员工、非专业人士创作的内容。

1. 专职创作内容

专职创作是目前内容生产的主要模式。虽然前文主要是教大家进行原创，但持续地原创确实是高难度的事情，因此我们还可以通过另外的方法来提高内容的产出。

1）重组和加工：将过去发表的内容与现在的热点相结合，增加新的思考，删除陈旧的内容，进行替换和更新，也可以将过去的内容重新筛选并编辑成为专题或电子书。这些做法都能让内容焕然一新。

2）转载和翻译：如果企业自有团队的产出能力有限，外部合作也在逐步开展的过程中，则可以用翻译和转载的方法来填补内容的不足。要注意的是：翻译和转载都需要注明原作者，要取得对方的授权，不然就成了抄袭和搬运了。

2. 全员创作内容

全员创作内容是最理想的方式，从管理层、产品、销售、市场等不同的角度来产出满足客户需求的内容，不仅能让内容多元化，还能加强内部的协同。

这种方式的成本也最低，还能促进员工在专业上的精进。如果能加上良好的激励制度，这几乎是最好的内容生产方式。

如跨境电商 SaaS 产品的产品经理，一定需要对跨境电商行业的现状、客户需求及痛点等有深刻的理解，才能做出解决客户问题的产品。而这种从产品角度出发的思考，就能形成不少优质的内容。

3. 合作创作内容

合作创作指的是邀请一些外部的专业人士，比如自媒体人、行业专家等，通过资源互换或付费的方式输出内容。因为外部专家一般有较强的内容输出能力，能保障内容的质量，还能实现双方影响力和流量的共享。

如果企业有私域流量或者社区的话，还可以尝试激励普通客户创作内容。

4. 内容的复用

除了用不同的人来创作内容，还有一个很重要的创作方式就是内容的复用。在笔者担任顾问的企业中，很多并不是缺乏内容，而是缺乏复用内容的思维。

同一份内容，可以根据不同的形式和场景进行转化。比如 1 本白皮书 =10 篇深度内容 +30 篇常规内容，1 篇深度内容 =5 篇常规内容 +5 个 60 秒视频 +5 张观点海报，1 篇常规内容 =3 条朋友圈 +3 个 60 秒视频 +3 张海报，而文字、图文、漫画、音频、视频内容又可以不断地转化，如图 5-28 所示。

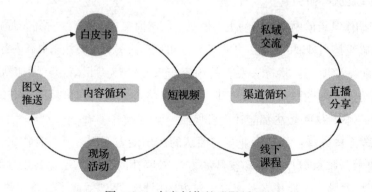

图 5-28 内容创作的无限循环

5.3.6 案例：独特的 UGC 模式

在很多 SaaS 公司为内容产出操碎了心的时候，笔者服务过的一家公司特别有趣，它的苦恼反而是内容太多，需要安排专人每周挑选出优质内容给客户，这就形成了一种独特的 UGC 模式。

该企业是为客户提供裂变工具和私域流量代运营的公司，它的客户关键人主要是教育行业、零售行业等的运营或营销负责人。虽然公司提供的工具和服务对客户来说属于低频需求，但是有质量的行业内容、专业干货确实是从业者的高频需求。

这样的 SaaS 企业如何实现内容的生产呢？如图 5-29 所示。

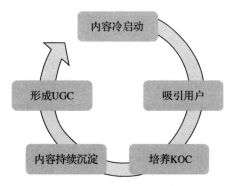

图 5-29　UGC 模式的内容生产

这家公司在创立早期就建立了知识星球，要求公司的人每天拆解运营案例，输出到知识星球，作为素材库。这其实就是完成了内容的冷启动。

后来它的很多公众号粉丝和社群用户对这些内容非常感兴趣，这家公司就设置了付费机制，逐步对外开放，同时设置了一些运营规则来激励用户生产内容，也就是培养 KOC。比如，对于用户在社区发布的案例拆解的内容，满 3 个赞奖励 9.9 元、满 9 个赞奖励 19.9 元、满 19 个赞奖励 39.9 元等，同时邀请新用户加入也能获得一定分成。这激励了非常多的用户自主生产内容，让这个内容社区实现了自运营。

通过用户自传播和团队持续的运营，在没有专人运营的 1 年后，该内容社区实现了超过 16000 人付费加入，收入超过 100 万元，而这些内容又持续赢得了客户的信任，很多客户从中受益，得到启发。

经过持续运作，现在该公司知识星球上通过 UGC 模式生产的内容已经超过 5000 条，从这些内容中精选出来的案例集已经有 4 本，为公司赢得了非常大的品牌影响力和数千个信任其专业的线索。

对于 UGC 模式，需要注意如下事项。

- 企业需要自己产出原始内容来冷启动，不能一开始就实现 UGC 模式。
- KOC 有一定的内容产出能力，但是这种产出的持续性可能不足，所以企业需要做好激励机制，比如通过置顶等方式提高内容的曝光度，甚至发放物质奖励等。
- 如果能帮 KOC 带来行业知名度甚至变现能力，那就更好了。
- UGC 模式往往以社区文化为基础，这样对内容的质量把控就需要有一定的标准。
- 信任的纽带需要一些线下活动的支持，围绕 KOC 做一些沙龙可以增强用户或客户的粘性。

虽然能够用 UGC 模式来解决内容产出问题的 ToB 企业非常少，但希望能给大家一些启示。

5.4　重点内容的创作

ToB 企业除了常规的内容，如公众号推文、PR 稿等，还有一些内容是比较重要或高频的，如每天用来发朋友圈的文案、对客户影响较大的客户案例、能够提升企业专业形象和品牌影响力的白皮书等，这些都属于持续产出难度较大的内容，本节会做重点介绍。

5.4.1　应用广泛的朋友圈文案

1. 文案创作的目的

企业的销售人员经常会问市场部有没有适合发朋友圈的文案或海报，以便培育微信上的客户。深度内容容易产生思想上的认同，有趣的文案和海报更容易让销售人员和潜在客户产生互动，而深度内容的产出难度又远大于文案或海报的。

本节的文案主要是中短型文案。短型文案为 3 ～ 20 个字，主要用于海报、朋友圈；中型文案为 20 ～ 140 个字，主要用于朋友圈、社群、微博等。长文案的特点可以参考常规营销内容。

正因为 ToB 企业的内容通常比较枯燥，"文案 + 海报"的内容形式反而容易打造营销记忆点和引起客户的共鸣，也是销售人员面向客户使用频次最高的"炮弹"。

有节奏地创作文案，不仅可以重复传递信息，还能通过面向全员的朋友圈影响潜在客户的认知。那么，优秀的文案又是如何创作的呢？

文案，其实就是用较短的文字去影响人的认知和行动，这一点和内容营销的本质是一样的。但是为什么文案创作更难呢？因为文案往往是用一段话，甚至用一句话去提炼想要传播的思想，还需要语言通顺、朗朗上口，这可不比创作一篇长文更容易。

文案的主要作用是培育客户认知，如果常规内容是用逻辑论证来说服读者的，那么文案就需要用技巧来消除怀疑了，这恰恰是很多人忽略的地方。比如"怕上火，喝王老吉""神州行，我看行""Just do it！""做亚马逊，用船长 BI"等文案，就是直接指引客户，而不是让客户去思考。

虽然 ToC 的文案往往既能影响用户的认知，还能促使用户行动，但 ToB 的文案重点还是影响客户认知，也只有影响了认知，才能在整个转化路径上去提高转化率。

2. 要"说人话"，少即是多

因为 ToB 产品的专业性，不少企业的文案看起来令人费解。文案的创作一定要"说人话"，不要写客户无法理解的内容。

因为 ToB 产品的复杂性，在产品手册中往往会罗列出很多亮点，但在文案创作中，我们每次一定只传播一个亮点。如果你的老板、同事等非常想在一段文案中加入更多的亮点，请你坚持自己的原则。一段文案或一张海报只能有一个亮点，如果要传播更多亮点，那就做一个系列好了。因为从笔者的经验和大量的心理学实验结果来说，大脑只善于记住一个单点。

如果产品确实有多个亮点，那么创作系列文案的时候应该如何取舍呢？

建议大家按照客户画像中最主要的客户类型及其数量来对亮点进行排序。比如，用友是面向大中型客户的，金蝶是面向中小型客户的；船长 BI 的产品"数据方舟"是面向亚马逊卖家中的精品、品牌型卖家的，而"罗盘"是面向中小型卖家的。一句文案实在很难讨好所有的人，所以更应该聚焦。

3. 文案类型

（1）直接表达型文案

直接表达型文案是大家通用的，想表达什么功能或什么观点，就直白地表达。比如告诉客户本月购买有优惠；比如提出一个困扰客户的问题，再提供解决方案；比如给出一个客户问题场景，再描述不解决的后果等。这些文案都在直截了当地表达。

（2）故事冲突型文案

故事和冲突往往能让读者产生代入感，从而加深记忆。

如何在文案中讲好故事呢？最常用的模型是"背景－冲突－转折－广告"。

- "背景"是和产品亮点相关的场景或铺垫。
- "冲突"是没有该产品时的痛点。
- "转折"是有了产品之后的收益和"啊哈时刻"。
- "广告"是最终要表达的观点，或用暗喻来给读者留出想象空间。

比如，某门店的客户很多，客户被店员添加联系方式，一旦店员离职，客户就被带走。企微出现后，客户资产就能够被留存了。亚马逊店铺的后台数据割裂，运营人员下载表单和统计数据时痛苦不堪，船长 BI 的"罗盘"出现之后，原本 8 小时的数据工作现在只需 10 分钟就可以完成。

故事冲突型文案的核心就是意料之外、情理之中。故事往往源自真实场景，能让读者产生共鸣。如果我们有一个营销 SaaS 产品，能够帮助 ToB 企业中市场部的工作人员解决活动数据统计的问题，大家会如何构思文案呢？

（3）认知型文案

世界上飞会的鸟很多，但不会飞的企鹅却格外惹人喜爱；属于常规认知的内容往往无法引起别人的注意，而反差却能让人记住。

行业中能做好社群的很多，但是像 To B CGO 这样做好 ToB 社群的企业却不多。

比如一款营销 SaaS 产品能提高市场人员的工作效率不奇怪，如果还能带来线索的增量或者提供一些数据模型，就很独特了。

同时逆向思维也是区别常规认知的重要方法。

比如功能型饮料的作用就是提神，常规的文案方向是突出这一点，而逆向思维可以是：在某某比赛中，该饮料被禁止饮用，因为其功效实在太好了。这就是一个好的文案。

而针对适用于 200 人以上规模企业的 ERP 或 HR SaaS 系统，就可以建议未超过 200 人的公司不要使用，因为该产品是帮助 200 人以上的企业快速发展的。

这个文案思路也是类似的。

外行看文案是文字，内容看文案却是洞察，文案本质上是对行业、产品进行洞察后的输出。文案创作者做公式化的产出容易，有深刻的洞察却不易，需要不断地深挖和积累，回归产品和需求本身，才能创作更好的文案。

5.4.2　经济实用的客户案例

1. 什么是客户案例

客户案例大概是 ToB 企业展现实力和影响客户的最重要的内容类型了。而且客户案例会用于各个渠道，比如官网的客户案例页面、公众号推送文章、品牌手册甚至案例手册等。优秀的案例胜过千言万语。

哪怕是 SAP、IBM 这样的行业巨头企业，都数十年如一日地持续产出和制作精美的客户案例内容，图、文和视频并茂，简介和详情兼具。巨头企业尚且如此，作为行业后进者，我们 ToB 企业实在不应该不重视客户案例。

到底什么是客户案例？客户案例就是企业的产品或服务给客户创造了价值、被客户所认可的案例。

客户案例的价值是影响其他客户的认知，加深信任，促进成交，特别在客户的竞品、同行、标杆成了企业的客户案例时，该企业会很容易被这个客户接受。

2. 客户案例的类型

在内容营销规划中，我们知道客户案例会作用于客户购买旅程的多个阶段，但不同阶段的客户其实也有不同的喜好。

比如，对于 A1、A2 客户，因为其认知不足，会倾向于故事性、可读性强的内容，这类客户关注的关键词也不包括产品和品牌的内容。针对这个阶段的客户案例，主要目的是让客户认识到企业的产品是有价值的，且是有其他客户在使用的。

而针对 A3、A4 客户的客户案例，则需要结合其具体需求，使用场景来突出产品价值。此阶段的内容要有一定的深度，突出产品为客户解决了什么问题、带来了什么效果等。

对于 A5 客户，更希望客户能够作为客户案例的主角来现身说法阐述产品的价值。

按照这样的划分，我们可以将客户案例分为故事型、干货型和采访型 3 种类型。

- 故事型客户案例一般采用故事、演绎的方式，将一个案例像讲故事一样说出来。
- 干货型客户案例是现在 ToB 企业采用的主流类型，将案例作为潜在客户的学习资料去输出。
- 采访型客户案例主要是对客户进行采访，收集素材，输出一个专门的报道来帮助客户做品牌传播。

3. 如何创作客户案例

在创作客户案例之前，我们先要明确什么样的客户合适作为案例来包装。

常规意义上的 500 强企业、行业龙头、知名公司等是客户案例的首选，但如果只盯着这样的标准，估计大部分中小型 ToB 企业都没办法进行产出了，从这个角度来说，笔者建议对中小型企业参照这样的标准来进行选择。

- 有一定知名度且和 ToB 企业当前的目标客户画像相符。
- 客户的需求和 ToB 企业的产品匹配度较高。
- 客户的配合度较高，包括但不限于愿意被使用照片、Logo、接受采访、出席演讲等。

按这样的标准，中小型客户会比大客户好找，而且在做案例包装的时候会比较顺利。如果能采访到客户的创始人，整个内容的丰富度会更加好。

而对于客户案例的创作，笔者常用的是 STAR 模型，如图 5-30 所示，供大家参考。

图 5-30　客户案例创作的 STAR 模型

（1）背景和痛点

因为内容营销人员和客户的直接接触不多，往往需要通过调研和访谈的方式来了解客户的背景与痛点，那么就可以提前设计好一些问题，如下所示。

- 企业的简介。
- 企业的需求是什么？
- 我们提供了什么产品来服务客户？
- 客户在决策过程中主要关注哪些问题？
- 产品帮助客户解决了什么问题？结果怎么样？
- 客户的问题是行业普遍存在的，还是该客户独有的？
- 客户在使用产品的过程中遇到了什么问题？如何解决的？
- 与竞品相比，我们的产品在技术和成本上有什么优势？
- 客户的最终的成果是否可量化？

通过以上内容收集，我们就能对客户的背景和痛点有一定的了解。

在创作客户案例过程中，写痛点的时候，不要将它放得过大，不要过于突出客户遇到的问题。这些问题可以按照这样的逻辑展开：浮于表面的内容很难打动读者，聚焦细节、以小见大，通过访谈式的交流来深入挖掘这些内容。

（2）解决方案

有了需求或痛点，就需要解决方案了。因为客户的痛点也有差异，每个客户的解决方案就会存在差异，从分析问题到解决问题，就是客户案例的价值所在。

不建议大家放上大而全的、通用的解决方案，要针对客户的痛点做出深刻的分析，并且在解决方案中带出产品的功能，这就自然地植入了产品广告。

解决方案同样可以按照以下逻辑进行阐述。

- 解决方案是否解决了客户的问题？
- 解决方案有什么亮点？
- 客户如何使用解决方案？
- 解决方案的执行流程是怎样的？

（3）成果

只有有效的解决方案和适合的产品，才能更好地解决客户的问题，而解决问题势必能带来实际的价值，这就是产品存在的意义。

既不能解决问题又不能带来效果的产品，势必会被市场淘汰。

对于最终成果，最好能够用客户复盘的对比数据，或者现场图片，甚至视频来展示，给读者最直观、最好理解的展示方式。

比如通过营销 SaaS 产品为客户带来了线索的增长，到底增长了多少，100 条还是 1000 条？周期是多长，一个月还是半年？不够具体的数字，都会让案例缺乏说服力。

所以在成果部分这样描述："使用 XX，通过 2 个月的试用、6 个月的正式使用，总线索量同步上涨 3720 条，平均每月上涨 9%。"再配上对比曲线图，就显得非常直观了。

除此之外，我们可以通过以下要素来增强案例的丰富度和可信度。

1）客户证言。客户证言必须是由客户的决策人或者创始人给出的，比如营销类 SaaS 产品由 CMO 来背书，销售类的工具由销售负责人来提供证言，数字化相关的产品由 CTO 支持等。客户证言主要是说明客户使用了产品后有怎样的效果，在未来的发展中有什么新的计划和展望。

2）配图和视频。关于客户案例内容的来源，一般来自一线的同事，比如销售、客户成功等同事的半年关注好友，或者来自公司管理层介入所打动的客户。

客户案例的创作通常需要对客户进行访谈。为了避免浪费客户时间，需要提前收集客户的信息，这些信息可以向销售、客户成功索取；梳理好访谈提纲，用更专业的提问来拉近双方距离；在正式采访的时候要注意使用访谈技巧。

而在创作客户案例的时候，大家经常会遇到客户不愿意配合的情况，除了客户可能需要保持低调不宜宣传之外，一般都是访谈对象顾虑老板对此的看法，或者不能确定客户案例为自己公司带来的价值。这时候我们就需要使用用户思维，从客户角度思考，为关键人提供价值，减少访谈对象的疑虑，对此，可以通过以下几种方法来尝试实现。

1）说明价值。说清楚包装为客户案例后，客户能收获什么，有哪些媒体会帮助传播，如何实现共赢等。

2）利益驱动。客户对未实现的价值不感兴趣的时候，可以采用提前付出的方式，比如帮助客户拿奖。很多机构和媒体都会针对优秀的企业数字化、数字化营销等案例进行评选，这时候，企业可以和客户联系，帮助客户准备奖项评选材料，拿到奖项之后主动进行权威媒体的宣传，将荣誉给到客户。很多客户获得利益之后会产生亏欠感，也感受到了企业的诚意，最终促成客户案例的合作。

3）关系维护。如果内容团队无法推动客户合作，而企业的高层或创始人和对方有一定私交的话，一定要向上管理，让管理层出马来推动客户案例的合作。

也许有些客户不能接受大张旗鼓的案例包装，但是在与这些客户合作过程中的一些内容，也是可以作为传播价值点来宣传的。

4. 客户案例的传播

客户案例的内容形式，除了图文外，还有视频、手册等。企业按照"一次产出、多次利用"的原则，将同一个客户案例包装成不同的形式，并在不同的场合多次使用，如图 5-31 所示，具体细节可以参见内容营销传播的内容。

较好的客户案例传播路径大概是如下这样的。

- 产出图文形式的客户案例并进行公众号等内容矩阵的分发。
- 拍摄客户证言的视频，放置在官网和视频渠道上。
- 多积累几个案例之后，制作成案例集进行传播，其中电子版供下载，纸质版供活动和销售场景下使用。
- 邀请客户进行直播或参加大会演讲，增加第三方证言，再次进行干货和现场视频的传播，并可附带之前的案例内容，形成完整的闭环。

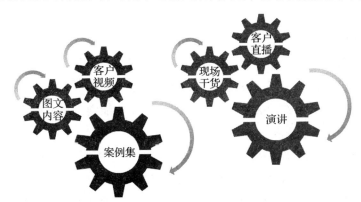

图 5-31　案例的传播矩阵

5.4.3　彰显专业的白皮书

1. 白皮书是什么

白皮书最早起源于欧美政府，由政府发表，用白色的封面装订，是重要的文件和报告的别称，通常具备权威性、指导性。

因为白皮书的这种属性，后来也逐渐被很有行业影响力的企业用来发布自己的行业研究等内容。根据 Shel Horowitz 的经验，白皮书营销的成本收益可以达到 1∶8。

国内的 ToB 企业在 2018 年之后的几年，也开始广泛地运用起了白皮书营销。明源云在 2020 年的房地产 CIO 峰会中，就和 IDG 一起发布了《房地产行业数字化白皮书》，以此来加强公司在房地产领域的数字化服务商的专业形象。通过后台统计，明源云这次的白皮书有超过 10 万次下载，带来了超过 1000 条线索。大家熟悉的致趣百川可以说是营销云领域白皮书"大户"，每年会发布 5本左右电子版白皮书。据笔者了解，白皮书对读者的页面停留试产率和留资率一直有着不错的提升效果。

那么作为 ToB 企业中市场部的工作人员，我们应该如何创作白皮书，以体现公司的专业能力，实现营销增长呢？

2. ToB 白皮书的分类

我们可以将白皮书分为品牌型白皮书、获客型白皮书、转化型白皮书、客户成功型白皮书等。这几种类型的白皮书随着客户购买旅程的变化，在不同的阶段起着不同的作用。

（1）品牌型白皮书

品牌型白皮书主要用于客户购买旅程的了解和吸引阶段，其内容一般和产品的关系不大，而是围绕受众更广、更能够传播的主题展开，并且更强地针对一个行业或者专业中有代表性的内容，只有这样才能通过白皮书来扩大品牌知名度，打造企业专业形象。

越有价值的内容越容易传播。

明源云 2022 年发布的《数字经营白皮书》，主要内容是总结房地产行业数字化的必要性、难点和一些方法论等，只要是对房地产数字化有兴趣的人，几乎都可以阅读。而这样偏行业视角的内容，除了塑造公司品牌，还肩负着行业方法论的传播、教育作用。

（2）获客型白皮书

获客型白皮书主要用于吸引和选择阶段，其内容一般围绕特定的行业、深度的专业领域展开，会对行业或专业领域中常见的问题、痛点等进行分析，并和产品做一些结合，通过专业性、权威性的内容来吸引特定的潜在客户。这样的白皮书通常不是单纯地为了传播，而是要有较强的吸引力，引导客户到官网注册、下载，以此达到获客的目的。

很多时候，企业会将品牌型白皮书和获客型白皮书结合。只需要将品牌型白皮书加上产品内容，然后将主要分发渠道变成官网注册和下载，就能顺利完成转换。另一种可行的方法是，先制作简单版本的品牌型白皮书并进行大范围的传播，然后将流量引导到官网注册并下载有详尽产品内容的获客型白皮书。

致趣百川的《B2B 内容营销白皮书》翻译了美国 ToB 内容营销的现状、数据，并和国内的数据进行了对比，指出内容营销是未来的方案，并且可以借助致趣百川的产品更好地实现降本增效，从而吸引想改善内容营销效果的从业者们。

（3）转化型白皮书

转化型白皮书主要用于选择和购买阶段，目标是有一定购买意向，但是还没有下定决心或者没有完成最终决策的客户。其内容通常非常专业，并且针对某一特定的客群，通常是决策者人群。

比如，早年的财务软件一般都是私有化的，大家不用担心数据安全的问题，当 SaaS 成为潮流，财务软件要上云的时候，财务软件服务商就可以发布关于财务 SaaS 服务的安全、数据问题的白皮书，让企业的 CIO、CFO 甚至老板放心。

比如芸聚的《B2B 营销带动式增长白皮书》，就从获客、培育、协同等角度全方位讲解了 MLG 的方法，并且加入了企业的案例实践，强调了其产品的价值，以此来消除客户在转化方面的顾虑。

转化型白皮书比获客型白皮书更聚焦，更加关注客户购买决策中的疑虑问题。

（4）客户成功型白皮书

客户成功型白皮书主要用于拥护阶段，面向已成交的客户，帮助客户更好地理解和使用产品，体现产品的深度价值，或者站在第三方的角度来编写行业客户的成功案例，分享行业痛点的真实解决方案，既帮助客户进行营销，也有利于自身扩大影响力。

如腾讯与贝恩联合出品的《智慧零售私域白皮书 2021》，就在讲述私域增长水轮模型的同时，插入了鞋服行业、美妆行业的多个案例，通过其传播能力帮助客户提升了品牌影响力。

致趣百川的《获客》主要提供了众多客户通过其产品获客的经验，实际上也帮助客户企业进行了品牌传播，这属于更高级的客户成功型白皮书。

3. 如何创作白皮书

白皮书的创作分为翻译解读和原创两种。

翻译解读的效率更高，其方法是从国外网站、机构、作者处获得外文版本内容并获得授权，然后进行翻译并加入自身解读，快速创作出白皮书。

原创白皮书的方法其实和常规内容、客户案例的创作并没有太大的区别，不过因为其框架更大、内容更多，需要进行更多的前期筹备工作。

（1）确定目标

明确白皮书创作的目标是品牌、获客、转化还是客户成功。越专注的目标越有助于内容的聚焦和传播路径的清晰。

（2）梳理框架

梳理框架的过程和大多数内容创作过程类似，只是白皮书的内容框架更加庞大和复杂。为了能够详尽地梳理，推荐大家采用 STAR 方法。

比如某获客型白皮书的内容框架大致可以由行业概况、行业挑战或痛点、解决方案、未来趋势、客户成功案例 5 个部分组成。

（3）收集资料

确定好内容的框架之后，就可以去进行资料的收集整理，因为白皮书的内容较为翔实，并且一般需要对行业进行研究。其中行业趋势、行业痛点等方面会引用较多的外部数据，而解决方案的资料就需要在内部收集了。

另外，从国外下载类型报告，进行翻译后加入自身的解读，再补充国内行业的内容，也是一种高效的方式。

其中关于政策趋势的解读可以提升白皮书的内涵，而对技术趋势的理解可以提高专业说服力。

（4）创作内容

创作内容的过程和原则与其他内容的要点类似，或者说更像大家写毕业论文的方式，对于引用的数据需要标明出处，不同部分的内容也可以分配给不同专长的人来完成。

4. 白皮书的传播

白皮书创作完成后可以直接在线上传播电子版，也可以借由公众号进行内容传播，同时在官网设置下载。并且，白皮书是典型的可收藏资料。更多的方法可以参考前文所说的客户案例和内容传播。

比较重要的白皮书，可以等同于新产品，用发布会来传播，效果会更好。

5.5　建设行业研究院，打造核心竞争力

5.5.1　行业研究院的定位

笔者认为，内容营销的目标是使内容成为企业的核心竞争力。理想是美好的，但是当内容营销岗成为 ToB 企业人才标配的时候，为什么大部分企业的内容营销岗却成了鸡肋呢？笔者认为，主要是认知和投入上的差异，造成了目前的尴尬局面。

ToB 企业的内容团队通常配置人员不多，专业能力不足，主要负责日常内容的产出。企业中对行业最了解和最专业的往往是管理层、产品经理、解决方案团队。

在这样的现状下，如何体现内容的专业性，凸显内容营销岗的价值？

这就需要内容团队不断学习行业、产品、解决方案的知识，不仅要成为半个解决方案专家，还要变成半个行业专家，将内容营销岗的定位从单纯的基础内容输出，进阶为有行业研究能力的行业专家。

所以笔者在演讲的时候多次提到，ToB 企业的内容营销人员不应该对应普通的新媒体运营人员，而应该去匹配资深内容编辑、行业记者、券商研究员等有一定资历的人。为了区分于常规的内容营销岗位，笔者多次建议有志长期进行深度内容产出的公司成立行业研究院，专注于专业内容的产出。

比如，明源云的新媒体团队运营了"明源地产研究院"系列账号矩阵，包括 7 个垂直账号，有总计超过 200 万名粉丝，账号受众上对百强地产企业的管理层实现了 90% 的覆盖率，内容涵盖地产行业各个专业领域。该矩阵让明源云在品牌、客户信任和获客上几乎碾压竞争对手。

从 2019 年笔者分享行业研究院的相关内容开始，越来越多的企业推进了这项工作，比如微吼的"直播研究院"、火眼云的"ABM 研究院"等。

5.5.2　行业研究院的搭建

经常有同行来咨询明源地产研究院是如何搭建的，羡慕其粉丝数量、专家

质量和行业影响力。其实这不是一蹴而就的，而是十年磨一剑的沉淀。如今的行业研究院也是多年来多次迭代的结果，所以想学习搭建方法，需要了解的不是现状，而是过去的发展历程。

当然也有人会问：为什么要自己做内容呢，与行业专家、自媒体人、培训师等合作不就好了吗？笔者辅导过的某跨境电商 SaaS 企业早期和培训机构进行了大量合作，虽然获取了一些线索，但是也将自己的流量贡献出去了，并且客户记住的更多是培训师，而非这家企业。这对企业而言是得不偿失的。

企业纯粹靠外部的内容，最终只是"为他人做嫁衣"。而且当合作机构越来越有名气之后，是否能持续合作都是不确定的。既然企业服务注定需要长期坚持和积累，为什么不在内部培养专家呢？企业做行业研究院的最终目的还是获取线索和提高转化率，而只有通过行业研究院里自己的专家，企业才能更好地达成这个目的。

按照笔者的调研统计，普通内容至少要展现在客户面前 7 次，才能被记住；一个销售人员平均要和客户接触 14 次，才能成交；而行业专家只会和决策者沟通，通常只需要 2 ~ 3 天就能促使成交，但外部的培训师等人员是不可能完成这样的任务的。

由此，我们就能认识到搭建行业研究院并自建专家团队的重要性了。

对于企业如何搭建研究院，笔者总结了 Content、KOC、Campaign 的 3C 原则，供大家参考，如图 5-32 所示。

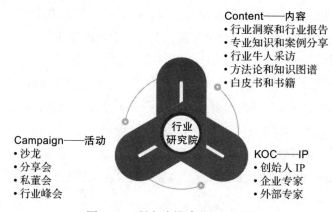

图 5-32　研究院搭建的 3C 原则

Content 是指研究院的内容，研究院是负责做行业研究并产出内容的地方，越专业的内容、越有深度的研究，越能够让研究院拥有影响力，同样也能让企业得到更多的信任。比如，见实科技作为一家提供私域服务的 ToB 企业，其内容产出、白皮书的数量使得竞品望尘莫及，这样业内在提到私域的时候，很自然地会联想到见实科技这家企业，甚至笔者还见过有人在朋友圈求购该企业的全套白皮书来学习，这就是专业内容的价值。

行业研究院可以产出的内容主要分为以下几个方面。

- 行业洞察和行业报告。定期发布行业洞察、行业趋势，并且附上研究院或企业的观点，帮助客户学习和成长。
- 专业知识和案例分享。对行业知识进行研究和总结，针对目标客户工作中遇到的问题进行分享。
- 行业牛人采访。听君一席话，胜读十年书。对行业牛人进行采访，输出深度的一手内容。
- 方法论和知识图谱。解决客户需求依靠的是企业的方案，方案的背后必然有一套可执行的方法论，企业的方法论也代表了产品的方法论，同时能够帮助行业不断进步。
- 白皮书和书籍。通过发布白皮书、出版书籍来呈现研究院的研究成果，也有助于企业品牌的积累。

企业可以根据自身特点来对内容进行分层，逐步实现。比如明源地产研究院的内容，第一层是房地产行业特征、政策、趋势的研究，第二层是房地产企业管理、投资、营销、设计等专业版块的标杆案例研究，第三层是房地产行业的数字化及各专业领域信息化的研究。

研究院的 KOC 是指研究院的 IP。KOC 是 "Key Opinion Consumer" 的缩写，即关键意见消费者，其影响力虽然比不上 KOL（Key Opinion Leader，关键意见领袖），但也能在某个专业领域拥有一定的影响力。

比如企业的创始人 IP，为企业的使命、价值观发声，发表行业见解等，帮助研究院树立专业形象，为企业积累品牌影响力。

研究院内部也应该培养属于自己的行业专家，持续提升其专业影响力，达到可以影响客户决策的程度。这种专家可以是研究院的员工，也可以是企业产品、市场、销售团队中适合的人员。同时研究院还可以通过外聘行业专家及客户企业的关键人物来提高自身专业性和影响力。

Campaign 是指营销活动，研究院不应该只会做内容，还需要有组织营销活动的能力，比如客户沙龙、分享会、私董会、行业峰会等。只有这样，研究院才能更有效地将研究成果推向目标客户。

而行业研究院的搭建需要重点关注内容规划的顶层设计和人员的配置。对此，笔者建议大家遵循以下原则。

- 行业研究院可以有单独的网站。
- 行业研究院需要单独的公众号，并且一定是订阅号。
- 不同于常规的营销内容，行业研究院产出的内容更多是为行业、专业领域输出价值的，而非仅仅关注产品的推广。
- 面向各专业领域做好内容闭环，设计好从内容创作到客户留资、注册整个流程。
- 行业研究院可以输出培训类内容，承担行业、专业领域内布道的责任。

行业研究院，早期有一两个人的研究团队就足够了。研究团队持续地输出有价值的内容，再调动企业内部专家团队偶尔输出观点，以及征稿等，基本就能开始冷启动。经过一段时间的筹备，行业研究院的搭建基本就可以完成了。

5.5.3　行业研究院的运营

行业研究院的深度内容创作，至少需要一年以上时间才能逐步沉淀并产生效果，所以笔者一直强调内容长期主义。让行业研究院为企业的品牌和产品背书则至少需要 3～5 年的积累，这就需要企业考虑行业研究院的长期运营了。

对于行业研究院早期的内容输出工作，建议单点突破。例如零一裂变的"运营深度案例精选"内容就将私域流量和裂变的案例研究到了极致，几乎是国内最大的运营增长案例库，打动了关注增长的运营、营销从业者。

行业研究院的整体运营分为如下阶段。

（1）第一阶段（0～1 年）

聚焦于产品 KP 来输出内容是非常好的选择。前面提到的某跨境电商研究院就专注于亚马逊店家，而国内 SCRM 服务商主要关注零售或教育行业的运营者。这样能够快速影响 KP，让客户看到深度内容的价值。

这个阶段可以将内容沉淀在单独的公众号上，并在其他媒体平台注册同名的自媒体账号。随着内容逐渐增多，可以开始在公众号上设置菜单栏，甚至为产品设置体验入口。

（2）第二阶段（1～2 年）

分析客户的产业链上下游人群的关注点，比如运营和营销人群关注流量获取、私域营销，跨境电商人群关注优质货源、站外流量等。通过对用户行为的分析，了解他们的搜索习惯、关注要点，来进行后续内容版块的研究。这时候可以考虑在官网上建立专门的页面来承载内容，如果确实做得很优秀，甚至可以考虑单独做小程序甚至 App。

并且，在行业研究院的运营中要充分体现用户思维，必须思考读者的诉求，用心输出每一篇内容。

（3）第三阶段（2 年以后）

在行业研究院有了一定影响力之后，为了更好地吸引外部的 KOL、KOC一起创作，甚至输出部分 UGC 内容，就要从纯内容创作延伸到内容社区的模式，需要寻找各种自媒体账号运营者、行业专家等提供内容，邀请他们开专栏、做演讲、制作付费课程等，并且提供一定的激励，毕竟只有双赢的合作才能长久。

如果还能和行业垂直网站合作，就能产生 1+1 > 2 的效果了。比如笔者曾经推动明源云与 36Kr 合作，以及帮助某跨境电商 SaaS 研究院与雨果网进行合作，实现共赢。

（4）第四阶段

进行更具体内容的细分，使内容产出更加聚焦，并且按照细分人群的划分，打造自媒体矩阵。比如，明源地产研究院除了有百万级粉丝的主要账号，还根据营销、工程、设计等专业领域建设了有数十万粉丝的腰部账号，让每个账号的受众更加聚焦，让内容更加专业，同时分散了单个账号的运营风险。

在行业研究院运营的过程中，可以思考这样一些问题：你所在的行业和产品的领域有没有很多知识付费从业者或培训师？他们是否活得还不错？客户是不是接受他们的内容？如果培训师都能活下来，那么一个专业的行业研究院是否可以提供类似的内容？这样的内容是否可以收费？是否可以依托内容举办线下沙龙？

如果将行业研究院的课程作为付费用户的增值服务来免费提供，而对免费用户则进行收费的市场化运营，是否可行？当然可行，在具备一定影响力之后，它可以转化为面向行业、企业的，提供智库、咨询、培训、资源对接等服务的营收部门，年入千万元都是可以实现的。这也是笔者所一直倡导的。市场营销部门是可以赚钱的，只要提供的内容、开展的活动是有价值的，那就会有客户购买。

所以，稍微转变一下思维，可能就让企业市场营销部门的价值变得不一样了。

值得注意的是，对优秀的内容研究人才不能用新媒体岗位的薪酬标准对待。笔者建议有志于搭建行业研究院、将内容视为核心竞争力的企业，将内容营销岗提升为内容研究员、内容科学家，同时利用研究院自身专业能力带来的营收，制定更灵活的薪酬和激励机制，形成"专业研究——产出内容——获得客户信任——增加营收——人员扩编——增强研究能力"这样的良性循环。

5.6　全面覆盖的内容传播矩阵

内容营销，顾名思义，既包括内容创作，又包括营销。在不少企业中存在重内容轻营销的现象，负责内容的工作人员辛苦数天创作出的内容，基本只会发在官网和公众号上，最后仅有寥寥数百的阅读量，实在可惜。

ToB 内容营销分为传播和获客两部分，如果只有传播而没有获客，无法形成闭环，则营销的价值会大打折扣。

5.6.1　内容传播的方法论

内容的传播可以通过经典的 5W 传播模型来拆解。5W 传播模型指拉斯韦尔于 1948 年提出的传播过程的 5 个要素：

- Who（谁）
- Say What（说了什么）
- In Which Channel（通过什么渠道）
- To Whom（对谁说）
- With What Effect（取得了什么效果）

5W 传播模型说明传播是一个有目的的动作，传播者企图影响受众，这与上文所说的内容营销的目的是一致的。但是这个模型并没考虑到传播者和受众的互动以及受众的二次传播，这是其缺陷。

接下来我们按照 5W 传播模型分析一下 ToB 内容的传播，如图 5-33 所示。

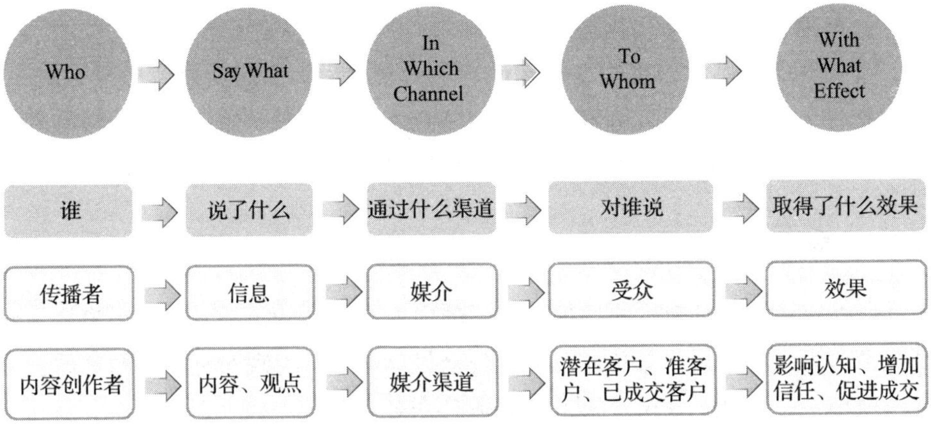

图 5-33 ToB 内容的 5W 传播模型

1. 传播者

在面向大众的传播中，传播者可以是很多不同的角色，而对于 ToB 内容的传播，内容创作者是核心角色。他们搜集、整理、选择、处理、加工与传播信息，既是内容创作者，也是内容传播者。

2. 信息

信息是传播活动的中心，是传播者营销的主体，所以信息才如此重要。要实现有效的 ToB 内容传播就需要掌握内容的生产、流动、研究和分析，内容创作者需要了解内容与传播者之间的关系，才能更好地创作内容。

3. 媒介

媒介是传播的通道，是传播得以实现的手段，是用来扩大并延伸信息传送范围的工具。传播媒介有多种类型，比如大众传播媒介，包括报纸、杂志、广播、电视、电影、书籍等；以及新闻媒介，包括报纸、新闻性杂志、广播、电视等；而现在我们使用的线上媒介包括网站、自媒体、视频平台等。

4. 受众

对 ToB 内容而言，潜在客户、准客户、已成交客户都是其受众，是内容的接收者。对受众的研究分析主要围绕受众的特点、受众的行为动机、受众的价

225

值及其社会意义这几个方面展开。

5. 效果

效果是指传播的信息经过媒介触达了受众之后，引起受众在思想、认知、行为上的变化。效果研究一直都是传播领域中历时最长、争议最大、最有现实意义的环节，营销数字化也是随着对传播效果的分析而衍生出来的。

5.6.2　内容传播矩阵

在内容规划的环节，我们提到不同的内容有不同的传播方式和渠道，一些企业会认为内容传播只要依靠官网和公众号就够了。但现实是企业的官网流量普遍很小，有超过 1 万粉丝的 ToB 企业公众号也不多。如果企业只在官网和公众号发布，则很可能陷入总浏览量不过百的窘境，在花了大量精力生产内容的情况下，这个结果显然不够理想。并且，如果公众号这个渠道衰落了，甚至企业账号因违规操作被封号了，那怎么办呢？何况，发布在公众号上的内容在百度中是搜索不到的，这样又会损失很多展示的机会。

所以，内容创作出来之后，企业起码要花很大精力去传播。笔者见过有些企业将内容发完公众号后就不管了，哪怕只有几百的阅读量，也不好意思在内部群、行业群中做传播，这其实是非常不对的。

自传播仅能作为内容的分发源头，只有优质的内容才能实现指数级传播。笔者见过只有几百粉丝的公众号做到了内容传播后阅读量 10 万以上，或者只有几万粉丝的账号发出的内容实现了百万级阅读量的传播，这都是靠优质内容实现的自传播。内容"火"了以后，多渠道、多平台还会申请转载。

内容传播不易，我们不能将传播交给命运，要在做好内容创作的同时搭建企业的内容传播矩阵。内容传播矩阵的主要作用就是实现多渠道分发，增加客户覆盖度，分散传播风险，扩大传播效果。

当然，不同的渠道有不同的玩法，在人手足够的情况下，对内容的标题、关键词等做一些优化也是必要的。

而再进一步，有能力的团队可以将图文录成视频，这样就可以在新的渠道上继续传播。曾经笔者只是随手把自己制作的某个内部分享视频上传到网上，一段时间后，该视频的点播量达到了 30000，居然还带来了几个线索，这也算是意外之喜了。

按照内容营销研究所的报告，过去 12 个月 ToB 营销人员用于发布内容的自有媒体渠道如图 5-34 所示。

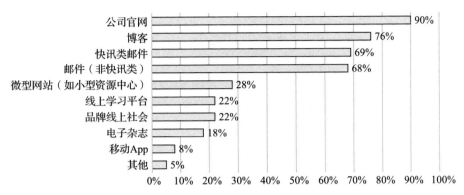

图 5-34　ToB 营销人员用于发布内容的自有媒体渠道

可以看到公司官网、博客等渠道使用得比较多。但是要做好内容传播，仅有自有媒体渠道是不够的，我们需要建立内容传播矩阵。可以使用自有媒体渠道（Owned）、付费媒体渠道（Paid）、赢得媒体渠道（Earned）和社交媒体渠道（Social）的 OPES 模型来搭建该矩阵，如图 5-35 所示。

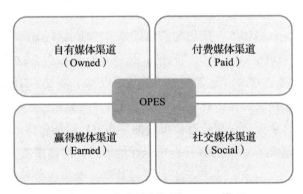

图 5-35　内容传播矩阵 OPES 模型

1. 自有媒体渠道

企业最早拥有的就是自有媒体。

首先，官网是意向客户了解企业的门户，也是通过 SEM 吸引过来的潜在客户的落脚点，合适的内容能够增加访客的停留时长和兴趣，激发其继续了解企业的欲望，所以官网内容对于留资和转化是有一定促进作用的。

其次，公众号是国内企业在微信生态上发声的门户，分为订阅号和服务号，需要进行差异化定位来使用。

再次，重视客户体验的话还可以做小程序，以便实现微信生态的品牌和流量闭环。小程序的可扩展性比较强，可以起到"官网＋丰富的产品展示＋客户管理"的作用，非常值得开发。

最后，如微博官方号、知乎官方号、头条号、百家号、阿里大鱼号、一点资讯等，也是企业拥有主动权的媒体，能够帮助企业推广和表达价值主张。其中，头条号的特点是内容推荐制，用户群体年轻化，地域分布以二三线城市为主。如果内容较好，客户群体匹配，建议重点运营。而百家号的发文限制较多，推荐流量往往也比较少，但是属于百度系，在百度搜索上的内容权重比较高，属于企业必须运营的平台。

自有媒体主要面向意向客户、好感客户，主要功能是获取线索和培育信任。

2. 付费媒体渠道

付费媒体是企业需要付费才能进行推广的渠道，传统的如报刊杂志、户外媒体，数字化的如 SEM、信息流，社交化的如知乎、LinkedIn 广告等。报纸广播传媒等一般用于品牌内容的推广，增加品牌的可信度，较少用于获客。此外，付费给行业专家、自媒体人，借用他们的资源来传播也属于付费媒体。

在付费媒体渠道中有一类比较特殊，那就是行业报告，这是付费媒体中比较昂贵的渠道。对这方面，笔者参与了易观、艾瑞、赛迪、IDG、Gartner 等重要专业评估机构的付费合作，总结了一些经验分享给大家。

首先，为什么企业会付费给行业报告的发布方？可能包含如下原因。

- 对于不熟悉这个领域的客户，可以让他们通过阅读报告了解企业。
- 对企业有一定认知的客户，可以通过被报告收录来增强信任。
- 在采购评估的时候，被权威报告推荐，可以让决策者更加信任。

其次，行业报告对于成交有多大的影响？

其实不大，因为从客户看到行业报告到选型、沟通，再到成交，整个路径很长。并且在这个过程中，如果你所在企业是头部企业，自然会有机会参与选型；而如果你所在企业是中小型或竞争力不强的企业，即便被写入了报告，能否被客户选择也是个未知数。而客户最终的成交决策，一定是对企业实力与产品价格的综合考量。

那么，什么企业适合付费做行业报告？

- 面向大 C 或者小 B 客户的企业更合适，有利于增强客户的信任，简化其决策过程。
- 处于竞争激烈的赛道中的大中型企业，可以通过被写入顶级的行业报告来提高竞争力。

最后，企业对行业报告进行付费的前后要做什么？

- 精准选择客户所重视的报告。
- 在付费之后进行报告营销。

综合以上内容，对于行业报告这个渠道，为企业提供最终建议，如下。

- 如果确定要对行业报告进行付费，最好每年都付费，并且要合作几家发布机构才能形成饱和"攻击"，塑造行业"顶尖玩家"的形象。
- 相比于很多只需要花钱就能拿到的奖项，IDC、Gartner、Forrester 等需要和分析师沟通的机构会更客观、公平一些，但是这就要求企业用数据说话，所以有实力的企业可以尝试。
- 企业可以自己做白皮书或者发布报告，可能成本更低，内容更可控，但需要长期沉淀来培养可信度。
- 参与行业报告相当于花钱点了一道菜，最终这道菜要怎么吃，还需要有完整的营销策略。

付费媒体主要面向潜在客户和意向客户，一些权威媒体上的内容会对潜在客户有较强的吸引力，也能增加客户的信任。

3. 赢得媒体渠道

赢得媒体指因为企业品牌、高管关系、市场链接而赢得的渠道。与付费媒体不同，赢得媒体是企业的专业性、品牌等得到了认可，从而收获了其他媒体的转载、行业 KOL 的推荐等。

所以制作高质量的内容，与行业媒体、行业 KOL 建立密切的联系，是取得赢得媒体的有力武器。比如在创作优质内容之后，投稿给知名行业媒体，如36Kr、创业邦、钛媒体等，如果得以采用，不仅不用花钱，还可以增加媒体曝光。

4. 社交媒体渠道

社交媒体渠道指各种社交媒体，特别是微信生态上的微信好友、朋友圈、社群、小程序等。社交媒体渠道也属于自有渠道，但是比较特殊，也比较重要，单独划分为一个体系。

社交媒体比其他媒体都更加靠近真实客户。比如，在社群中基本可以直接触达客户，并且企业在私域中拥有极大的自主权，能让内容反复、免费地触达潜在客户、意向客户，还能用对应的内容来影响核心客户，完成他们从购买到忠诚的升级。

社交媒体也是整个矩阵中最需要持续运营的，建议企业配置专职的人员来维护，并和内容团队、活动团队配合。

其实视频号是视频内容与社交媒体的结合，大多数市场从业者相信视频内容是未来的方向，但是也发现视频内容并不好做，或者已经进行了一番尝试但是没有效果。要不要布局视频号，以及要不要做直播，大概是市场部门负责人反复纠结的问题。

笔者认为，对 ToB 企业来说，视频号因为其圈层传播的特点，是可以实现定向的品牌传播的。比如，你的一个客户为视频点了赞，该视频就会被推送给客户其他好友，而客户好友一般都是同行，这样圈层传播效果就非常好。并且，企业可以将视频号的"私信"功能升级为在线客服，即令视频号接入企业微信，客户可在视频号主页、直播间商品列表页、商品橱窗页，点击"客服"按钮发起咨询。此外，企业还可设置欢迎语、机器人回复，并支持工作人员在手机端、电脑端协同回复。企业还能邀请咨询的客户添加企业微信，也可在多个视频号同时接入后一起回复。这样配合使用，线索路径更短，营销效率更高。

如果说内容质量决定了转化率，那么渠道质量就决定了推广质量。除了创作出优质的内容，渠道搭建也是企业需要重视的。

5.6.3 内容传播的营销闭环

掌握了内容的创作和传播，并不代表增长就能实现，因为内容传播不代表营销形成了闭环。

内容营销的闭环是指内容从创作、传播，到改变客户认知，促使客户产生行动，成为企业线索的完整过程。

那么，如何实现内容传播的营销闭环呢？

1. 设置吸引客户的诱饵

不是所有的内容都能够吸引客户，也不是所有的内容都能带来线索。如果客户看完内容立刻关闭页面，也无法形成营销闭环。要吸引客户，就需要设置吸引客户的"诱饵"。

内容的诱饵需要与客户有强关联，并且具备较高的价值，常见的有电子书、白皮书、客户案例集、行业干货、解决方案、工具礼包等。加强诱饵作用的手段有限时下载、优惠券发放、开放试用权限等，通过吸引客户下载或试用，成功实现获客。

2. 优化客户注册的路径

线索获取的主要载体是官网落地页或公众号落地页，通常客户需要注册才能得到上述内容诱饵。

为了更好地引导访客注册，落地页往往需要使用引导文案和 CTA。客户只有被吸引并希望获得更多的内容时，才会顺利地留下自己的联系方式。常见的引导方式如图 5-36 所示。

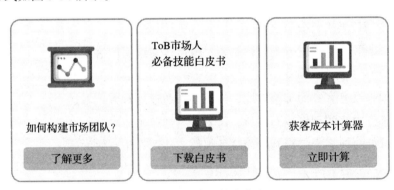

图 5-36　落地页常用的文案和 CTA

5.6.4　主动推送内容

除了 OPES 模型中的 4 种传播渠道，ToB 内容营销还可以通过另外的方式将内容主动推送给客户，比如电子邮件、短信、服务号等。关于短信，有兴趣的读者可以在网上搜索笔者几年前发布的《如何打造高转化率的营销短信》的教程来自行学习。本节我们主要了解 EDM，即电子邮件营销。

虽然国内电子邮件的打开率等数据相比于国外有差距，但是如果 ToB 企业拥有大量潜在客户的企业邮箱账号，那么 EDM 可以作为不错的内容自动化营销手段来对内容营销进行补充。

1. 什么是 EDM

EDM 是 Email Direct Marketing 的缩写，即电子邮件营销，是指向目标客户发送邮件，使用邮件内容来进行营销的方法。

作为一种营销方式，EDM 当然有优势也有劣势。其中，EDM 的主要优势如下。

- 成本低：电子邮件的成本是比较低的，发送 100 万封邮件的成本不到 10000 元。如果做到 3% 的打开率，就有 30000 人浏览，如果邮件中的按钮点击率有 5%，就有 1500 人点击该按钮，如果再有 10% 的注册率，就能够获客 150 人，获客成本为 66.7 元，同时提升了品牌认知度。
- 个性化：可以根据不同的客户来制作电子邮件内容，完成个性化的内容推送。
- 可跟踪：电子邮件可以对打开率、链接点击率等进行跟踪，方便企业对营销效果进行分析。
- 影响久：只要对方不更换邮箱，就可以持续影响客户。

EDM 的主要劣势如下。

- 如果没有客户的邮箱地址，就没办法通过这种方式触达。
- 邮件内容的创作并不容易，需要针对性产出。
- 可能会被客户邮箱判定为垃圾邮件，从而无法有效触达。

2. 如何做好 EDM

EDM 可以分为触发型 EDM 和主动型 EDM。

触发型 EDM 是客户注册、下载、试用后自动触发的，关于欢迎注册、下载链接、产品介绍等内容的邮件营销方式。触发型 EDM 最常见的场景还是邮件订阅，而 HubSpot 是这方面的翘楚。据说邮件订阅每个月能给 HubSpot 带来 230 万人次的流量，并且累计有超过 30 万人学完了 HubSpot 官网上的营销课程并拿到了电子认证证书。这既让 HubSpot 有不错的获客量，也让 HubSpot 能够通过

EDM 持续触达这些订阅客户。

主动型 EDM 是企业将一些动态、产品信息、行业干货、活动信息等内容经过整理后主动推送给客户，或影响客户认知，或引导客户行动。常见的流程如图 5-37 所示。

图 5-37　主动型 EDM 的营销流程

（1）邮件地址收集

ToB 企业的 EDM 不能盲目群发邮件，需要建立在对客户的蓄客之上。当然早期不排除借助一些数据来群发邮件的情况，但是建议企业一定要尽早积累目标客户的邮件地址列表。可以通过活动报名、网站注册、资料下载、调研问卷等方式，让客户主动留下自己的邮件地址，并愿意接收企业发送的邮件。

（2）邮件工具选择

有很多 EDM 工具可以选用，比如笔者经常用的 Webpower，能够实现定时批量发送、触发式发送、客户分群发送，还提供一些邮件模板，更重要的是它具备完整的数据分析功能。

（3）邮件内容制作

邮件内容的制作有几个重点：标题有吸引力、主题明确、内容清晰或有价值、数据埋点可检测。

邮件只是载体，内容才是根本。标题决定打开，内容决定转化。其要点有：统一风格的邮件，加深客户对品牌的印象；写明白产品介绍及价值，促进转化率；可以加上注册试用流程或客户案例，让客户信任；写清楚售后服务、提供保障等。

（4）邮件定时发送

大家要善于利用邮箱自带的定时发送功能。比如企业在设置好邮件内容后，可以分析客户打开邮件的最佳场景，选择那个时候定时发送，既提高了邮件打开率，又减少人工操作，初步实现了自动化营销。

关于定时发送功能的各种用法，大家可以在工作中多做尝试。

（5）邮件效果分析

邮件效果的分析主要看到达率、打开率、点击率、留资率。

1）到达率，是指邮件抵达客户邮箱的邮件比例。

$$到达率 = 到达客户邮箱的邮件数量 \div 发送邮件总量$$

到达率考验 EDM 平台质量。如果到达率较低，可能是客户邮件地址错误，也可能是 EDM 平台发送率低，不太可能是客户邮箱已满。

2）打开率，是 EDM 的关键，80% 的客户是否打开邮件取决于邮件标题。

$$打开率 = 打开邮件的客户数量 \div 收到邮件的客户数量$$

打开率反映邮件地址匹配性和标题质量。

3）点击率，可以通过对邮件内的链接做标记来跟踪。客户打开邮件后，可能只停留 3 ～ 5 秒就会决定关闭还是继续查看，所以内容和客户的匹配度以及内容的质量很重要。

$$点击率 = 点击邮件内链接的客户数量 \div 打开邮件的客户数量$$

4）留资率，客户在邮件中点击链接后一般会跳转到注册、报名、产品试用等落地页，再进行第二次引导行动。

$$留资率 = 注册留资的客户数量 \div 点击邮件内链接的客户数量$$

通过对邮件的效果分析，就可以对邮件地址列表和邮件内容持续进行 A/B 测试，以便迭代。

5.7　内容营销的效果评估

内容营销需要不断迭代，早期可以是熟能生巧的经验式迭代，后期就需要根据数据反馈进行迭代。

LinkedIn 的调查显示，截至目前，仍有 47% 的受访企业表示自己没有对内容营销的 ROI 进行过任何核算和考核。这其中，约有 38% 的受访企业表示"领导没有要求"；38% 的受访企业表示"想要一种简便易行的方法"；27% 的受访企业表示"不知道怎么核算"；21% 的受访企业表示"核算 ROI 是在浪费时间"；而 52% 的市场营销人员认为，不了解如何衡量内容营销效果是开展内容营销最大的痛点。

基于以上的原因，不少企业的内容营销数据主要是统计阅读量。并且在年度总结的时候，这方面的汇报内容可能是一年发了 200 篇内容，带来了几十万浏览量。但企业真正需要的是线索和转化，不说清楚这些关键数据，企业也很难在内容方面做长期的投入。

笔者将内容营销的效果评估指标分为内容指标、品牌指标与效果指标，如图5-38所示。

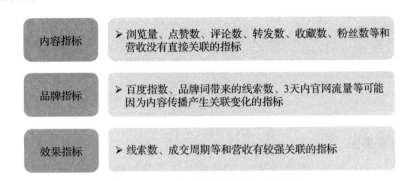

图 5-38　内容营销效果评估指标分类

1. 内容指标

内容指标主要是评估内容的传播力、内容质量，包括浏览量、点赞数、评论数、转发数、收藏数、粉丝数等，这些是和营收没有直接关联的指标。

浏览量、点赞数等越多，说明内容的受欢迎程度越高。而评论又能收集读者对内容的意见，甚至可以作为产品迭代的参考方向。

对于这些数据，可以在内容发布后的 3 天内进行第一次复盘，为内容的迭代、优化提供参考。

很多潜在客户会关注企业专业内容的输出，比如专业课程、报告、白皮书等，并产生互动，这些内容能带来官网的浏览量，并且促使客户注册留资。

2. 品牌指标

品牌指标主要是评估内容为品牌带来的效果，包括百度指数、品牌词带来的线索数、3 天内官网流量等指标。

比如，如图 5-39 所示，当我们对比微盟和有赞两家公司的百度搜索指数时，会发现其搜索量会出现 A、B、C、D、E、F、G 等波峰，这意味着企业的品牌词搜索量大增，这些一般是因为企业有关业绩、新产品上市、新合作伙伴等内容带来的相应变化。

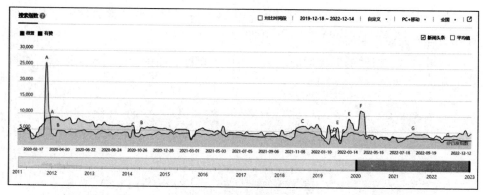

图 5-39　百度指数示意

3. 效果指标

效果指标主要是评估内容带来的营收收益，包括线索数量增加、成交周期缩短和营收增长等方面的指标。

虽然效果指标是市场工作所追求的目标，比如通过公众号、抖音等内容获得的线索量占比持续上升，通过专业内容、直播内容等打消一些客户的疑虑，缩短成交周期等。这些都需要在内容能力上有一定的积累，形成势能，可以将其作为长期关注的指标。

同时，我们可以将内容营销的整体价值看为 3 种指标的综合，即：内容营销价值 = 内容指标 + 品牌指标 + 效果指标。

由此公式可以看出，企业评价内容的时候不能只看内容指标，也不能只看效果指标，而要综合来看，这样对内容营销效果的评价才足够客观。比如，通过内容营销提升了内容和品牌指标，效果指标却没有什么变化，这很可能是因为客户被内容吸引，却因为产品不合适而放弃；或者，内容营销带来了很多注册客户，但是最后成交转化率却很差，这就可能是销售环节出了问题。

如果一定要计算内容的 ROI，那么笔者建议算出内容的获客单价就行，公式如下。

内容 ROI = 内容成本 ÷ 通过内容获得的线索数量

对于不同行业和产品，企业既可以单独考量这个获客单价，也可以与 SEM 获客成本进行比较，正常应该是成本越低，线索数量越少。而企业的内容营销工作刚起步的时候，ROI 不会很好看。但内容营销即使比 SEM 的获客成本高，基于长期发展的考虑，也是可以接受的。因为前面我们也说过，广告投入的获客成本只会越来越高，而内容投入的获客成本会逐渐降低。

5.8　案例：华为的内容营销

因为拥有独特的体系和方法论，产品和服务 ToC、ToB、ToG 全面发展，并且国内国际市场全面布局，华为一直是笔者研究的对象，而华为的内容营销也是值得业内人士学习的。

那么华为的内容营销到底是如何做的呢?

华为数字营销部部长屈凡利先生曾经就此有过系统的分享。他认为内容营销的目的是多样的，既可以提升品牌影响力、教育市场，也可以做商机的培育和挖掘，而核心的目的就是提升品牌影响力和促进销售增长。因为目标的不同，受众也不一样，华为对内容进行了分层。

ToB 客户购买旅程分为 5 个层面：了解——吸引——问询——行动——拥护。针对这个旅程，华为建立了分层、分级的内容和传播策略，如图 5-40 所示。

华为将内容分为 3 个层次：Hero Content（明星型内容）、Hub Content（系列型内容）、Hygiene Content（基础型内容）。这 3 层内容类型的数量比例为 1：4：10。

Hero Content 的主要作用是增加品牌认知度和影响力，方向偏向有社会价值、商业价值的内容。这部分内容的受众比较广泛，所以需要线上线下的整合传播，还用一些电视、机场等广告来提高调性，让大家了解华为是做什么的。

Hub Content 的主要作用是吸引客户，使其对华为的产品感兴趣，包含公司介绍、产品品类、产品内容等。比如，华为除了运营商业务、手机业务，还有 5G、路由器、人工智能、华为云等其他服务。要让客户全面了解华为，就要使其了解华为有哪些面向不同客户的产品，这就需要根据不同产品的受众来进行精准的内容投放。

Hygiene Content 主要聚焦在产品和技术方案上，比如产品手册、白皮书等。这些内容面向的是潜在客户，可以通过 OPES 模型里面的传播渠道进行精准的传播。

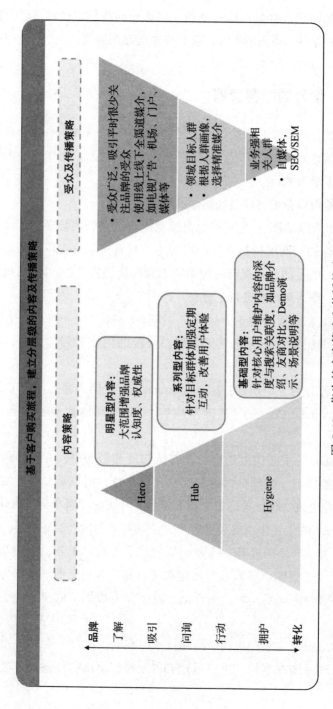

图 5-40 华为的内容策略和传播策略

　　而不同的内容，其受众和传播策略也有差异。通过图 5-40 中的传播策略组合图可以看到，Hero Content 数量较少，调性较高，所以每年只会做二三次的传播，但是其传播量大，影响力非常广。而对于 Hub Content 和 Hygiene Content，则全年有节奏地持续传播，要让想了解企业和产品的人随时能搜索到、看到、接收到，促进客户对产品的兴趣，最终完成购买。这就是华为的内容分级和整体的传播策略。

　　想要做好以上工作，企业的投入是不菲的，最重要的一点就是需要优秀的内容营销人才以及专业化的团队。华为的内容核心团队的组成如图 5-41 所示。某些情况下，华为团队需要和外部的代理机构协同合作，做好对外的传播。所以说，对于内容营销，有一个优秀的团队是非常重要的。

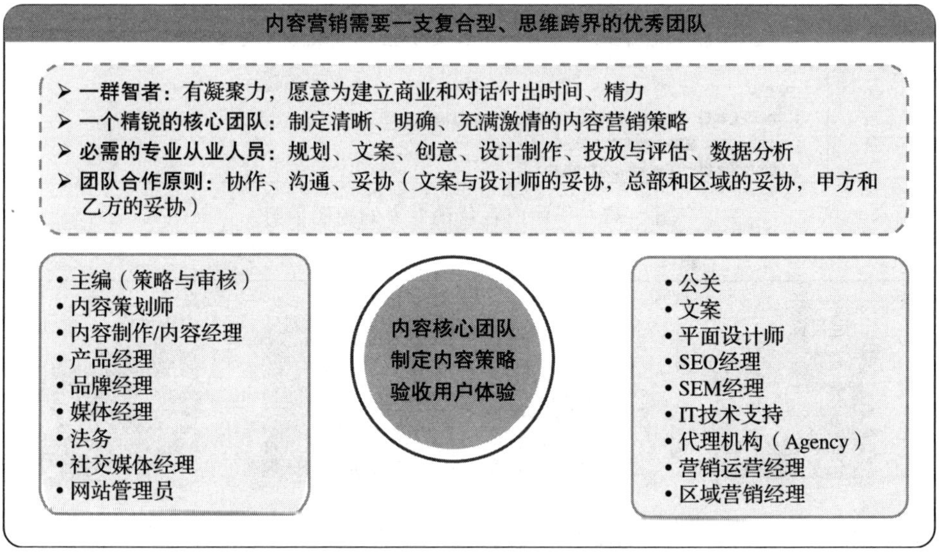

图 5-41　华为的内容核心团队的组成

　　同时华为的内容营销岗位的招聘要求也很高，我们可以通过一则招聘信息来看下，如图 5-42 所示。

　　由这则招聘信息可以看出，华为对内容营销专家的要求非常高，需要具备数字化营销能力、整合营销能力，当然给出的薪酬也不低。

　　屈凡利先生介绍，华为的内容营销又可以拆解为 8 个步骤，如图 5-43 所示。

　　我们可以看到，做内容营销，首先要设定目标，也就是明确企业通过内容营销想达成的目标是什么，是品牌建立，还是销售成长。

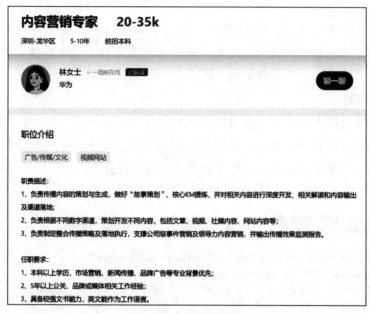

图 5-42　华为内容营销专家的招聘信息

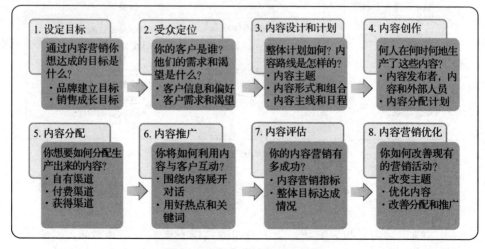

图 5-43　内容营销的 8 个步骤

有了目标以后，要明确受众定位，即客户是谁，他们的需求和渴望是什么。企业要了解受众想看到什么，想获得什么。之后展开内容的设计和计划，直到整个计划成型，明确内容路线是怎样的，具体确定内容的主题、形式和组合、主线和日程，之后才是创作。

内容创作就是企业的内容创作者什么时候完成内容，内容发布者什么时候发布，以及外部人员如何配合等。

然后，内容分配也非常重要。企业要想清楚这些内容通过哪些渠道去传播，因为不同的渠道对内容的形式等要求是不一样的。

内容分配完就是内容推广的环节，企业要怎么样利用内容与客户互动，使客户对内容产生兴趣，以及要怎么围绕热点和关键词进行推广。

接下来需要进行内容评估，看看内容营销指标，整体目标是否达成。

持续进行内容营销优化，基于传播数据对现有内容做调整和改变，包括改变主题、优化内容、改善分配和推广等。

这就是内容营销的 8 个步骤。要做好内容营销，华为的这些流程和方法值得深入学习。

5.9 思考

本章我们学习了内容营销的现状和价值，了解了内容营销对于 ToB 企业的意义。大概每个 ToB 企业都在进行内容营销，但其中大多数企业事倍功半，需要反思与迭代。

通过学习 ToB-O6A 模型下的内容营销，我们了解了客户心智如何变化，内容如何影响客户行为，以及不同阶段的客户对内容的不同需求。

对于内容的规划、创作、传播、评估，我们也有了一定的了解。同时，华为的内容营销方法也值得我们深入学习。

现在，我们基于本章所讲的内容来做一些练习，以便更好地将理论与现有的工作结合。

- 你认为内容营销能给企业带来什么价值？
- 你所在企业的内容营销现状如何？
- 你能否说出 ToB-O6A 模型下的内容营销各阶段的差异？
- 你有什么好的内容创作习惯？
- 你能否总结一些企业常用内容的模板？

- 你是否总结了一些内容模板？

- 你有自己的内容素材库吗？接下来如何完善它？

- 关于文案创作，你是否有自己的心得可以分享？

- 你是否有制作企业白皮书的计划？你会如何做？

- 你所在的企业有建立行业研究院的打算吗？如果你来做，会如何规划？

- 你是否记得 5W 传播模型？请简述一下。

- 你所负责的内容营销工作是否形成了闭环？

- 你采用过 EDM 吗？可以谈谈自己的想法。

- 你是否推动建立所在企业的内容营销评估指标？你更看重哪些指标？企业有什么指标要求？两者是否有差异？思考为什么会有这样的差异。

- 请尝试规划你所在企业的整体内容营销思路，并进行分享。

第 6 章

活动营销，真实塑造信任飞轮

ToB 企业要和客户建立联系，将产品推向市场，将品牌推向行业，都离不开活动营销，大大小小的活动就构成了大部分 ToB 市场人员的日常工作。

LinkedIn 的活动营销报告统计，84% 的高管认为线下活动是企业成功的关键要素之一，91% 的 ToB 市场人员通过活动营销来扩大销售管道。好的活动营销不仅可以扩大品牌覆盖面、获取线索、传递价值，还能提升客户对产品的信任。一个值得注意的现象是，在营销工作中，这几年线下活动的比重正在下降，线上直播的比重却在持续上升，而未来线下活动可能逐渐恢复。

要做好一场活动，从策划到落地，从邀约到复盘，需要考虑方方面面，而要组织好企业一年数十场甚至上百场活动，更需要活动营销体系的支撑。

对于活动营销的关键事项，本章一一进行总结，希望能给你带来一些启发。

6.1 活动营销的价值与难点

对多数 ToB 企业来说，举办活动是市场部的重头戏，企业也许不进行投放，不产出深度内容，但绝不会不做活动，甚至很多人认为"市场部 = 活动部"，而做活动也确实能够高频、有效地触达和影响客户。

在笔者曾实践的数百场大小活动中，峰会的线索到成交转化率约在 0.2%～1%，小型沙龙的线索到成交转化率约在 1%～2%。将主要的 ToB 市场营销方式按常用程度及转化周期排列，活动营销的常用程度和转化周期居中，而活动营销的操作难易程度又比搜索引擎竞价和内容营销稍低，属于企业常用且各方面效果比较均衡的营销手段。

为什么大家如此重视活动营销呢？笔者觉得主要有以下几方面原因。

- 品牌：大型活动参与人数多、传播声量大，往往能助力品牌提高知名度。
- 获客：活动参与者一般都是特定的人群，市场和销售人员通过组织参与活动，能批量触达这部分人群，面对面添加微信，从而实现高效获客。
- 转化：优质的活动能够增强客户信任，销售人员现场维护客情，能够有效拉近与客户的关系，促进转化成交。
- 经营：针对 KP 进行圈层经营，对未成交客户可以影响其转化，对已成交客户可以做客情维护，经营类活动的形式不限于会议、沙龙，可以是亲子、游学等高度促进客户关系的活动主题。

由此可以看出，活动营销是建立品牌知名度、获得潜在客户、培育潜在客户以及转化潜在客户的重要手段。

与此同时，活动营销也面临着不少困境。

- 活动缺乏亮点，邀约客户不易。各行业的活动越来越多，很多客户对没有亮点的活动感到疲劳，企业吸引客户参与的难度越来越高。主题要契合热点，嘉宾要行业头部，形式要新颖好玩，这些对市场人员都是不小的挑战。活动中，已报名的客户可能临时有事不出席，而且企业中高层基本不愿意作为看客参与活动。对于一场面向 CMO 的活动，可能参与者大多数是市场新人、专员，甚至是销售人员、竞争对手。
- 参与程度不高，需求开始变化。过去，客户参会一是为了获取新的信息，二是为了认识新的朋友。但是随着自媒体的发展，知识变得不再稀缺，各种社群的出现也使现场加好友变得不那么必要。随着技术逐渐成熟，主办方为了扩大传播范围和效果，往往提供线上的直播链接，甚至可以录播回看，也让更多的人失去了参与线下活动的动力。
- 能转化的客户少，ROI 低。很多活动会对外招商，部分赞助商免不了会在分享的内容中加入广告，甚至直接分享硬广，这样会使客户越来越不愿意来参与活动，活动的赞助效果越来越差，投入产出的 ROI 越来越低，企业又会因此减少活动赞助预算，这令市场工作者苦恼不已。

这就是企业活动营销的困境：因不专业而令人失望，因不成体系而劳累，因没效果而焦虑。面对这种困境，我们亟待破局。

6.2　活动营销的分类与思考

一些企业的营销活动办了一场又一场，但没有整体规划，工作人员疲于执行。有些活动拼命邀约客户，却不明白推动客户参与活动的逻辑还有些活动营销被视为市场部独自的工作，其他部门的配合不够。

那么，如何体系化地思考活动营销，解决这些问题呢？

6.2.1　主要的活动类型

根据活动空间的维度，我们可以将活动分为线上活动和线下活动两种。按照参与活动的人数又可以进一步分类，如表 6-1 所示。

表 6-1　主要活动类型

	10 ～ 50 人	50 ～ 500 人	500 ～ 3000 人	3000 人以上
线下活动	小型沙龙、闭门会、私董会等圈层经营活动	中型沙龙、会议	大型活动、论坛、展会	超大型行业峰会、展会
线上活动	线上闭门会、小型线上课程	线上产品活动、直播活动、大中型线上课程		

从活动主办方的维度，活动又可以分为自办、合办与赞助 3 种方式。

按照以上分类，ToB 企业的活动营销主要有如下形式。

1. 行业峰会

500 ～ 3000 人的大型活动和 3000 人以上的行业峰会，企业可以自办、合办和赞助。中小型企业自办峰会的难度较大，可以考虑赞助专业展商的峰会，中大型企业通常可以按需采用 3 种方式混合。

赞助行业峰会不仅可以提升公司品牌形象，提高产品的知名度，还能够让企业接触大量意向客户并在现场了解行业趋势、竞争对手的动态等。

2. 中型活动

（1）分享沙龙

常为 50 ～ 500 人的活动，可以自办、合办和赞助，企业资源不够的时候可以选择赞助，当有一定的资源时，建议合办或自办。

中型沙龙的关键是找到合适的主题，邀请有影响力、专业性强的嘉宾。可以按照每月一场的频率，每次邀请 2 ～ 4 位有一定知名度的嘉宾，讲述如何解决一些痛点或某件事如何做。

自办中型活动比较辛苦也比较吃资源，需要持续地做，做出行业认可度和行业影响力，才能做出效果。

（2）客户答谢会

很多企业在年终的时候，为了答谢客户、提高品牌美誉度，会举办一场高规格的客户答谢会，本质就是客户福利大会。这种会议可以是内容分享大会，也可以是比较轻松的圈层活动，重在帮助客户获得价值。

（3）产品发布会

这种会议一般是企业管理层团队一起介绍产品的理念、价值、更新等，也可以邀请老客户登台讲述自己的案例。

产品发布会的内容建议与行业洞察、产品发布、案例分享相结合，避免因为枯燥导致参与者体验不佳。

发布会的参与者主要是由销售人员来定向邀请的，让他们有机会整体地了解公司实力和产品亮点，促进转化成交，同时可以邀请媒体到现场，帮助会后传播。

3. 小型活动

（1）闭门会或私董会

闭门会一般是邀请企业的铁杆客户，让他们分享自己的行业经验或成功案例，10 ～ 50 人参加，进行深度交流。中高管客户的工作比较繁忙，且很多行业知识他们已经掌握，因此对知识的需求度下降，但对行业社交的需求度上升，并且需要是同频的社交。

在大会上，要照顾更多的认知程度不同的参与者，一般不会分享很深很细的内容。而在小范围的闭门分享中，参与者往往能听到更多的深度思考，听到一些背后的故事。参与者因为职级类似，可能刚好遇到了相似的问题，讨论得也更加充分，这样能让参与者收获满满，情感上自然也能更加亲密。

（2）读书会或宴会

读书会和宴会也遵循企业中高管的社交逻辑。在读书会上可以聊聊工作之外的问题，聊聊管理、社会、个人爱好等方面内容。宴会是一种更轻松的环境，能让参与者畅所欲言，一起吃饭聊天时也更有朋友的感觉。而参加宴会不用占用工作时间段，也能让参与者的参与感更强。

4. 线上直播

（1）线上产品发布会

现在越来越多的企业采用"线下 + 直播"的形式来做。有人认为这样的活动有太强的广告性，担心没有人会参加。对此，其实只要明确好目的，即让更多的人知道新产品和其亮点，就足够了。如果对产品感兴趣的人不多，那可以多邀请一些媒体人，或选择一些对产品感兴趣的客户。

（2）线上分享大会

随着科技与数字化营销的发展，线上的直播活动增多，各方面的体验也越来越好。相信在不久的将来，大家有可能足不出户就能逛展会、听演讲，开启市场营销的直播"元宇宙"。

6.2.2 福格行为模型与黄金圈法则

上文说了活动营销的难点与问题，想做好活动营销，提高活动参与率和转化率，需要活动营销人员具备洞察客户行为的能力，并且具备一定的活动营销思维。

笔者推荐使用"福格行为模型"和"黄金圈法则"来锻炼活动营销思维。福格行为模型是指，当动机（Motivation）、能力（Ability）和提示（Prompt）同时出现的时候，行为（Behavior）就会发生。其公式为 B=MAP，其中 B 是行为，M 是动机，A 是能力，P 是提示，如图 6-1 所示。动机是做出某个行为的欲望，能力是做出某个行为的执行能力，而提示则是提醒做出该行为的信号。行为的发生，需要动机、能力和提示 3 大要素同时发挥作用。

一个人要进行某一行为，需要有进行的动机、完成行为的能力、触发行为的刺激 3 个要素，人只有同时具备这 3 个要素才能跨越行动线，完成某一行为。比如报名注册、参加活动、下单购买等行为的发生都符合福格行为模型。

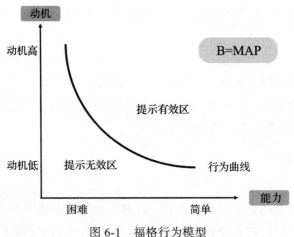

图 6-1　福格行为模型

福格同时提出：动机包括愉悦与痛苦、希望与恐惧、认同与排斥，能力包括时间、金钱、体力、脑力、道德约束、习惯，提示包括激励、引导、提醒。

学习和掌握福格行为模型，对各项市场工作，如搜索点击、内容分享、活动参与等，都非常有意义。

比如，理想的活动情况可能是：发布海报，内部团队纷纷转发，客户踊跃报名，行业媒体重点关注，现场氛围热火朝天，最后参与者积极反馈并获得赞扬。而现实往往是：客户本身缺少参与活动的动力，在报名、审核等环节又会遇到各种阻碍，甚至可能在报名完之后忘记活动日期，导致最后活动现场缺席。

作为活动组织者，我们就需要思考：赋予活动参与者动机，考虑他们参与活动的能力，以及进行各种参与活动的提示等。

对这一系列问题，除了使用福格行为模型以外，我们也可以使用黄金圈法则来思考，这两个方法是笔者十多年职业生涯中一直反复使用的秘诀。

黄金圈法则的原理如图 6-2 所示，它把思考和认识问题的过程分为 3 个圈层：最外层是 What，也就是做什么，指的是事情的表象，类似工作中的执行部分；中间层是 How，也就是怎么做，指的是实现目标的路径，类似工作中的规划、策略；最里层是 Why，就是为什么做，类似工作中的战略等。大多数人的思考和行动往往停留在 What 层，也就是执行层，往往重复执行后没能取得满意的结果，却又不得其解。

黄金圈法则告诉我们，思考的顺序应该是由内而外的，也就是按照 Why →

How → What 的顺序来思考。

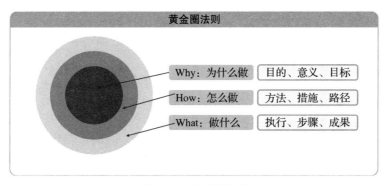

图 6-2　黄金圈法则

我们尝试用福格行为模型和黄金圈法则的逻辑来思考活动营销中的常见问题。

1. 动机

在做活动之前，我们必须站在更高的角度（即 Why 的层面）去思考为什么要做活动，想到达到什么目的，也必须站在客户的视角去挖掘痛点，去思考客户的需求是什么，比如利益需求、认知需求、社交需求等，来推动客户转发、报名。比如销售同事可能觉得活动不够吸引人而不转发，客户也因为活动内容或者嘉宾不够吸引人而不报名，这是对该活动在动机层面思考得不够。

2. 能力

在明确了目的之后，还需要提前做好活动的整体规划，比如内容、时间、地点、费用等。如果活动举办的日期是工作日，很多客户就不能参与；或者活动要求参与者付费 16 888 元才能参与，很多客户可能会认为价格太高；又或者活动地点交通不便，可能会导致很多客户放弃。这就要求活动组织者在规划时，替客户思考参与活动的便利性、性价比、流程复杂度，让客户有"能力"参与到活动中来。

3. 提示

提示就是促使客户报名的信号，往往需要使用各种营销技巧。比如用大牌嘉宾打动客户，提醒参与者这是与大咖面对面的好机会；设置早鸟票折扣提示客户报名，早报名有优惠；以及使用足够精美的邀请函、在活动现场发优惠券、晚宴有机会链接大咖等。也就是说，我们需要一些诱因来提示客户参与活动。这些诱因可以从这几个方面来思考。

- 从众：别人都转发了，你要不要也转发？
- 炫耀：只有少数的人才有资格，而你恰好有资格。
- 稀缺：限时限量，为客户营造一种紧迫和稀缺的感觉。
- 损失厌恶：你错过了就是一种损失。
- 其他：价格锚定、社会认同、利他心理等。

只有当我们深刻洞察客户行为的时候，才能更好地理解客户为什么参与、为什么分享、为什么购买等，只有深入理解了客户的动机，才能做出路径简洁、转化良好的活动，从而加强客户的行动力。

6.3　活动营销，从规划到复盘

活动营销规划也可以使用 4P 策略，也就是通过规划（Plan）、筹备（Produce）、执行（Promote）和完善（Perfect）4 个环节来进行。

对于活动营销，为了方便记忆流程顺序和细节，笔者提供一个口诀：

统筹要全面，预算要确认；场地很重要，物料多选择；

流程要细致，全员多联系；嘉宾要关注，推广要提前；

彩排要到位，签到有秩序；体验要多维，会中多传播；

危机要备案，持续做营销；获客要闭环，会后要复盘。

自办、合办与赞助 3 种活动类型的整体流程大同小异。本节主要以自办活动为例来简述活动营销从规划到复盘的过程。

6.3.1　活动营销体系

在多年的营销工作中，笔者曾总结过一些失败的活动，不外乎如下几点原因。

- 组织者能力和经验不足，企业品牌势能不够，强行组织千人大会，导致出席人数不多，现场气氛不好。
- 没有明确活动目的，品牌、获客、转化都想要，导致议程有问题。

- 缺乏用户思维，现场流程安排有漏洞，参与者体验不佳、反馈不好。
- 成本控制不好，导致花费近百万元做活动，最后 ROI 很难看，被领导追责。

那么我们如何避免失败，用科学的流程来进行活动营销呢？

因为 ToB 企业客户决策周期长、决策链复杂的特点，企业很难通过一次活动达到太多的目的，不同的客户群体参加活动的需求也不一样，这就要求我们有节奏地构建活动营销体系，在策划活动前明确好目标客群，设计好活动主题，落实好活动流程，及时复盘活动效果。

如果我们把活动营销拆解来看，那么就是如下两个维度。

- 横轴为活动流程：规划期、筹备期、执行期、收尾期。
- 纵轴为内部协同部门：产品、市场、内容、销售、客户成功等部门。

将活动流程和协同部门放在一起，就构成了一场活动的体系，可以看到每一个部门在活动的不同时期承担哪些工作，将这些工作一一填入框架中，则可以形成活动营销分工图，能够有效地提高协同效率，构建活动增长思维，如图 6-3 所示。

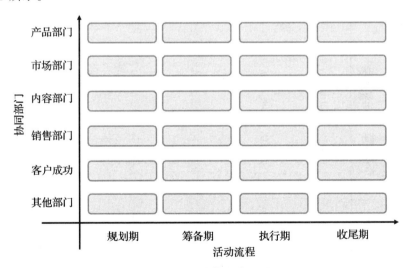

图 6-3　活动营销分工图

活动营销的目标包括长短期目标，短期要获客和转化，长期要培育客户和打造品牌。这样就要求我们分析不同活动的特性，进行活动的规划。

再将企业的大中小活动的 SOP、各种审批流程和注意事项、全年的活动规划等整理成册，就能形成企业的活动营销体系，如表 6-2 所示。

表 6-2　年度活动计划示意

年度活动计划

序号	时间	主题	活动类型	主要责任人	地点	目标客群	人数	主题	活动目标	预算
1	3月1日、3月2日	营销云峰会	自办大会	集团市场负责人	深圳南山	ToB企业CMO、市场负责人	3000人	未定	线索300个	100万元
2	3月9日	广州营销云沙龙	自办沙龙	广州市场负责人	广州番禺	广州地区ToB企业CMO、市场负责人	100人	未定	线索50个	10万元
3	3月25日	厦门营销云沙龙	自办沙龙	深圳市场负责人	厦门	厦门地区ToB企业CMO、市场负责人	100人	未定	线索50个	10万元
4	5月5日、5月6日	营销云峰会	自办大会	集团市场负责人	上海	ToB企业CMO、市场负责人	3000人	未定	线索300个	80万元
5	5月10日	杭州营销云沙龙	自办沙龙	上海市场负责人	杭州	杭州地区ToB企业CMO、市场负责人	100人	未定	线索50个	10万元
6	5月20日	南京营销云沙龙	自办沙龙	上海市场负责人	南京	南京地区ToB企业CMO、市场负责人	100人	未定	线索50个	10万元

6.3.2　活动前规划：目标与方案

1. 明确活动目的

活动营销一定要先明确活动核心目的，才能根据目的对内容进行策划，以使参会者的体验更好。活动目的根据活动的效果可以分为品牌、获客、转化、经营 4 类。

根据 ToB-O6A 模型，我们可以将不同目的的活动与不同的人群进行匹配，如图 6-4 所示。

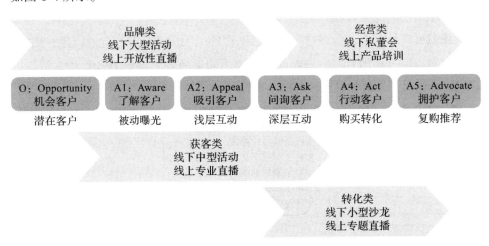

图 6-4　基于 ToB-O6A 模型的活动目的与活动人群匹配

品牌类：线下大型活动和线上开放性直播，如大型展会、行业大会以及大会直播，一般以品牌展示为主、获客为辅；关注的指标是媒体关注度、行业专家的参与度、话题传播度等；主要面向 O、A1、A2 客户。

获客类：线下中型活动和线上专业直播，常见的形式是做行业分享会，邀请从业者参加，一般以获客为主；关注的指标是参会者数量、线索数量、注册数量等；主要面向 O、A1、A2、A3 客户。

转化类：线下小型沙龙和线上专题直播，一般定向邀请客户的中高层管理者，进行高价值的知识交流或圈层交流，用老客户来影响新客户；关注的指标是参与者的质量、付费率等；主要面向 A3、A4 客户。

经营类：线下私董会和线上产品培训等，会邀请重要客户 KP 参与，以增加客户粘性，以经营客户关系为主；关注的指标是活动参与率、续费率等；主要面向 A4、A5 客户。

在清楚活动目的后，就可以确定考核指标了。一个合适的指标可以指引活动组织者有目的地开展工作。对于考核指标，我们可以通过过往同类活动的数据和现在市场的情况来进行设定，做到指标设定得有理有据又有挑战。

2. 明确活动参与人群

确定好活动目的，就要匹配活动人群了。在一个明确的目的、主题之下，我们要清楚目标活动人群是哪些，其需求如何，怎么样才能让他们愿意参加活动，怎样使他们更加满意。

我们可以结合企业的客户画像和活动目的来明确活动参与者的画像。比如，我们要做以"营销增长"为主题的活动，活动参与者应该是 ToB 市场人员，可以先来分析目标人群的喜好，如图 6-5 所示。

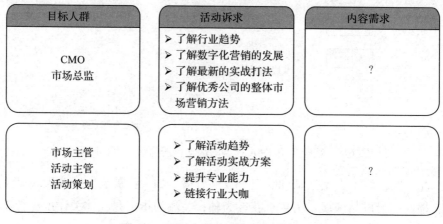

图 6-5　不同人群的内容喜好分析示意

CMO、市场总监是市场管理者，他们想了解的内容偏宏观，比如行业趋势，与企业相关的数字化营销的发展、实战打法，以及行业优秀公司的整体市场营销增长方法。

市场主管、活动主管、活动策划是市场部的专业岗位，重点关注活动趋势、和岗位相关的活动实战方案，想知道如何提升自己的专业能力，以及认识更多的优秀嘉宾。

这样我们就能通过对不同人群的需求洞察来推导出应该分享的内容，从而继续进行活动的规划。

3. 明确活动考核指标

要衡量一场活动最终的效果，就需要对活动进行目标和考核标准的设定。

合适的考核指标可以指引活动组织者有目的地开展工作。对于指标具体数值，可以通过往期同类活动的数据和目前市场的情况来设定，让指标设定既有理有据又有挑战性。

活动营销的主要数据有拟邀人数、报名人数、参会人数、线索、MQL、SQL等，我们可以通过漏斗来展示，如图 6-6 所示。

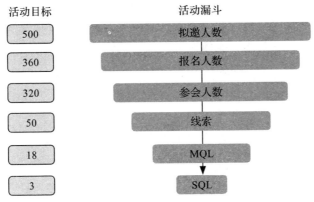

图 6-6 活动营销的目标漏斗示意

从市场部工作内容和时效性来说，笔者建议设置线索或 MQL 的数量为主要指标。比如一场主题为"营销增长"的面向 ToB 市场人员的峰会，其考核指标为线索 30 个，如表 6-3 所示。

表 6-3 某营销云企业活动的有效线索标准示意

企业类型	ToB 企业
规模	员工 50 人以上或年收入 1000 万元以上
职位	市场经理、市场总监、CMO
需求情况	有营销云采购需求，需求预算为 10 万元以上
线索	关键人联系方式
数量	30 个

4. 可持续可复制的活动策略

笔者曾见过某创业企业，要求市场部做出一年 100 场活动的规划，但是企业内部，从管理层到销售团队，都没有给予这些活动任何支持，导致活动邀约阶段纯靠市场部努力、活动现场没有销售团队支撑等，造成一年内多任活动负责人都在耗尽了自有人脉后离职。后来笔者给该企业梳理了一套自办活动模型，并且和企业管理团队进行了多次沟通，使其达成"市场活动不是市场部的活动，而是全公司的活动"的共识，推动各部门充分协同，该问题才得以逐步解决。

企业要想可持续、规模化地进行活动营销，可以参考笔者提炼的活水模型来制定策略，如图 6-7 所示。首先一定要蓄水，让更多的客户认识企业，让更多已经对企业有初步认识的客户进一步加深认知，这样客户才有参加企业活动的动机，否则就会造成小企业的活动无人问津、大企业的活动参与者络绎不绝的情况。蓄水之后需要管水，比如通过自动化营销、私域营销等，保持客户与企业的互动。真正做活动的时候，除了企业蓄水池放水外，还要全员邀约，使活动的参与者规模最大化。在活动后还需要进行二次营销等手段来活水，让企业的活动蓄水池不断壮大。

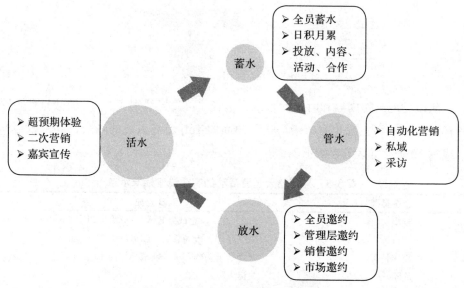

图 6-7　使活动可复制的活水模型

活水模型可以总结为：全员蓄水，日常管水，活动放水，持续活水，川流不息，汇水成湖。同时，还可以制作活动管理 SOP 来提高规模化活动的效率，如表 6-4 所示。

表 6-4　活动管理 SOP

活动前	活动中	活动后
场地搭建	活动现场照片拍摄	活动规划内容发布
活动预热宣传（图文、海报）	活动现场临时群搭建	活动照片、视频剪辑并发布
活动物料准备（DM、展架）	嘉宾接待	客户信息盘点与总价
礼品准备	现场获客和促进成交	重要客户回访和联系
	现场签到和名片收集	活动社群重组
	宣传材料和礼品赠送	

可以按照福格行为模型，提前思考如下问题，打造高质量的活动，提高客户体验。

1）活动策略：根据目的与人群来思考，活动规划的时候有没有对市场和用户进行调研。比如活动能给参与者带来什么价值？他们是想要交流、干货还是社交？准备的话题是不是最热门的？邀请的嘉宾是不是参与者喜欢的，是否有吸引力？与同期的活动相比，本活动是否有竞争力？

2）活动传播：传播价值点是否有做提前梳理？活动过程中如何进行传播？如何在现场引发参与者的共鸣和互动？

3）活动时间：不仅要考虑同期的其他行业大会，特别是重要峰会的举办时间，还要考虑嘉宾的时间、参与者的时间等。建议对计划时间前后 1 个月的活动进行统计，再来确定具体的时间。

4）活动地点：要充分考虑场地的大小、设施设备、交通情况、搭建空间和餐饮住宿等问题，特别重要的是交通便利程度。

5）活动议程：虽然距离活动议程的最终确定时间还早，但是这一阶段也需要有一个初步的议程，以便找到可以宣传的价值点，才能在前期吸引更多的客户报名。

6.3.3　活动前筹备：准备与邀约

1. 整体管理

组织小型活动，往往只需要 1 ~ 2 个活动岗位人员就能完成。但是大中型的活动需要成立一个 2 ~ 5 人的活动小组，靠多人协同来完成。这样就会存在组织管理的问题，只有大家都尽职尽责，才能更好地推动活动落地。

对于活动项目和活动组织过程，都可以使用相关的表格来管理，如果有数字化的工具支撑当然更好。在推进大中型活动的时候，要保证工作进程有条不素，笔者经常会使用活动整体进度筹备表来进行管理，接下来对该表进行讲解。

1）统筹要全面：制订活动的整体统筹计划，需要包含活动前中后的各大事项，以便做好全局把控。所谓"统筹在手，活动我有"。如表 6-5 所示。

表 6-5 活动整体进度筹备表

主要项目	二级项目	项目拆解	W1	W2	W3	W4
活动管理	活动方案	需求确认、场地确认、活动方案提交、方案确认	▨			
	活动进度	活动进度确认	▨			
人员管理	内部人员	活动组织人员确认、配合人员确认、协同部门确认、内部分工确认、内部沟通群成立		▨		
	外部人员	外部人员联系表、内外对接分工、内部沟通群成立		▨		
物料制作	物料设计	主画面设计、KT 板设计、签到墙设计、PPT 模板、其他设计			▨	
	物料制作	物料设计确认、物料制作			▨	
会场搭建	物料管理	场地尺寸核对、物料到场确认				▨
	搭建管理	场地平面图输出、平面图确认、布展				▨
内容管理	现场内容	现场播放视频、现场播放 PPT				▨
	演讲内容	PPT 模板、PPT 初稿、PPT 内容确认、演讲彩排				▨
嘉宾管理	嘉宾管理	嘉宾拟邀名单、嘉宾确认、嘉宾行程确认				
	行程管理	嘉宾行程表、嘉宾接待、嘉宾用餐安排、嘉宾到场服务				
展区管理	招商管理	招商方案、招商进行、招商进度、招商结果		▨	▨	
	展位管理	展位布置、赞助商展位、展位搭建				
现场管理	现场管理	活动手册、活动流程、现场执行表、碰头会				
	签到和摄影	签到位置、签到表、胸卡、礼品、摄影				
营销管理	会前营销	营销海报、营销软文、营销传播			▨	
	会中营销	活动海报、活动金句、活动软文、媒体报道、付费推广				
	会后营销	活动内容、嘉宾演讲、媒体报道、付费推广				
活动复盘	活动复盘	活动整体复盘、物料盘点和整理				
	数据复盘	活动数据统计、数据分析				

该表利用了甘特图的形式。我们也可以将工作任务分解到每日来管理，更加具体详细的统筹表可以根据实际需求自行绘制。

2）预算要确认：在完成活动的规划后，就需要确定活动的预算。如表 6-6 所示，主要的费用项目有 6 项，包含数百个细项。

表 6-6　活动预算表

序号	主要费用项目	费用项目拆解	费用
1	嘉宾及主持费用	主持人、嘉宾	
2	场地搭建及设备租赁费用	场地、舞台、桌椅、灯光、LED 屏等	
3	媒体宣传费用	现场媒体、媒体投放	
4	后勤接待费用	餐费、接待、交通	
5	营销物料费用	背景板、签到板、现场物料、人工安装费等	
6	报批报备费用	公安报批、交警报批、消防报批等	

2. 会场筹备

大中型会议会场搭建的活动物料会较多，我们同样可以使用表格来管理。

1）场地很重要。首先是场地的选址，需要考虑交通是否便利、会场的周边情况、停车和吃饭情况，还需要设计好入口、签到位置、餐厅动线、嘉宾休息室、合影地点、物料间等。完成好搭建之后，还需要对搭建物料进行验收。常见的验收项目如表 6-7 所示。

表 6-7　活动搭建常见验收项目表

活动负责人（联系方式）： 活动地点：	活动时间： 供应商（联系方式）：
序号　　　　　　验收项目	是否合格（细节备注）
1　　　舞台结构是否牢固？	
2　　　LED 屏幕是否牢固？	
3　　　会场是否有消防设备？	
4　　　会场是否有必要的医疗物品？	
5　　　是否存在其他明显的安全隐患？	
6　　　现场 KT 板、背景布等物料是否正确？	
7　　　企业 Logo 是否正确？	
8　　　现场座位摆放是否正确？	
9　　　现场宣传材料是否入袋？	
10　　现场桌椅是否有破损？	

（续）

序号	验收项目	是否合格（细节备注）
11	现场是否存在观众视线遮挡物？	
12	展台布置是否合理？	
13	会场物料存放是否到位？	
14	现场应急的遮阳、遮雨棚是否设置？	

2）物料多选择。大中型活动的物料都需要单独设计，并且需要关注物料的制作进展。通常活动所需的物料有活动海报、嘉宾海报、易拉宝、邀请函、横幅、宣传单等。我们可以通过表 6-8 所示的活动物料设计表和表 6-9 所示的物料制作推进表进行管理。

表 6-8　活动物料设计表

序号	区域	内容	画面内容	材料名称	数量	单位	尺寸	备注
1	外场	停车场指示	VIP 停车区	KT 板		个		
4		内场入口指示牌	内场入口	KT 板		个		
6		合影墙	外场签到处	KT 板		个		
7		座位分区说明	外场签到处	KT 板		个		
11	内场	会场入口指示牌	会场入口	即时贴		张		
12		内场座位水牌	5 个区域	即时贴		组		
13		嘉宾座位号贴纸	名字	即时贴		个		
14		内场座位号贴纸	座位号范围	即时贴		个		
15	流程	主画面		电脑 PPT				
17		串场背景图		电脑 PPT				
18		抽奖背景图		电脑 PPT				
20		麦克风贴纸		即时贴		个		
21		主持人手卡		250g 铜版纸		张		
24		活动议程单		150g 铜版纸		张		
26	其他	参会证		塑料		个		
30		抽奖券		KT 板 + 实物		个		

表 6-9　物料制作推进表

物料负责人：

序号	物料项目	物料要求	开始时间	完成时间	1 一	2 二	3 三	4 四	5 五	6 六	7 日	8 一	9 二	备注
1	活动背板							▓	▓					
2	易拉宝							▓	▓	▓	▓			

（续）

序号	物料项目	物料要求	开始时间	完成时间	1 一	2 二	3 三	4 四	5 五	6 六	7 日	8 一	9 二	备注
3	门口海报								■	■				
4	会议材料					■	■							
5	流程单							■						
6	桌签、椅签										■	■		
7	签到表						■	■						
12	活动主视觉设计								■	■	■	■		
13	活动海报设计								■	■	■	■		
14	活动邀请函设计								■	■	■	■		
15	活动开场视频								■	■	■	■		
17	嘉宾演讲 PPT										■	■	■	

3）流程要细致。前期还需要对活动流程进行初步的确认，以便安排物料，确认 PPT 播放和嘉宾演讲的顺序，并计算每场演讲的时长，如表 6-10 所示。

表 6-10　活动议程表

开始时间	结束时间	时长	内容	场下配合	备注
13：30	14：00	0：30：00	进场、暖场	员工进场	
14：00	14：02	0：02：00	静音提示	主持人静音提示	
14：02	14：17	0：15：00	开场演讲	音乐、屏幕切换	
14：17	14：47	0：30：00	嘉宾演讲 1	音乐、屏幕切换	
14：47	14：52	0：05：00	主持人互动，抽奖	音乐、屏幕切换	
14：52	15：22	0：30：00	嘉宾演讲 2	音乐、屏幕切换	
15：22	15：27	0：05：00	主持人互动，抽奖	音乐、屏幕切换	
15：27	15：57	0：30：00	嘉宾演讲 3	音乐、屏幕切换	
15：57	16：02	0：05：00	主持人互动，抽奖	音乐、屏幕切换	
16：02	16：42	0：40：00	圆桌论坛	音乐、屏幕切换	
16：42	16：47	0：05：00	结束语	主持人致辞，邀请合影	

4）全员多联系。做好内部组织与协同人员以及外部供应商的通讯录，必要时可以拉群，以便各个事项一旦有问题都能联系到责任人。

3. 嘉宾管理

嘉宾要关注。嘉宾邀请、接待、演讲是活动的重要环节，企业办活动最大的问题就是如何邀请合适的嘉宾，以及如何锁定嘉宾的行程和内容。

笔者建议首先从企业内部的高层入手，寻求帮助，让他们邀请嘉宾；其次从市场部自身的行业资源储备入手。如果不够，可以去通过公众号、微博、知乎、脉脉等平台去寻找合适的嘉宾，再通过留言等方式取得联系，开始邀请。当然嘉宾的资源还是要在平时多积累，才能在做活动的时候有储备可用。

很多嘉宾平时比较繁忙，会使用现有的、通用的 PPT 来做分享，这样的内容可能不能完全匹配活动主题。所以最好提前沟通主题，建议嘉宾做适应性的修订，并且在活动开始前一周确认一下 PPT 是否完成等，务必保证内容的质量。

那么如何来选择嘉宾呢？笔者的建议是：企业选择的嘉宾一定要是合作过的或者听过其分享内容的，并经内部多个人认可的。更好的做法是将嘉宾进行分层或评分，再进行选择。可以从以下几个方面入手来避免风险。

- 拒绝职业经历不丰富，没有实战案例的嘉宾。
- 拒绝行业声誉不佳，没有亮点的嘉宾。
- 拒绝一个话题包打天下，不能与时俱进的嘉宾。
- 拒绝经常为他人或为自己做广告的嘉宾。

当确定嘉宾之后，就需要持续关注他的动态，我们可以使用嘉宾行程表来进行管理，如表 6-11 所示。

表 6-11　嘉宾行程表示意

活动名称：					活动时间：			活动地点：				嘉宾总人数：			
序号	姓名	企业	职务	手机	抵达行程			活动安排				返程安排			备注
					航班/车次	到达时间	酒店房间	接待人	活动环节	时间	会场	航班/车次	返回时间	接送人	
1															
2															
3															
4															
5															

嘉宾到场后，可以根据活动嘉宾管理表来进行接待，如表 6-12 所示。

表 6-12　活动嘉宾管理表示意

负责人：		活动时间：	活动地点：		
日期	时间	项目	具体内容	负责人	备注
10 日	全天	接待和住宿	接待和安排入住		
	18：30 ～ 20：00	嘉宾就餐	嘉宾到二楼包厢一起就餐		
11 日	8：00 ～ 8：30	提醒嘉宾	提醒嘉宾起床、参会		
	9：30 ～ 11：30	上午会场	1. 引导嘉宾就座 2. 引领嘉宾上下台 3. 引领茶歇 4. 对接现场资源		
	11：30 ～ 13：20	午餐	二楼包厢点餐		
	13：30 ～ 17：00	下午会场	1. 引导嘉宾就座 2. 引领嘉宾上下台 3. 引领茶歇 4. 对接现场资源		
	18：30 ～ 20：00	嘉宾晚宴	1. 二楼宴会厅就餐 2. 串场和对接晚宴资源		

4. 宣传推广

推广要提前。活动的宣传推广需要提前几周甚至几个月，尽可能覆盖参与者聚集的渠道，吸引其注意，以便在早期拉动活动报名量。活动前的推广，重点在于打造活动声量，带来关注度和报名量。

活动前推广需要准备以下内容。

- 活动海报：会议日常海报、嘉宾代言海报、定向邀请海报、活动倒计时海报等。
- 活动文章：活动背景内容、活动宣发内容、活动亮点内容、活动嘉宾介绍内容等。
- 推广渠道：垂直社区推广、自媒体平台推广、大咖推广、社群推广等。

宣传推广的内容要点可以参考如下几点。

- 说明如何报名参加活动。
- 说明报名截止日期，提醒参与者名额有限。
- 通过嘉宾和场地介绍来吸引参与者。
- 发布视频，播放嘉宾发言、客户感言等。

宣传推广的渠道可以分为自有渠道、合作渠道。其中，自有渠道包含自有媒体和私域媒体中的公众号、视频号、朋友圈、社群、小程序推送消息、微信模板消息、邮件、短信等。合作渠道包含付费媒体和赢得媒体中的活动平台、第三方自媒体平台、大型科技媒体、行业自媒体，以及嘉宾的个人公众号、朋友圈等。

通过宣传推广中的链接或二维码，引导客户来到报名页面。

活动消息的发布通常采用活动行、互动吧等平台，或公众号、官网等渠道。一般采用统一报名的方式，原因是这些平台除了有良好的报名管理流程，还有一定的流量，能帮助曝光活动。公众号、官网等可以用于私域流量、定向邀约的活动中，也可以只用于展示，报名会跳转到上述平台，以便统一管理。

如果企业使用自己的表单来收集报名信息，就需要对海报和落地页进行设计，突出活动主题、活动嘉宾、分享内容、活动流程和时间地点，并做好报名过程的体验。

宣传推广阶段要重视活动浏览量、点击量、转发量、报名量等数据。

如果是合办的活动，还需要多方一起来推动报名。在报名量不够的情况下，可能还需要通过行业 KOL、行业社群推广的方式来报名。同时，企业也可以关注一下 CRM 中的留资客户，进行邮件、短信的触发。

除了定向邀约的活动，通常报名者到场率在 60% ~ 80%，大家一定要注意这个比例范围，留足报名余量，宁多勿少。

不同活动的报名周期也有差异。千人活动的报名建议提前一个月开始，给参会者留足时间；而小型沙龙在沟通好的情况下，一般提前一周报名就可以了。

报名之后，还需要企业通过电话、短信等方式来确认报名者到场和给出参会提醒等。

报名的过程是参会者来到现场的第一次体验，请大家务必充分重视。

6.3.4　活动中执行：体验与传播

明确了活动的目标，清楚了手中的资源，制定好了人员、物料的准备策略，编制好了项目的统筹计划，完成了前期的会场布置、嘉宾邀请等筹备工作后，活动就正式进入执行阶段。

通过一份完整的活动现场分工表，我们可以对现场工作做进一步的安排，如表 6-13 所示。

表 6-13 活动现场分工表示意

活动时间：

活动地点：

活动负责人：

工作部门	工作时间	工作内容	6月1日			场地负责方			备注
			7：00～9：00	9：00～12：00	13：30～18：00	责任人	供应商	场地方	
场地管理		场地布置、指引、物料管理、应急管理							
嘉宾管理		嘉宾接待、停车管理、签到、合影							
活动签到		入场签到、证件发放、物料发放							
主持和嘉宾		主持、嘉宾演讲管理							
舞台灯光摄影		舞台、灯光、摄影、音乐、PPT切换							
餐饮管理		活动当天午餐和晚宴引导、确认							
其他		其他事项的配合							

活动的执行就是把分工表的每一项工作各司其职地完成。只有扎实地推进，才能不断提高活动管理的成熟度，有利于后续科学、高效地举办活动。

1. 提前彩排

中小型会议可以根据需求来彩排，但是大型会议、行业峰会需要提前彩排来保证活动质量。

一般在活动前一天，主持人串词、走场，现场人员按分工演练一次，调试音响设备、灯光舞美、暖场音乐，检查活动指引等。

一般 300 人以下的活动，一个主持人可以控场，而千人大会还需要 1 ~ 2 个控场人员、2 ~ 3 个引导人员，以及专门的摄影团队等。

2. 现场执行

现场执行离不开人、货、场 3 个环节。

- 人：现场工作人员负责维护秩序，安排参会者签到和入场、互动，并且完成嘉宾的接待和引导。
- 货：现场物料的安排、入袋、摆放。
- 场：现场舞台的搭建、座位的摆放、展区的安排等。

3. 活动签到

签到是活动主办方验证参与者的一种方式，也是 ToB 企业收集客户信息的重要方式。

传统的签到方式都是参会者在一个打印了名字的纸上填写相关信息。这种方式目前在大型会议上比较少见了，毕竟谁也不想看到会议开始前签到台拥挤不堪、乱成一片的情况。

近几年来，活动签到基本实现了扫码、打印凭证、入场一体化，大大地改善了参会者的体验，也简化了活动组织者的工作。

数字化签到还能让活动负责人实时掌握参与者数据，一旦发现参与人数不足，则提前采取应对措施，避免活动现场入座稀疏的尴尬局面，比如让工作人员进行填充或减少座椅等。

4. 体验管理

活动的体验管理包含空间体验、感官、流程、情感等方面，并且涉及的细节比较多，需要大家在工作中多注意如下工作内容。

- 活动报名后的参会提醒。
- 活动参与者的社群的组建与运营。
- 现场签到的胸牌发放和参与者进出的管理。
- 现场参与者的情绪需要主持人与工作人员引导。
- 现场互动的氛围也很重要，要让大家有参与感。
- 嘉宾上台最好有引导，防止混乱。
- 现场的媒体人员需要有单独的区域，并且有通稿或速记材料提供。
- 茶歇时间要合理，较晚安排会造成参与者吃完离场的现象。
- 现场的整体秩序也很重要，如果出现现场嘈杂的情况，需要控场人员维持秩序。

如果活动过程中因为现场突发状况或嘉宾的原因导致流程出现变化，需要及时同步主持人，以便主持人临场应对，减少参与者对现场变化产生的突兀感。对现场风险的管理，活动组织者或团队也是需要有预案的。销售人员不能过度骚扰参与者，最好设计合理的触达方法。

5. 过程传播

活动过程中，可以设计现场互动环节来保证留场率和互动率，比如活动中设置现场抽奖，将大奖放在最后，或者让参会者拍照并发朋友圈后领取伴手礼等。

现在大中型活动一般都会有专门的摄影师，签到、演讲、交流的各个环节都会提供高清的照片供参会者传播，嘉宾的现场照片、观点也可以做成海报，发到现场交流群中。总之，在活动过程中的每一个人、每一个环节都可以成为传播点。

如图 6-8 所示，笔者曾在中欧商学院等平台联合举办的一场活动中演讲，这就是主办方同步制作的过程传播海报。

优秀的活动组织者，会从活动的策划到结束始终思考如何提高活动的质量。比如 To B CGO 的"重生大会"。首先，从"重生"出发，主办方用凤凰的意象来做设计，海报就惊艳了业内人士，带来了不小的传播度。然后，推送文章《再见！ToB 市场部》又用"标题党"的方式引起了市场的好奇。接着，活动使用了休闲聚会风格的场地，配以炫酷的现场布置，让媒体和嘉宾成为利益共同体，让参会者有与以往不同的体验，再配上精美的现场照片，带来了第三波宣传。最后，用现场嘉宾分享的干货以及现场互动的内容，形成图文，带来了第四波宣传。并且，相关视频也放在视频号上供未到场的人观看和互动。这样一波接一波，形成了有节奏的宣传过程，让活动声量逐步放大，让参与者体验良好。

图 6-8　演讲的过程传播海报

6.3.5　活动后收尾：闭环与复盘

1. 活动后营销

活动的结束并不代表营销的结束，活动后应该借助活动的余热、参会者的意犹未尽，继续进行有节奏的营销，进一步放大活动传播的声势，如图 6-9 所示。

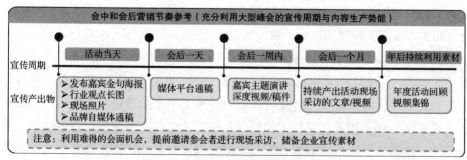

图 6-9　活动后营销节奏

活动当天，每个人都是传播点，让传播形式丰富多彩。

- 视频直播：通过直播平台来展示现场情况。
- 嘉宾金句：嘉宾金句海报、嘉宾演讲照片。
- 图片直播：现场图片、观众图片、嘉宾图片等。
- 实时报道：现场精彩内容的摘取、现场数据的实时报道等。

活动结束后，总结干货，二次传播，与嘉宾双赢。

- 在自己主办的活动中，最好当天有新闻稿，第二天就有干货内容分享。
- 后续放出嘉宾演讲稿或 PPT、嘉宾采访、媒体观察等。

2. 全漏斗获客

活动营销不能仅仅是现场热闹和有一定传播度就够了，还需要进行获客，别忘了我们的考核指标可是线索或 MQL 的数量。活动获客目标的达成，落在活动漏斗每一个环节，如图 6-10 所示。

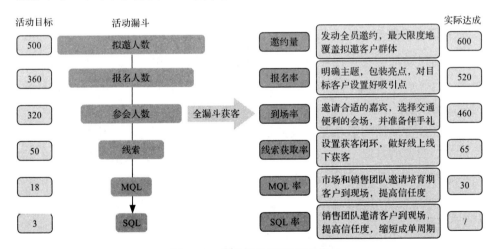

图 6-10　活动漏斗和获客动作

提高邀约量、报名率、到场率是为了提高活动获客的基数，线索获取则需要在每一个环节设置好承载点，而 MQL 和 SQL 数量的提升更多是通过市场、销售团队邀请潜在客户到现场持续培育。

要做好线索获取闭环，至少需要做好如下环节。

活动前期宣传的报名环节需要设置审核步骤，一方面营造稀缺感，引起报名者重视，另一方面则可以提前收集报名者信息。

在活动中，使用签到、抽奖等方式都可以继续收集这部分客户的信息，还能通过领取专业知识脑图、企业白皮书、干货内容集、行业书籍等方式来获客。

活动中嘉宾的演讲 PPT 也是非常有价值的资料，可以在征得嘉宾同意的情况下对 PPT 进行脱敏，在官网或公众号设置关注下载，帮助企业在活动后持续获客。

有销售团队支撑的线下活动，可以让销售人员在现场发放产品手册、承接产品咨询来获客。

如果是合办、赞助类活动，则可以索取参与者名单，让 SDR 跟进，寻找有意向的客户。如果是线上活动、直播等，则可以在报名时、直播中、直播后持续引导客户留资来获客。

总之，要想成为一个增长导向的市场人，则应该具备品牌思维、增长思维，理解每一次和客户的接触过程都是一次品牌的传播机会，每一个营销动作都需要实现从流量到线索的增长闭环，才能持续为企业创造价值。

3. 活动后复盘

任何活动都会存在各种问题，活动岗位人员就是在一次次的活动中成长起来的，只有在每次活动后用心复盘，才能不犯相同的错误，也能不断总结经验，提高活动体验。

笔者经常使用的活动复盘模型是 GRAI，如表 6-14 所示。其中，G（Goal）表示活动营销的目标；R（Result）表示实际取得的结果，该结果与目标相比有何不足和超越之处；A（Analysis）是指客观和详细地分析每一个步骤，找出数据偏差的原因；I（Insight）则是通过思考和总结来找出提升的办法。

表 6-14　GRAI 活动复盘模型

GRAI 模型	预期目标	实际结果	分析原因	思考和总结
邀约数				
签到数				
线索量				
现场活动数据				
资料下载量				
官网流量				

除了使用 GRAI 模型快速对可量化的数据进行复盘外，还需要对活动过程进行复盘。常见的复盘内容如表 6-15 所示。

表 6-15　活动复盘分析示意

目标达成情况	活动目标完成的情况，如报名人数、到场人数，以及线索、MQL、SQL 数量等 成本预算的达成情况，如活动成本、收入数据、活动 ROI(ROI= 收益 ÷ 投资 × 100%）等
活动工作回顾	活动前、中、后每个阶段的回顾 活动关键节点的回顾，如报名、邀约、演讲环节
成果和不足	成果怎么样，哪些地方做得好，有何亮点，原因是什么，下次如何复用 有哪些疏漏、问题以及未达成的目标
改进建议	对活动的改进建议 对部门的改进建议 对个人的改进建议

6.3.6　合办与赞助类活动

除了自办活动之外，企业还可以使用合办、赞助类活动来提高效率，向合作伙伴和专业会议组织方借力，实现杠杆收益。

1. 合办活动

合办活动也称为异业合作，一般是由一家企业牵头，多家合办，共同邀请嘉宾、参与者，一起分享活动成果，实现资源共享。

异业合作在零售行业比较普遍，比如麦当劳和愤怒的小鸟、六神和奶茶品牌、大白兔和服装品牌等，借助各自的消费者来扩大销售范围。而 ToB 行业的异业合作，本质是取长补短或强强联合，但是在扩大销售层面还是比零售行业复杂不少。

在资源层面来说，合作双方资源互导，增加了流量入口，花一份市场成本，实现超出投入的营销效果。

相信市场工作者经常会听到"我们客户一致，业务没有冲突，多多合作呀""我们的活动相互支持一下呀""线上活动相互导流量呀"等交流话语。而根据笔者多年的观察，企业之间口头答应合作很容易，参加彼此的活动也很容易，但是将合作真正落地，持续为双方带来稳定线索的很少。

合办活动容易出现各家企业都在打广告，导致参与者现场体验差的情况。并且，企业之间对嘉宾的管理办法可能不一致，这也会扰乱客户认知。另外，其他企业邀请的客户不一定匹配我们企业，可能会造成冷场。

笔者总结了 ToB 企业合作应该考虑的 3 个原则：目标客户相近，公司规模相似，对方信誉良好。并且在合作前应该提前考虑好合作主张和合作方式。

在合作前要想清楚自己能给对方什么，想要对方什么资源。我们要明确自己的目的，盘点双方的资源，让对方看到收益，做到真正的双赢，才能更好地推进合作。

合作方式主要有资源互换、合作引流、相互宣传、联合优惠、销售互带、产品捆绑等，其中越靠前面的方式越难落到实处，越靠后面的方式越能深入合作，一定程度就需要创始人层面的推动。

笔者观察下来，市场部能把控的主要是内容、活动、社群等环节，其中比较容易落地的是活动和社群流量的互导。而在各自想要的线索、成交环节，ToB企业还是很难把握的，建议不要强求。最有价值的还是双方在产品层面的深度合作，这样联合营销也能落到实处。

常见的寻求异业合作的渠道有企业市场部，以及异业邦、BD 沃客等。此外，在脉脉等职场社交平台也可以找到合作机会。希望大家打开思路，放开心态，坚持互惠互利，真正去落地好企业的异业合作。

2. 赞助活动

赞助和参展是市场部的高频工作之一，也是很考验活动岗位人员能力的一项工作。花钱赞助容易，获得好的 ROI 不容易。

那么我们应该如何判断并挑选出高质量的活动呢？主要考量如下几方面因素。

（1）活动主办方

活动主办方很大程度上决定了活动的质量，也决定了嘉宾的等级。企业可以关注主办方类似活动的举办次数、客群及过往的口碑等，精选几个靠谱的主办方长期合作，减少信任成本，这样能够大大提高企业赞助参展类活动的效率。

（2）活动主题

主要用来判断是否符合公司的目标客群。

（3）活动规模

一般分为主会场规模和分会场规模。规模越大的活动的赞助费用可能越高，但并不代表效果一定越好。

（4）赞助权益

权益一般包括演讲、圆桌、展位、资料入袋、媒体报道等，要选择最合适的权益来进行赞助。

对于普通级别的展会，笔者会选择赞助标准展位，费用在 5000 ～ 3 万元，能拿到一个 6 ～ 12 平方米的小展位，进行营销活动。

对于行业影响力较大的展会，笔者会选择赞助大展位，预算充足的话再赞助一个主会场或目标客户较多的分会场的演讲。笔者曾经算过，纯布展的性价比低于"演讲嘉宾＋布展"的性价比。比如，某活动标准展位的赞助费是 3 万元，而"15 分钟演讲＋大展位"的报价是 8 万～ 10 万元，而后者使品牌形象和本次峰会的声势形成指数级的放大，还可以通过演讲提升品牌影响力，通过展台接待来加强获客，实现流量闭环。如果有演讲的资格，那么企业还能在大会上做好内容传播，而非仅仅赞助一个关注度不高的标准展位。

但质量越高的峰会，赞助价格会越高。如果企业的媒体矩阵做得不错，或者企业创始人、高管拥有一定的行业影响力，则一般能给谈判带来一定优势，进行资源置换而减少金钱的投入。

笔者制作了一个评分表，通过打分来判断此次活动赞助是否值得，如表 6-16 所示。

表 6-16　活动赞助评分表

评分参考：0 分不达标，2 分很差，4 分较差，6 分一般，8 分较好，10 分优秀		
说明	活动负责人评分	市场总监评分
受众匹配　会议的受众是否与企业的目标客户匹配，主要从行业、企业、岗位、活动内容和主题等方面分析		
费用与权益　会议的费用是否合适，权益价值多少，主要从活动规模、规格、人均触达费用、是否有演讲、是否有展位、是否给名单、是否有会后宣传等方面分析		
主办方评价　主办方过往的评价如何，主要从是否为合格的供应商、过去活动的评价、是否有行业影响力等方面分析		
竞品赞助情况　行业头部企业、竞品是否有赞助		
时间、地点匹配　会议的时间、地点是否匹配，客户是否方便参与，是否能安排人员到场		

6.3.7　中小型 ToB 企业的活动策略

对 ToB 企业来说，特别是中小型企业，通常存在资源不足的情况，所以一定要根据企业内部活动资源的分析来制定活动策略，如图 6-11 所示。

资源维度	市场资源	企业资源	外部资源	活动预算
资源梳理	➤ 市场团队做过哪些类型活动 ➤ 有哪些和产品相关的主题 ➤ 是否有优秀的 PPT 设计师 ➤ 过往活动的效果评估如何	➤ 管理层有哪些人脉资源 ➤ 管理层是否具备较强的演讲能力 ➤ 部门负责人是否有较强的演讲能力	➤ 有哪些企业可以合办活动 ➤ 有哪些外部分享者可以合作 ➤ 有哪些场地可以合作 ➤ 有哪些企业愿意赞助活动	➤ 市场预算中的活动预算有多少 ➤ 活动预算需要完成怎样的目标
结论示例	比如：适合做 100 人以下活动和赞助峰会	比如：产品负责人是自媒体大 V，且具备不错的演讲能力	比如：与邹叔有年度合作，他可以协助宣传和演讲	比如：年度活动预算为 200 万元，主要目标是获客 1000 个

图 6-11　活动资源梳理方法

企业资源的梳理通常从市场团队能做什么活动、擅长什么活动类型、现阶段活动目标是什么，以及用怎样的频率来做活动等维度展开。

同时，笔者建议大家有节奏地做活动。一个简单的方法就是：自办 1 场大会来展示品牌，参与 10 场中等沙龙以演讲获客，高频组织 100 场小型沙龙，提高客情和转化数据。笔者称之为"1+10+100"方法，不同规模的企业按照这个比例来调整就行。

对自办活动而言，很多 ToB 企业喜欢频繁举办百人活动，认为这是最有效率，也是市场部最容易办起来的活动。而在笔者看来，这种规模的活动其实非常尴尬，除非是定向邀约，否则中高端的人群不会到场，参加的都是销售人员或者行业新人。而组织活动势必需要场地费用等，一场下来可能有近万元的开支，但活动获得的线索数一般是屈指可数的。这类活动的品牌效果不如大型展会，转化效果不如几十人的沙龙。

笔者在分享的时候多次说过："活动有节奏，家宴见奇效。"笔者任职过的某企业就曾依靠 1 个社群人员和 1 个活动主管在 1 个月做了 40 场沙龙和家宴，极为有效地链接了近 3000 位运营和产品从业者。首先，通过 3 个小时左右的小型沙龙，拉近大家的关系。然后，举办家宴，让大家像朋友一样吃个饭。人数一般在 10 ～ 12 人，再多了无法深度交流，用餐位置也会略微拥挤。人员配

置使用 2：4：4 或 2：3：5 的人员比例，即 20% 的参与者是活动组织者，40%
或 30% 是关系好的老客户，另外 40% 或 50% 是想要链接的新客户。这样能通
过圈层的交流来加强彼此信任感。有信任度的老客户分享了经验、认识了朋友，
正在培育中的新客户学习了知识、结交了人脉。活动氛围轻松，转化率还不错，
非常适合创业企业。

6.4 搭建直播营销体系

自从线下活动受阻，ToB 企业的直播就开始爆发。但 ToB 直播又不同于娱乐、
带货直播那样需要大众的广泛参与，而是用专业的内容去影响小众的精准人群。

那么对 ToB 企业来说，如何搭建直播体系、做好直播呢？本节我们一起探
讨这个话题。

6.4.1 为什么要做直播

美国 Salesforce 公司的创始人 Marc Benioff 曾说："对于 ToB 企业而言，获
客最好的方式即内容营销和会议营销。"很多报告显示，Webinar(在线研讨会)
是欧美 ToB 企业重要的获客方式之一。Webinar 正是内容营销与会议营销的线
上结合体。而在国内，Webinar 以直播的方式存在。

为什么企业要做直播呢？在笔者看来，这主要是由于线下活动的减少，销
售人员拜访客户遇到瓶颈，但是企业的增长需求依然旺盛，而直播是一条可能
的获客路径，再加上各种直播工具和技术的进步，让企业直播能够一键启动。

与 ToC 直播追逐流量的直接转化不同，ToB 直播的主要目的还是品牌传播、
线索获取和培育。

相比于线下活动，直播没有那么烦琐的活动管理，参与者也不受时间和空
间的限制，整体成本会更低，一些直播形式还能支持更好的互动，加速客户关
系的培育，而直播内容也能更好地沉淀下来，方便复用。

6.4.2 直播营销体系的搭建

1. 直播团队
直播团队中的角色主要有以下 5 种。

- 主持人，负责直播时的全场把握。
- 嘉宾，工作人员需要对嘉宾进行对接和引导。
- 直播维护人员，负责直播工具和设备的调试、维护等，保障直播流畅。
- 推广人员，负责直播的内外部推广。
- 转化运营人员，负责做好直播的流量转化。

在实际工作中，以上工作往往是由一个或两个人完成的。而大型会议的直播可以由专业的直播团队支撑完成。现阶段大部分企业有社群、内容或活动人员来承接直播的职能。

2. 直播流程

要实现直播工作的持续进行，就需要制定直播的 SOP，这样才能沉淀好经验和话术，不断提高每一个阶段的观众体验与转化效果，提高直播的工作效率。

笔者按照经验，将一场知识分享直播拆分成了 3 个部分、数十个节点，如表 6-17 所示。大家也可以编制自己企业内部的直播 SOP，以明确分工和指标。

表 6-17　ToB 企业直播 SOP

直播前		直播中		直播后	
直播前 4 周	1. 确定主题 2. 确定讲师 3. 确定内容框架	直播前半小时	1. 直播预热 2. 讲师介绍	直播结束	1.PPT 营销 2. 答疑总结 3. 回看链接营销
直播前 1 ~ 3 周	1.PPT 沟通修改 2. 讲师包装 3. 制作宣传海报 4. 进行活动宣传	直播进行中	1. 直播录制 2. 直播互动 3. 转发引流 4. 客户反馈	直播复盘	1. 直播数据统计 2. 复盘目标达成情况 3. 统计注册数量
直播前 2 ~ 7 天	1. 持续宣传 2. 报名数据统计			直播宣传	1. 直播内容撰写 2. 直播内容营销
直播前 1 天	1. 消息提醒 2. 彩排演练				

有了这样的 SOP，我们就能够不断地优化工作，取得更好的成绩。

3. 直播设备

简单的直播依靠"电脑/手机+直播工具"即可完成，电脑直播比较常用的平台是小鹅通、腾讯会议、微吼直播、保利威等；手机直播常用的是腾讯直播，当然也可以尝试抖音等。没有最好的直播工具，只有适合企业的工具，大家可以自行选择。

而比较复杂的直播是由"直播间 + 直播设备 + 推流方案"构成的，但是不建议前期对此进行过多投入，可以先和直播厂商合作，再考虑采购直播产品或服务。

6.4.3　如何做好直播营销

从传播的角度来说，笔者总结了直播最重要的 5 个要素：内容、嘉宾、体验、推广、转化率。

1. 内容

内容是直播的灵魂，直播的内容决定了直播的效果，我们需要思考观看直播的客户的需求，了解他们想要什么样的内容。没有人愿意花上 1 个小时在手机屏幕前观看广告或低质量内容，因此企业直播应该避免产品硬广和重复性的内容，而要以新颖的内容为主，稍微带入广告即可，最好是将产品特点融入内容中去。

常见的直播内容如下。

（1）知识分享

与最常见的线下会议形式一样，知识分享也是直播最常见的形式，嘉宾通过 PPT 和真人出镜的形式来分享干货，现在更有一些虚拟直播间的形式可以让观众的观感更好。但值得注意的是：在这个注意力被无限分散的时代，让观众持续观看 30 分钟以上的知识型直播正在成为一项困难的任务。

（2）嘉宾对话

考虑直播的观看形式和体验，没有 PPT 的对话内容会更受欢迎。企业可以邀请嘉宾针对一些话题进行对话，像访谈节目一样。采用这种形式，主持人或嘉宾在直播的过程中和观看者互动也更加方便。

（3）现场直播

为了提高活动的传播范围，越来越多的企业在线下大会的开展过程中同步直播，让未到现场的客户观看。但这会遇上与知识型直播同样的问题，观众很难长时间保持观看，还需要市场团队在过程中通过抽奖等方式提高留存率，改善互动效果。

目前大部分企业的直播还是缺乏规划和节奏的，基本还没有企业能将直播做出品牌影响力，形成一个线上栏目。企业在精品内容的栏目化方面还有很大的可优化空间，观众也期待看到更多有趣的直播模式出现。

2. 嘉宾

好的嘉宾能够让直播内容丰富、话题多样化，并且能吸引他的粉丝来关注。

对于直播这样的场景，建议多考虑某些领域的 KOL，他们在镜头前面的演讲和表现以及带来的流量可能远远超过某些公司的高管、CEO。

3. 体验

直播的体验可以从这几个角度来考虑。

一是直播的时间点。除现场活动的直播会在工作时间开始外，其他的直播建议选择 19：00 至 22：00，时长不超过 60 分钟，以 30 ～ 40 分钟为佳。

二是直播的仪式感。比如开播前的预热、直播过程的互动、直播的连麦、直播后的说明，还有直播的周期性、栏目化等。

三是直播的知识。直播的内容密度不建议太高，一次直播只要传递二三个知识点就行，避免观众难以消化。

四是观众的参与。无论提高观众的参与度还是关注度，直播的互动环节都很重要。一场直播进行多少次互动，需要一个完整的策略。现在不少直播平台已经可以实现问答、红包、调查问卷、资料下载等互动方式。

4. 推广

直播活动的推广在整个环节非常重要。很多推广都是在官网、公众号等渠道进行的，但这还是在老客户中进行的，很难扩大直播的受众面，所以一定要多考虑外部渠道，把短信、邮件、合作伙伴、付费渠道等都利用起来。

另外，直播的入口路径可以转化为二维码，进行裂变传播。比如将直播间二维码分享朋友圈能够获得抽奖资格，推荐好友观看则可以多一个抽奖资格等，这样的方法能带来更多新用户。

5. 转化率

基于 ToB 企业客户购买旅程，要靠直播来成交是很难的，建议主要关注直播观看人数、留资数量等指标。

想要提高留资数量，很重要的就是让观众留下联系方式，这需要有足够的吸引力，比如嘉宾的 PPT，直播中提到的资料、图表等，都有助于引导观众留资。

如果流程是数字化的，直播后按照一些打分规则来给留资的线索评级，做好行为标签，再通过标签去寻找相似的人群，能更好地找到潜在客户。

如果直播数据不够好，可以从上述维度拆解和分析，找出问题在哪里，同时让直播组织者与内容、社群、产品、市场等人员多一些联动，达到品牌影响力和转化效果的最大化。

6.5 思考

本章我们学习了 ToB 活动营销的价值和主要分类，在活动营销中福格行为模型和黄金圈法则能够帮助我们更好地思考。

在活动前，我们需要梳理好活动管理、物料筹备、嘉宾邀请、宣传推广等事项，活动中要提前彩排、确认现场执行的细节、重视体验管理、持续进行过程宣传，并且全程注意活动获客的闭环，活动后进行二次传播和复盘等。

并非所有的活动都需要自办，合办和赞助也是不错的方式，但是要注意合作伙伴的选择。

直播也是目前 ToB 活动的热点，作为市场人员，我们需要掌握直播体系的搭建。

现在，我们基于本章所讲的内容来做一些练习，来更好地将理论与现有的相结合。

- 你所在的企业有没有对活动进行分层？经常举办的活动有哪些？
- 根据你的经验聊聊你对福格行为模型和黄金圈法则的理解。
- 如果下个月要举办一场 500 人的中型活动，聊聊你的规划。
- 如果企业明年要大规模地举办同类型活动，比如 300 场，你会如何规划？
- 在活动嘉宾邀请方面，你有哪些经验值得分享？
- 在活动的前期宣传方面，你有哪些经验值得分享？
- 你能否总结一次成功的峰会活动的过程和亮点？
- 为你的企业完成下一年度的活动规划，包含预算、人员、目标。
- 谈谈你对 ToB 企业线上直播的理解。
- 为企业规划下一阶段的直播活动。

7

第 7 章
私域营销，培育长期客户关系

私域一直是个热门话题，也是当下很多企业获客和增长，甚至是建立品牌影响力的重要手段之一。但 ToB 企业这方面几乎没有成功经验分享，也缺乏方法论的沉淀。

同时，一系列问题困扰着市场工作者，包括：ToB 企业应该如何理解私域？什么企业适合做私域营销？私域营销与社群、内容、活动营销的关系是什么？针对这些问题，在本章我们会逐一进行探讨。

7.1　理解 ToB 私域营销

在前面的客户购买旅程中，我们了解到企业的购买都是基于需求的，购买决策又是基于信任的。在达成购买的路径中有几个环节很重要：客户在哪里看到你，客户如何与你互动，你如何影响客户，客户如何信任你，等等。

而基于 ToB 产品购买决策的复杂性，我们在和客户接触的时候需要进行反复的沟通、多次的触达，才可能逐步解决信任的问题。

Gartner 的研究表明，在一次 ToB 购买的过程中，平均有 7 ～ 12 个人参与。根据笔者个人的统计，对 SaaS、财税、商标服务等比较标准和客单价不高的业务来说，哪怕客户意向再明确，也平均需要沟通 3 到 7 次，大概 3 ～ 60 天才能成交；对企业级软件、大型硬件、企业咨询等需要定制、客单价较高的业务来说，平均需要沟通 8 到 15 次，大概 30 ～ 180 天才能成交；如果客户的意向不明确、需求不够急迫，那么沟通次数和成交周期恐怕还要增加 2 ～ 3 倍。

这个现状对 ToB 企业来说，既是一种挑战，也是一种煎熬，不保持沟通怕丢了客户，一直保持沟通成本又很高。ToB 企业都希望能够高频地和客户沟通、汇报，现实却是客户散落在各地，并不能想见就能见。传统的销售人员和客户的互动方式是打电话或登门拜访，在这个注意力稀缺的时代，这种方式不经济又低效，大环境的变化也让面对面的沟通变得愈发困难。

有没有一种方法，能够全方位、针对性地对客户进行触达，既能不断地影响客户的认知和心智，又能持续地为客户提供服务，还能带来转化和复购，且能降低成本呢？当然有的，而且是在 ToB 领域广泛应用的方法，那就是私域营销。

7.1.1　什么是 ToB 私域营销

1. 什么是公域和私域

在 2016 年阿里巴巴的一次管理者会议上，张勇首次提到了"私域流量"这个概念，并且鼓励商家建立自己的数据流量池。其后的几年，阿里巴巴多次提到私域流量，并不断完善其内涵。

2018 年，阿里巴巴达摩商学院提出将流量分为公域流量和私域流量，并针对不同域的流量给出了相应的营销建议，彼时私域流量开始被广泛提起。

之所以是阿里巴巴提出这个概念，主要是电商的流量成本越来越高，阿里巴巴希望商家不要只从公域获取流量，而要持续做好私域的服务、内容和复购。

私域流量是企业自己所有、能反复触达、成本较低的流量。阿里巴巴所指的私域是以淘宝、天猫的店铺为主的阿里生态私域，其私域流量是指店铺所拥有的粉丝、老客户等。

在国内的互联网生态下，大家所理解的私域，更多是指企业拥有的个人微信、企业微信、公众号、视频号、小程序等，而私域流量更多则是指企业拥有的这些个人微信、企业微信的好友，以及公众号、视频号的粉丝等。因为微信拥有十几亿的日活用户，是客户日常用得最多的社交工具，并且拥有朋友圈、小程序、企业微信、公众号、视频号等功能及产品组成的生态，能够真正打通完整的营销链路。

与私域对应的是公域。对于公域，所有企业都可以从中获取流量，企业可以通过运营、购买等方式去获取搜索引擎、内容媒体、垂直社区、线下等渠道的流量。而私域是企业自身所有的，企业可以随意地影响和触发流量。公域与私域的关系如图 7-1 所示。其中的客户分别叫作公域流量和私域流量。

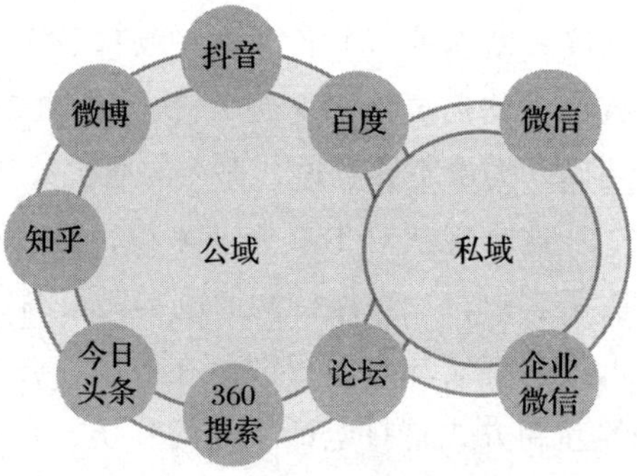

图 7-1　公域和私域示意

2. ToB 私域营销的发展

随着 ToB 行业这些年的爆发，更多的资本和竞争者进入，企业获客成本也变得越来越高，这时候 ToB 企业将线上投放从搜索引擎扩展到信息流、短视频等渠道，把活动做得更多，过程做得更精细，将内容从简单的产品介绍升级为深度内容、白皮书甚至课程等，用精细化营销来降低获客成本。而在客户触达与线索培育环节，也亟待一次革命、一次方法的迭代，升级过去的粗放式市场活动和面销式客户培育。ToB 私域营销就在此时开始受到更多企业的重视。

对 ToB 行业来说，私域营销是否算新生事物呢？笔者认为不算。在 2017 年的一次演讲中，笔者就提出 ToB 企业是天然具备私域营销属性的，并且在那几年中笔者就带领团队做出了近 20 万名运营、产品领域从业者的私域，私域年营收最高近 9000 万元。

国内 ToB 企业以前一直学习欧美使用 CRM 来进行客户信息记录。客户存在于 CRM 中，企业可以持续对这些客户进行邮件和短信营销。这符合私域的概念，也符合欧美的商务沟通习惯。但在国内，CRM 更多的作用只是在做客户信息管理，欧美常用的邮件和短信营销习惯在国内并不合适，所以国内的客户营销是在 CRM 之外的。随着微信的普及，特别是企业微信的不断完善，SCRM 开始兴起。国内部分企业开始弱化传统的 CRM 私域营销，而注重微信私域营销。因为在微信生态下的客户关系管理，可以做到客户在微信中、关系在微信里。

而 CRM 私域和微信私域的客户触点也不同，CRM 私域使用邮件、短信、电话和销售面谈来触达，微信私域使用微信私聊、群聊、公众号、小程序、直播来触达，互动和内容传播也更加便捷，可以真正实现线上线下、图文视频、全方位的客户营销，能够大大提高沟通效率，增加沟通形式丰富度，持续影响客户信任，缩短成交周期，具体如表 7-1 所示。

表 7-1 国内 CRM 私域和微信私域的差异

	CRM 私域	微信私域
本质	客户信息管理	客户关系管理
触点	邮件、短信、电话	私聊、群聊、公众号、小程序、直播
互动	互动不方便	互动方便、形式丰富
信息沉淀	需要市场、销售人员录入	实现半自动化标签，可以使用积分制定义客户关系
企业与客户的关系	基本由销售人员维护，客户存在销售个人微信上，销售人员离职可能造成客户关系断层	由产品、市场、销售人员以及管理层统一维护，客户与企业存在多个触点，负责人员离职可以无感交接，客户对企业认可度高
在微信中的关系	市场、销售人员分别加客户微信，仅仅是进行了链接，没有统一的数据支撑，缺乏私域策略	企业内相关岗位人员有规划地与客户通过微信建立联系，制定统一的私域策略，打通微信生态数据，通过数据来优化私域营销决策

为什么国内的私域就一定是微信私域呢？因为微信天然不是私域，但私域天然是微信。微信这一社交工具不是为私域而生的，但具备私域的所有特点，比如企业自身所有、沟通方便、触达免费等，天然就适合做私域，所以国内的私域营销几乎可以等同于在微信生态内营销，并且微信生态的产品功能支持完善的私域营销闭环，如图 7-2 所示。本书讲述的私域基本是指微信私域。

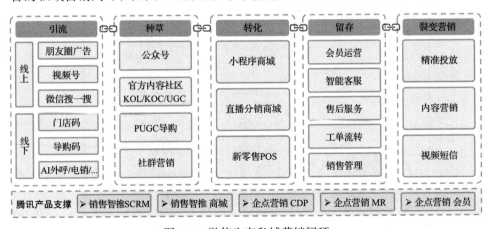

图 7-2 微信生态私域营销闭环

ToB 私域营销，就是对企业所掌握的、沉淀在微信中的客户关系进行营销的一种行为。而按照腾讯所提出的营销理念，私域营销的核心能力是连接、数据、决策，如图 7-3 所示。

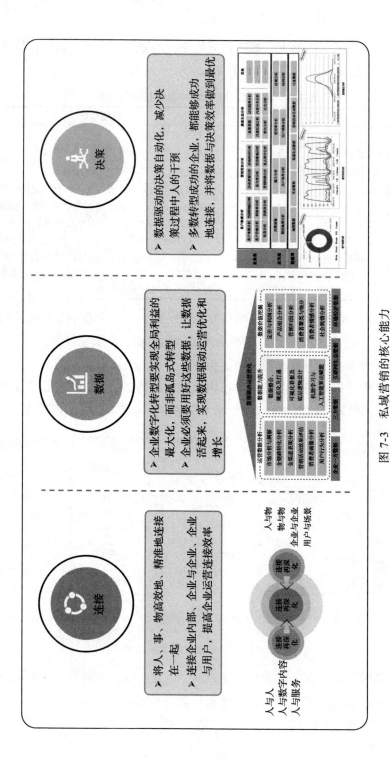

图 7-3　私域营销的核心能力

7.1.2 ToB 企业为什么要做私域营销

最近几年受大环境的影响，包括大厂在内的多数 ToB 企业都逐渐改变了"烧钱扩张抢客户"的策略，不少企业的营销预算进一步缩减，大数据获客的限制也越来越多，企业增长亦愈发困难。ToB 营销当前面临的主要困难如下。

（1）市场预算减少

早些年，笔者见过一些 ToB 企业 CMO 手握千万级预算，挥斥方遒。而最近几年听到更多的是 CEO 在咨询如何合理地减少预算，将有限的钱花到刀刃上。此时，减少开支并保持获客量就成为 ToB 企业市场部工作的重点。

（2）线下活动取消

线下活动既能帮助 ToB 企业建立品牌知名度，又是市场部获客的重要手段之一。这几年很多线下活动，特别是大型活动，经常被推迟甚至取消，导致大部分公司的市场声势和获客量急剧下降。对此，虽然 ToB 企业纷纷采用直播来弥补，但是线上形式容易使客户的注意力被分散，直播的效果也不尽人意。

（3）客户拜访困难

另一个与客户保持联系的手段似乎也因为安全问题被阻断了，那就是上门拜访沟通。越来越多的客户不接受上门拜访，越来越多的跨区域交流也逐渐被限制。而线上的低频沟通，始终达不到线下拜访的效果。

（4）个人信息保护

不少企业会做目标客户营销，也就是 ABM 营销，目的是在茫茫人海中找到目标客户。而 ABM 经常需要用到第三方数据库去匹配目标客户。近年来个人信息保护相关法规的出台和获取个人信息的限制，也让目标客户营销变得越发不容易。

ToB 的产品往往难以完全在线上直接完成闭环，不见面如何实现成交就成了行业热门话题。作为最佳的线上客户教育、认知培育、线索筛选方法，私域营销自然就值得 ToB 企业重点关注了。

基于以上问题，ToB 私域营销通过将潜在客户沉淀在私域中，持续有效地影响这些客户，从而培育认知，提升信任，产生线索和缩短成交周期，进而获得品牌价值、开展异业合作等。

ToB 私域营销具有以下优势。

（1）近距离持续触达客户，建立信任

在私域中，企业和客户天然地可以做到近距离、持续、高频地沟通，并且可以开展群聊、私聊、引发话题、引导阅读内容等多种触达方式，有利于建立客户对企业的信任。

（2）在私域中产生线索，对接方便

潜在客户和企业在私域中不断地互动，逐步建立了对企业和产品的信任之后，会直接和市场或销售人员联系，沟通意向。比如致趣百川建立了 5000 人的营销人员私域，船长 BI 建立了超过 40 000 人的跨境电商从业者私域，通过持续地触达和影响，每个月都能从中产出几十到上百条线索。

（3）私域中的话题可以转化为内容

企业内部的内容产出是有限的。站在行业的角度来说，最佳的内容应该来自一线从业者的最佳实践，而私域中基本都是一线从业人群。如果对其加以引导，让大家在私域中围绕专业话题、热点问题进行交流，经过专人整理后，就能快速地产出不错的内容。

（4）增强客户和企业之间的情感，提升品牌认知度

在私域中，除了日常沟通外，还有大量专业的交流。在这个过程中频繁的品牌视觉曝光也能够提升品牌认知度，增强客户和企业的情感。甚至，企业还可以在私域中了解和收集客户的需求，让客户参与功能吐槽和提交 Bug，提高客户的参与感，帮助产品迭代。

同时，企业在私域中在特殊时间对重点客户表达关怀，比如发送大礼包等，也能够提升客户对品牌的认可度。

（5）拥有了可控的私域，便于开展异业合作

私域中的客户在各自业务上存在差异，各种需求和供给在一个空间下很容易产生化学反应，私域就成了这种化学反应的容器，也能够成为异业合作的一个资源池。

7.1.3　什么企业适合做私域营销

1. 7 个要素

在过去有不少人也会疑惑，ToB 企业到底适不适合做私域营销。在一份券商的研究报告中，关于企业是否适合要做私域，总结了 7 个要素。

1）试错成本：成本越低，越适合做私域。

2）品牌力：品牌力越强，越适合做公域投放；品牌力越弱，私域营销的性价比越高。

3）忠诚度：试错成本高的品类用户忠诚度更高，比如说 ToC 的汽车、ToB 的软件等。而忠诚度越高，客户维护的成本越低，私域营销的性价比就越高。

4）购买周期：购买周期越长，客户维护成本越高，私域营销性价比就越高。

5）受众精准度：受众精准度越高，私域营销效果越好。

6）产品差异化：产品差异化程度越高，越适合私域营销。

7）客单价：客单价越高，可以投入的资源越多，越适合私域营销。

而 ToB 产品也有其特点，比较匹配做私域营销的 7 个要素，如下。从中可以看出 ToB 产品天然适合做私域营销。

1）试错成本：因为 ToB 产品是企业级采购的，试错成本高，客户在购买时都会谨慎决策，ToB 产品购买对信任度的要求高。

2）品牌力：现阶段 ToB 企业的品牌力普遍不足，而私域营销有助于企业提升品牌力。

3）忠诚度：ToB 产品的客户普遍具有一定的忠诚度，无论哪个客户都不愿意说自己企业购买的产品不行。

4）购买周期：ToB 产品的购买周期普遍较长，客户关系维护的成本也高。

5）受众精准度：ToB 产品本身是为了解决特定客户群体的需求而存在的，其受众精准度比较高。

6）产品差异化：面向同类型客户的 ToB 产品，其差异化程度不会特别高，但是在私域中倾听客户的声音，有利于产品迭代。

7）客单价：ToB 产品的客单价普遍不低，并且靠续费保持着持续盈利，这让 ToB 企业能够在私域方面进行资源投入。

2. 3 种关系

从另一个角度说，ToB 私域营销的本质其实是企业对客户关系的管理，我们又可以将这种关系进行分层。

1）弱关系私域（粉丝）：这是指客户和企业有过互动，但是联系很弱，企业难以经营的关系。这种关系往往是企业向客户的单向互动。

2）普通关系私域（社群）：比弱关系更深一层的是社群，客户和企业是群友关系，但不一定是好友关系，大家因为某个活动或内容聚集在一起，并开展交流。这种关系往往是多对多的，互动程度高于粉丝，社群的持续营销也有利于影响客户心智。

3）强关系私域（好友）：不是那种仅仅添加了联系方式而没有互动的好友，而是有一定互动和信任的关系。也只有这种关系，企业才能通过私聊、朋友圈等更可控、限制更少的方式和客户持续互动，来达到培养客户信任的目的。

营销的目的是培育信任进而成交，而培育信任的方法是对客户关系的管理。由于客户关系的强弱存在差异，我们在营销过程中需要不断地将客户和企业的关系从弱到强去牵引，通过互动的深入和认可的加深来培育信任，完成成交。

随着客户越来越多，营销动作越来越精细，人工操作会越来越难，为了更好地完成私域营销，企业会用到各种工具来辅助这方面工作。

通过私域营销，企业可以针对目标客群进行精准营销，建立信任，把过去流量思维下的弱关系转化为客户思维下的强关系。所以私域的普及，不仅仅带来了一种持续影响客户的方法，还提供了一种管理客户关系的思维，这是一种从流量转化思维到客户关系思维的转变。

7.2 如何做好 ToB 私域营销

7.2.1 ToB 私域营销模型

虽然 ToB 企业天然适合做私域营销，但在过去很长的时间里，多数 ToB 企业还处于生存阶段，产品尚在打磨，客户培育方法相对粗放，企业并没有专人专岗负责微信的私域营销，多数企业仍沿用传统 CRM 私域营销方法，此时客户只存在于 CRM 或销售人员手中，经常被销售人员当作个人资源而非公司资源，就更谈不上统一管理了。在这个过程中，人性驱使，难以转化的线索常常被抛弃，而更多的线索随着销售人员的离职而被带走了。

企业该怎么实现从 CRM 私域到微信私域的转变，并做好基于微信的私域营销呢？笔者对此总结了一个简单的模型，如图 7-4 所示。

通过模型可以知道，微信私域营销分为公域获客、私域沉淀、私域营销、客户转化 4 个阶段。

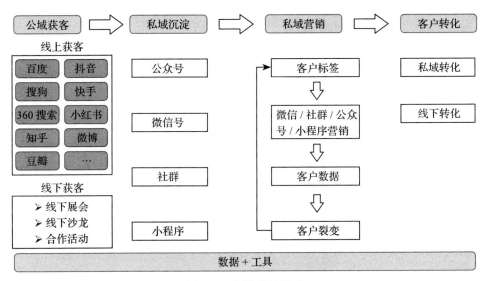

图 7-4　私域营销模型

首先在公域中进行获客，将潜在客户沉淀在私域中，方式可以是引导客户关注公众号、添加微信好友、直接进入群聊或授权小程序等。然后通过私域的各种营销能力，如微信、社群、公众号、小程序等进行营销，拉近客户距离、培育客户信任，在过程中可以通过工具不断完善客户标签，沉淀客户数据，持续迭代，进行精准营销。并且，可以通过在私域中设置利益点，引导客户转发和转播，给私域带来新的客户，实现客户裂变。经过持续的营销，增加客户对产品的了解，提升客户信任，最终实现私域或线下的转化。

那么如何才能更好地完成私域营销的闭环呢？笔者总结了一个通用能力公式，如下。

私域营销能力 = 获客能力 × 营销能力 × 转化能力 × 数据能力 × 工具能力

1）获客能力。私域的搭建是企业做私域营销的第一步，一个没有足够多客户的私域是缺乏营销价值的，这就需要企业具有获客能力。这种获客既需要在公域中进行投放和引流，也需要通过私域 KOC 的培育、内容的制作来裂变出更多新的客户。

2）营销能力。营销能力主要和社群能力、内容能力和活动能力有关。企业通过社群触达客户，通过内容和活动进行营销。虽然 ToB 企业在私域中方便触达客户，但是客户可能存在于多个企业私域中，如果企业没有足够的内容能力，吸引客户在私域中活动，那么客户就很难对企业形成较好的信任。在营销能力中，带来额外赋能的首先是企业品牌力，其次是私域中是否有 IP。品牌和 IP 都能让客户更快地形成更深的信任。

3）转化能力。转化能力既包含了营销过程中的转发率，也包含了转化过程中的成交转化率，还包含了转化后的复购率、转介绍率。转化是私域营销的目的之一，也是很多公司考核私域营销效果的重要指标。

4）数据能力。数据能力包含了沉淀数据、分析数据的能力。企业只有将私域中的客户数据化，才能更好地进行管理，使其成为企业资产。在数据化的过程中，对客户标签、行为等进行管理，才能实现私域内的精准营销。

5）工具能力。人工可以管理私域，但是其管理半径与效率都有限，而借助 SCRM 等工具来管理私域，则可以大大提高效率，还能实现自动化营销。

7.2.2 如何搭建 ToB 私域

1. 公域获客

公域获客作为企业搭建私域的第一步，主要包含两个环节：一是线上线下的公域获客；二是企业内部的客户转入私域。私域获客来源如图 7-5 所示。其中，内部流量是指市场和销售人员手中积累的客户，CRM 中的潜在客户和成交客户等。

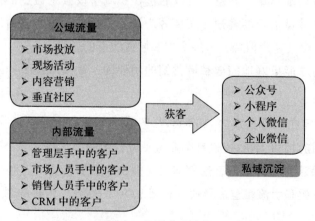

图 7-5　私域获客来源

私域获客环节也是通过数字化营销、内容营销、活动营销等方式，吸引客户沉淀到公众号、小程序、个人微信、企业微信等私域。

对于公域流量，应该想办法将每一个通过官网、公众号来咨询的新客户引导到社群中沉淀下来。

笔者在帮助多家企业提高获客环节转化率的过程中，一直倡导逐步减少"400 电话"和在线客服，而更多用企业微信来承接官网流量，也就是"轻表单留资，重微信链接"，如图 7-6 所示，让网络流量能直接变成微信好友，并使其进入社群。

图 7-6 官网的私域引流

在公众号内容中，也可以设置一些社群的介绍、推送、资料等，形成社群引流的闭环。

对于内部流量，特别是对于 CRM 和销售人员手中的老客户，可以先将其导入销售的企业微信中，再通过活动、资料领取等导入销售与市场联合运营的社群中，进行体系的营销。

而内容获客经常遇到的问题之一就是：市场部想做长期的私域营销，但是销售人员不愿意或者没有动力配合。这经常造成市场部的私域营销工作难以推动，甚至变成了市场部自娱自乐，很难持续。

其实聪明的销售人员一般都会搭建自己的私域，将客户添加到自己的微信中，并且搭建社群，甚至会有销售人员经营自己的公众号，通过私域营销来培育客户信任。但是大多数销售人员都很难体系化地做好私域，他们所搭建的社群最终要不一片沉寂，要不变成闲聊群，很难发挥最大的价值。

有些销售会认为将自己手中的客户拉入社群会导致这些客户被其他销售抢走。实际上，这些客户本身就会在很多个社群中，并不是某个销售人员自己能够独占的，而销售人员本身的时间有限，如果没有良好的客户培育策略，很难和客户建立足够的信任。

企业可以采用销售线索保护的机制来保护销售人员的权益，也可以和不同的销售人员建立独立社群，即某个社群中只有该销售的好友。

当然，并非所有的销售人员都愿意配合，但市场团队也可以小范围地培养有营销思维的销售一起打造私域。市场部可以将从企业私域中筛选出来的意向客户作为奖励交给对应的销售人员，也能大大提高其积极性。

获客特别要注意的是人群的属性要精准，特别是公域中的流量并不都适合进入私域，比如"营销增长实战"的目标客群是营销人员，"船友汇"的目标客群是跨境电商从业者。同时，还要仔细甄别是否有竞争对手混入社群。

2. 私域沉淀

在私域沉淀的过程中，很多人会困惑于公众号、微信号、社群、小程序的选择。

笔者推荐以微信好友和社群为主，以公众号和小程序为辅。因为公众号虽然可以沉淀客户，但是更多是采用企业单向给客户推送消息的模式，且发布内容的数量有限制，导致企业与客户之间的互动不够良好，所以适合作为私域的辅助载体。而小程序具有"即用即走"的特征，无法很好地沉淀客户资源，且运营难度也较大，更适合有一定条件的企业。

微信好友和社群应该是私域沉淀的主要方式，而微信又分为个人微信与企业微信两种方式。

首先看个人微信。它用户基数大，与客户之间的沟通比较人性化，使客户感受比较温暖，客户触点较多。但是过度营销的话，个人微信的朋友圈、群聊等容易出现内容折叠，并且对企业管理不友好，基本不能用外部工具。

然后看企业微信。它自带企业标识，使客户容易产生信任，但是客户体验不够温暖。不过，企业微信添加好友数量多，群发消息便利，接口强大，可以有较多的工具辅助支撑。

在实际使用过程中，笔者也总结了以下经验。

- 在大多数获客场景中，客户对个人微信的感受优于企业微信，客户更愿意和自然人沟通，而不太愿意和企业微信沟通。
- 在大多数服务场景中，企业微信为企业提供的便利优于个人微信，并且可以要求所有服务人员均使用企业微信来对接客户。

个人微信和企业微信的主要区别如表 7-2 所示。

表 7-2　个人微信和企业微信的主要区别

模块	对比项	个人微信	企业微信
企业形象	企业认证	无	企业认证，黄色标识
	对外形象	无	企业名片，企业简称
客户管理	好友上限	上限为 10 000 人，每天添加上限为 20 ~ 30 人	上限为 50 000 人，每天被添加数量无限制，可申请无限扩容
	好友活码	无	提供活码功能，降低单账号风险
	客户标签	手动标签	可设置统一标签体系，单个客户标签数量无限制
	客户数据	无	可以查看客户数据、好友数量和聊天记录等
	自动回复	无	支持"添加好友自动回复""关键字回复""入群欢迎语"等功能
群管理	群人数	单个群 500 人	内部群无上限，外部群上限为 200 人
	群发次数	无，需要手动群发	每天对每个客户群 1 次，可以实现自动化

在大多数情况下，笔者还是建议企业的私域主要使用企业微信，只在前端引流的时候少量使用个人微信，因为企业微信确实拥有众多的优点。下面详细介绍企业微信的优点是如何对 ToB 私域营销起作用的。

（1）企业标识塑造专业形象

企业微信通过认证机制和自带的"小尾巴"，实现了员工实名认证和企业名称显示，可以快速赢得客户的信任。这在很大程度上解决了私域中"截留""爆粉""混入竞争对手"等问题。

关于品牌温度的问题，可以通过提升品牌力，提升企业微信使用者的沟通能力，以及时间累积来改变客户认知。

（2）保护企业资产，避免客户流失

企业微信有个很大的优势就是：员工离职之后，企业可以一键获得和转移这个微信的客户。因此员工离职之后，客户服务可以顺利持续。这是用个人微信搭建私域很难比拟的优点。

（3）打通微信生态，形成增长闭环

随着微信生态的完善，企业微信和生态内的公众号、小程序、视频号等逐步打通，统一 ID，能够较好地形成增长闭环。从获客到培育，从培训到成交，从成交到服务，全都能在微信生态中完成。

（4）较多的工具支撑，节约人力

企业微信提供了不少自带的功能、丰富的接口，以及各种工具，包括自动回复、入群欢迎语、客户群发、群直播等，大大降低了私域管理难度和客户的维护难度。

沉淀私域流量时，要做到及时回复。因为客户最开始建立联系的时候，就是承接的最佳时期，也是客户刚好有空闲的时候。负责的工作人员可以在这时向客户简单介绍一下社群定位和主要规则，并约定入群的步骤、时间等。

对于从非精准渠道获得的流量，特别是通过投放、裂变等方式获得的流量，可以先引导其进入一个中转群。这个群可以是一个临时交流区，经过筛选确认不是竞争对手并且符合目标人群定位时，再使其进入正式社群。

使用企业微信的功能，企业能更好地做好流量沉淀工作。比如客户通过渠道二维码添加企业微信后，可收到该渠道二维码指定的个性化欢迎语，这些欢迎语不仅限于文案，还可以是图文、小程序等形式。并且，企业微信能为该客户自动打上设置好的标签，避免后面发生员工遗漏或误打标签的情况。企业微信部分功能如图 7-7 所示。

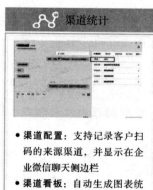

- 【联系我】可将多个员工添加至同一个二维码内，可设置员工的排班时间段
- 【加入群聊】通过群活码自动换群引流，海量入群

- 渠道配置：支持记录客户扫码的来源渠道，并显示在企业微信聊天侧边栏
- 渠道看板：自动生成图表统计，方便企业查看引流效果

- 自动欢迎语：添加客户后自动回复欢迎语，可根据客户来源渠道设置不同的欢迎语
- 欢迎语样式丰富：支持发送文字+语音/图片/小程序，提升客户接待效率

图 7-7　企业微信部分功能示意

利用自动标签功能，运营人员可以根据各种条件自动给客户打标签，还可以查看客户的访问轨迹、聊天内容来手动添加更多的标签，为实现精准营销做

准备。

经过一段时间的沉淀，企业通常会拥有几百到几千人的私域成员，这时进入持续营销时期。这个过程涉及多个部门的配合，此时创始人的重视及优秀的私域负责人很重要，这样的负责人不仅要有成功的操盘经验，还要有一定的管理能力、统筹能力。

3. 私域营销

要做好私域营销，需要企业重视私域成员，进行体系化营销，为成员创造价值。

重视私域成员需要企业改变营销思维，不要将私域中的成员当作流量，然后对其进行无差别的营销，而要将他们当作朋友，使用客户关系思维去维护。

体系化营销是指企业借助工具，积极分析私域成员数据，使营销工作形成一个完整的体系，实现高效营销。

笔者常用的私域营销方法是进行社群、内容、活动的组合。其中社群是对私域成员进行质量筛选的工具，通过分层运营来实现不同的目标；内容主要有群聊、干货分享、直播等；活动包含了社群活动、线上活动和私域成员间的线下活动。

只有为成员创造价值，才能提高私域的留存、活跃、粘性，才能获得现有私域成员的好感和信任，带来更好的转化，也能实现口碑传播，带来私域的裂变。

为了实现价值创造，需要思考：私域成员需要哪些价值？如何创造有价值的内容或活动？价值如何传递？如何持续？

4. 客户转化

客户转化既包括将潜在客户转化为线索，也包括促进 MQL/SQL 的转化成交。当私域营销的组合方法持续进行时，私域客户的转化就是很自然的结果。

7.2.3　搭建以社群为载体的私域

很多 ToB 企业做私域营销的时候，往往会有疑惑：私域和社群有什么区别？社群是不是就是私域？

笔者认为私域包含了公众号、小程序、微信、社群等场景，而社群是私域的重要组成部分，是私域成员沉淀的主阵地，众多私域营销动作都是在社群中进行的，比如社群互动、转发内容、组织活动等。

所以，我们就以社群为载体来讲解私域搭建。这个过程可以使用 ISOOC 模型进行指导，如图 7-8 所示。

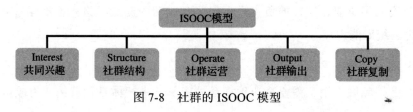

图 7-8　社群的 ISOOC 模型

1. Interest（共同兴趣）

良好的社群有两大基石：一是社群成员要有共同的兴趣或目标，即社群主题明确，成员同频交流；二是社群成员有规范的行为准则，即社群具有统一的价值观和规则。

在社群搭建之前，就需要对社群的定位进行思考。对 ToC 产品来说，可能大部分社群都是同事群、同城群、闲聊群、粉丝福利群等；而对 ToB 产品来说，则需要考虑 Interest 指标，即社群定位。社群定位从人群定位和主题定位两个维度来思考。

人群的定位需要我们站在客户的角度来思考：愿意加入社群的成员的需求是什么，他们想获得怎样的价值。我们看下面几个公司的社群成员特点。

- 致趣百川：ToB 公司的市场总监、市场部员工。
- 船长 BI：跨境电商公司的运营人员、财务人员、CEO 等。
- 明源云：房地产公司各专业领域的从业人员，包括工程总监、营销总监、成本总监，以及 CIO、CFO、CEO 等。

从中发现，各家企业都是围绕其产品的决策者、使用者来搭建社群的。社群主要分为产品交流、专业交流、行业交流和客户服务型。这样划分的原因是 ToB 客户需要较长时间的培育。客户加入企业社群的目的主要是了解产品、提高专业能力、行业吐槽等。因此这样划分的社群的活跃度一般较高，成员会围绕社群的主题来进行讨论，而且社群管理者有一定的专业知识。

对于已成交的客户，就需要搭建客户服务型社群，主要围绕"售后服务"这一主题来运营，比如搭建售后服务群、客户成功群等。

为了更好地对社群成员进行分层分级管理，笔者建议按照不同阶段的客户，将社群目的分为 4 种：新客户获取、潜在客户培育、潜在客户转化、老客户维护。如图 7-9 所示。

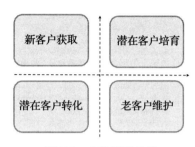

图 7-9 4 种社群目的

以新客户获取为主要目的的社群具有如下特征。

* 人群阶段主要是 A1 客户。
* 流量来源主要是通过投放、内容、活动等引流来的新客户。
* 运营手段主要是干货、直播、社群活动。

以潜在客户培育为主要目的的社群具有如下特征。

* 人群阶段主要是 A2 客户。
* 流量来源主要是从新客户中筛选出来的潜在客户。
* 运营手段主要是干货、直播、产品内容、线下沙龙。

以潜在客户转化为主要目的的社群具有如下特征。

* 人群阶段主要是 A3、A4 客户。
* 流量来源主要是潜在客户中高意向的群体。
* 运营手段主要是市场、销售、产研人员共同运营，多对一服务。
* 潜在客户培育和转化的社群常常可以合并运营。

以老客户维护为主要目的的社群具有如下特征。

* 人群阶段主要是 A5 客户。
* 流量来源主要是已成交的客户。
* 运营手段主要是市场、销售、客户成功、产品运营人员共同运营，多对一服务。

在实际工作中，经常出现的情况是两种定位和 4 类目的的社群交叉或同时存在，这就需要市场部有完善的运营机制，面向不同客户的不同需求，提供不同的运营方法。只有对客户的层级、社群的目的都有清晰的定位，才能更好地分层营销。当然，在不同的阶段也需要区别对待。笔者总结了常见的不同阶段的社群组成，如图 7-10 所示，供参考。

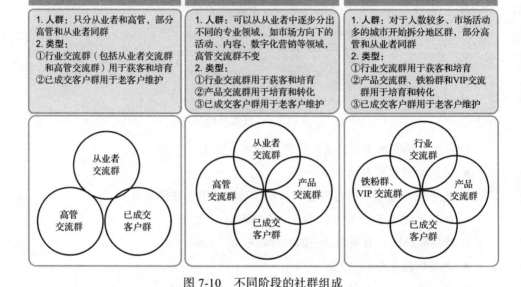

图 7-10　不同阶段的社群组成

- 第一阶段：因为社群成员不足，只分从业者交流群和高管交流群，部分高管和从业者同群。社群价值以交流为主。
- 第二阶段：将从业者群逐步细分为更多的专业群，以便不同专业领域的成员做更深度的交流，比如为有产品需求的成员搭建产品交流群，有利于客户培育和转化。
- 第三阶段：随着社群成员不断增加，可以拆分出地区群等类型，比如行业交流群用于获客和培育，产品交流群、铁粉群、VIP 交流群用于培育和转化，已成交客户群用于老客户维护。

笔者认为 ToB 社群的本质属性应该是"利他"，客户只有在社群中收获了价值，才会更加信任社群，并且在社群中进行更多的反馈。

明确了社群的定位，还要统一社群的价值观和规则。良好的价值观和规则不仅能让成员知道什么事可以做，什么事不可以做，还能避免很多骚扰行为，避免劣币驱除良币，提高社群的管理效率。

社群的规则一般包含如下几方面内容。

- 社群的目标是什么，群成员主要交流什么内容，也就是社群定位。
- 社群中的行为规则，比如不能未经允许发广告，不能在社群中争吵，不能乱加人并且骚扰等。
- 社群中违规行为的处理办法，如警告、移除、黑名单等。

笔者一般建议 ToB 社群有一个尽量大的流量开口，但是社群规则一定要严格又不失人性化。对于违规成员，人性化的处理方式是提醒，严格的方式就是提醒之后再次违规则直接将他踢出群聊，如果对方还想进入社群，需要重新走流程。

社群话题需要做好引导，不交流也比不合适的交流要好，严禁政治问题，控制娱乐八卦话题。

和社群有关的招聘、合作需求在社群早期可以通过人工匹配或者拉群对接，后期则可以将这些汇总之后，定期通过内容发布的方式来匹配，比如公众号推送或者群消息早报等，避免多次打扰和信息不对称的低效操作。

社群的价值观和规则可以发布在群通知中，并且设置新人入群的时候自动发送。通知应简短，并定期强调或更新。

2. Structure（社群结构）

社群是私域营销最重要的载体，而且承担着获客、培育、转化的目标。如何保障社群良好运转，就需要一定的架构和规则。

社群常见的结构有金字塔结构和去中心化结构。金字塔机构往往是 KOL 社群或品牌社群，社群话题围绕 KOL 或品牌。而在去中心化结构的社群中，群主只负责邀请成员入群，社群话题是由群成员随意发起的，没有 KOL。

目前大部分社群是金字塔结构的，如图 7-11 所示。这种结构比较稳定，容易让成员有比较好的凝聚力。

根据金字塔结构，社群成员按照外部视角可以分为群主、群管理员、拥护成员、核心成员、活跃成员、普通成员等。

1）群主：需要负责社群的整体运营，也是社群的主要管理者、权威人物，可以是企业市场部门负责人或者社群负责人，需要有一定的资源和组织能力，并且善于沟通。

2）群管理员：负责社群日常的运营及规则的维护，如拉人进群、介绍、转发内容、话题引导等。一般一个管理员需要管理多个群，笔者建议除了全职管理员，还应该设置 2 ～ 3 位兼职管理员，可以请其他部门的同事或者社群中招募的人员担任，既避免了账号脱离社群控制，也让社群中时刻有人进行日常的管理工作。

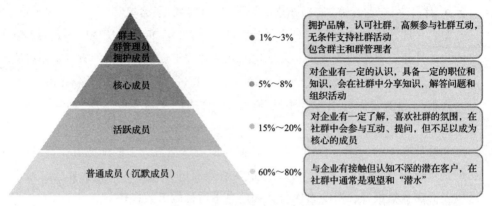

图 7-11　社群的金字塔结构

3）拥护成员：可以说是社群的忠实粉丝，拥护品牌、认可社群，无条件地支持社群活动，一般是群主的粉丝、下属或朋友。

4）核心成员：企业通过挖掘和打造，培养出社群的核心成员，使其进行话题引导、内容产出、组织活动等工作，同时活跃群气氛。

5）活跃成员：比较活跃但是还不具备话题引导、内容产出、活动组织能力的成员。

6）普通成员：通常在社群中观望和"潜水"。

日常互动中，避免只有群主或管理员自说自话，尽量引导社群成员之间的交流，在合适的时候甚至可以点名让合适的人来回答，哪怕社群中没有合适的回答者，也可以临时拉入嘉宾来活跃气氛，营造好的交流氛围。

群主和群管理员还可以在社群中建立自己的人设，比如专家、职场引路人、知心大姐姐等。

社群的成员是会成长的。如果一直是同一批人交流，那么高价值的社群成员会遇到瓶颈，粘性就会减弱，所以需要定期调整，如以半年、一年为周期，对一些岗位、认知发生变动的成员进行调整，将其转入更高阶的群，同时为现有社群输入新鲜的血液。

企业通常只让社群成员存在于一个交流群和一个地区群中，但是当企业新建一个群时，笔者建议将社群的拥护成员、核心成员拉入新群中。他们能让社群快速热闹起来，有利于社群吸引新成员，同时也能在多个群中帮助这些成员建立影响力，作为对他们的社群贡献的反馈。

3. Operate（社群运营）

为什么社群需要运营？试想一下，如果你是一家企业的市场部门负责人，突然被拉进一个社群，群内成员正在断断续续地交流着，没有人欢迎你，也没有人和你说明群规。稍后，你观察了一下群聊，发现并没有明确的主题，内容也不够专业，于是熟练地点开设置，选择了"消息免打扰"及"折叠该群聊"，从此再也没有打开过这个群。

社群能够长久活跃有 3 个非常重要的因素：归属感、参与感、价值感。

1）让社群成员了解社群，感受到归属感。好的社群，会在入群前、入群时都设置好流程，让入群成员有仪式感，感受到归属。并且在入群后会有话题引导，让新人看到社群的价值。如果大家入群之后愿意关注社群，不关闭群消息，甚至将社群置顶，就说明大家对社群的期待比较高，也比较重视。

2）培养成员参与感，吸引成员参与到社群互动和建设。好的运营，能够让社群比较活跃，话题比较聚焦，也能吸引更多的成员参与到日常互动中来。这样，社群有裂变或者分享的需求时自然能得到大家的支持，有助于社群生命周期的延长。

社群成员在收获了价值，积累了信任之后，后续线索产出、客户培育，甚至社群内成交，都成为可能。

3）提高社群交流质量，让成员感受到价值。一个企业的社群不应该发布太多的广告内容，而是专注为社群成员提供价值。每一次收获价值，成员都会对社群多一分信任，这样才能对社群更加关注，进而推荐他人入群，并在群中贡献自己的价值。

通过不断的收获和反馈价值，社群内才能形成一个良性的价值生态。

对于社群运营，To B CGO 的朱强提出的吸引和破窗理论很重要，笔者经过实践又补充了一个参与理论。

1）吸引理论：越是高质量的人群越能吸引人，越是优质的社群越能引发大家的珍惜。

2）破窗理论：一个社群中只要有一个人破坏规则而没有被制止，就会引起更多的人开始破坏，所以社群运营的管理员们一定要坚持原则。

3）参与理论：一个人能运营的社群数量是有限的，只有设计一定的机制让群成员参与到社群的运营和管理中来，才能让这种有限变成无限。比如，10 年前作为全球公益创业组织 Startup Weekend 在国内最早的志愿者，我们仅有 4 个人，结果招募了 100 多名志愿者，撬动了国内一年 200 多场活动。笔者也曾在任职的企业里用市场部 3 个全职人员与数十个销售人员撬动了数百个参与社群管理的社群成员，运营了近 20 万人的面向运营和产品从业者的社群。

另外，需要制定社群的运营策略，并且 ToB 社群一定要设置门槛，管理员严格执行规划，可以使用系统来辅助管理。常见的运营策略有：设定群规、入群仪式，定期举行活动，更改群名，发起群内接龙、群内红包，进行价值引导、群内激励、轮值运营，鼓励群友链接、群友分享，举办线下活动等。下面我们选一些重点策略进行讲解。

（1）入群仪式

ToB 社群基本是实名制，是有一定门槛的同圈层的交流。每个成员入群之前要提交自我介绍模板，管理员先要求他们提前准备好，并且在社群中提前预告某个时间点会有新人入群。当然这个入群时间点也可以选择大家都有空的时候，这样既不会对群成员有太多的打扰，也能够有一个良好的仪式感，还能避免新人入群的冷场。

新人入群的时候除了详细的自我介绍，最好再加上一个红包，活跃群气氛，方便大家关注和了解自己，以便日后资源对接。社群本质就是一种关系链的建立，如果群管理员还能为几个相关的成员介绍认识一下新人，他的体验会更好。这个方法和很多社交软件引导新用户关注一些自己感兴趣的人类似，都是为了更好地实现客户留存。

（2）群规则

定期公布群规则，能够有效地提醒成员在社群中保持行为规范，有利于创造良好的社群环境。

（3）群口号

在 ToB 社群中，经常会有新人入群，或邀请群内成员及行业专业人士分享，那么可以要求群成员发出口号签到。比如 To B CGO 新人入群的时候，发出"欢迎 To B CGO，我们的口号是开放、专业、成长"；在专业分享开始前，发出"1""666"或者其他口号；在分享结束后发出"感谢 ×× 分享"的口号。这样做可以活跃社群氛围，吸引潜水成员的注意，也可以测试一下在线人数，还可以塑造一种群体的仪式感，增强社群成员的信任感。

（4）群成员标签

社群管理员一定要及时为群成员打上标签，比如来源是线上渠道还是某场活动，以及地区属性、专业方向、需求意向、普通成员还是活跃成员等。这些标签的积累，都是为后续的行为洞察、数据分析、内容推动等精细化运营做准备。

（5）社群反馈机制

通过设置轮值的群管理员，鼓励成员多回答其他人的问题，让社群成员得到良好的反馈，有利于提升普通成员对社群的信任度。得到过反馈的群成员往往日后也更愿意积极地反馈其他人，这样就能形成一个良性的交流循环。不过在早期，往往需要群主、群管理员付出更多。当然也可以邀请企业的管理层、各部门专业人员参与社群的反馈，这种反馈更多的是对专业问题的解答，而不是广告推销。

（6）社群激励体系

通过第三方工具，可以方便地给群成员积分。通过设置积分体系，比如发言积分、邀请好友积分、分享积分等，可以对社群成员进行激励。激励可以是互动抽奖、送书、分享报告等，还可以进行专访，帮助成员打造个人品牌等。

（7）社群裂变

当新人要加入社群的时候，可以设计一下流程，比如新人需要转发一篇公众号推送文章或高质量海报，在自己的朋友圈中曝光。这个方式有效的前提是社群要有一定的基础和质量，申请者具有加入的强烈动机和欲望，否则会降低成员的体验。当然更好的方法是让大家先体验社群良好的氛围，运营一段时间后再引导大家分享推送文章、海报等来影响他周边的人群，形成一个良性的流量增长闭环。

关于裂变的设计，需要思考 3 个维度：是否是客户想要的，是否与品牌相关，是否有价值。

裂变过程中的文案与海报很重要，常用的方法有利用客户的恐惧心理（常用词如失业、亏损等）、虚荣心理（常用词如升职、成长等）、捷径心理（常用词如快速、秘诀等）、权威心理（常用词如大厂、KOL 等）。

　　社群裂变的路径也比较标准，如图 7-12 所示。通常是客户看到海报后扫码、关注公众号、添加微信或直接入群，然后了解任务，完成后领取奖励。在这个过程中客户转发了海报，又吸引了更多的客户关注，从而达到了裂变的目的。

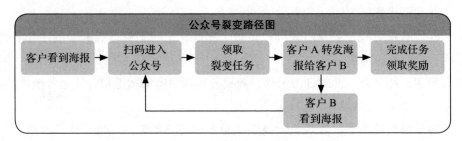

图 7-12　社群裂变路径示意

　　因此裂变的诱饵就很重要，必须要有吸引力，否则社群成员没有可转发的内容。常见的诱饵有文档、脑图、书籍、案例集、PPT 等，常见的裂变海报模板如图 7-13 所示，供大家参考。

图 7-13　裂变海报模板

　　（8）社群的活跃

　　业内一直对社群活跃存在执念，认为 ToB 社群要保持高活跃度才算成功。ToB 私域营销最大的误区就是过度关注社群活跃度。职场人都有自己的工作要忙，不可能保持一定活跃。我们追求的活跃应该是当有人发起话题的时候有人参与，社群提问有人回应等，而不是经常有人在群内活跃。

　　一般来说，200 ～ 300 人的社群就已经可以保持一定的活跃度了，人数再多可能造成信息过载。但是也有一些运营人员对群满500人这个数据有着执念，其实不必拘泥于人数，群已满和未满都不是活跃度的决定性因素，只要保持着成员的流动性就行。

（9）培育社群KOC

在笔者没有做社群和个人IP的时候，对KOC是没有概念的，直到笔者持续输出，并搭建出了近20万人的社群后，才感受到了个人IP带来的影响力，甚至可以说，IP本身就有一定吸引力，因为它自带流量。打造社群的KOC，可以让他和社群的关系更紧密，会让更多的社群成员和他沟通，也会促使他做出更多的分享。所以，社群里面一定要有KOC，要不就是群主本人，要不就是在社群里挖掘和培育的KOC，让他成为社群的核心人物。

强大的KOC是未来ToB社群的核心竞争力。笔者建议ToB企业的CEO、产品负责人、市场负责人中要有一个能成为社群KOC，甚至是行业大咖，具体步骤可以参考前面搭建个人品牌的内容。

4. Output（社群输出）

持续输出有价值的内容是考验社群生命力的重要指标，要保障社群的活跃和私域的价值就少不了优质的内容，好的内容是能够让私域成员愿意跟随、互动的，可以说社群KOC和内容是保障社群凝聚力的核心。

私域中内容的规划、生产等工作和ToB内容营销大致相似，各位读者可以参考前文。

私域中内容的分发渠道主要是社群、朋友圈和私聊，前两者是日常内容和营销内容的分发，私聊一般是有针对性、目的性的营销内容分发。

社群内容包含日常互动、早报、资料包、每日干货、每周直播、社群分享、案例拆解、产品讲解等，既有活跃气氛的内容也有专业内容。朋友圈和私聊主要以专业内容为主，如干货分享、案例拆解、产品讲解等。其中笔者常用的是早报和资料包。早报往往是新鲜信息的集合，一方面为成员节约了寻找信息的时间成本，另一方面可以引发关于行业热点的讨论，促进社群成员进行观点的分享与输出。资料包是一种常见的社群裂变素材，不同领域的社群成员需要的资料内容不一样，比如ToB市场从业者就需要行业报告、营销书籍、营销打法等内容，这些内容能够引起他们的转发。

ToB企业做内容往往会陷入一个误区，认为所有的内容都是和企业相关的，比如企业的动态、产品信息、员工活动等。虽然站在企业的角度来说这没有错，但是在私域中，成员真的不关心企业的管理层去哪里了，企业又签了什么客户，企业的员工干了什么。所以私域中发布的内容一定是要经过筛选的，并且是站在私域成员视角思考的、对他们有价值的内容。比如船长 BI 的私域内容是客户案例分享、跨境电商干货、行业热点讨论；明源云的私域内容是行业政策分析、标杆企业方法论、各专业领域干货等。

并且，私域中社群和朋友圈的内容分发是企业可以进行效果监控的渠道。通过工具，我们可以对私域中的内容进行标记，查看这些内容的浏览、转发等数据，从而记录哪些成员喜欢什么样的内容，哪些内容的打开率、评论率比较高，什么关键词被讨论得多，从而增加这些内容。

私域内容的发布最好有规律，了解社群成员一般在什么时间比较忙，在什么时间点可以稍微休息一下。因为下班之后有不少人并不爱讨论工作，那么早上 8：00 ~ 9：00 上班前可以发布一则行业快讯，下午 14：00 休息完推送简短的行业干货或者最新的 PPT 资料等，每周在晚上 19：00 ~ 21：00 有一个固定的直播，能让成员逐渐形成习惯。能提供有价值的内容的社群才能在众多的社群中脱颖而出，或者能提供有价值的、值得展示的朋友圈。

私域中的内容可以来自本企业，但是建议不要全部使用本企业的内容，可以精选一部分行业的优质内容。毕竟大部分企业的优质内容产出能力有限，应该更多搜集行业中优质的、经过筛选的内容，并且在社群和朋友圈发布的时候带上简单的推荐语，如果能够带上一些独立的解读和见解就更好了，要避免单纯转发的情况。

在私域中的内容版块不断挖掘和发现社群中适合分享的成员是一项必要的工作。毕竟日常聊天比较碎片化，对某个问题有较深见解的人，适合邀请其在社群或线下进行分享，同时帮助其打造个人品牌。

在社群分享的时候利用工具可以实现多群同步和互动。对于线下分享要及时记录，并在社群和朋友圈进行二次传播，吸引更多的人进入私域。

这就是笔者经常提到的私域中的社群分享氛围。

社群分享氛围是一种在社群中逐步养成的、主动的、热情的内容分享氛围，这种分享氛围不是天然形成的，而是有计划培养的。

首先，建立以群主、社群 KOC 为核心的分享小组，特别是早期，社群中需要有人主动分享，带动分享节奏，不断地抛出问题和回答干货，转载优质的文章并发起讨论。

其次，私域中会不断增加新人，这些人中有很大一部分会被拉入社群中，以便保持社群的活力。而在持续拉人的过程中，还需要持续挖掘社群的 KOC，给他们身份、荣誉、奖励，保证他们有参与社群分享的动力。

以 To B CGO、崔牛会等 ToB 行业的知名社群为例，它们的分享氛围和增长路径是这样打造的。

1）邀请行业大咖进行社群分享，刺激社群内部活跃。

2）记录分享内容，发布公众号，团队发布到朋友圈，并且邀请社群成员也进行转发，进行二次传播。

3）在公众号内容中加入社群介绍和联系方式，使用户可以添加社群小助手。

4）新成员添加社群小助手后，还要求他转发某条公众号内容进行三次传播，并且按照该成员的级别将其拉入不同的群中，并要求入群进行自我介绍。

通过这套流程，我们不断地产出社群内容，为私域带来新的成员，新成员又进行更多分享，并通过内容、活动为社群带来新鲜血液，保持私域的良性循环。

从社群到内容，整个私域营销的步骤还只是完成了线上的部分，其实线下活动是人与人之间从陌生到熟悉的最重要方式之一。更重要的是，ToB 的增长闭环基本都需要多次的线下沟通才能完整，线下活动也就成了必然之选。

私域的活动模型应该是：线上建联，消除陌生感；线下体验，加深认识；回到线上分享，二次传播。

私域的活动可以作为企业举办大会时的组成部分，也可以是私域成员的专属活动。笔者个人更倾向于后者，并且还要尽量本地化，即最好是同城活动。在私域的社群中聊 100 句不如线下见一面。这样的同城活动能让人产生一种"相识已久，相见恨晚"的感觉，能让参与者感受到私域的价值。

在私域做活动要有圈层思维，也就是说，其他活动参与者一定要和私域中的社群成员一样，同频、同好、同圈层，比如一群市场总监在一起交流更能擦出火花。而具体的活动策划、活动执行，可以参见前文的详细介绍。

添加微信只是私域的起点，进入社群是与客户增加触点和信任的重点，内容和活动又是引导社群成员从信任到推荐的核心。

5. Copy（社群复制）

经过一段时间的社群运营的打磨，市场团队逐步形成了一套属于自己的社群运营的规范，开始制定社群的标准动作。

1）固定时间发消息。可以在早上大家刚上班的时候（比如 9 点）发送早报或者社群昨日的大事，再或者一些优质的行业内容，提醒大家新的一天开始了。

2）固定栏目的内容。可以在晚上固定时间引导话题交流，也可以每周组织专业话题辩论，还有每天干货分享等。

3）制定社群 SOP。通过统一的工作流程来规范日常的工作，也可以按照实际情况自行编制 SOP。如果使用企业微信，在制定好 SOP 后，在后台设置任务和时间点，这样社群就可以实现一定程度的半自动化。

企业只有形成了自己的 SOP，并且挖掘活跃用户，最后建立一个兼职管理团队，才能形成社群运营的复制，管理数百个社群，覆盖数万甚至数十万的人群。

7.2.4 私域生命周期各阶段的营销指标

对于私域营销的考核指标，我们按照私域生命周期，即公域获客期、沉淀期、营销期、转化期进行划分。

1. 公域获客期

在公域获客期主要专注添加好友数、好友互动数。每个月的企业微信添加好友数是体现私域规模的基础数据，好友互动数是早期通过流程设计引起客户好奇并进行沟通的数据指标。

2. 沉淀期

在沉淀期，主要关注进群率、退群率，其公式如下。

$$被动引流进群率 = 进群人数 \div 引流渠道浏览量$$

$$主动拉人进群率 = 进群人数 \div 主动拉入群聊的人数$$

$$退群率 = 退群人数 \div 社群人数$$

3. 营销期

营销期要考虑如何提升客户活跃度，以及持续挖掘 KOC，主要关注的是互动率、人均消息量、每百人 KOC 数量、社群每周增加数。其主要公式如下。

$$当天互动率 = 当天发言人数 \div 当天社群人数$$

$$当天人均消息量 = 当天消息总数 \div 当天社群人数$$

$$每百人 KOC 数量 = 社群中做过分享的 KOC 数量 \div 社群人数 \times 100$$

在营销的过程中，还需要关注客户的留存情况，主要公式如下。

$$每周留存率 = 本周内社群人数 \div 社群总人数$$

$$社群每周增加数 = 每周末社群人数 - 每周初社群人数$$

然后根据社群人数增加的变化，分析是引流问题还是运营问题，进行调整。

4. 转化期

转化期思考的是如何从私域中转化出更多的线索，以及如何培育出更多的商机来。大多数情况下，私域很难直接成交，除非是一些工具型 SaaS 产品或者标准服务产品。

此时我们主要关注市场认可线索转化率、商机转化率、客单价和 ROI，主要公式如下。

$$市场认可线索转化率 = 私域产出的 MQL \div 社群总人数$$

$$商机转化率 = 私域产出的 SQL \div 社群总人数$$

$$客单价 = 私域产出的订单总金额 \div 私域产出的订单数$$

$$ROI = 私域产出的订单总金额 \div 私域维护成本$$

7.3　关于 ToB 私域营销的思考

笔者观察了很多 ToB 企业的私域，虽然从企业的层面来说，企业微信能够保护企业资产，也能较好地实现一些自动化功能，还可以与 CRM 打通，减少机械化的动作，但是从温度和亲和感来说，特别是深度交流的情况下，如与高管交流，用个人微信可能更好。所以在实际工作中，需要综合使用两种方式。

除了社群中的内容，朋友圈的内容营销也很重要，朋友圈像是一个有时间轴的微型官网，可以持续地向客户展示企业的动态、行业观点、客户案例等，有助于影响已经添加好友的客群。

当私域中社群活跃度下降甚至沉默之后，要学会断舍离，勇敢解散和重组。

先尝试用红包和资料促活，同步社群分享，操作两三次无效之后，可以在社群中告诉成员要解散，引导还活跃的成员加入其他活跃的社群。

除非是 PLG 或 MLG 的产品，否则一般很难在私域中转化成交。社群更多的作用还是影响客户的心智，其次才是转化。如果说 ToC 的私域是成交和复购，ToB 的私域就是拉近距离和建立信任。

企业应该尽早、尽好地搭建私域，如果能在同行尚未做好私域营销之前率先做好，那么竞争对手的机会就少了，私域最后也能形成一定的行业壁垒。

每一个成功的 ToB 企业背后都有着千千万万信任这家企业的客户，私域的本质是客户关系的管理，在私域中所做的一切也是为了更好地维护客户关系。

最后总结一下 ToB 私域营销的几个要点。

- 流量：精准的流量决定了私域成员的结构。
- 内容：有价值的内容决定了私域的价值感。
- 活动：分层的活动决定了私域成员的认同。
- 运营：持续的运营决定了客户对企业的信任。
- 转化：产品与需求的匹配、客户的信任决定了私域的转化。

7.4 案例：搭建年入 1 亿元的 ToB 私域

笔者曾带领团队用 4 年时间搭建了近 20 万人的私域，通过私域营销和转化，连续多年为公司带来了数千万元到近亿元的营收。

笔者所使用的私域营销的流程仅用一张图就可以表示出来，如图 7-14 所示。

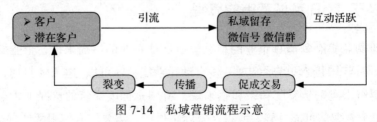

图 7-14　私域营销流程示意

很多 ToB 企业私域营销做不好的主要原因其实在于品牌势能、产品吸引和精细运营做得不够好，缺乏耐心进行精细化运营又是其中重要原因。

在积累客户阶段，我们采用的是全员营销的方式，所有的管理层、市场人员、销售人员都需要加人和加群，我们的 KP 是企业的运营、市场、产品等岗位人员，所以私域也是以运营和产品人员为主，并且我们的私域营销经历了 3 个阶段。

第一个阶段：市场部协同少量具备营销思维的销售人员进行运营，具体就是销售人员负责拉入流量，市场部制定规则，统一做内容、做活动，邀请优秀群友分享等，进行整体的私域营销。虽然经历过员工更替、个人离职，但是 5 年过去了，至今笔者手机上还有数百个运营增长的群，如图 7-15 所示。

图 7-15　运营增长社群示意

在半年时间中，我们的私域人数迅速超过了 4 万人，而销售人员因为有线索保护机制，也不会出现抢客户的情况。客户认知培育的工作就放在了统一的私域中进行，销售人员也有更多精力去维护好重点客户。这个时间段，笔者称之为私域营销 1.0 时代"大鱼塘模式"，如图 7-16 所示。这一阶段从私域来的线索的成交金额可以超过 1000 万元。

这个市场部与销售部近百人共建的私域流量池，经过近一年的运营，从前期的热闹非凡到后面的喧嚣散去，各种问题也开始暴露，最主要的是流量和内容无法持续。同时，一些同行也开始潜伏进来，管理难度增大。而且，客户是否成交往往与市场团队关系不大，而销售部又会认为私域渠道产出的线索不够是市场部的责任。

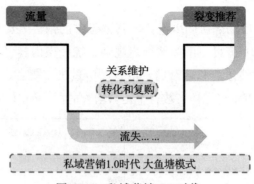

图 7-16　私域营销 1.0 时代

在经过沟通后，我们将"大鱼塘模式"改为"小鱼缸模式"，市场部不再统一运营，责任主体交给销售部，市场部培训销售人员如何做私域营销、社群运营，市场部做好其他赋能。因为销售人员离客户最近，也是最有动力维护好私域的第一责任人，这就是典型的"包群到户，责任到人"，笔者称之为私域营销2.0 时代"小鱼缸模式"，如图 7-17 所示。这一阶段从私域来的线索的成交金额可以超过 3000 万元。

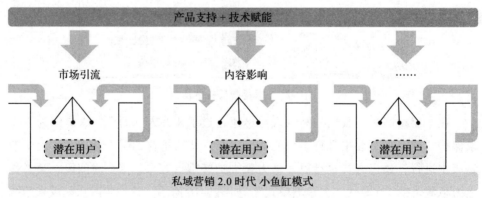

图 7-17　私域营销 2.0 时代

这样企业又一次激活了私域，产生了不少的转化。

时间到了 2019 年，据统计，整个市场部和销售部维护的私域成员数量已经超过 10 万，运营成本越来越高。因为社群成员处于不同城市、不同行业、不同层级的原因，很多社群逐渐沉默且激活困难，这时候，我们又开始思考如何迭代。

是私域流量的方法失效了吗？不是，是人变了。在过去的几年间我们是最早实践 ToB 私域营销的企业，现有的私域中能够成为客户的早已成交，不能成为客户的也随着各自工作的忙碌而减少了互动。

此时，要对私域成员进行分层，要发现超级客户，对他们进行重点维护，笔者称之为私域营销 3.0 时代"网箱模式"，如图 7-18 所示。这类似科学养殖的思路，内部协同全公司力量，各部门配合来实施针对性的营销，不同阶段不同来源的客户会进入不同的网箱，由专人进行差异化的服务。

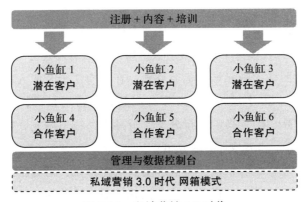

图 7-18　私域营销 3.0 时代

从重视新增流量转变为重视优质流量，我们的私域流量也就从近 20 万人转变成了在"网箱"中精心维护的数百个大客户。我们还开启了"到前线去作战"的计划，因为客户维护不应该只是客户成功经理一个人的责任，我们要求公司经理级以上的管理者每个月都要去拜访客户，并且让不同专业的人去聆听客户的反馈。这一阶段从私域来的线索的成交金额超过了 9000 万元，接近 1 亿元，同年我们的整体营收接近 10 亿元。

在搭建和迭代私域的时候，还有一些经验可以分享给大家。

首先，我们使用的都是个人微信号，因为那时候企业微信还不完善，虽然企业的公众号也有数万粉丝，但是内容打开率偏低，而个人微信号朋友圈的内容打开率可以在 50% 以上。

并且，市场部会对销售人员进行培训。举例来说，笔者会在销售新人入职的时候讲一门课——《每个人都是品牌》，教销售人员包装自己，让销售人员的个人微信号看起来是做用户运营和增长的高手，朋友圈所发的内容也会由市场部精心策划，包括运营干货、行业观点、工作趣事、个人业绩、客户反馈等，从这几个维度来支撑人设。

同时，我们还会统计销售人员的朋友圈内容点赞、评论数，来判断客户对销售人员的信任度。一方面通过丰富的内容塑造销售人员的专家形象，另一方面持续为客户创造价值，刷新客户认知，从"知道你"到"认可你"，再到"信任你"，最后"拥护你"。

其次，社群中尽量少发企业广告，多发有价值的内容，重要的是提供关系链接的价值。

根据私域成员的需要，笔者又协同 7 个分公司同事以及社群群友，建立了近 20 个城市群，并且设计了每个城市"市场人员 + 销售人员 + 本地热心群管理员 + 城市志愿者团队"的私域自运营模式。在只有 2 个全职人员的情况下，我们不仅建立了接近 20 个城市的 300 多个产品和运营增长群，还由销售人员牵头，邀请本地产品、运营高手进行分享，每月举办线下沙龙，拉近了销售人员和私域成员的关系，也建立了品牌认同。

这就是笔者曾任职的企业从流量启蒙到搭建体系，再到精细化运营的私域营销的过程。背后的支撑原理其实就是：ToB 企业早期的增长要关注产品和市场，产品验证后要关注市场和销售，市场打开了要关注客户成功；随着不同阶段的侧重转变，私域营销的策略也要随之调整。

后来，当增长变得不确定的时候，我们又开始对私域成员进行直播，向他们讲解产品、短信营销方法、RCS 使用经验、如何提高 ROI 等内容，我们开始针对超级客户发送疫情口罩、免费员工通知短信等。这时候，私域里有潜在客户、新增流量、沉默客户、已合作客户，还有大客户，我们要做的就是持续对这些已经付出过成本的客户进行营销。

私域营销的核心就是基于客户的需求不断调整服务。以上就是笔者曾经经历过的私域营销实践，供各位读者参考。

7.5 思考

本章我们学习了 ToB 私域营销的概念，了解了 CRM 私域和微信私域的差异、ToB 营销与私域营销的关系，也知道了 ToB 私域营销的价值。

通过私域营销的 ISOOC 模型，我们可以完成从搭建到运营，再到输出，最后到复制的全过程，给企业创造更大的价值。

现在，我们基于本章所讲的内容来做一些思考，以便更好地与现有的工作结合，让学习更有效。

- 你如何理解 ToB 私域？你所在的企业是否适合做私域营销？
- 你如何理解 CRM 私域和微信私域？
- 尝试为你所在的企业策划一份私域营销方案。
- 你会如何对自己所在企业的私域进行定位？
- 尝试写一段社群招募说明。
- 尝试写一份社群管理规则。
- 在企业私域的沉淀期，你会怎么做？
- 假如社群需要邀请一些成员做内容分享，你能否尝试列一份邀请名单？
- 尝试为社群制定运营 SOP。

| 第 8 章 |

营销数字化，科技赋能企业增长

很多 ToB 企业的市场负责人，职业经历一般是"出生"于活动营销，"成长"于内容营销。他们可能知道数字化的重要性，但是不知道如何有效地落地数字化；他们可能知道各项工作的流程，但是不知道如何使用合适的工具来提高效率。他们可能看到了竞品一些好的方法，但是不知道通过怎样的技术手段实现。这主要是因为对数字化的了解不足。

前面我们已经介绍了官网、SEM 等数字化营销的基础内容，但 ToB 企业要真正实现数字化营销，比如跟踪客户全生命周期的数据，实现自动化营销、精准营销等，必须让企业营销的工作实现数字化。这些知识也是不少市场从业者的盲点，所以本章我们一起来学习营销数字化。

8.1 营销数字化与数字化营销的关系

在讲营销数字化之前，我们先分析传统营销、数字化营销、MarTech、营销数字化这几个概念之间的关系。

数字化营销不是突然出现的，而是从传统营销逐步进化、持续迭代而来的，目前的数字化营销也不是最终形态。

传统营销指的是发传单、报纸、户外广告等营销手段，费用高低不一，痛点是难以沉淀过程数据以及有效衡量最终效果。比如百货公司会使用地推、门店海报、报纸广告和户外广告等传统营销方式，至于效果，有时候就只能"听天由命"了，所以有了广告圈最有名的那句话："我知道我的广告费有一半浪费了，但遗憾的是，我不知道是哪一半被浪费了。"而数字化的过程就是努力减少这种浪费以及探索浪费在哪里的过程。

沃尔玛就发现给会员发送商品手册、优惠券邮件比在报纸上做广告的效果要好，这大概就是早期的面向会员进行的数字化营销。戴尔也学习了这种会员营销，后来又开始用电话营销的方式直接联系客户，并对营销过程进行记录，提高营销效率。

随着互联网的兴起，雅虎依靠线上广告帮助品牌主营销，并且可以通过找流量，根据点击量来收费，赚得盆满钵满。谷歌不断发展，搜索引擎营销开始普及，各种线上线下的数据收集、数据分析工具也加速发展，数字化营销持续迭代。

与传统营销相比，数字化营销的关键点是通过技术手段进行数据分析和挖掘并触达客户。为了使数字化营销更加精准和高效，人们发明了很多技术方法和产品。这些技术和产品被称为 MarTech。

MarTech 是 2008 年的时候由知名博主 Scott Brinker 提出的。MarTech 是 Marketing+Technology 的缩写，直译为市场营销技术。

国内的 MarTech 通过了如图 8-1 所示的几个阶段。早期主要是电视、广告等基础营销；然后发展到 AdTech 的门户广告、搜索广告、信息流广告等；再到 2014 年的 MarTech 营销云，进入 MarTech 1.0 时代；2020 年数据中台、客户体验兴起，进入 MarTech 2.0 时代。

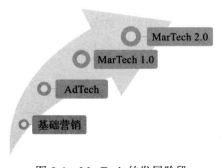

图 8-1　MarTech 的发展阶段

MarTech 涵盖的技术比较广泛，既包括各类营销工具，也包含客户关系管理 CRM、SCRM，以及客户数据平台、数据管理平台、营销自动化工具等。MarTech 在客户全生命周期中发挥着作用，是支撑企业跟进客户旅程的最重要手段。

通过 CMO 训练营制作的技术营销云图，大家也能更全面地了解国内 MarTech 生态，如图 8-2 所示。

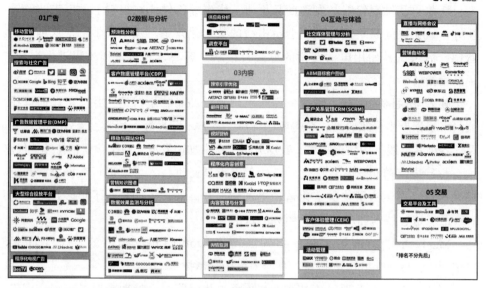

图 8-2　中国 CMO 技术营销云图（第 8 版）

营销数字化指的是营销工作的数字化，也就是将原来无法统计、分析、追踪的营销工作进行数字化，使之可统计、可分析、可视化，甚至智能化、自动化。

那么具备优秀的营销数字化技术的企业，其营销工作应该是什么样子呢？

笔者曾无数次在结束一天疲劳的工作后，站在落地窗前看着车水马龙的城市，幻想着下面的工作场景。

每天早上，笔者都可以通过手机看到各个渠道投放的消耗、留资数据，系统会主动拉出优质和异常关键词，并给出初步的优化意见。

对于昨天刚刚结束的活动，圈客、邀约、报名、到场、领取资料、互动、反馈等各个环节都有数据显示，其中有多少客户本来就在 CRM 中，有多少客户是新增的，ToB-O6A 模型中的 A1 ～ A5 客户有多少参与了，经过活动有多少客户的类型变化了……

对于昨天发出的营销云技术内容，8 小时内浏览、评论、转发、收藏的数据也显示出来了，可以看到有多少人点击了内容中的链接进行留资，又有多少 A1 ～ A5 客户对内容进行了实践，系统自动增加了哪些标签，预计可以邀请哪些人参加 1 个月后的线下会议。

笔者还可以知道企业私域的变化。如本周企业私域新增了多少人，其中 A1 客户、A2 客户、A3 客户、私域转出 A4 客户、参加本周直播的客户等都有多少一目了然。

还可以看到市场部的财务相关数据。

当然还有更多的营销工作数字化的形式。

营销工作天生需要数据来指导，没有数字化的企业很难掌握完整的数据，这样既难以有效指导营销工作，也很难衡量营销工作。

据了解，不少 ToB 企业市场部从未使用过营销工具，管理层却希望员工给出详尽的过程和结果数据；或者，管理层认为市场部的工作不需要工具就能高效进行。这种认知导致 ToB 行业整体的营销数字化还处在较低的水平，甚至还有研发数字化产品的企业本身的数字化水平却低得可怕。

实际上，作为营销费用的支出部门，市场部对于各项工作，如活动、内容和私域等，如果无法进行数据统计，就很难跟踪到结果数据，不仅缺乏复盘和优化工作的依据，长此以往还会让整个部门的存在感、成就感越来越低，逐渐沦为边缘部门，企业的增长飞轮也会逐渐塌陷，无法实现良性增长。

为了应对获客成本高昂的现状，ToB 企业必须迅速进行各项工作的数字化转型，以此来沉淀客户全生命周期的行为、数据，以便持续洞察客户的需求、问题、异常等，使用数字化的工具来提升运营效率，降低客户成交成本。

企业要开展数字化营销工作，需要先实现营销工作的数字化，如图 8-3 所示。

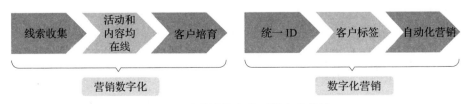

图 8-3　从营销数字化到数字化营销

营销数字化和数字化营销两者之间是"先有鸡还是先有蛋"的关系。只有营销工作数字化了，过程数据才能被采集、统计，一方面能够提高工作效率和交互便捷度，另一方面能通过数据分析来制定更好的营销策略。比如官网的埋点、内容的标记、活动在线报名和签到等数字化手段，都可以用于迭代。

营销数字化有购买成熟的产品、采购定制产品和自研 3 种方式，通常是由市场总监或 CMO 来负责推动的。一个企业的营销数字化过程，最大的挑战往往不是技术，而是企业管理层认知、流程和组织的迭代，特别是 CMO 和 CEO 的认知，因此需要他们具备一定的数字化知识，才能更好地落地这项工作。

按照市场部工作的几个阶段，目前常见的 ToB 企业营销数字化技术或产品如下。

- 获客和识别：建设官网，通过 SEM、SEO、各渠道的广告投放等进行公域中流量的获取，并且对各渠道的数据进行记录与分析，以便持续优化。
- 培育和转化：官网作为线上流量的承载点，兼顾品牌展示和访客留资的使命。
- 客户全生命周期管理：从访客到留资、从线索到转化的培育与管理。
- 自动化营销：通过数据赋能市场团队，对客户的行为进行记录、标记等，再使用工具自动完成执行、管理等营销运作，以提高市场效率和客户体验。

同时国内一体化营销云也变得越来越强大，可以将寻找客户、承接客户、管理客户、经营客户整个环节拉通，实现一站式的解决方案，同时降低企业采购的门槛。

通过采购或部署以上技术或产品，企业就能实现一定程度的营销数字化，从而降低营销成本，实现数据的跟踪和分析，用精准营销来提升客户体验。

在帮助 ToB 企业进行营销数字化落地的时候，笔者总结了以下几点经验。

1）解决单个的、具体的市场工作场景。企业是讲究 ROI 和产品匹配性的，一个 MarTech 产品是否适合本企业，就看能不能解决具体问题，先谈能不能用起来，再谈用好。因此我们可以先根据单个具体的需求来采购和研发产品，比如投放数据分析、活动报名产品、海报裂变工具等。

2）进行多个、整体的市场工作场景的拉通。ToB 营销工作有很多从获客到培训完整的链条，比如多个渠道投放的监测、分析，活动的报名、提醒、签到，活动物料的下载、分析，以及内容生产、单独二维码生成、注册表单、数据分析等流程。这就要求企业的营销数字化是能够拉通这些工作场景的，否则将无法形成闭环。

3）立足于客户全生命周期，思考企业各部门的数据打通。在获客到培育的过程中，需要记录客户在线上线下、内容和活动等各个触点上的行为，来对客户的意向进行精准的判断。更重要的是，过程中销售、产品人员可能与客户进行沟通，达到一定标准的线索需要转给销售人员。或者，获客期间分配各销售线索的市场部也需要了解各渠道线索转化效果来做获客渠道质量的分析。这些就涉及客户全生命周期以及跨部门的数据协同了。

ToB 企业的营销数字化，通过让不可测量的营销动作变得可测量，让不可见的价值变得可见，让割裂的客户数据变得全周期统一，提高市场部门与其他部门的协同效率，来重塑 ToB 市场部的价值。

营销数字化相关知识也将是未来 ToB 企业中市场部工作人员必须掌握的专业知识之一。

8.2　国内数字化营销与营销数字化现状

调研数据显示，国内仅有 11% 的受访者表示已经全面实践营销数字化并且十分熟练，有 38% 的受访者已经开始实践但还不熟练，还有 46% 的企业处于刚起步或观望状态，如图 8-4 所示。因为调研中接触的多为有营销数字化需求的企业，所以笔者认为实际上没有实施营销数字化企业的占比应该更大。

同时，致趣百川的《2020 年 MarTech 现状与趋势白皮书》提供了如下数据。

- 只有 24% 的市场人员认为企业充分利用了营销工具。
- 50% 的市场人员表示营销技术购买与使用的最大障碍是预算。
- 70% 的企业在客户购买旅程中忽略了线索的培育，导致线索流失。
- 34% 的企业不使用任何模型来衡量营销绩效。

而在欧美，实现营销数字化的企业超过 85%，超过三分之二的企业使用 MarTech 进行内容营销、客户关系管理和数据分析，衡量营销效果。

可以看到营销数字化在 ToB 企业中尚处于起步发展阶段，同时根据平时的交流与调研，我们也可以发现国内 ToB 数字化产品或服务的采购趋势还是持续上升的。但是因为过去数字化建设缓慢，不少企业的历史线索、客户跟进记录都呈现缺失状态，即便开启了营销数字化，已成交客户和正在跟进的线索的数据导入都会是很大的问题。

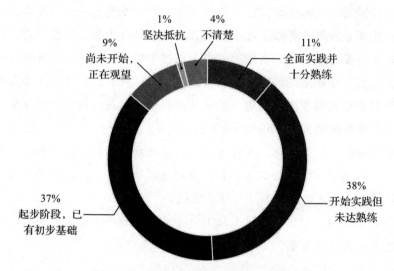

图 8-4　ToB 企业营销数字化的发展程度

如图 8-5 所示，LinkedIn 的报告显示，缺乏具备相关知识和技能的人才是ToB 企业在数字化营销上面临的最大挑战。同时，如何平衡传统营销和数字化营销，如何实现思维、技能的过渡，也是现阶段的难题。

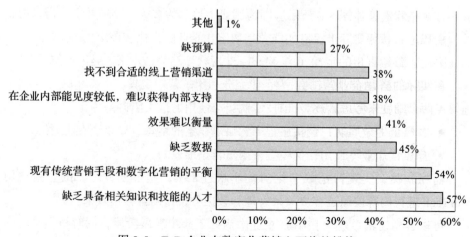

图 8-5　ToB 企业在数字化营销上面临的挑战

以上种种问题并不是 ToB 企业中市场人员的问题，而是 ToB 行业发展滞后，数字化建设不被重视，从而造成相关的理论和实践太过缺乏，人才、预算都不足导致的。

面对营销数字化的变革，市场人员不应该止步于获客，而需要基于客户生命周期建立合适的营销增长模型。CMO 就是这个模型的推动和实践者。数字化营销的发展已成必然，CMO 们必须快速成长，否则一个不懂数字化营销和无法推动营销数字化的团队领导者可能会被淘汰。

因为数字化营销所涉及的线上营销，如官网、SEM、SEO、线上内容、线上活动、直播等营销方式在前文中已经涉及，本节重点阐述 ToB 企业的营销数字化体系的建设。

8.3　ToB 企业如何建设营销数字化体系

ToB 企业的营销数字化是一个系统工程，不是一蹴而就的，也不能随心所欲地建设，而要根据企业所处的阶段以及团队的能力来逐步建设，并且需要数年的时间来完善。

从欧美市场来看，一个成熟的营销数字化体系需要能够记录和分析主要的市场营销动作，比如营销渠道管理、内容创建与管理、活动创建与管理、客户画像与标签管理、业务流程管理、自动化营销、数据分析与管理等。在国内还需要有私域营销管理等。

企业进行营销数字化建设之前，需要对整体功能进行规划，比如华为的营销数字化蓝图如图 8-6 所示。

在实际的搭建企业营销数字化体系的过程中，可以从客户全生命周期和实施要点两个维度来考虑，逐步推进，最后形成适合企业的方案。

- 客户全生命周期：包括客户获取、客户识别、客户培育、客户转化、客户经营几个阶段。
- 实施要点：单个场景、完整场景、协同场景。

接下来我们就按照这个方法逐步来了解企业如何实现营销数字化。

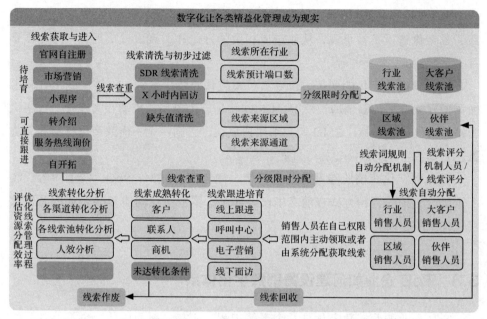

图 8-6 华为营销数字化蓝图

8.3.1 客户获取阶段

获客是 ToB 企业市场部永恒的话题。随着营销环境的变化，ToB 企业的获客受到了严峻的挑战，比如投放成本高、参展效果差、电话呼出效率低、邮件营销效果差等。更重要的是，很多企业的预算面临缩减，这使得市场需要更多的技术和产品来支撑，以实现降本增效。

在这个阶段，市场部经常遇到的挑战是对各种获客手段的数字化管理。

1. 官网获客

市场人员往往缺乏官网搭建知识，对网站建设的基本理论和代码很少有了解。在搭建企业官网的时候，需要先和产品部门或外包团队反复沟通，再开始写代码，再上线和运营。

其实很多 ToB 企业并不需要太复杂的官网，如果有简单便捷的建站产品，市场部就可以完成官网搭建，效率将得到极大的提高。如果对官网要求不高，就可以使用阿里云的自助建站功能或者第三方建站工具来比较快速地完成。类似 LTD 这样的建站工具，能够在几分钟内完成一个符合 ToB 企业需求的官网，只需要简单地选择模板，拖曳式编辑网站再发布，能够让不懂设计、不懂编程的工作人员迅速完成官网搭建工作，如图 8-7 所示。

1. 选择模板　　　　　2. 拖曳式编辑网站　　　　3. 多渠道同时发布

图 8-7　LTD 自主建站

很多企业的官网落地页、活动落地页的制作流程复杂，需要反复沟通，周期较长。这时候可以使用内容编辑器来快速制作落地页，如图 8-8 所示。

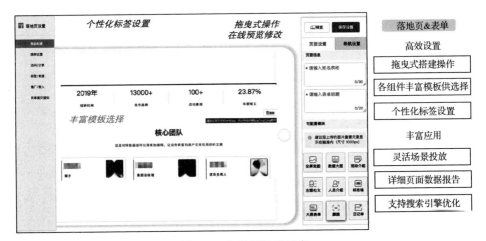

图 8-8　内容编辑器示意

如果企业有能力自建官网，那么可以建议技术部门通过 Cookie 追踪客户的行为轨迹，可以在页面埋设数据触点来监测页面的数据和效果，进行 A/B 测试来优化官网获客。

使用营销数字化产品，通过简单的学习就能进行官网的监测，对流量来源、访客和表单数据进行详细的记录，如图 8-9 所示。只需要添加域名，在网页中添加自动生成的监测代码，就可以通过产品后台观看官网的各项数据表现了，非常简单。

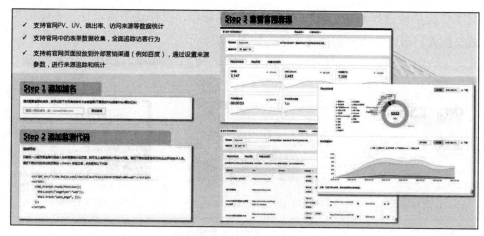

图 8-9　官网监测工具示意

还可以使用表单编辑器来代替过去的外链表单。使用表单工具可以方便地标记和嵌入表单到网页中，还可以跟踪表单到线索的情况，让每一条表单记录的线索变得清晰、可追溯，如图 8-10 所示。

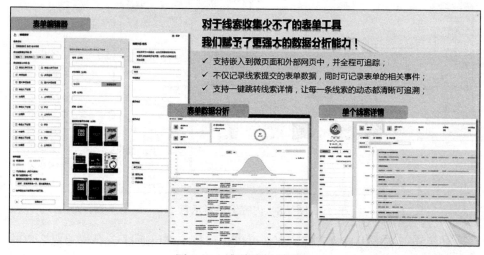

图 8-10　表单编辑器示意

在提升网站活动效果的方法中，A/B 测试是最常用的，其原理是将访客随机分配成两组，分流到不同的落地页或者显示不同的文案、按钮等，来测试哪一组的效果更好。

过去 A/B 测试的页面开发过程可能需要数天或数周时间来沟通，如果有 A/B 测试工具，则直接生产两个页面，将官网或其他渠道的流量随机分配，进行随机的 A/B 测试，再通过数据表现来确定页面方案，效率将大大提高，如图 8-11 所示。

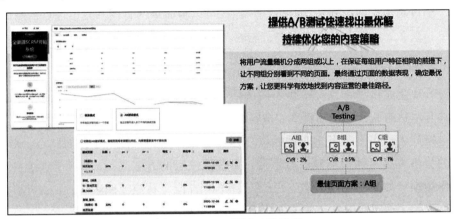

图 8-11　A/B 测试工具示意

过去官网获客一般是留"400 电话"、引导注册等，极容易出错，也不够即时，甚至经常出现电话回访过去而对方已经忘记留资的情况，造成了线索的浪费。在营销数字化方案中，笔者建议使用在线客服机器人或企业微信直接对接。这两种方式都可以通过 AI 问答的技术来一定程度上解决客户即时的需求，实现快速响应，然后结合人工介入来提升体验，如图 8-12 所示。

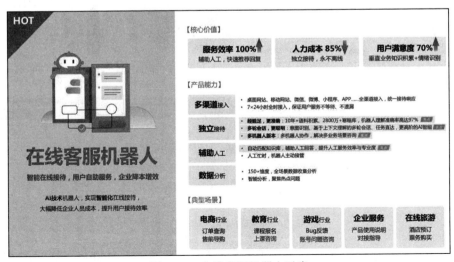

图 8-12　在线客服机器人示意

还有一些工具可以通过 AI 能力来辨别官网陌生访客的身份，再识别访客所属的公司，以便对未留资的流量进行回访，也可以根据其所属的行业针对性地展示内容。

经过测试，通过相关的技术和产品，可以将简单的官网开发、埋点、测试、表单、获客等功能在一天内完成，能够大大提高效率，节约企业成本。

2. 投放获客

ToB 企业市场部会在多个不同的线上渠道进行投放来获客，不同的投放渠道都有单独的后台，比如百度、搜狗、谷歌等。

投放人员需要打开多个后台进行操作，各平台的数据处于割裂状态，对数据的分析大多是通过下载后台表格，再按照一定的方法进行，效率较低且汇总工作烦琐。如果是渠道投放，就会在各个广告位、易拉宝或者代理商渠道附上可追踪的二维码或链接，这部分数据也需要市场人员手工统计。

而一些数据分析工具则可以方便地生成多个可追踪的链接，并进行标记，实时汇总、统计，如图 8-13 所示。通过 UTM 标记渠道来追踪网站访客的行为，再追踪访客注册试用的动作，从而分析出不同渠道的 UV/PV、跳出率、页面访问深度、注册转化率等。

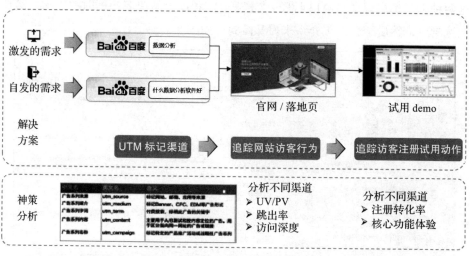

图 8-13　神策的渠道分析解决方案

而一些一体化的营销工具可以打通全渠道的数据，比如 SEM、第三方网站等。企业通过简单的配置来关联各个渠道的投放数据，批量追踪链接，同时能够通过不同的链接标记来区分线索来源，如图 8-14 所示。

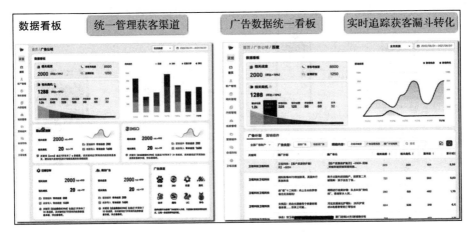

图 8-14 全渠道投放数据看板

3. 内容获客

在过去，设计师几乎是市场团队的标配，但是对于中小型企业来说，往往没有那么多的设计需求，招聘一个设计师不划算，但是想要内容或活动岗位人员做出好的海报又不现实。随着数字化的发展，越来越多的内容创作工具、内容管理工具出现了，如图 8-15 所示，使用创客贴等工具，可以让一个设计新手快速做出结构合理、设计美观、营销元素齐全的海报。

图 8-15 海报内容创作工具

市场部发布的内容在过去往往只能统计浏览量等内容指标，无法记录获客量等效果指标，通过营销数字化能一定程度上解决这个问题。比如在不同的公众号推文中嵌入唯一的二维码或链接，就可以方便地进行追踪，如图 8-16 所示。

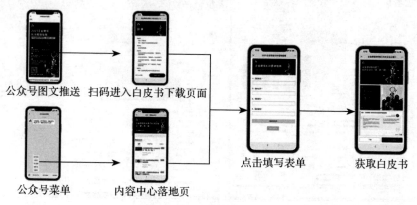

图 8-16 内容溯源工具

4. 活动获客

活动获客也经常困扰着市场部，从活动邀约到活动报名再到活动签到，人工统计都非常低效，同时活动效果的数据统计也存在各种问题。首先要考虑如何有效统计该客户是否是在本次活动上获得的，其次要考虑通过市场部在活动展位获得的客户如何有效地分配下去，再次要考虑如何有效区分活动现场多个获客来源的数据，以便后期优化。

如图 8-17 所示，通过数字化的活动工具，可以针对线下、线上不同的活动生成链接或二维码，在获客的时候与 CRM 进行匹配，自动判断是否是新客户，并且判断是市场部获取的还是销售人员获取的，再按照一定的规则进行分配。简单介绍下常用的分配规则，如下。

- 若是市场部获取的客户，则市场部可以按照相关的规则进行分配。
- 若是销售人员自拓的客户，则由该销售人员跟进。
- 对于市场部正在培育或其他销售人员已经在负责的线索，则打上"参会"的行为标签，不属于本次活动获客。

5. 数据拓客

除了投放、内容和活动，企业如何最大化地拓展客户来源也是市场部面临的挑战。比如，通过商机数据找到潜在客户，再通过自动化营销手段确认客户的需求，从而获得客户，这也是很多 MarTech 企业在探索的方式，如图 8-18 所示。

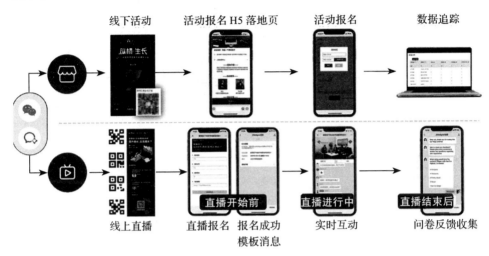

图 8-17　活动溯源工具

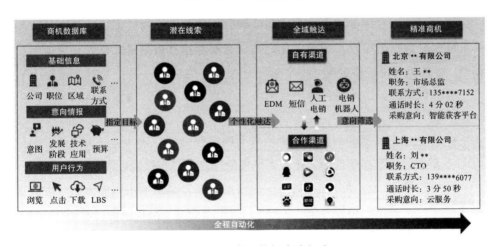

图 8-18　从商机数据库中拓客

如图 8-19 所示，通过一系列获客动作的数字化，可以对所有渠道的数据进行统计，完成基本信息的收集，再进行客户行为轨迹的追踪，以及对内容、活动等数据进行追踪汇总，初步完成客户标签的定义并实现 360° 的客户画像雏形。

图 8-19　通过数据形成 360° 客户画像

8.3.2　客户识别阶段

传统增长方式中，市场部直接将线索转给销售部，对线索不再负责。市场部获取客户数据的手段实现数字化之后，需要对这些数据进行梳理，完成客户识别，才能进行下一步分配。

客户识别阶段主要包含客户线索质量的判定以及客户线索的合理分配两个环节。

- 客户线索质量的判定：需要由专人确定线索是有效的还是无效的，是低质量的还是高质量的，是需要培育的还是可以直接提报方案并报价的。
- 客户线索的合理分配：对不同质量的线索，是按照不同的方法分配，还是全部分配给销售人员。

如前文所说，很多时候企业数字化是否能顺利落地，重点不是产品也不是专业，而是管理。如果企业没有成熟的客户线索质量判断标准和合理的分配制度，客户识别阶段的营销数字化也将沦为空中楼阁。

1. 客户线索质量的判定

据了解，不少企业并不会做客户线索质量的判定，市场部只是销售部的附庸，所有的线索全部转给销售人员，客户心智、客户培育等工作也和市场部无关，市场部唯一的目标就是获客，在笔者看来这是一种非常原始和低效的管理方式。

首先，没有品牌动作的纯流量式获客行为一定会导致市场部所有的动作都是短期行为，没有长期积累，即没有品牌、内容等积累，纯粹用金钱和体力来吸引客户、获取客户线索，难以持续，获客成本也会越来越高。

其次，不加判别地将线索分配给销售人员，除非市场部获客数量非常少，否则将会造成销售人员工作量大增的情况。因为市场部的线索没有那么精准，对应客户也不一定立刻有采购的需求，而销售人员想要的是精准的、立刻能成交的客户，久而久之，销售部与市场部就产生了矛盾，销售部认为市场部的线索质量太差，不愿意去筛选和跟进，如图 8-20 所示。

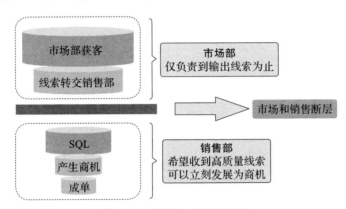

图 8-20　市场和销售的断层

为了解决这个问题，一些 ToB 企业会设置 SDR（Sales Development Representative，销售开发代表或销售线索运营）岗位。SDR 的工作主要是对市场部获得的客户线索按照一定的规则进行清洗和确认，再按照企业的线索管理规则进行分配，也可以主动进行外呼来寻找线索，所以 SDR 就是线索链路上市场部和销售部的连接器。

在笔者沟通过的多家有 SDR 的企业中，多个销售负责人表示 SDR 团队转出的线索质量大大提高，销售人员平均可以节约 20% 以上的时间去进行高质量客户的沟通。

早期的 SDR 团队会整理表单，再通过人工核对、电话呼出等方式来判断客户留资的数据是否准确。因为运营商的限制，一般工作人员手中的一个电话号码一天拨打 30 ~ 50 个电话就会被限制，如果被客户投诉会封号，这时候企业需要外呼系统来支撑。此外，笔者建议将留资线索导向企业微信，SDR 通过企业微信和客户进行沟通，通过对客户信息的询问和收集给线索打分，这将会使工作变得方便很多。

线索质量采用基础信息评分和行为评分两个维度。下面以某企业的线索评分规则为例。基础信息评分包括工作级别/职位、公司中重要职位、产品需求、手机号码，如表 8-1 所示。行为评分包括邮件、网站、线下活动等维度，如表 8-2 所示。

表 8-1　基础信息评分

信息分类	信息因素	得分
工作级别/职位	副总裁	+10
	总监	+8
	经理	+6
公司中重要职位	决策者	+15
	影响者	+10
	使用者	+5
手机号码	验证通过	+10
	未验证，不为空	+3
	为空	+0
产品需求	需求明确	+10
	需求不够明确	+5
	没有需求	+0

表 8-2　行为评分

营销渠道	行为因素	得分
邮件	打开邮件	+1
	点击邮件	+5
	转发邮件	+3
	退订	−5
网站	获取 Demo	+50
	访问价格页面	+20
	访问多个页面	+10
	访问招聘页面	−5
网络研讨会/直播	线上注册	+10
	线上参与	+20

（续）

营销渠道	行为因素	得分
线下活动	参与活动	+3
	良好沟通	+10
	完美沟通	+30
内容营销	下载白皮书	+10
	下载特定白皮书	+30
	完成一项互动	+10

　　经过 SDR 团队清洗的线索，客户的基础信息和行为都将被赋予一个分值，以便销售人员判断初始线索质量，销售人员自拓的线索也应该按照这样的评分规则操作，这样企业所有的线索才处于同样的管理维度中。客户根据不同分值进入不同的流转路径，经过一系列的培育，待符合一定标准时进入下一个阶段的流程。

　　比如某企业的客户评分与流转过程如图 8-21 所示。

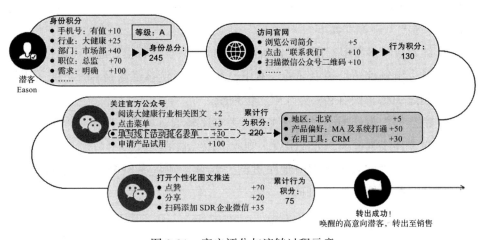

图 8-21　客户评分与流转过程示意

　　知名企业 Oracle 也采用了类似的机制，按照基本信息、互动信息的维度对线索进行评分。Oracle 为客户的职称、行业、企业年收入、解决方案等设置了评分等级，并且按照客户的行为，如提交任意表单、点击任意邮件、访问产品页面、在线查询任意邮件等设置分数。Oracle 线索评分规则如图 8-22 所示，供参考。

营销渠道	信息附加值	得分	权重
职称	营销副总裁	100	30%
	销售总监	50	
	销售经理	25	
行业	软件行业	100	30%
	制药行业	100	
企业年收入	1 亿美元	20	25%
	10 亿美元	100	
解决方案	竞争对手 1	100	15%
	竞争对手 2	80	

营销渠道	频率	时间范围	得分	权重
提交任意表单	至少 1 次	近 7 天	100	35%
	至少 1 次	近 14 天	75	
	至少 1 次	近 30 天	50	
点击任意邮件	至少 3 次	近 7 天	100	20%
	至少 3 次	近 30 天	75	
	至少 1 次	近 14 天	50	
访问产品页面	至少 3 次	近 7 天	100	30%
	至少 3 次	近 30 天	75	
	至少 3 次	近 14 天	50	
在线查询任意邮件	至少 3 次	近 7 天	100	15%
	至少 3 次	近 30 天	75	
	至少 1 次	近 14 天	50	

图 8-22　Oracle 的线索评分规则

当然 SDR 并非市场部的必备岗位，因为其职责也可以由市场部其他同事或者销售部的实习生来承担。至于是否需要引入 SDR，企业需要根据自身的情况去衡量，主要判断标准如下。

- 线索数量多不多？市场、销售部门的兼职人员能否很好地进行承接？
- 过去市场部转给销售部的线索中，有多大比例被证明是不合格的，比如超过 30%，则有必要做线索质量判断。
- 销售部如何处理不合格的线索，丢弃还是给市场部？流程是否顺畅？如果丢弃线索过多，造成浪费，则应该做线索清洗。
- 销售部无法长期且即时地跟进同一线索，则需要 SDR 岗位做好前期工作，节约销售人员时间。

2. 客户线索的合理分配

有了线索质量的评价机制之后，还需要规范线索的分配机制。

在制定线索分配机制前，企业一定要有统一的标准。前文提到过，在客户全生命周期中，线索会被分为多个阶段，如 Leads、MQL、SQL 等，但是企业必须对这些阶段进行准确的定义。

曾经管理过 300 多人的全国市场团队，也带过 1000 多人的销售团队，笔者能深刻地理解企业内部市场和销售两个部门不同的工作目标和诉求。只有统一了线索标准，并且明确每个阶段线索的责任主体，才能更好地解决市场部和销售部的分歧。

每家企业的线索分级存在较大的差异。笔者分享一些在咨询过程中整理的规则，如下所示，供大家参考。

1）市场部需要对其获取的客户线索有分配权限，并且需要追踪线索全生命周期的情况，否则既要市场部对线索质量负责，又不提供分配线索的权利，这不符合管理逻辑。

2）市场部与销售部要确定转出标准，用 BANT 还是其他标准需要明确，提高转介绍率。

3）对于市场部通过 SEM、官网等自然流量渠道获取的线索，经过 SDR 清洗后，低质量线索导入私域，由市场部继续培育，高质量线索分配给销售部进行转化。

4）市场部输出的 MQL，销售人员必须在 2 ～ 48 小时内进行反馈，既能防止销售人员手头跟进的客户饱和造成线索跟进不及时，也能逐步培养销售和市场两方人员的配合。

5）高质量线索可以是随机分配的，也可以是优先奖励给成单率高的优秀销售人员或与市场部配合度高的销售人员的。笔者建议采用后面的分配方法。

笔者经常使用的方法是，对于销售新人，会在入职 1 至 3 个月期间随机分配一些线索，帮助其成长，而高质量线索会优先分配给成单率高的销售人员或与市场部配合度高的销售人员。对于其他渠道的线索，如内容渠道，一定优先分配给积极转发内容的销售人员。笔者会使用工具或人工统计各销售人员转发内容的次数，采用每转发 5 ～ 10 次奖励一条线索这样的方式。还可以要求销售人员对内容进行点赞、转发、评论、在看，完成"赞转评看"4 件套才算一次完整的配合，既可以提高销售人员转发内容的积极性，也可以让销售人员在评论区做一些互动，引起其他内容浏览者的兴趣。

6）一般大活动都需要"市场部摆展 + 销售人员扫场"这样的配合方式，也不排除部分销售人员不愿意配合工作，这时候市场部就可以将展位上获得的有限的客户线索分配给配合度高的销售人员。

7）很多 ToB 企业的私域营销做得不好，往往是因为机制设定出现了问题。如果只让市场部维护私域，流量大之后会忙不过来，并且市场人员缺乏运营动力；如果只让销售人员维护私域，往往专业性和精力都会不足。只有市场和销售两方协同，才能做好私域营销。而这时候就需要市场部有足够的私域线索的分配权限，促使销售人员愿意花时间来协同市场部进行私域营销。

很多 ToB 企业要求市场部承担销售业绩指标，却不赋予部门线索分配的权利，导致市场部无法真正对线索转化负责。这就是典型的"只要求义务，不赋予权利"的简单粗放式管理。

当然也可以借助线索工具。在工具后台设置线索的规则，比如设置多少分以下为低质量线索，多少分之间的线索转入市场部培育，多少分以上的线索转给销售部跟进，通过自动化的流程来提高效率，如图 8-23 所示。

图 8-23   客户线索分配机制

8.3.3   客户培育和转化阶段

当客户线索完成质量判定或分配之后，客户就进入了培育和转化阶段，这个阶段也是企业与客户接触过程中最重要、周期最长、触点最多的阶段。

在过去很长一段时间内，ToB 企业的客户培育通常是市场人员拉活动、销售人员去拜访、多采用线上聊天等方式。因为不了解客户的真实想法，这些动作往往是从企业的需求而非客户的需求出发的，所以缺乏策略，触达的时机也很难精准把握，内容和活动没有针对性，也就造成了客户培育效率偏低的情况。

在客户培育和转化阶段经常遇到的挑战和相应的数字化解决方案较多，下面一一探讨。

1. 客户数据不全

ToB 企业线索培育周期一般较长，从几个月到几年都有可能，如果没有用数字化产品进行客户数据的记录，而是用 Excel 表格来管理，肯定会带来很多管理上的问题。如果只用销售端的 CRM 来管理，又会带来前端市场数据缺失。培育过程中汇总的市场动作触点缺失，客户全生命周期的管理也就成了空谈。

所以目前涌现了越来越多的营销云、SCRM 产品，它们可以完成市场数据的收集，记录客户行为和状态数据，并且可以对接众多渠道、第三方产品，还能与 CRM 打通，并且能打通各部门数据，汇集企业所有数据，也能支持数据分析和需求洞察的 CDP 等数字化产品，如图 8-24 所示，建议多对这类产品进行了解。

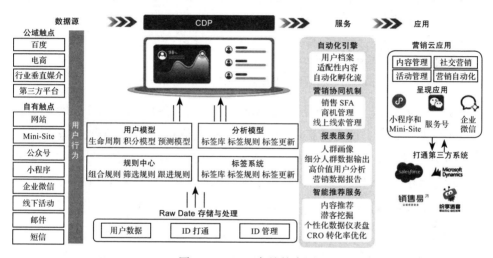

图 8-24　CDP 产品的应用

2. 私域营销闭环

在传统营销中，ToB 企业对客户的转化方法出奇地一致，就像前文所说的那样：获客阶段引导客户留资料，让市场人员进行电话沟通，确认线索质量，再通过市场或销售人员邀请客户参加活动，给客户转发内容，拜访客户沟通方案或进行价格谈判，从而完成成交转化。

实际上这样的流程过于冗长和传统，所以笔者一直在行业中倡导不要一味关注留资，应该和客户建立直接联系，比如访客来到官网，或者客户阅读了内容、参加了活动之后，引导他添加企业微信，再用企业微信的能力来实现部分数字化营销的功能，如自动打招呼、自动回复、自动标记、自动营销等，从而让客户进入企业的私域流量，这种方式比传统的留资要先进太多。

如图 8-25 所示，使用微信承接线索可以缩短转化路径，大大提高效率。

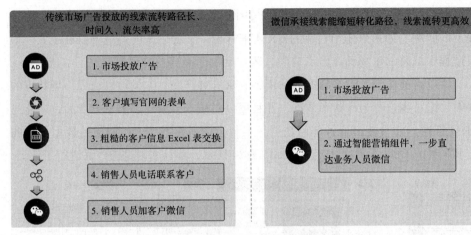

图 8-25 传统市场广告投放和微信承接线索的流转路径

甚至，笔者认为下一个阶段，国内 ToB 营销的大部分工作都会基于私域来进行。

前文我们说到，国内的私域营销几乎等于微信私域营销，只要与客户建立微信联系之后，获得客户的手机号码，基本就可以在企业微信、小程序、服务号、视频号中全面记录客户的轨迹和数据，可以知道客户看了什么内容、访问了什么功能、参加了什么直播等，迅速构建企业级的私域线索池，如图 8-26 所示。

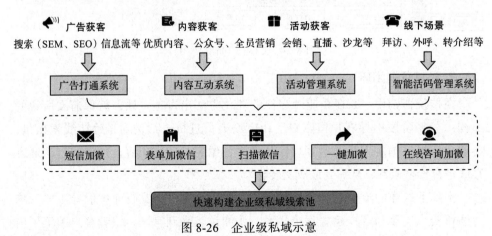

图 8-26 企业级私域示意

通过企业微信统一沉淀各渠道的客户，使用微信生态的诸多工具，就可以进行精细化的营销。

比如，市场部承接的线索，可以通过溯源、自动化标签、自动匹配企业工商信息等数字化功能填充信息，也可以由市场部或 SDR 进行自定义信息的补

充，保持客户线索信息的完整。营销数字化让过去一个冷冰冰的电话号码变成
了一个丰富的、多维的客户画像，如图 8-27 所示。

图 8-27　市场来源中私域的客户信息

销售人员自拓的线索也会进行信息匹配，并且可以使用表格、拍名片等方
式来批量导入，如图 8-28 所示。

图 8-28　销售来源中私域的客户信息

很多 SCRM 具备外呼和录音功能，能做到人性化的外呼，进一步提高了 SDR 和销售人员的工作效率，也增加了电话数据的沉淀，如图 8-29 所示。

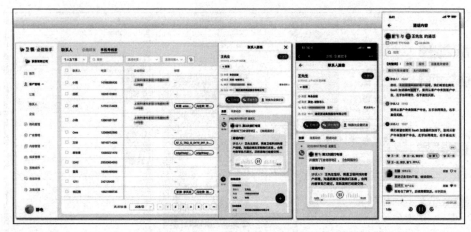

图 8-29　私域外呼系统示意

基于微信生态的 SCRM 还有一种非常好的能力，那就是客户的关系链。比如笔者添加了 A 企业的市场经理，借助技术集成，就可以显示市场和销售人员添加的所有 A 企业员工的关系链，便于找到话题和关键人物，如图 8-30 所示。

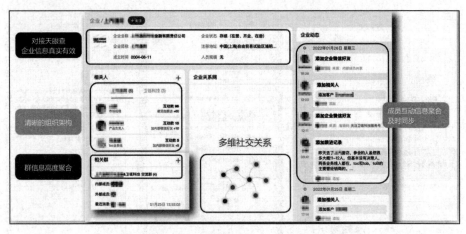

图 8-30　私域中客户关系链图谱

同时，建议抛弃过去纸质或者图片式的名片，而使用基于小程序的数字化电子名片，如图 8-31 所示，在与客户建立微信联系之后，发送电子名片，一张名片就能讲清楚企业的产品和服务，还是随时更新迭代的，可以从文字到图片，再从图片到视频。

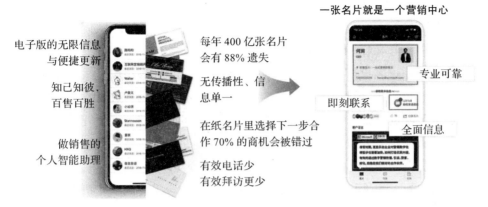

图 8-31　数字化名片可以带来效率提升

工欲善其事，必先利其器。私域营销是一个体系工程，除了需要有完整的方法论指导，还需要合适的私域工具。

目前大部分成功的私域案例都是 ToC 的，比如屈臣氏、宝岛眼镜等，因为私域成员数量众多，这些企业一般是自己开发私域工具和机器人，保障数据安全和功能的定制。但是对大多数 ToB 企业来说，私域的规模往往不会达到数十万、百万级，那么购买市场上成熟的私域工具就成了较好的选择。

虽然个人微信端也有不少私域工具可以做社群的积分管理、成员管理等，但因为容易造成违规，不建议使用。

目前常用的私域工具主要集中在企业微信领域，主要功能包括添加企业微信、自动回复、自动拉群、社群管理、用户管理、朋友圈发布、群发消息等。如图 8-32 所示，这是某 SCRM 工具的自动化设置过程。

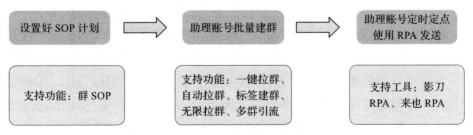

图 8-32　某 SCRM 工具的自动化设置过程

在起盘阶段，可以使用个性化的自动回复让不同的成员了解到他能在私域获得什么，私域有什么规则，还可以通过关键词设置自动回复，让新成员获取资料和了解常见问题。

在运营阶段，可以通过工具的标签来洞察客户，了解客户的画像、属性，再针对客户的需求来进行营销。

还可以通过客户行为，对他们进行分层分级、积分等动作。比如致趣百川的私域工具可以将直播、官网、资料中心等渠道获取的线索进行统一管理并分配销售人员跟进，保证多触点客户 ID 统一，避免重复跟进或产生冗余数据，并且通过企业微信及时添加客户微信，备注客户信息、优先级、标签等，将原本的销售人员个人好友变为企业线索。

还可以对内容进行管理，通过在 SCRM 工具后台上传电子文档至企业微信材料中心，私域营销人员或者销售人员可统一在线领取电子材料，并通过企业微信、邮箱等多渠道转发给目标客户，如图 8-33 所示。

图 8-33　企业微信前端材料中心样式

内容转发后，可以在后台看到所有销售人员分享的效果及记录，哪些客户浏览，什么时间点击或下载等，都有详细记录，方便市场或销售人员及时跟进，趁热打铁。

企业微信的机器人可以按照 ToB 潜在客户的 Leads、MQL、SQL、OPP 几个阶段，在每次内容转发、直播、活动营销动作发生后进行每日更新汇总。通过在企业微信植入 SCRM 机器人，将定时定点汇总多个维度市场运营关键数据，让市场人员轻松评估市场效果，快速做出优化决策，如图 8-34 所示。这不就是市场人员想要的数据统计、分析、展示吗？

图 8-34 企业微信机器人自动汇总数据

当然 SCRM 产品在 ToB 私域方面的功能还有很多，各位读者可以多了解行业动态，多关注优秀的服务商，及时使用好的工具，提高团队效率。

3. 内容营销闭环

内容营销的数字化除了前文所述的获客环节的产品之外，还有类似内容中心、内容模板、自动消息推送、内容制作等产品，如图 8-35 所示。

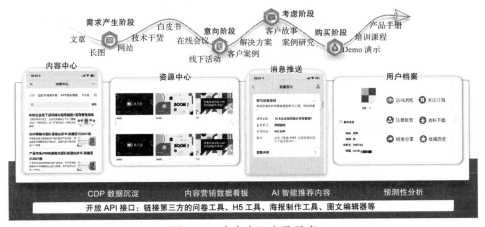

图 8-35 内容中心产品示意

目前内容营销的数字化产品主要应用在自有渠道，比如官网、公众号等，通过技术手段来完成数据的监控，比如微信的服务号，就可以跟踪用户的行为，同步用户的数据等，比如内容营销产品可以完整地记录微信生态下内容的阅读数、转发数等，如图 8-36 所示。而内容的外部监控有一定的难度，令人欣慰的是第三方平台，比如知乎、抖音等，后台也有较完整的数据记录，能够给市场部一定的数据支撑。

图 8-36　内容营销产品示意

4. 活动营销闭环

在传统的营销工作中，市场部做活动使用电话邀请客户或销售人员提交邀约名单的方式，现场收名片，引导客户填表签到、领取资料等，经常出现的问题有邀约渠道无法溯源、客户报名的信息同步不及时、报名审核麻烦、现场签到情况滞后、活动获取的线索统计低效、会后的获客追踪依赖销售人员填表等，如图 8-37 所示。

而在数字化营销中，从邀约阶段就开始记录数据，将报名名单与 SCRM 中的数据匹配，能掌握有多少老客户、多少线索客户、多少新增客户，同时收集现场出席数据、扫码签到情况，并且对活动领取电子资料和会后反馈的情况都能做到数据完整，便于市场和销售人员进行后续的跟进，如图 8-38 所示。

使用数字化的线下活动产品，就可以实现邀约海报溯源、活动报名表同步、报名成功添加微信、自动活动营销、自动活动提醒、自动资料下载、同步客户标签等功能，如图 8-39 所示。

一场活动很重要的就是活动的推广，邀请尽可能多的潜在客户来参与，通过数字化工具达到全员推广的目的，而且能展示推广成绩排行榜，还能够查看推广人员的传播路径，让推广者了解自己的关系图谱，便于联系。

ToB 企业的线索活动开展比较多的形式是直播，目前使用比较多的直播工具有"保利威""微吼""目睹"等，也有企业用"小鹅通"来直播。好的直播工具可以覆盖直播前中后的数据全记录，掌握整体流程，通过内容来影响客户，实现精准的触达和高效转化，如图 8-40 所示。

5. 自动化营销

如果没有营销数字化产品的支撑，企业几乎不可能进行自动化营销，只可能进行信息群发式的营销。

要进行自动化营销，并不是上线一个产品就可以完成的，而需要企业在前端收集好客户数据，在培育中记录客户行为，对客户数据进行科学筛选和分析，逐步完善客户标签，再针对不同阶段人群设置不同的营销动作。建议采用前文所说的方法，根据 ToB-O6A 模型的内容及活动营销来制定自动化营销策略。

按照自动化营销策略也需要不断测试和完善。一个自动化营销流程如图 8-41 所示。

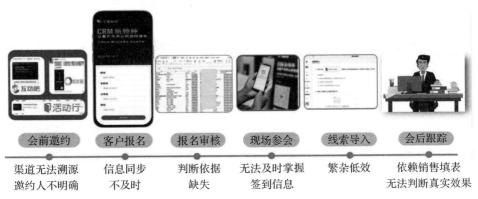

图 8-37　活动营销经常遇到的问题

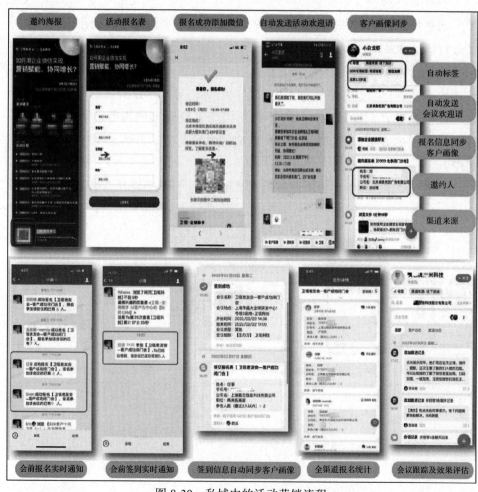

图 8-38　数字化活动数据展示

图 8-39　私域中的活动营销流程

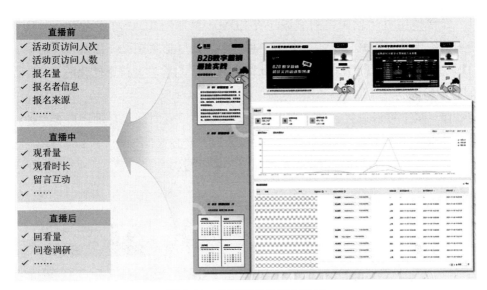

图 8-40　直播工具的看板展示

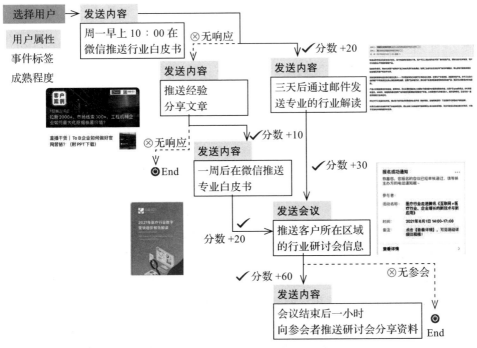

图 8-41　自动化营销策略的营销流程

经常使用自动化营销的领域还有 EDM。早期的 EDM 可能需要企业员工使用邮箱手动发送邮件，通过在电子邮件中添加链接来记录反馈数据。如果有 EDM 工具，就可以根据特性、标签来划分客户，与客户进行个性化的互动，提高客户体验。

在工具中可以设置营销流程，设置触发条件或者时间，自动回应客户的行为，再通过打分机制不断培育客户，持续影响客户心智。

某个品牌的自动化营销流程案例如图 8-42 所示。

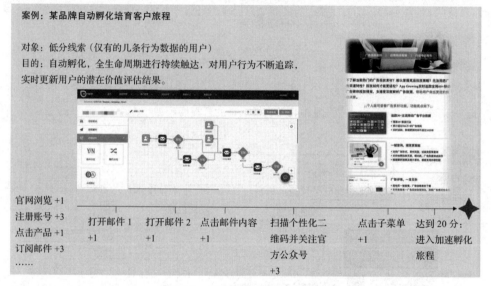

图 8-42　某品牌自动化营销流程

6. 跨部门协同转化

在转化阶段，市场部会将高质量的线索转给销售部，对应销售人员完成后续跟进成交和转化。但是对于一些产品，需要市场部和销售部，甚至产品部、实施部配合培育和转化客户。

这就需要数字化工具来支撑工作流程，还需要在线索流转后进行各部门数据的拉通，实现市场和销售以及其他部门之间数据的共享，如图 8-43 所示。客户和企业的每一次互动能够被记录，并且及时提醒销售人员，提高信息时效性。

市场部生产的各种营销"弹药"，比如推送、海报、视频、白皮书、课程等，都需要能够方便地与销售人员甚至全员产生联系，以便做全员营销，如图 8-44 所示。

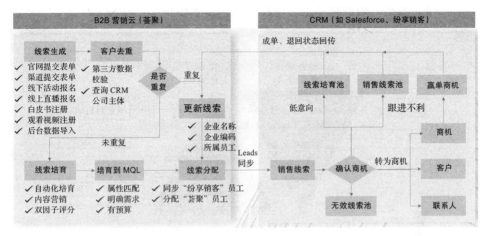

图 8-43　营销云与 CRM 打通

图 8-44　营销物料的快速流转

在跨部门协同中，需要向大家介绍一下 ABM。ABM 全称为 Account-Based-Marketing，是指基于目标客户的营销方式，通过协同市场和销售的工作提供针对性的内容和活动，来高效培育客户，促进转化，如图 8-45 所示。

笔者认为 ABM 就是一种针对目标客户进行跨部门协同的营销思维，围绕产品 KP 进行 "饱和攻击"，以便高效、精准地影响客户的营销策略。正因为围绕 KP 集中力量，少了很多无效营销动作，所以 ABM 的 ROI 会比较高。

同时 ABM 工具可以通过数据分析来挖掘目标客户的潜在需求，打上标签，再通过电子邮件、短信等方式针对性地推送客户关注的内容，持续记录目标客户的反馈和动作，然后将数据共享给所有的线索跟进人，能够很好地处理协同问题。

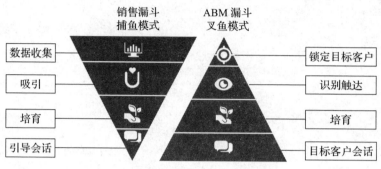

图 8-45　ABM 示意

8.3.4　客户经营阶段

客户经营阶段的营销数字化的核心诉求包括：基于多数据系统打通的客户全生命周期行为追踪、多维度且即时的数据采集、持续的自动化营销系统、可供决策的分析系统。围绕客户全生命周期的营销数字化蓝图如图 8-46 所示。

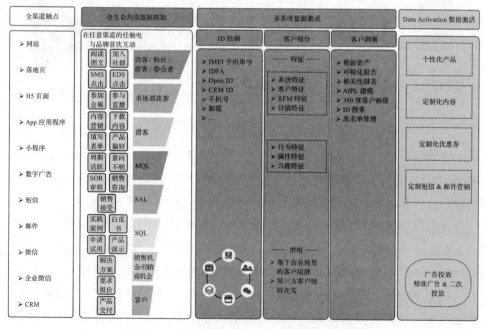

图 8-46　客户全生命周期的营销数字化蓝图

只有从多个阶段、多个场景去思考，明确营销数字化能解决传统营销工作的什么需求，能带来什么价值，是否真的降本增效，是否有利于企业的协同和真正的增长，才能更好地推进企业的营销数字化工作。

以某营销云企业为例，完整的营销数字化可能包括如下内容。

1）SEM 岗人员使用建站工具快速搭建官网，通过监测工具进行埋点，并且打通全渠道的投放数据的监测。

2）内容岗人员使用兔展、可画、稿定设计、特赞等工具生产海报和 H5，并使用内容管理工具进行标记和分发，通过二维码进行监测，收回数据。

3）活动岗人员使用活动工具管理活动前、中、后各个维度的数据，并进行分析。

4）私域岗人员使用私域工具建立企业级私域线索池，建立完善的客户标签，使用各种内容进行精准营销，并持续进行私域营销。

5）基于客户数据平台 CDP 的底层能力，将市场部的数据和标签与 CRM、SCRM 的数据进行拉通、比对。

6）基于 MA（营销自动化）系统、EDM、直播等工具进行自动化营销和线上精准内容营销。

7）数据拉通后可以形成客户全生命周期的行为轨迹，也可以完善标签体系，还能形成客户画像，便于持续的自动化营销。客户进行反馈后，信息将同步给市场部、销售部、客户成功团队。

8）在这个过程中，市场部的常规营销和自动化营销以及销售部的客户跟进会持续进行，直到客户成单。

9）客户成单后，继续进行客户经营，进行记录与反馈。

10）管理者可以通过各种仪表盘来看数据，快速决策。

营销数字化涉及的工具比较多，产品间的对接也较为烦琐，是直接采购还是自研，相信各位会有自己的判断。

8.4　案例：华为的营销数字化实践

华为数字营销部部长屈凡利先生曾经分享过华为的数字营销和营销数字化的发展，我们一起来学习一下。

华为数字营销的发展分为 3 个阶段。

第一个阶段大概是 2010—2018 年。这一阶段以品牌传播为主，主要工作就是自媒体的建设和运营，在企业官网和社交媒体上持续做好内容和粉丝的增长，提升渠道影响力。通过近 20 年的积累，华为在全球社交媒体的影响力已经非常大，如图 8-47 所示。

官网（huawei.com）	年度用户数（2019）	年度 PV（2019）	SimilarWeb 全球排名（2020.01）
	4.2 亿	14.7 亿	416

社媒矩阵	海外		国内	
	渠道	粉丝量	渠道	粉丝量
	（LinkedIn）	317 万	（微信）	220 万
	（Facebook）	909 万	（头条）	163 万
	（Twitter）	133 万	（抖音）	276 万
	（YouTube）	9 万	（知乎）	12 万
	（Instagram）	70 万	（喜马拉雅）	2 万

图 8-47　截至 2020 年，华为社交媒体的粉丝数量

第二个阶段兼顾品牌和营销，大概是从 2019 年开始的。这一阶段重点关注的是如何持续产出高质量内容，开展全媒体渠道的运营，然后构建 MarTech 平台，实现营销的数字化，实现数据驱动，如图 8-48 所示。

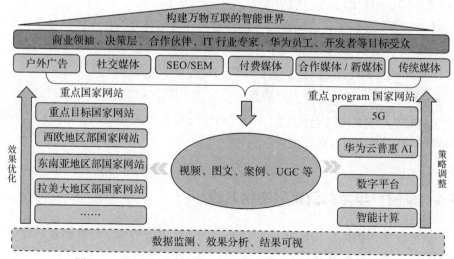

图 8-48　华为品牌传播和以营促销的数字化营销架构示意

在华为的数字化营销中，官网占据了很重要的位置。通过将内容发布在官网上，能够持续地吸引客户，比如图文、视频、案例等。客户访问网站时，运营人员就可以基于 MarTech 平台做数据的监测和效果的分析，再基于数据分析持续优化内容策略和投放策略，达到最佳的传播和营销效果。

第三个阶段是让数字营销成为重要的营销渠道。比如 IBM 线上的销售收入在总收入中的占比已经接近 20%，按照 MLG Index 的计算方法，它已经是明显的 MLG+SLG 型企业。而华为也让更多的销售、服务过程在线上完成。

这个阶段重点关注这些方面：首先，优化线上线下全流程的客户体验设计；其次，通过 MarTech 平台实现营销对象、过程以及决策的数字化；再次，以线索和销售为导向，构建专业的营销团队。一个专业的数字营销团队，在公司内部为各个业务部门提供服务，这样才能不断提升能力、整合资源，为公司持续创造价值，未来甚至可以对外部企业和伙伴提供服务。

以上就是华为数字化营销发展的 3 个阶段的简述。目前大部分 ToB 企业其实连第一个阶段都没开始，我们在数字化营销方面还有很长的路要走。

现在华为已经可以通过自己的 MarTech 平台实现大部分营销数据的可视化，比如对各投放平台的投放数据进行监测，实时调整投放策略等，并能实时呈现网站流量等数据。

对华为全球分析师大会的线上、线下进行全面的数据分析，如图 8-49 所示。

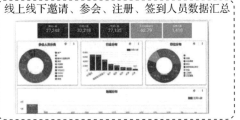
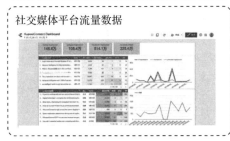

图 8-49　MarTech 平台支撑华为全球分析师大会线上、线下数据实时可视

对内容渠道进行触点监控、效果分析，跟踪线索到销售端的数据情况，如图 8-50 所示。

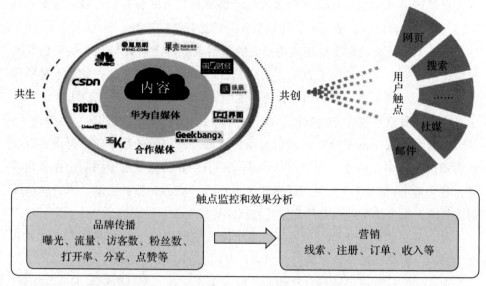

图 8-50　华为构建 MarTech 平台实现数据驱动

华为营销数字化的 MarTech 平台也不是一蹴而就的，而是通过 10 年、20 年持续迭代生长出来的。华为 MarTech 平台全景如图 8-51 所示。

第一层：数据交互层。这一层是和客户进行交互的，通过社交媒体、网站、电子邮件等各种方式与客户互动。通过这些互动，华为就可以对客户精准定位，基于客户旅程做客户的画像分析以及内容聚合。

第二层：数据集成层。这一层分为 3 个模块，包括数据收集与数据管理、内部数据源及外部数据源。其中非常重要的就是 CDP（Customer Data Platform，客户数据平台）。CDP 可以收集实时数据，并且将其构建成单独、集中的客户档案。它还可以实现跨平台、跨渠道的数据分析。这个平台可以把网站、社交媒体、付费媒体甚至线下的数据集成进来，分析后呈现一个客户在不同的渠道对内容的关注情况。这个数据是非常具有价值的，有助于我们做精准的营销。内部数据源包括社交媒体、网站及 CRM 等数据，外部数据源包括广告投放、SEM、SEO 及第三方数据。数据集成层把所有的数据集中进来综合分析，最终这些数据会进入数据湖。

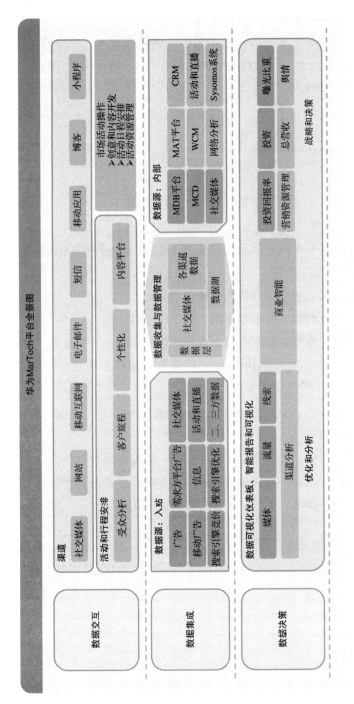

图 8-51 华为 MarTech 平台全景图

第三层：数据决策层。它实际上是实现数据可视化和智能分析的一层，定制化能力比较强。基于业务的需求，它可以偏品牌层面，做传播舆情方面的分析；也可以偏营销层面，分析产生的线索和收入，来评估整个 ROI。

华为目前构建的 MarTech 平台还在持续发挥价值，也在不断迭代，持续提高效率。

8.5　思考

本章我们学习了 ToB 企业数字化营销和营销数字化的区别，也知道了企业要实现数字化营销首先需要将营销动作数字化。

现在，我们基于本章所讲的内容来做一些思考，以便更好地与现有的工作结合。

- 谈谈你理解的数字化营销和营销数字化。
- 你所在企业的哪些营销动作用了数字化工具？能否总结一下？
- 你所在企业在客户获取阶段，有哪些工作需要数字化支撑？
- 你所在企业是否有 SDR 岗位？如果有，他们如何工作？如果没有，为什么？
- 你所在企业是否会对线索质量进行判定？如果有，是如何判定的？如果没有，为什么？
- 你所在企业是如何对线索进行分配的？你觉得是否合理？
- 你所在企业在客户培育和转化阶段，有哪些工作需要数字化支撑？
- 为你所在企业做一个 2～3 年的营销数字化规划。

第 9 章

搭建增长型组织，成为数字化时代 CMO

ToB 企业的增长，不是某个部门的责任，而是依靠体系来推动的，所以就有了 ToB 增长的飞轮：产品→市场→销售→客户成功。

市场部的营销增长也不是某个岗位的职责，而是与获客、识客、培育、转化、经营的客户全生命周期相关的所有部门协同的结果。

要成为一个合格的市场部领导者，我们不仅需要具备较强的专业能力，还应该具备其他多方面的能力，特别是组织方面的能力。

9.1　组织与组织架构

在百度百科中"组织"的定义是：在一定的环境中，为实现某种共同的目标，按照一定的结构形式、活动规律结合起来的，具有特定功能的开放系统。简单来说，组织是两个以上的人、目标和特定的人际关系构成的群体。

我们通过一个 ToB 企业的发展案例来探讨什么是组织。

笔者的一个朋友从事财税行业多年，后来发现初创企业的注册和记账报税需求越来越大，于是从 2015 年开始创业。一开始只有他一个人，一边承接业务，一边完成业务，同时了解客户需求。有了近百个客户之后，企业有了一定的口碑，找上门的客户也越来越多。此时他的精力顾不过来，招聘了一个财务专业的实习生作为客服来帮助他处理简单的注册和记账工作，又招聘了一个销售人员协助他承接客户。因此他的团队有了创始人、客服、销售的分工，组织的雏形就形成了。如图 9-1 所示。

图 9-1　企业组织架构雏形

就这样客户不断增加，客服和销售人员也在不断地增加，就需要专职的 HR 帮助他完成员工的选用育留工作，同时需要专职的财务人员完成本企业的财务工作。

经过两年的发展，企业形成了销售部、服务部、人力行政部和财务部等几个部门。组织不断细化，已经具备了企业组织架构的基本形态。

这时候他发现市场竞争越来越大，仅仅依靠口碑和销售，客户的增长难以持续。于是他又开始招聘市场人员，成立市场部来进行网络推广，并且在线上进行了不少的投入，在业内初步建立了一定的品牌认知。

随着微信生态的发展，他发现数字化能够给企业带来价值，又成立了产研部，进行小程序的开发、内部系统的开发以及与外部产品的对接。

随着客户越来越多，早年的客户企业有一部分成长为了大中型企业，给他的业务也越来越多，客户关系的维护迫在眉睫，所以他又成立了专门的客户成功部。

经过近 5 年的发展，他的企业超过 300 人，形成了具有总经办、产研部、市场部、销售部、客户服务部、客户成功部、人力行政部、财务部这样比较完整的架构的组织形态，并且通过专业分工来提高效率。

通过这个真实的案例，大家大概能理解一个企业组织架构是如何形成的，同时可以看到企业组织产生的本质：通过专业分工和协同来降低成本、提高效率。

而这种分工和协同形成了一定的架构，就是组织架构。该案例中企业的组织架构如图 9-2 所示。

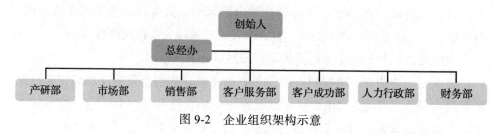

图 9-2　企业组织架构示意

组织架构就是组织的全体成员为实现组织目标进行分工协作形成的结构体系。

组织架构的形成也有一些基本原则，下面一一阐述。

（1）企业战略决定了组织架构的形态

不同的企业战略决定了组织架构不同的形态，常见的组织架构有从上到下、垂直领导的直线型，有根据职能部门划分的职能型，有分权管理的事业部型，有强矩阵或弱矩阵形态的矩阵型，还有互联网公司使用比较多的扁平化管理型等。

没有最完美的组织架构，也没有哪一个组织架构形态能够完全适配一家企业。

（2）专业分工决定了组织的分工

因为专业的不同，员工也会负责不同的事务，而组织架构又涉及权、责、利的分配，所以就会形成一个个有着明确的权利、责任、利益的组织单元。比如负责获客的市场部、负责成交的销售部、负责交付的客户服务部、负责老客户维护的客户成功部。

不同的企业一般也有不一样的组织架构形态。

（3）组织架构是动态的

组织架构在一定的时间内会相对稳定，以便企业员工各司其职，也便于管理制度的制定，这是提高效率的保证。但组织架构不是固定不变的，就像上述案例中，企业在不同的发展阶段有不同的组织架构，该企业现在的组织架构和创业 5 年时的架构又有了很大的不同。

同时，组织架构随着企业发展也一定会不断地调整，让组织适应发展阶段。

企业组织架构设计的根本目的是提高组织效率，所以需要考虑适合发展阶段、分工清晰、便于考核、协同有序等。组织承载着企业的战略，为企业战略目标的实现而服务，管理者也需要了解组织的相关知识，使用组织推动增长。

9.2　搭建增长型市场组织

了解了组织与组织架构，那么怎样才能搭建一个增长型的市场组织呢？有哪些流程？组织内有哪些职能的分类？在搭建组织的过程中，常见的问题有哪些？

本节我们一起来讨论这些问题。

9.2.1　组织架构设计的基本流程

从咨询顾问的角度来说，组织架构设计会经过如下的流程，如图 9-3 所示。

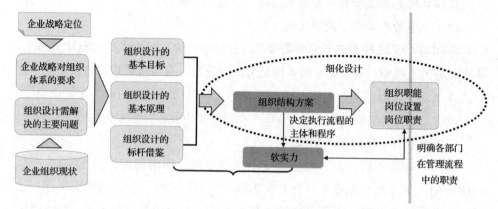

图 9-3　从企业经营战略到组织架构设计

1）明确企业战略定位：通过对企业战略和业务模式的分析，明确企业战略对组织体系的要求。

2）分析企业组织现状：对现有组织架构、定位、职责、流程等方面进行分析，梳理出组织设计需解决的问题。

3）掌握组织设计的基本原理：基于组织设计的基本目标和标杆借鉴，重新设计组织架构。

4）初步形成组织结构方案：首先，进行集团的定位和管控模式设计、集团与部门的权责划分，完成组织职能、岗位设置、岗位职责等方面的规划。

5）明确各部门在管理流程中的职责：部门管控边界识别、部门关键流程设计、跨部门流程设计、部门内部流程设计等。

6）最终形成完整的组织架构设计方案。

而对某个具体部门而言，还有一些工作需要细化，如下。

- 定义部门的关键职能：就是这个部门主要做什么工作，完成什么目标。

- 部门关键职能描述：部门的主要活动、上下游的配合、输出成果等。

- 部门关键角色：要完成部门工作目标需要哪些岗位，其中哪些是管理岗位。

- 部门岗位画像：部门中普通岗位、关键岗位、管理岗位的人才画像。

- 部门配置与管理跨度：部门中不同工作需要配置几个岗位，管理岗位的管理半径和跨度。
- 输出部门的组织架构、部门编制、岗位说明书等。

当然，市场人员不一定要掌握这些内容，但对于市场部的管理者，特别是 CMO 或市场 VP 这样的高级管理者来说，了解一些组织设计的方法论，有助于理解企业和组织的关系，也有助于用更全面的视角思考本组织的持续优化。

9.2.2　搭建增长型市场组织的前提和步骤

1. 3 个前提

要搭建增长型的市场组织，笔者认为有几个前提是不得不考虑的。

（1）产品

市场部的大部分工作是围绕产品进行的。如果产品没有经过市场的验证，没有打磨到能够推广给大量的客户使用，那么不建议企业在这时去做过多的市场工作。不仅因为不合适的客户会给产品迭代方向带来误导，还因为客户只会给产品一次机会，客户一旦认为产品不好，可能在很长一段时间内都不会再和企业发生任何关系。

（2）制度

明确管理层对增长的认知是否统一，是否具备相关制度。增长应该由所有部门一起完成，不只是产品部的责任，也不只是销售部的功劳，更不能将获客当成解决增长问题的法宝。

所以增长相关制度就很重要，既包括增长带来的利益分配制度，也包括增长中各部门的配合制度，还包括市场部对线索的分配权限、跟进制度等。

（3）团队

考虑是否能招聘到合适的团队，各岗位的画像和考核指标如何，是否具备增长能力和增长思维等问题。

不同 ToB 企业的营销增长并没有标准答案，团队要先有增长认知，再根据企业和产品的现状去设计几种可能实现增长的营销方法，不断验证和迭代。可能将大部分的错误方法都尝试过一遍，才能找到正确的路径。

2. 4 个步骤

有了这些前提后，可以按照如下 4 个步骤来搭建增长型的市场组织。

第一步：拆解市场部的主要工作。

ToB 企业市场组织的设置首先是围绕着组织的目标展开的，还要和产品复杂程度、行业成熟度、市场竞争状态、产品销售模式等方面关联，综合考虑。

企业初创时往往是创始人将自身的资源转化为早期客户，这时候企业组织主要有产品和研发人员，以及少量销售人员，不一定需要市场人员，早期客户需要的是精准，而不是数量多。

当完成产品市场验证之后，需要引入更多的潜在客户，这时候按照产品的不同形态和客单价，可能会扩大销售组织来进行一对一的获客，也可能扩大市场组织来通过线上线下营销的方式进行规模化获客。

随着产品不断的迭代和优化，客户也会越来越多，销售和市场组织都会扩大，企业的组织越来越复杂，对增长的要求也会越来越强烈。销售组织可能从单个部门变成多个小组或设置为一些大区，可能会独立形成销售运营或中台来做销售的数据分析、政策制定等。以前主要做获客的市场部需要在品牌和内容方面做差异化的沉淀，随之而来的还有客户成功的需求，企业的组织架构逐步变得完整甚至复杂。

不管企业的增长模式是怎样的，市场组织一般都会具有品牌和营销两大职能。

第二步：思考这些工作分别是由什么岗位来完成的，描绘岗位画像。

在不同类型、不同阶段的企业中，品牌与营销工作的占比，获客和培育、经营工作的占比都会有差异，对人的要求也不一样，这些差异会影响岗位的画像和数量。

品牌职能主要由品牌和 PR 两大岗位来承担。

- 品牌主要负责品牌建设、品牌策略、传播策略、视觉规范等，这些工作对企业来说非常重要，属于市场工作的顶层设计。
- PR 主要负责企业的品牌传播环节，通常情况下品牌需求不大的企业或者初创企业较少会设置 PR 岗位，因为现在普通媒体的权重逐渐下降，知识平台和 KOL 兴起，PR 岗位也不如多年前那么重要了。当企业成熟了之后，反而很多企业创始人变成了公关的代言人，以此来获得更多的社会关注。

营销职能主要由产品市场、数字化营销、SDR、内容营销、活动营销、私域营销、渠道、设计等岗位来承担。

- 产品市场主要负责以产品为对象的营销工作，比如产品的定位和分析、产品价值点提炼、产品传播策略、客户洞察、竞争者分析等，这些工作大多需要和产品经理同步，规划和执行好所有的产品营销工作。
- 数字化营销主要负责数字化的营销工作，比如官网的搭建、运营、迭代，以及 SEO、SEM、媒介投放等工作，一些企业会将这些工作外包出去。
- SDR 主要负责对线索进行清洗，进行质量判定和线索分配。
- 内容营销主要负责内容的规划、生产、分发和迭代，既可以获取客户线索，也可以进行客户培育。
- 活动营销主要负责活动的策划、组织、执行和复盘，既可以获取客户线索，也可以进行客户培育。
- 私域营销主要负责私域客户的沉淀、私域规则的制定、私域社群的运营等工作。
- 渠道主要负责渠道和生态合作伙伴的联系和维护，与这些合作伙伴共赢。
- 设计主要负责各种设计物料的输出。

第三步：确定这些岗位的考核方法。

经常有企业认为获客是市场部的唯一工作，获客数量是唯一考核指标，其实这种思想很容易造成企业增长的非良性发展。

比如，为了完成获客数量的考核，市场部会带来大量的低质量线索，这些线索又会浪费销售人员大量时间，并且这些不精准的客户在使用产品的过程中又会给产品迭代带来错误的指标数据。

市场部不考核客户培育，在培育阶段参与度不够的话，会造成销售人员对接的客户太多。在精力不够的情况下，销售人员可能疏忽客户的需求，以致对客户回应不及时，可能因此丢失客户。

而只考核获客数量的市场部也不可能去执行任何给企业带来长期价值的品牌传播、深度内容沉淀、客户经营等工作，最后也就无法形成良性增长飞轮了。

第四步：完成团队搭建。

经过上面步骤，一个常见的 ToB 企业市场部架构就形成了，如图 9-4 所示。

市场部的搭建不是一次性配齐所有的岗位，而是根据企业和产品的阶段来有节奏地进行。

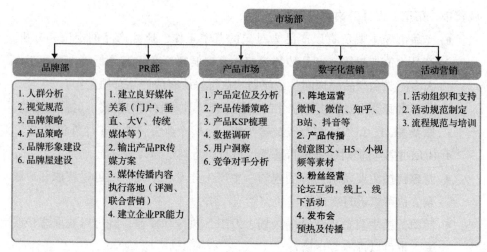

图 9-4　市场组织架构示意

通过分析多个增长型市场组织，笔者还总结了一些成功增长的企业在组织上的规律，如下。

首先，市场部的最高领导不是市场总监，而是 CMO 或市场 VP，这样才能进行更高层面的对话和决策。

然后，这些企业不只关注单纯的获客指标，往往还对品牌、中长期的内容建设都很重视，这样才能实现短、中、长周期的持续增长。

并且，企业内部有统一的认知和线索标准，这样跨部门的协同就会比较顺畅，部门和员工不会发生争执，而是为统一的增长目标努力。

最后，企业往往较多地使用营销数字化产品。

9.3　不同阶段的市场组织架构

前面说到组织架构是和企业的战略目标、增长模式、业务流程、发展阶段匹配的，所以不同的企业在不同的阶段会对应不同的组织架构。我们可以按照企业的增长方式和发展阶段两个维度来对组织架构进行划分。

ToB 企业的增长模式主要是 PLG、MLG、SLG 这 3 种。

- PLG：主要针对工具类、单价较低的产品，市场部需要持续打造品牌及通过营销获客。

- MLG：主要针对客单价适中，如 1 万～ 10 万元的产品，如客户自己完成注册试用并购买的 SaaS 产品、企业服务类、专业服务类产品或服务，市场部需要持续打造品牌和通过营销获客，培育客户认知。
- SLG：主要针对客单价在 10 万元以上并且主要由销售人员完成成交闭环的产品或服务，市场部只在一定的阶段需要品牌和营销，早期可能没有市场部。

ToB 企业主要的发展阶段如下。

- 初创、A 轮之间：初创企业关注的是如何生存下来，这一阶段企业一般还在进行产品的 PMF，或者客户还不够多，服务还在寻求突破，那么市场部的主要目标应该是持续获客，甚至有的企业市场人员会当销售来转化客户，帮助企业不断创造营收。
- A 轮到 C 轮之间：发展期的企业关注的是如何更好增长，这一阶段企业的产品或服务已经有一定数量的客户，开始快速发展，此时市场部的主要目标应该是持续有效地获客和培育客户。
- D 轮到 IPO，以及集团级之间：成熟的企业关注的是创新和第二增长曲线，这一阶段企业的产品或服务已经有较多的客户，业务变得稳定而有竞争力，开始多产品发展或多元化扩张，因此市场部就需要将视野放大，分散一部分精力和产品部一起探索新的增长点。

9.3.1　初创、A 轮前的市场组织架构

在企业初创期，通常是创始团队设计好初步的商业模式后，拿着自有资金或者少量天使投资开始创业，搭建早期团队，做出产品，并且找到种子客户来完成产品的市场验证。

在这个阶段的 PLG 或 MLG 型企业，一般由联合创始人承担市场工作，完成如产品市场的洞察、研究行业及竞品的策略和方法等工作，可能招聘 1 ～ 2 名市场人员来做好内容、活动方面的工作，同时完成官网的建设。

另外，这时候的市场人员还需要和销售人员一起倾听客户对行业、自身业务流程的痛点以及对产品的看法，这些宝贵的调研都会为之后营销内容的制作提供灵感。

而 SLG 型的企业在这一阶段很可能没有市场部和相关人员，如图 9-5 所示。

图 9-5　初创企业市场组织架构示意

不少 ToB 企业市场部的搭建往往是在 A 轮前后。在这个阶段，PLG 或 MLG 型企业需要升级企业官网，开展一些线下活动，做更多产品的内容来小规模打开市场。此时有些内容人员可以兼任设计，但最好有专职的设计人员。通常不需要太高级别的市场负责人，经理或总监就足够了。

SLG 企业也会招聘 1～2 名市场人员来配合销售工作，如图 9-6 所示。

图 9-6　A 轮前企业市场组织架构示意

企业这一阶段的重点是完善产品，完成产品的销售，完成产品的市场验证，并带来一些收入以支撑企业的持续发展。这一阶段市场部的核心工作就是获取线索、辅助产品营销、带来增长。

9.3.2　A 轮～C 轮的市场组织架构

A 轮之后，理论上企业得到了资本的初步认可，产品得到了部分客户的认可，可以通过融资实现产品的规划。

这一阶段 PLG 或 MLG 型企业会有一些品牌的需求，同时因为获客的需求会增加数字化营销团队，而在内容或者活动上也会增加投入，部分企业开始进行私域营销。一些企业会开始进行渠道、生态建设，设计人员也可能增多。这一阶段市场部的核心工作就是获客，同时会进行一部分品牌工作。

SLG 型企业可能会增加投放工作和活动的组织，协助销售人员与客户建立更多的链接。因为内容的专业性和长期性，只有少数企业才会加大内容营销的投入，如图 9-7 所示。

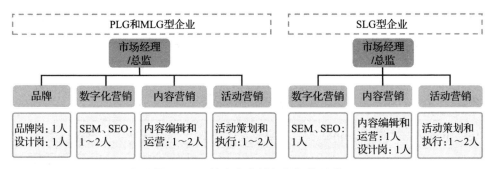

图 9-7　A 轮企业市场组织架构示意

B 轮、C 轮的 ToB 企业，除了继续加大市场获客、培育的需求外，还会有更强的品牌需求、更大的客户线索需求、更精细的客户培育需求。这一阶段需要形成比较完善的获客机制、培育策略，并且沉淀一定规模的私域。

在品牌方面，设计越来越专业，还会增加媒体曝光的数量，可能和一两家头部媒体签合作年框，同时尽量争取各种行业奖项和编入行业报告的机会等。在数字化营销方面，除了 SEM 之外，还会考虑尝试信息流、垂直平台、KOL 等方式来比竞争对手获取更多的客户线索。在参会方面，会更有策略地规划大、中、小活动，以便达到不同的目的，对能够打造品牌效应的行业大会也会增加投入。在内容方面，会增加行业专业内容、白皮书的投入，加强企业在客户认知中的专业属性。

因为线索数量的增加，这一阶段 SDR 团队的需求会比较多，而随着产品日渐复杂，产品市场的需求也提上议程，并且随着多区域发展和分公司的设置，也需要考虑区域市场岗位。这时候，部分企业的市场部负责人会被提升为市场总监或 CMO，如图 9-8 所示。

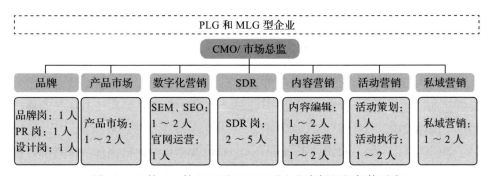

图 9-8　B 轮、C 轮 PLG 和 MLG 型企业市场组织架构示意

SLG 型的企业，因为客户规模可能较小，培育周期较长，重点会在活动方面，私域营销不一定能做起来，但可以针对大客户进行客户经营，如图 9-9 所示。

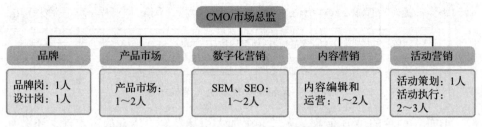

图 9-9　B 轮、C 轮 SLG 型企业市场组织架构示意

如果这时候企业有了区域公司、城市公司，则需要更复杂的组织架构来支撑业务的发展。2013 年金蝶的组织架构就比较有代表性，如图 9-10 所示。

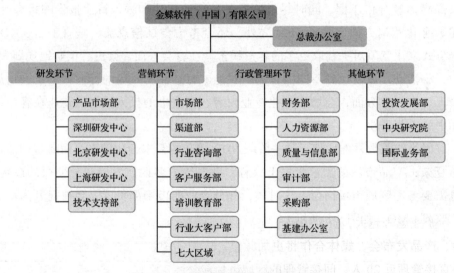

图 9-10　2013 年金蝶集团组织架构

2013 年金蝶营销线的组织架构如图 9-11 所示，可以看到当年金蝶是非常重视营销的，并且金蝶已经有了产品市场部，而那时候国内大多数 ToB 企业连产品市场岗都没有。

通过图 9-11 我们可以看到，2013 年金蝶的营销组织由市场部、渠道部、行业咨询部、客户服务部、培训教育部、行业大客户部和七大区域的营销线组成。

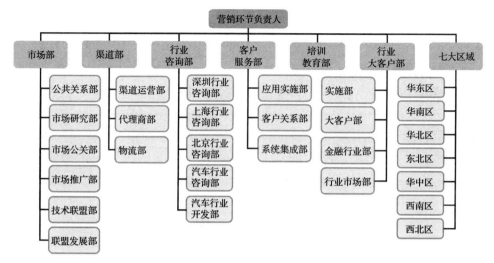

图 9-11　2013 年金蝶营销组织架构

市场部又包含了公共关系部、市场研究部、市场公关部、市场推广部、技术联盟部、联盟发展部。渠道部需要管理渠道和代理商。行业咨询部会进行重要城市和重要行业的咨询，与培训教育部一起进行企业的市场教育工作。

除了数字化营销部门，金蝶的组织配置可谓非常齐全，并且后来金蝶也将行业咨询、解决方案、生态建设、数字化营销等职能剥离出来单独成立了部门。

9.3.3　D 轮～ IPO、集团级企业的市场组织架构

在 IPO 前后，企业会为了完成上市这个目标而冲刺，包括更亮眼的财务数据、更高的增长速度、更丰富的产品线等，市场组织也变得越来越复杂。

企业越来越大，资金也趋于充沛，在品牌方面就有能力增加投入，品牌大会、产品发布会、媒体合作将更加频繁。比如笔者在某上市企业的品牌市场中心直接管理近 20 人，间接管理的区域市场部超过 300 人，如图 9-12 所示。

金蝶的"集团—事业部 / 子公司—区域公司"的市场品牌组织架构也值得学习。如图 9-13 所示，集团品牌部主要承接集团战略方向制定、阶段性品牌定调、集团级大型品牌推广、公共关系维护等任务；事业部 / 子公司的市场部以业绩目标为导向，面向各自行业市场做精准市场策略指导及行业发声，用标准化物料来赋能区域市场，补贴市场费用，推动区域落地；区域公司（及代理伙伴）的市场部则承接集团品牌及行业市场策略，面向区域市场落地执行推广计划，

辅助区域业绩达成。

图 9-12　集团级企业的品牌市场中心组织架构示意

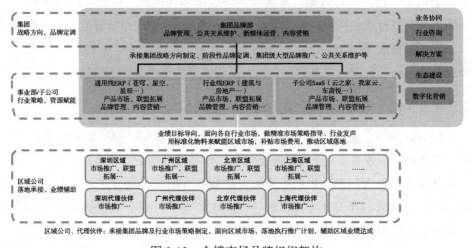

图 9-13　金蝶市场品牌组织架构

9.3.4　搭建市场组织的常见问题

1. 组织的权责

组织是保障企业战略和业务流程的，而业务流程来自业务的逻辑，很多企业并没有思考市场组织的业务逻辑，匹配了错误的目标，导致组织混乱。

比如很多企业前中后台划分不清，组织架构混乱，权责不清。典型的案子就是让组织执行长期的任务却考核短期的指标，比如让市场组织进行获客，却要求其承担收入指标。有的企业还要求市场组织做活动，活动的预算审批权却在销售部；或者要求市场部为线索负责，市场部却没有查看客户全生命周期的权限，也没有线索分配的权限。这些都属于权责划分不清的情况，此时市场部的作用也就无从谈起。

2. 配置多少人合适

经过对 ToB 企业的调研，笔者发现在 200 ～ 1000 人的企业中，PLG 和 MLG 型企业的市场部人员配置在全员中的占比大概是 3% ～ 6%，并且偏中值。比如一个 300 人的企业，市场部可能有 9 ～ 18 人，真实情况往往是 10 ～ 12 人。而 SLG 型企业的市场部人员占比可能在 2% ～ 5%，并且偏下限。比如一个 300 人的企业，市场部可能有 6 ～ 15 人，真实情况往往是 6 ～ 8 人。

3. 有没有通用的组织架构

在搭建市场组织的时候一定要注意，每个企业的组织架构都代表了企业的经营模式，每个企业拥有的资源和所处阶段也不同，一般不存在通用的组织架构。正如彼得·德鲁克所说："没有唯一正确的组织架构，只有普遍适用的组织原则。"

9.3.5　案例：华为的组织架构变迁

作为管理咨询顾问，我们在咨询公司的时候学习和分析过很多世界 500 强企业的组织架构，而且对国内多数千亿级营收规模的房地产企业的组织架构的变迁了然于心，后来转到互联网行业创业，又研究过腾讯、阿里、字节跳动、华为等企业的发展和组织架构的变迁。对于 ToB 企业，笔者认为最值得借鉴的当属华为的组织架构。

华为技术有限公司是一家生产、销售通信设备的民营科技公司，于 1987 年成立，总部位于深圳市。华为从成立到现在走过了 30 多年的历程，企业战略一直是根据市场环境的变化而调整的，而组织结构也随着战略进行了优化。我们一起来看看华为组织架构的优化历程。

第一阶段（1987—1994 年），华为在创业期的组织架构如图 9-14 所示。

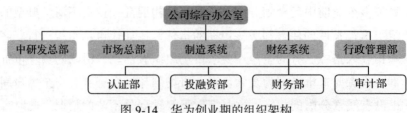

图 9-14　华为创业期的组织架构

这一阶段由任正非直接领导综合办公室，企业有中研发总部、市场总部、制造系统、财经系统以及行政管理部 5 大组织，组织内直线管理。这种简明迅捷的直线式组织结构使得华为在创业期迅速完成了其原始积累的任务，创始人在企业内部的指令也更加容易贯彻。

第二阶段（1995—2003 年），华为在发展期的组织架构如图 9-15 所示。

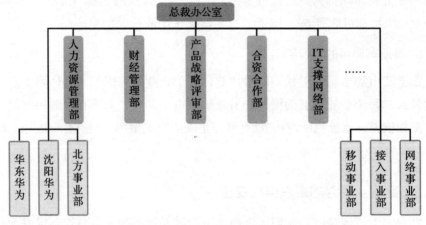

图 9-15　华为发展期的组织架构

1995 年时，华为的销售规模已达到 15 亿元，2000 年更是突破 200 亿元。在这一时期，企业内部缺乏专门的职能机构，管理者负担越来越重，部门之间的协调也变得困难。华为在集团内按照专业进行了组织的划分，并且建立了事业部与地区相结合的二维矩阵式的组织结构。

第三阶段（2004—2012 年），2009 年华为在全球化阶段的业务与组织架构如图 9-16 所示。

2009 年华为的主要业务围绕运营商展开，也就是以 ToG 和 ToB 业务为主，组织架构也比较简单和垂直。

　　并且华为是国内极少数 ToB 企业中非常重视营销的企业，华为的"战略与 Marketing"部门负责为企业战略提供主导性支持，围绕客户需求驱动业务发展，进行品牌和营销的管理，监控业务计划，促进目标的达成。

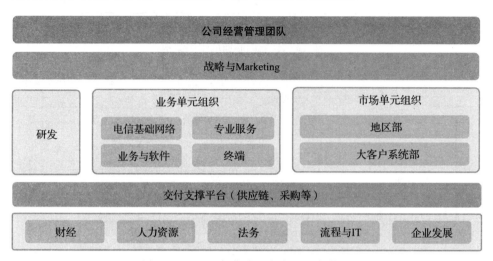

图 9-16　2009 年华为业务与组织架构图

　　业务单元组织提供有竞争力、低成本、高质量的产品和服务，市场单元组织是从线索到回款流程的责任主体。

　　从 2004 年到 2012 年，华为基本上以每年超过 40% 的速度在增长，到 2012 年，其销售额已经超过两千亿元，并且海外销售占比已经超过 70%。这一阶段华为将权利分给了一线团队，真正做到了"让听见炮火的人指挥"。

　　2011 年华为的组织架构出现了 BG 的组织类型，并且开始推行轮值 CEO 制度，如图 9-17 所示。各 BG 成了面向客户的责任中心，对公司的有效增长和效益提升承担责任，对经营目标的达成和本 BG 的客户满意度负责。同时华为开始采用共享服务模式，核心价值为"整合资源、降低成本、加强管控、提高效率"。

　　第四阶段（2013 年至今），华为持续全球化，新的组织架构如图 9-18 所示。

　　2017 年华为的业务与组织架构中出现了 Cloud BU，华为开始战略性进入云计算市场。这一年华为变革的目标是"多打粮食，增加土地肥力"，开始探索将代表处当作"小华为"，建设面向场景的流程管理体系来提高效率和客户满意度。

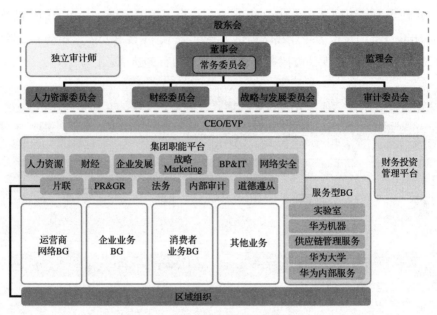

图 9-17　2011 年华为业务与组织架构图

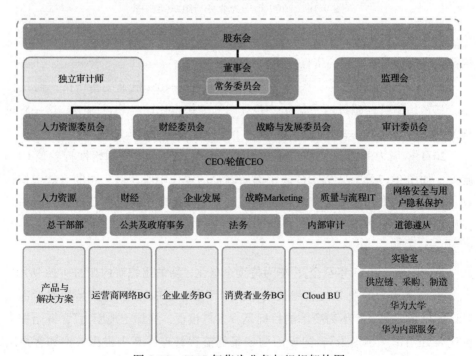

图 9-18　2017 年华为业务与组织架构图

2018 年华为的业务与组织架构中出现了 Cloud&AI BU，2019 年出现了 Cloud&AI BG，负责云与计算产业的研发、市场、生态、技术销售、咨询与集成使能服务，为其商业成功负责。

管理学大师彼得·德鲁克认为，企业战略决定企业组织结构。华为针对其全球化企业战略持续地优化组织架构形式，能够给所有的企业一些启示。

2020 年华为再次优化业务与组织架构，如图 9-19 所示。

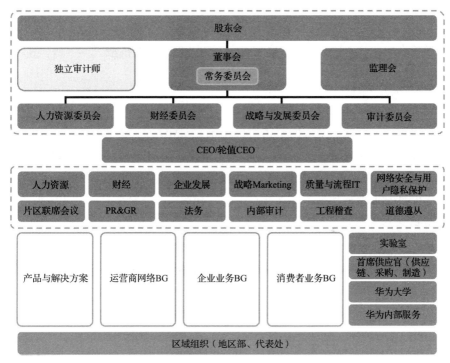

图 9-19 2020 年华为业务与组织架构图

营销一直是华为组织架构中的重要组成部门，比如各 BG 和地区部 / 代表处都没有战略与 Marketing 部，主要基于 BG 或者当地市场的洞察，支撑品牌营销的成功，执行各 BG、各地差异化市场策略，组织行业峰会，开展品牌传播等。

华为就是在这种探索组织模式和建设组织能力的过程中保持着持续的增长，也为大家提供了组织架构优化的学习样本。

9.4　数字化时代 CMO 的成长之路

不想当将军的士兵不是好士兵，不想当 CMO 的市场人也不是好市场人。很多市场人都有一个升职加薪当 CMO 的梦想，那么如何才能成为一名挥斥方遒、年薪百万的 CMO 呢？如何才能掌握多种专业技能，并且熟悉团队管理呢？数字化时代的 CMO 又与传统 CMO 有什么不同呢？本节与大家一一分享。

9.4.1　数字化时代 CMO 面临的新挑战

随着数字化技术的发展，CMO 正在面临着很多新的挑战。

1. 外部挑战

企业增长的压力越来越大，大家使用的策略和方法也越来越趋同，如何才能带领团队做出持续、健康的营销增长，成为 CMO 面临的头号挑战。

行业竞争压力越来越大。对创业企业来说，有时候大厂一个产品的功能迭代就能摧毁其他一些企业的业务，比如协同文档对文档类产品创业企业，各大厂直播工具对直播类产品创业企业。那么，如何应对这种市场的不确定性呢？

客户的注意力越来越稀缺，怎样的内容和活动才能吸引客户的注意？成交周期越来越长，竞争对手半路杀出，如何快速赢得客户的信任？

行业优秀的人才急缺。很多人只能完成活动执行和简单的 PR 内容输出，能完成体系的市场活动、客户认知阶段的理解、深度内容的产出、完整的品牌战略规划等工作的人才非常紧缺。同时，因为投放金额较小，岗位对优秀的 SEM 人员吸引力也不大，私域的规模小、培育周期长、业绩效果测量难，也难以吸引优秀的私域人才。此外，具备数字化实施经验的营销数字化管理者更是稀缺。

2. 内部挑战

企业的营销预算减少。相比于笔者之前操盘一年数千万元的市场预算，现在很多企业都难以拿出千万元的市场预算了，这种情况下如何制定低成本的市场策略？

管理层不理解市场的价值。很多企业创始人是销售或者技术出身，理解业务，但是对品牌和营销不够理解。CMO 如何打破这种固有的认知？

市场部的短期价值和长期价值难以平衡。企业的市场部到底是聚焦于获客数量还是只做品牌传播？到底是只做获客活动还是兼顾深度内容？

难以有效考核市场部的绩效。如何量化市场部各岗位的工作价值，也是 CMO 面临的内部管理挑战之一。

所以 CMO 既要能够应对外部的挑战，还要能够解决内部的困难。

9.4.2 数字化时代 CMO 的成长路径

1. 数字化时代 CMO 的能力模型

在过去很多年中，市场人员的主要工作是在发 PR 稿件和办活动，每年办几场大会，发一些新闻稿，全年几乎就万事大吉了。在一家企业工作 5 ～ 8 年，基本上就能做到市场总监。

而数字化时代的 CMO，仅有这些能力将难以应对企业内外部的挑战。想要成为数字化时代的 CMO，究竟需要掌握哪些技能？不同的技能占比如何？我们一起来探讨一下。

在帮助多家企业筛选 CMO 的过程中，笔者做了一个简单的 CMO 能力模型，如图 9-20 所示。

图 9-20　CMO 能力模型

这个能力模式就是一个 CMO 可能需要的能力项，这样大家在成长的过程中就能够进行对比了。

2. 精通 1 ～ 2 个专业

市场人想要升职，最重要的当然是专业能力，这也是一个职场人的立足之本，没有一定的专业能力就很难在专业上指导团队，不仅难以服众，还会给企业带来不小的浪费。

在给几家企业咨询的过程中，有时在笔者梳理完整体市场费用的 ROI 后，创始人才发现市场团队的投放费用、媒体赞助费用都有大量的浪费。原因一方面是业务的精细化管理缺失，另一方面就是市场负责人不够专业，放任普通员工去做，缺乏指导和监控。

市场人员的职场生涯一般是从品牌、活动、内容等专业岗位开始的，其中活动和内容又是需求量最大的岗位，这样的岗位在早期需要进行大量的执行工作。市场从业者就这样不断深耕自己的专业，成长到精通专业领域。当然，在任何一个专业领域，没有 1～2 年的沉淀、多个项目的实操锤炼，都很难有成绩，而像品牌、内容这样需要较长周期才能见效的专业领域更是需要 3～5 年的沉淀。

市场人员在成长的过程中还应该关注上下游的工作，比如内容岗需要关注产品的知识，如果对产品的价值点、与竞品的差异、不同人群的需求点都搞不清楚，就很难产出高价值的内容；活动岗需要了解内容传播的知识，只有传播才能让活动的效果最大化；私域岗更是需要了解内容、销售等知识；就连渠道投放岗都需要掌握一定的产品和内容知识。

在数字化时代，企业对人才的要求越来越高，也越来越复合。当你从业了 2～5 年，精通了 1 或 2 个专业之后，基本就能够胜任专业岗位或成为专业主管了。

3. 管理能力

管理能力是市场人员锻炼了专业能力之后需要培养的第二个能力。其实哪怕是市场专业岗，也会在工作中锻炼一部分管理能力，比如品牌岗在组织品牌营销活动时就涉及大量内外部协同的工作，还需要内部多个专业领域的共同推动；活动岗在组织大型活动时就会锻炼项目管理能力。

部门主管对管理的理解和要求都会更高，有些主管可能偏重团队和谐，有些主管偏重专业赋能，有些主管会强势管理，这都和个人职业成长的经历有关。

如果想变得更优秀，市场人员还需要不断理解管理，包括团队搭建、团队管理、跨部门协同等。一个合格的管理者应该对团队的选用育留有自己的想法，对团队的管理方法、流程规范、绩效体系等有一定的理解。管理既是科学又是艺术，管理者既要掌握一定的管理知识，也要有一定的情商来应对灰度管理中的各种问题。

若一个市场人员精通了 1 或 2 个专业，也具备了一定的管理能力，此时再得到一个机会，就有可能成为主管或经理了。

4. 策略能力

对于策略能力，很多人可能不太理解，笔者认为能够制定策略是比专业能力更高一层的能力，是专业和管理能力的融合，是一种业务规划能力、业务方法提炼能力。

如果说专业能力是理解专业知识并能够完成专业工作，那么策略能力首先就是理解专业的底层逻辑，还能够制定完整的打法，比如通过团队的内容营销工作，提炼出适合企业的内容营销策略、方法论，以便规范工作流程、提高效率，其次就是进行部门知识的沉淀。

这种能力来自对事物本质的洞察、较高的总结归纳能力，对业务线管理者来说非常重要，甚至可以说是普通管理者和优秀管理者的分界线。

具备策略能力，也许是经理和总监的分界线。

5. 战略能力

要想成为市场总监、CMO，战略能力是不可或缺的。这个岗位要能够理解企业战略，还要能够从企业战略中解码出部门战略，再将部门战略拆解为各个专业领域、时间节点的工作策略，过程中不断对齐和调整，才能让部门工作和企业的目标协同一致。

这就要求 CMO 具备较好的行业视野，拥有较强的战略认知和战略分解能力。

作为市场从业者，我们不断地学习和沉淀，拓展认知和眼界，逐步具备专业能力、管理能力、策略能力和战略能力，也就具备了成为 CMO 的基本能力素养。但是成为 CMO 还需要很多其他条件，比如企业是否需要 CMO 岗位，是否有岗位空缺，发展是否顺利等。

我们也应该发挥自己的各项能力，去好好沉淀，建立方法论，打造个人品牌，把自己当作一个产品去思考，按照自己的优劣势去规划成为 CMO 的成长之路。

9.5　ToB 市场人的必读书目

在这个时刻变化的市场环境中，如何应对来自行业、企业、产品、竞品等的挑战，如何深刻洞察客户以满足增长的需求，制定合适的营销方案，是数字化时代市场人面临的巨大挑战。

迎接挑战最好的方法就是终生学习，持续成长，建立一套认知体系和思维架构，形成"认识问题——找到问题——解决问题——提炼最佳实践——建立反馈机制——持续迭代体系"这样的解决问题飞轮。

而这种认知和思维的建立离不开阅读，所以最后推荐一些书籍给大家，这些书也在笔者写作的过程中给予了笔者很大的帮助。

9.5.1　专业能力书籍

1. 品牌

1）《战略品牌管理》（第 4 版）

作者：凯文·莱恩·凯勒

本书是美国品牌类课程的专业教材，也是品牌管理领域的经典著作，系统地阐述了品牌资产和品牌战略的知识体系，包括品牌为什么重要，品牌向消费者展示了什么，如何管理品牌等。

2）《定位：争夺用户心智的战争》

作者：艾·里斯、杰克·特劳特

本书是营销管理学的圣经，非常值得学习。本书阐述了"定位"这一理念的产生，分析了"满足需求"并不能赢得客户的原因，也给出了企业如何进入客户心智、赢得选择的定位之道，是商业人士的必读之作。

3）《B2B 品牌管理》

作者：菲利普·科特勒、弗沃德

市场上专门讲 ToB 品牌管理的书其实很少，这是第一本专门系统地阐述 ToB 品牌化的专业书，由营销大师菲利普·科特勒与弗沃德教授合著。本书讲了很多经典案例，涉及品牌的组织架构、品牌与顾客的关系，可以给大家一个参考。

2. 数字化营销

1）《华为数字化转型之道》

作者：华为企业架构与变革管理部

本书由华为公司质量与流程 IT 团队官方出品，从认知、理念、转型框架、规划和落地方法、业务重构、平台构建等多个维度全面总结和阐述了华为自身的数字化转型历程、方法和实践，能为准备开展或正在开展数字化转型的企业提供系统、全面的参考。

本书的知识点和实践技巧非常丰富，读者须反复研读和思考。

2）《深入理解网站优化：提升网站转化率的艺术与科学》

作者：Rich Page

本书在网站优化领域享有"圣经"的美誉，它结合网站分析、网站测试、网站易用性、在线营销 4 个方面系统地讲解提升网站转化率的工具、步骤、方法、策略，深刻阐释转化率优化的艺术及科学。本书对各种类型的网站的优化提供了深刻的见解、有用的技巧和实用的建议。

3）《网站说服力：营销型网站策划》

作者：谢松杰

对于 ToB 企业来说，官网营销是一项复杂的工程，从模式设计到网站建设和推广，到如何获得线索，再到数据统计和分析，以及网站的持续运营。而很多市场人却并没有系统学习过网站应该怎么做，因此本书值得一读，从业者可以边读边实践。

4）《百度 SEM 竞价推广：策略、方法、技巧与实战》

作者：马明泽

本书以百度竞价推广为基础，全面阐述了整个竞价推广过程中的重要环节，涉及大量账户操作实战技巧，以及解决各类难点的方法，其中包括搜索引擎营销基础、百度搜索推广介绍、账户结构搭建技巧、关键词与创意的使用技巧等，对每个知识点都进行了深入详细的讲解，适合市场人学习。

5）《超级转化率：如何让客户快速下单》

作者：陈勇

本书是一本介绍流量运营与用户增长的实战手册，主要讲解了漏斗模型和转化六要素模型。借用模型，可以流程化地分析出影响转化的因素，并对症下药。

6）《SEO 实战密码：60 天网站流量提高 20 倍》

作者：昝辉

本书详细和系统地介绍了正规、有效的 SEO 实战技术，包括为什么要做SEO、搜索引擎工作原理、关键词研究、网站结构优化、外部链接建设、SEO

效果监测及策略修改、SEO 作弊及惩罚、排名因素列表、常用的 SEO 工具、SEO 项目管理中需要注意的问题等专题，最后提供了一个非常详细的案例供读者参考。

3. 内容营销

1）《金字塔原理：思考、表达和解决问题的逻辑》

作者：巴巴拉·明托

这是一本讲解写作逻辑与思维逻辑的读物。金字塔原则就是说，任何事情都可以归纳出一个中心论点，中心论点又可以由 3 ～ 7 个论据支持，这些论据本身也可以是一个论点，被二级的 3 ～ 7 个论据支持，如此延伸，其结构状如金字塔。

2）《文案训练手册》

作者：约瑟夫·休格曼

精彩的文案是广告的核心和灵魂，无论对印刷品、电视、广播，或者任何其他媒介而言。在这本书中，传奇的文案作家、广告人约瑟夫·休格曼提供了经过验证的专家指导意见，告诉我们如何写出诱惑消费者、鼓励消费者，并最终促使他们购买产品的文案。

3）《一个广告人的自白》

作者：大卫·奥格威

大卫·奥格威是广告学之父，被称为"广告教皇"，创建了品牌形象论。他一手创立了奥美广告公司，开启了现代广告业的新纪元，启蒙了消费者研究，同时创造出一种崭新的广告文化。本书可以说是每一个内容营销人员的入门读物。

4）《乌合之众：大众心理研究》

作者：古斯塔夫·勒庞

本书作者是法国著名社会心理学家，他在书中描述了集体心态，对市场人员理解集体行为有很大的作用。本书虽然是一部学术作品，但语言生动流畅，分析鞭辟入里，能够让创作者思考如何引导读者。

4. 活动营销

1）《全能活动运营：从零开始搭建能力模型》

作者：沙铉皓

本书描述了内容营销需要的硬技能（项目管理能力、策划能力、运营能力、产品能力）、软技能（产品思维和商业化思维、解决问题的能力、与人协作的能力、关于效率的能力、业务敏感性）、创造力（审美力、文理综合思维、更多创造力）等内容，能够帮助活动营销人员进行完整的能力模型搭建。

2）《福格行为模型》

作者：B.J. 福格

本书中福格博士亲自拆解了他提出的福格行为模型，揭示了驱动人类所有行为的 3 个关键要素，也就是"行动 = 动力 + 能力 + 提示"，即 B=M+A+P，还提供了激发每一个要素以更好地推动行为改变的有效方法。

在活动营销的过程中就有很多与活动参与者的动力、能力有关的细节点，本书的知识能够帮助大家更好地理解客户的行为。

5. 私域营销

1）《私域资产》

作者：肖逸群

作者在多年来积累的第一手私域营销经验的基础上，系统提炼了私域方法论。比如"私域资产 = IP 力 × 加微力 × 内容力 ² × 产品力 × 运营力"等，能够帮助市场人员快速从 0 到 1 构建对私域的整体认知。

2）《社群营销实战手册：从社群运营到社群经济》

作者：秋叶、邻三月、秦阳

本书从社群的定位、建立、扩张、变现、运营，到社群的生命周期延长、社群运营团队的打造和管理，以及社群管理工具、大量干货秘笈，一应俱全，并提供丰富的运营实战案例，全面解读社群的玩法，可以帮助市场人员了解社群的基础知识。

3）《小群效应：席卷海量用户的隐性力量》

作者：徐志斌

本书介绍社群运营的长尾理论，比如用好小群非常重要，如何运营不同种类和不同阶段的社群，找大群营销不如找准变现的"连接者"等，能让读者理解社群的底层逻辑。

9.5.2 策略能力书籍

1）《营销革命 4.0：从传统到数字》

作者：菲利普·科特勒、何麻温·卡塔加雅、伊万·塞蒂亚万

营销 4.0 所需要面对和解决的问题，是围绕价值观、连接、大数据、社区、新一代分析技术为基础所产生的。本书能够让你了解新时代的营销革命。

2）《品牌的技术和艺术：向广告鬼才叶明桂学洞察力与故事力》

作者：叶明桂

本书是一本非常好的策略书籍，作者是奥美的策略长叶明桂。在书中，作者用简洁、朴实的语言传递了奥美的策略模式和思考方式。

3）《市场营销：原理与实践》

作者：菲利普·科特勒、加里·阿姆斯特朗

本书是很经典的教材，提供了一套完整的逻辑体系，是市场人员必读的书之一，也是策略人员解决问题的方法基础。

市场营销的基础理论就要从产品、价格、通路和传播 4 个角度去完善认知，不断加深理解。

4）《超级符号就是超级创意》

作者：华杉、华楠

华与华的作品很多，"超级符号""品牌寄生"等词汇也被越来越多的营销人员知道、理解和应用。通过本书，我们可以了解"华与华方法"在产品开发、产品命名、产品包装，以及品牌传播、品牌战略、企业战略各层面的应用。

5）《史玉柱自述：我的营销心得》

作者：史玉柱口述，优米网编著

本书是史玉柱迄今为止唯一公开著作。在书中，史玉柱毫无保留地分享了其关于产品开发、营销传播、广告投放、团队管理、创业投资等各阶段的思考，能让市场人员系统地理解营销。

6）《消费者行为学》

作者：迈克尔·所罗门

本书是消费者行为学领域一本重要的、广泛使用的教科书，也是消费行为学的一部优秀作品。想要征服客户，首先要了解客户，而本书很系统地阐述了如何理解自己的客户，必将对你提供有效指导。

7）《社会心理学》

作者：戴维·迈尔斯

本书是美国 700 多所大专院校社会心理学课程的教材，讲解了社会思维、社会影响、社会关系和应用社会心理学 4 个部分的内容。营销工作本质是关于人的，而心理学的知识必不可少，能让你的认知更上一层楼。

8）《硅谷增长黑客实战笔记》

作者：曲卉

作者总结了增长黑客必备的各种方法，书中不仅有逻辑清晰的理论体系，还有干货满满的实践心得，以及 Pinterest、SoFi、探探、Keep 等知名互联网公司的增长专家倾囊相授的一线实战经验。

9.5.3　管理能力书籍

1）《卓有成效的管理者》

作者：彼得·德鲁克

管理者的成效是决定企业工作成效的关键因素，而卓有成效的管理方式是可以学会的。本书中彼得·德鲁克论述了一个管理者如何做到卓有成效，让你知道卓有成效的管理者的 6 个特征。

2）《组织的逻辑》

作者：丛龙峰

企业成长和创新的最大瓶颈是组织的进化，而组织进化的最大瓶颈是创始人自身的进化。本书用一套尽可能通俗的概念体系，把组织问题的内在逻辑一次性地阐释清楚，并给出相应的管理办法，能够让读者了解组织的逻辑。

3）《影响力》

作者：罗伯特·西奥迪尼

本书深度剖析影响力的逻辑、交换、说明、树立榜样、回避、威胁等各要素，全方位地提高你影响他人的能力，从而帮助你获得更大的成功。培养自己的影响力，也是一个管理者应该具备的技能。

4）《SaaS 创业路线图：to B 产品、营销、运营方法论及实战案例解读》

作者：吴昊

本书以 SaaS 行业为例，从 ToB 企业创业过程中的产品打磨、营销体系复制及客户市场运营 3 个方面给出一套原创方法论，并穿插几十个实战案例予以说明，能够让市场人员加深对行业的理解，以及对管理的理解。

5)《To B 增长实战：获客、营销、运营与管理》

作者：朱强、鲁扬、彭罕妮等

这是一本从获客、营销、运营和管理 4 个维度介绍如何实现 ToB 业务快速增长的专业指导书。书中汇集了国内 30 家 ToB 企业的业务增长经验，涵盖了方法论、实操、案例等诸多内容。其中既有对 ToB 业务本质的思考，也有对具体方法、技巧和踩过的坑等实操细节的分享，还有对战略规划、品牌建设等更高层面的剖析。

9.5.4 战略能力书籍

1)《战略管理：概念与案例》

作者：迈克尔·希特、R. 杜安·爱尔兰、罗伯特·霍斯基森

本书阐述了战略管理理论的内容，使用了很多经典的研究成果和战略管理文献，能让大家系统地了解战略管理的知识。

2)《超越战略：商业模式视角下的竞争优势构建》

作者：魏炜、张振广、朱武祥

本书建构了超越战略的完整时空观之下的商界知识系统框架，通过定义具有根本性差异的竞争维度，重构竞争格局，厘清了"战略 + 商业模式 + 共生体"等内容。

3)《战略十讲：企业战略框架与逻辑的本土演绎》

作者：任俊正

本书主要结合国内行业特征，构建了企业战略框架体系，讲述了战略从制定到实施的理论逻辑和应用方法。

9.5.5 关于读书的思考

每次有人让笔者推荐书籍的时候，除了推荐和工作相关的书籍之外，笔者还会推荐一些关联上下游的书籍。

比如，在活动营销岗位上仅了解活动工作是不够的，想要更多的客户报名活动就需要一个好的海报和文案，而活动人员对文案的理解可能没有那么深，给出的内容不一定合适。并且，一个好的活动营销岗位人员，还要能够通过内容营销和 KOL 营销等方法让活动持续传播。所以各位一定不能只掌握本岗位专

业领域的知识，还应该全面掌握营销相关的知识。

读书是我们成长的途径，而不是任务，为了读书而读书往往只是花了时间，却没有真正沉淀。因此，建议各位带着目的去读书，读完书还要将知识应用到实践中去。如果没有机会实践，也可以用模拟的方式来加深自己对知识的理解。

比如，读完了写文案的书，可以每天练习写文案，看到好的文案可以模仿和积累；学习了战略知识，可以将自己想象成 CMO、CEO，为自己所在的企业进行模拟战略规划；学了私域营销知识，可以基于个人品牌、行业、专业知识等，尝试搭建私域。

读书并不能保证你成为 CMO，即使看了最经典的营销案例，但是没有机会操盘，或者自己不去摸索，也不能成为营销大师。但读书一定能让你持续成长，这样你必定会拥有比其他人更多的机会。

9.6 思考

本章我们学习了组织和组织架构以及组织架构设计的基本流程，也了解了如何搭建增长型的市场组织。

不同阶段、不同增长类型的市场部有着不一样的组织目标，所以组织配置也存在差异，这是各位需要注意的，就算要借鉴，也要找同类型、同阶段的企业，否则容易画虎不成反类犬。

数字化时代的 CMO 确实面临很多新的挑战，不过相信经过本书的系统学习与实战沉淀，各位必将成为优秀的 CMO。

现在，我们基于本章所讲的内容来进行一些思考，以便更好地将理论与现有的工作结合，让学习更有效。

- 简单描述一下你对组织架构设计的理解。
- 你所在企业的组织架构是怎样的？你认为是否存在问题？
- 你所在企业的市场部的架构是怎样的？如果要优化，你有什么想法？
- 尝试针对你所在企业的市场部，编辑一份各市场岗位的说明书。
- 参照 CMO 能力模型，你认为目前的自己还有什么不足？
- 参考 CMO 的成长路径，尝试给自己做一个职业生涯规划。
- 参照 ToB 企业的市场人员必读书目，尝试选 1 ～ 2 本进行阅读和分享。
- 你是否还有其他 ToB 市场人员必读的书籍推荐给大家，并简述理由。

后　记

从 2019 年年初和编辑沟通立项开始，笔者历时 4 年时间写就本书。为了使书中内容更具有实战价值，期间笔者阅读了 132 份资料和报告，查阅了 24 本相关书籍，与超过 100 位 ToB 企业 CEO 和 CMO 进行了对谈，并且总结了超过 20 个模型和方法论，绘制了 200 多幅图表。本书前后改了 18 版，不仅目录和结构反复调整，还将原本近 60 万字的初稿精简为 20 万字左右。终于，一本小小的诚意之作，即将出版。期待在以后的时间里，随着经验的进一步丰富和能力的进一步提升，有机会将本书逐步完善。

在写书的过程中，笔者也没有停下自己职业上的脚步：从年营收 10 亿元企业的 VP 发展到上市企业的品牌市场中心负责人，再到千人规模企业的 CEO，同时担任多家企业的增长顾问。笔者在演讲中常说的一句话是："增长是一场修行，而营销思维是在修行之路上对我最有帮助的一种思维。"笔者已将自己在职业和营销专业能力上的心得汇集于本书中，期待能为市场人和营销人提供帮助，同时也希望能够以此为契机，与大家做更多的专业交流。

在本书最后，再和大家谈谈 ToB 营销增长的发展趋势。

1. ToB 营销增长的发展趋势

经纬创投的合伙人熊飞曾表示，中国经济正面临着从"靠速度和规模增长"转向"靠高质量增长"的阶段，这意味着商业组织开始重人效、降成本，以更有效率的方式完成下一步跨越。接下来的十年、二十年是我们向 ToB 行业要效率的时代。

信天创投的蒋宇捷也说过，SaaS 没有周期，不能用美国 SaaS 的增长逻辑衡量中国市场。对此，笔者深以为然。ToB 的下一个十年还有很大的发展空间，而中国需要自己的 ToB 增长方法论。

在过去的很多年中，ToB 企业的增长几乎是靠销售团队完成的，鲜有企业有完整的营销打法，ToB 企业创始人们似乎选择性地将活动当成了市场营销的全部。但是在数字化时代，营销增长却在发生着剧烈的变化，传统的营销三板斧——投放、活动、海报，向着新的营销三板斧——品牌、内容、数字化营销，逐步进化。

（1）品牌营销

值得注意的是，近几年越来越多的 ToB 企业开始重视品牌。笔者的好友——ToBBrand 的创始人黄海钧表示，品牌竞争是各 ToB 领域在更市场化、更开放的趋势下的必然结果，品牌是最好的信任状，可以赢得更优质的客户与合作伙伴。从营销视角讲，一方面，品牌是高阶的营销手段，而另一方面，企业所有的经营成果最终都将归为品牌资产。知名工业品牌营销专家杜忠老师也认为，品牌将会是 B2B 企业的核心竞争力之一。

根据 LinkedIn 的报告，约 77% 的受访企业会维持或增加品牌营销预算，因为线索和品牌都很重要，而且长期的品牌建设会带来长远的收入；仅有 2.38%的企业会砍掉全部品牌营销预算，如图 1 所示。

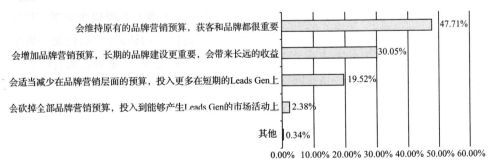

图 1　2021 年 ToB 企业对品牌营销的预算投入计划

在产品同质化和增长不确定的时代，销售的本质就是信任，客户天然带有情感属性，而品牌能带来情感和信任的综合效果。高势能的品牌确实能够让企业在市场选择的早期脱颖而出，能让客户产生好感，从而影响客户企业决策人的非理性选择的部分。

品牌还能让企业一定程度上避免故意的价格竞争。因为好的品牌意味着更好的产品，更好的售后服务，能产生一定的溢价。

当然，因为国内营销数字化建设的不足，目前 ToB 品牌营销工作不但面临着预算、专业度上的不足，还苦于难以统计和衡量价值。对此，大家可以尝试使用 ToB-O6A 中的品牌关系资产来进行统计，以便优化品牌营销工作。

（2）内容营销

随着内容营销的中长期价值和对客户心智的强影响逐渐凸显，内容营销的受重视程度也在这几年快速上升，越来越多的企业成立了行业研究院。

如图 2 所示，根据 LinkedIn 的统计，ToB 企业的内容成熟度在持续上升，并且 2020 年 50% 的企业在内容营销上相对熟练或擅长，而 36% 的处于初级阶段的企业在接下来的几年间也会逐步熟练或擅长。

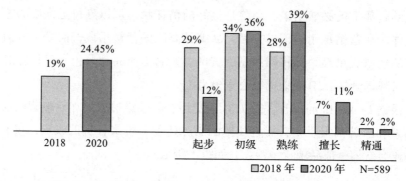

图 2　2018 年与 2020 年 ToB 企业内容营销成熟度自评

企业对市场内容的要求越来越高，内容的专业度和形式都在持续突破，内容营销的平台也从公众号和官网发展到"两微一抖一网"，再到包含自媒体和垂直社区的 OPES 全矩阵，形式也从文字、图文、到期刊、白皮书，再到条漫、短视频甚至中长视频。这种种创新，都和客户接受信息的途径、喜好的变化有关。

而这几年，ToB 企业也频繁地提出内容人才需求，并且给出每年 30 万元～ 50 万元的高薪。而行业内容人才确实不足，特别是缺少能够负责内容策略和内容创作的复合型人才，其中能深入掌握专业知识又有内容能力的内容专家更是凤毛麟角。

内容营销岗位的工作人员，应该持续加强自己的内容规划和创作能力，不但需要根据企业的阶段和产品成熟度，针对不同客户认知阶段，产出匹配的、有价值的内容，还需要了解销售侧的需求，不断地给一线提供所需的内容支持，助力客户培育工作，加速客户成交，将内容营销深入增长的每一个阶段中。

（3）数字化营销

越来越多的企业认识到数字化营销的重要性，特别是在线下营销等方式的预算紧缩的情况下，以投放、社媒营销为代表的数字化营销正在被越来越多的企业接受。

与欧美成熟的 ToB 营销模式不同，国内大部分 ToB 企业的数字化营销目前还处在初级阶段，真正在数字化营销上有明确规划和构建团队的企业不足 23%，而有接近 8% 的企业尚未开始，不过可喜的是有接近 30% 的企业正在积极推动数字化转型，如图 3 所示。

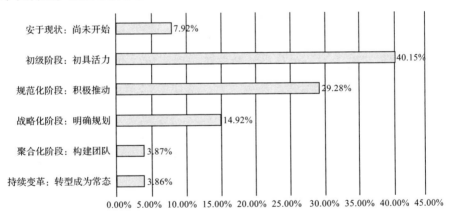

图 3　2020 年中国 ToB 企业的数字化转型发展进程

而 ToB 市场从业者们一边看到数字化营销、MarTech 的价值，期待企业能借此走出一条新的增长路径，一边又因为缺乏相关经验和成功案例，不敢大力投入，同时也不知道如何搭建相关的团队。

但不可否认的是，在最近几年，咨询数字化营销工具的企业明显增多。根据 LinkedIn 的调研，超过 75% 的企业有 MarTech 工具的购买计划，有预算但不会购买的企业只有不到 15%，如图 4 所示。

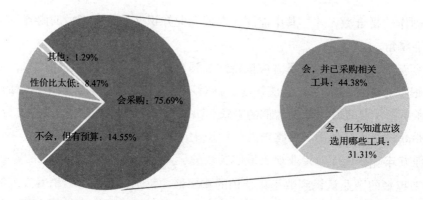

图 4　2021 年中国 ToB 企业 MarTech 工具采购情况

另一点值得注意的是，即便有超过 3/4 的受访企业计划购买 MarTech 工具，但其中超过 30% 的企业并不知道应该购买哪些工具。这也反映了企业重视数字化营销和行业中数字化营销人才不足的矛盾。

2. 国内数字化营销的发展趋势

随着市场的不确定性成为常态，数字化营销正在帮助国内企业应对新挑战，但企业对如何采购工具、如何做好数字化营销、如何更好地衡量效果，并不了解。

Gartner 曾提出，现在欧美 ToB 企业的营销预算中有 1/3 都用于技术。这与国内的应用差距非常大。可见数字化营销在国内仍在发展，但必将是未来的营销趋势，所以所有市场从业者都有必要掌握和精通数字化营销相关知识，否则将很难实施或推动企业营销数字化的相关工作。

下面讲讲国内数字化营销的发展趋势。

（1）数字化营销理论不断丰富

欧美的营销理论比较成熟，不论漏斗模型、线索生命周期还是自动化营销都算是日常工作。MarTech 云图统计欧美有超过 10000 家开展了数字化营销的企业。

虽然国内前些年在这方面比较落后，但近几年，随着 SaaS 的兴起，国内的数字化营销相关企业也在迅速增多，崔牛会和弯弓的 MarTech 云图统计显示已有数百家企业。而致趣百川、径硕、荟聚、火眼云等营销云企业打造了适合国情的 MarTech 产品，并且持续为行业贡献相关数字化营销理论知识，比如适合国内企业的基于微信生态的相关功能等。

为什么专业理论和方法论很重要呢？在一次投资人的活动上，有一个创业者提问："怎么看待国内 CRM 发展不顺利这一情况？"笔者当时给的答案是："欧美有很多销售管理的最佳实践，针对 SMB 或 KA 客户都有完整的销售 SOP，所以开发标准化产品并不难。而国内的管理理论还非常落后，经常是一家公司有一种管理方式，并且国内企业缺乏最佳实践的学习动力，喜欢按照老板的思维来做管理。这样国内 CRM 厂商做标准化产品就很难，经常需要定制开发，这些定制出来的功能基本没有太多的复用价值。所以管理落后、业务流程不够标准化，是国内 CRM 产品发展最大的瓶颈。"

回到营销领域来说，国内现在很多 ToB 企业连完整的营销动作、管理方法、考核标准都尚未厘清，就更谈不上有 SOP 了。营销动作不标准，厂家就很难做出适合行业习惯的标准化产品。产品复杂度高，客户企业使用起来困难，就无法形成一个良性的增长飞轮。

相信在不久的将来，作为全球企业数量最多的国家，我国也会有适合本土企业的营销技术产品和营销增长理论。

（2）营销工作数据化和一体化

目前很多企业使用的是零散的营销数字化产品，造成了很多难题，比如内容与活动数据割裂、市场与销售数据没打通等。

随着 ToB 企业对线索管理的精细化、客户培育的系统化、客户转化的流程化要求越来越高，营销数字化需求也会越来越强烈。具备较高营销数字化能力的 ToB 企业能够从客户行为轨迹中洞察需求，快速响应，先用自动化营销验证，紧接着让市场和销售团队快速跟进，甚至可以做到比客户还要了解客户，将比那些没有数字化的企业领先一大步。

营销工作的数字化不仅仅是工作行为的数据化、客户行为的数据化，还包括管理流程和决策的数据化，由数据来驱动决策。

而因为国内 ToB 市场从业者的产品能力普遍较弱，也不喜欢使用多个功能产品，所以国内一体化的营销云可能会更受欢迎，不过还需要这些厂商能够将产品拆分成几个模块，方便企业逐步数字化。

不少企业在跨部门的沟通上都存在问题，部门各自为战，部门之间的数据和行为也是隔离的。这样不仅带来资源的浪费，还会带来部门之间的矛盾，也不利于构建共同的客户画像和线索标准以及营销策略。

管理上难以解决的问题，可能只需要一个合适的数字化产品，用技术来链接多个部门，使用统一的数据平台拉通客户画像，进行客户全生命周期的维护，用流程工具构建统一的工作语言和落地策略。

数字化也许能让部门协同越来越紧密。

（3）重视客户体验，加强客户经营

随着竞争的加剧、产品的同质化、销售人员话术的雷同，ToB 企业会更加重视营销的人性化和客户体验的管理。

其实提升客户体验的工作很多是由市场部来完成的。比如在客户培育过程中，针对客户的真实需求和当下的状态去推送内容并进行活动邀约；在客户转化之后，帮助客户进行案例撰写和品牌传播；在客户使用产品的过程中，收集客户的使用数据，聆听客户的声音，收集客户的反馈来帮助产品迭代，等等。

随之而来的就是 CEM（Customer Experience Management，客户体验管理）领域产品的发展，相信这也是 ToB 市场从业者下一个研究课题。

3. 给 ToB 市场从业者的成长建议

市场易对市场从业者进行了一系列调研，其中关于"挑战与机遇"这一主题的调研结果如图 5 所示：有 50% 的市场从业者对专业很自信并相信前景可期，有 33% 的市场从业者有危机感，有 10% 的受访者对未来感到迷茫，也有 2% 的受访者表示计划转岗或改变专业领域。整体来看，大部分人对 ToB 市场营销的专业之路是看好的，只是缺乏更多方向上的指引，可能会走一些弯路。

而 ToB 营销的理论和实践还未完善。营销书籍和线上免费内容是大家获取营销知识的主要渠道，各种论坛和讲座也很重要，而采用企业内训和学校进修课程这种更加体系化的学习渠道的人还偏少。基于这样的结果，笔者也计划着创作更多的内容，分享更多体系化的 ToB 知识，为从业者的成长贡献微薄的力量。

对于市场 ToB 市场从业者的成长，笔者的建议如下。

（1）将优秀方法论和企业实践结合起来

行业的经验固然值得学习，但是很多经验来源的背景和资源各不相同，大家不能直接照搬，而需要掌握方法论，需要在工作中不断测试和调整，找到适合自己企业的方法，形成自己的心得。

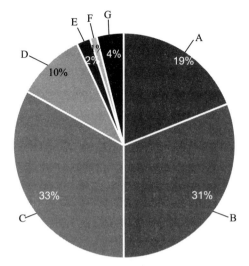

A 我对自己的专业感到自信
B 我的ToB市场营销专业处于上升期，前景可期
C 我对职业发展有危机感，渴望持续进步
D 我不确定自己ToB营销专业的价值与定位，对未来感到迷茫
E 我不愿意继续投入ToB营销，计划转岗或改变专业领域
F 满足现状
G 没有想过

图 5　受访的 ToB 市场从业者遇到的挑战与机遇

（2）学习跨专业的知识，成为复合型人才

很多市场人往往擅长营销专业，但是在销售、产品、管理等方面通常存在短板。要成为新时代的优秀市场从业者，特别是成为优秀的 CMO、市场 VP 等，就需要学习跨专业的知识，成为复合型人才。

（3）向外突破，寻找海外营销的机会

在当今复杂的国际环境中，中国持续加大对外开放的力度和范围。在更多跨国公司进入国内市场的同时，也有越来越多的国内企业选择到海外发展。随之而来的是，企业在品牌塑造、内容营销等方面的迭代升级。不过，在品牌全球化的同时，注重本土市场的营销本地化也成为必修课。

（4）深扎行业，努力成为行业专家

笔者在分享中多次说过，ToB 营销增长领域的从业者应该瞄准行业专家的路径，即深扎行业，长期投入，成为专业扎实、自带流量的专家。与其营销产品，不如将自己作为产品去营销。

这是变化的时代，也是挑战的时代，更是机遇的时代。而 ToB 营销增长就像滚雪球，企业需要走过长长的坡道，进行厚厚的积累。

祝大家都能成为 ToB 行业下一个十年的领先者。